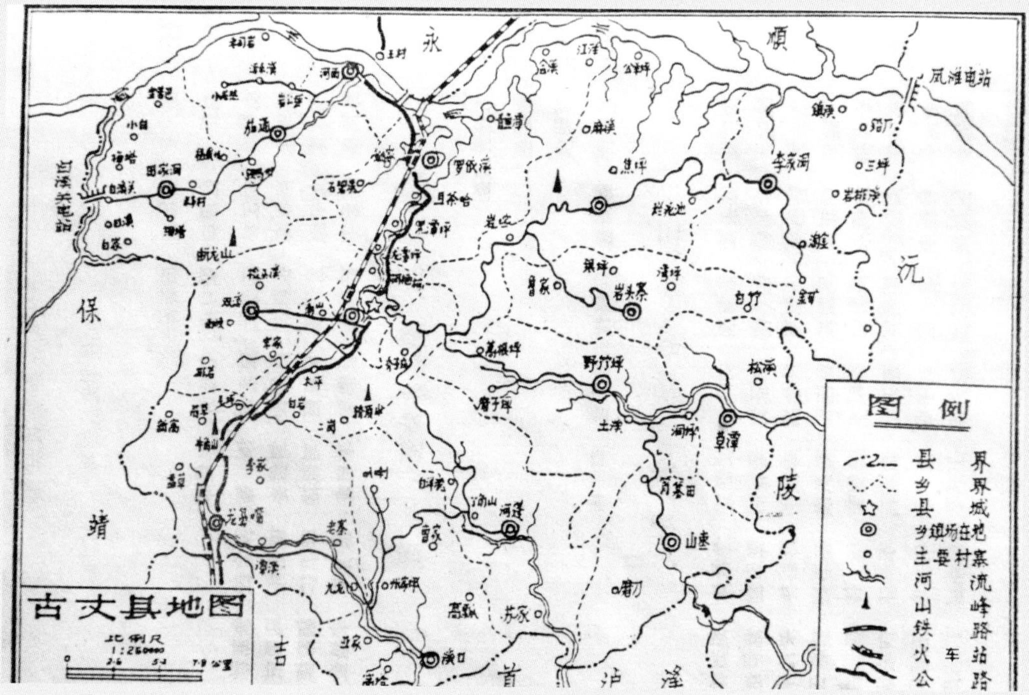

图 1　田家洞村地理位置示意

图 2　田家洞村行政示意

图 3　2012 年 4 月中国湘西土家族社巴节

图 4　村民凉粉条

图 5　调研组部分成员与乡长敖金耀、村支书田宏双讨论田家洞村未来发展

图 6　调研组成员采访1960年获得全国水利劳动模范的彭纪珍老人

图 7　调研组与敖金耀乡长在断龙山乡政府

图 8　调研组在村支部、村委调研与田家洞村书记、村民合影

图 9　调研组在断龙山乡中心完小调研与校长、老师、村民合影

图 10　调研组在断龙中学调研与校长、村民合影

图 11　调研组在县政府与县档案局局长向银燕、吉首大学李长友老师等合影

图 12　断龙山乡中心完小课堂

图 13　断龙山乡中心完小自编的土家族民俗文化教材

图 14　断龙中学的大课间——土家族摆手舞

图 15　歌舞吹打工具

图 16　古丈县政府颁发的文化牌匾

图 17　国家非物质文化遗产土家族摆手歌传承人田祖福老人

图 18　黄生炳的教师证

图 19　烤烟房

图 20　老人大代表田宏友

图 21　熟知土家族文化的田宏顺老人

图 22　农村书屋一角

图 23　田宏顺老人做木工活儿的工具

图 24　田家洞村村民在打粑粑

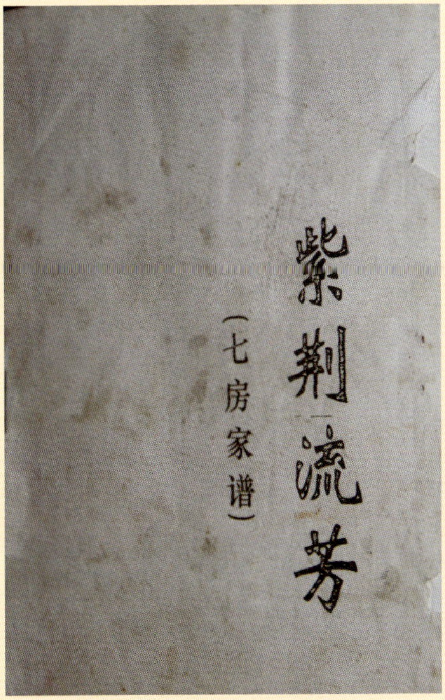

图 25　田家洞村田氏家谱

图 26　田家洞村的砖厂

图 27　田家洞村社巴节祭祀的土家族祖先抗倭英雄

图 28　田家洞村土家族传统民居

图 29　田家洞村土家族传统民居与新民居

图 30　田家洞村土家族传统民族室内三间套房

图 31　田家洞村土家族传统衣橱

图 32　田家洞村土家族村民结婚用的马灯

图 33　田家洞村土家族供奉的祖先牌位

图 34　田家洞村土家族节日穿的民族服饰

图 35　田家洞村土家族新建吊脚楼

图 36　田家洞村饮水工程的刻碑

图 37　田家洞村祖公“包才”之墓

图 38　土家族梯玛的服饰

图 39　田家洞集贸市场

图 40　土家族村民做笤帚

中国民族经济村庄调查丛书

田家洞村调查

（土家族）

李长友　于印辉　马　琴　主　编

中国经济出版社
CHINA ECONOMIC PUBLISHING HOUSE
·北京·

图书在版编目(CIP)数据

田家洞村调查:土家族/李长友,于印辉,马琴主编.
北京:中国经济出版社,2014.11
ISBN 978-7-5136-3410-6
Ⅰ.①田… Ⅱ.①李… ②于… ③马… Ⅲ.①乡村—土家族—民族经济—调查报告—古丈县 Ⅳ.①F327.645

中国版本图书馆 CIP 数据核字(2014)第 214893 号

责任编辑 余静宜
责任审读 贺 静
责任印制 马小宾

出版发行 中国经济出版社
印 刷 者 北京市媛明印刷厂
经 销 者 各地新华书店
开 本 710mm×1000mm 1/16
印 张 19.5 彩插 1
字 数 294 千字
版 次 2014 年 11 月第 1 版
印 次 2014 年 11 月第 1 次
定 价 52.00 元
广告经营许可证 京西工商广字第 8179 号

中国经济出版社 网址 www.economyph.com 社址 北京市西城区百万庄北街 3 号 邮编 100037
本版图书如存在印装质量问题,请与本社发行中心联系调换(联系电话:010-68330607)

中央民族大学

“211 工程”中国少数民族经济发展研究项目

“985 工程”中国民族地区经济社会发展哲学社会科学创新基地

本书写作分工

主　编　李长友　于印辉　马　琴

参与调查及撰写人员（排名不分先后）：

吴　俊　郭德启　贺　痴　赵启伟　刘学鹏

常　龙　赵　妮　常　靖　邹　淋　廖嗨烽

具体分工：

李长友　负责统筹调研工作的具体实施和后期审稿工作

于印辉　主持撰写调研方案并组织实施，编写提纲，负责全书统稿及审稿，撰写前言、一、六，合作撰写七

马　琴　协助组织调研工作和第二、三部分审稿，撰写八、九，合作撰写五

吴　俊　协助组织调研工作，撰写三、四，合作撰写二

常　龙　负责摄影，撰写十（三）、十二（四）、十三（二）、十五（二）、十六（五）、十九（一），合作撰写十二（二）、十六（三）

赵　妮　撰写十（四）、十二（一）、十三（三）、十五（一）、十六（一）、十七（二）、十八（一）、十九（二），合作撰写十三（一）

常　靖　撰写十一、十四（一）、十五（四）、十七（五）、十八（二）、十九（三），合作撰写十七（一）

邹　淋　撰写十（一）、十二（三）、十五（三）、十六（二）、十七（七）和（九），合作撰写十七（四）

廖嗨烽　撰写十（二）、十三（四）、十四（二）、十六（四）、十七（六）和（八），合作撰写十七（三）

郭德启　合作撰写七、十六（三）

贺　痴　合作撰写五、十三（一）

赵启伟　合作撰写二、十七（一）

刘学鹏　合作撰写十二（二）、十七（三）和（四）

总　序

村庄，是农民的聚居地，也是农民生产和生活的社会形式。村庄形成于农业文明时代，在中国最为典型和普遍，迄今依然是中国基本的社会单位。所有中国人，或是生于长于村庄，或是父祖辈来自村庄。村庄是中华民族的根基，是我们走向现代化的立脚点和必须改变其内容和形式的地方。认知中国的现实和历史，一个重要环节，就是了解村庄。

中国的民族经济，包括以下层次：一是以中华民族为主体的经济，二是中华民族五十六个支民族的经济，三是少数民族地区的经济。不论从哪个层次研究，都必须涉及村庄这个基本单位。以往的民族经济研究和行政管理研究，对于村庄的关注，主要是在总体性的统计及对策方面，鲜有对某一村庄的专注的系统调查。这种情况使我们所从事的理论探讨总显得有些飘浮，言不及意，大而不当。反思许久，不能不下决心从小处做起，将村庄调查作为根基，扎实做去。恰“985”项目实施，经费有所保障，故组织本创新基地近百名教师带二百余博士、硕士研究生和高年级本科生，结十五个调查组，计划用六七年的暑、寒假，从五十六个支民族中各选一二典型村庄，深入调查，总百余村，每村一书，为中国民族经济三个层次研究，为政府行政决策，提供基础资料。

百村，不及中国村庄万分之一。我们的村庄调查虽只是抽样性质，但却是探根摸底，力求深入、真实、详细。二〇〇八年夏各组分赴河北、内蒙古、宁夏、云南、广西调查点，历经一月左右，获初步资料。因为首次，困难颇多，思路和方法也要不断调整，秋、冬写作时又各自补充调查。时间虽短，但师生与村官、村民情谊颇深，既为调查提供条件，又为后续补充予以协助。各地党、政机构，对调查全力配合。无此，则调查难以进行。这套丛书，实为共同努力之成果，并赖中国经济出版社黄允成社长、孙岩主任鼎力支持，得以出版。本调查还要持续数年，望读者批评，我们再努力。

劉永佳

二〇〇九年三月十八日

前　言

深入了解不同民族、不同地域代表性村庄的全貌,认真研究当代村庄生产方式和生活方式的现状、变化和趋势,对推动中国农村现代化发展,消除二元社会结构,实现城乡、区域均衡协调发展,具有极其重要的意义。受中央民族大学“985工程”中国民族地区经济社会发展哲学社会科学创新基地的委托,我们调研组承担了该基地的中国民族经济村庄调查的其中一个项目——田家洞村调查(土家族),这次田野调研使我们深入地了解了湖南湘西土家族的经济、社会和文化传统状况。

2009年三峡大学何伟军教授带领调研组对湖北省恩施州一个典型土家族村庄长阳县资丘村进行了田野调查,很具有代表性,也为我们本次调研提供了有益的参考。这次调查本着大处着眼、小处做起的思路,深入、全面地调查了湖南省湘西州土家族有代表性村庄发展的全貌,也有幸与何伟军教授的《资丘村调查(土家族)》成为土家族村庄调查的姊妹篇,分别反映了湘鄂土家族村庄的面貌。

土家族是一个历史悠久、文化底蕴深厚的民族,具有独立的语言、传统的节日、古朴的歌舞、精美的工艺、奇特的乐奏、哭唱的婚丧、特殊的信仰、自尊的禁忌、顽强的民族意识和悠久的历史遗迹等基本特点。土家族的祖先在远古时期就在湘、鄂、渝、黔边武陵山地区广袤的土地上繁衍生息,1957年土家族被国家正式确定为单一少数民族。

调研之前选取调研村庄时,我们查阅了大量资料,在吉首大学李长友博士的安排下,选取了具有湘西土家族代表性的村庄——田家洞村,该村庄也是吉首大学的土家族历史文化调研基地。田家洞村地处湘、鄂、渝、黔边武陵山地区的酉水河流域,处于古丈县与保靖县、永顺县交界地带,古保公路(古丈—保靖)的中心位置,交通便利,地位十分重要,历史上是一个政治、经济、军事重镇,田家洞村集市是方圆10公里内最大的集市,也是古丈县与保靖县、永顺县三县交界最大的农贸商品交易集市。第六次全国人口普查显示,湖南省土家族人口最多，占全国土家族人口的31.51%。田家洞村位于全国两大土家族苗族自治州之一的湖南省湘西土家族苗族自治州，是古丈县断龙山乡所辖的一个行政村，是断龙山乡政府所在地，该村是一个典型的土家族村寨。田家洞村以本地土著居民为主，土家族劳动人民热情、质朴、勤劳，在这里可以看到传统的节日和现代的生活气息，有传统农业的转型与繁荣有序的集贸市场，有民族特色的美食、舞蹈、民歌及文化传承人，是一个充满历史与活力、传统文化与现代文明交融的土家族村庄。因此，我们选取田家洞村作为调查对象。

调研之前，中央民族大学“985工程”中国民族地区经济社会发展哲学社会科学创新基地主任刘永佶教授提出了调研要求，副主任杨思远教授专门给调研组做了指导，调研组每位成员都做了分工。2012年12月2日，调研组前往田家洞村进行为期两周的田野调查，调查的主要目的是对田家洞村的自然状况、社会经济、民族文化传统等情况做一个全面摸底调查，选取部分有代表性的农户和农民进行了入户专访。

调研组到古丈县城后，首先查阅了关于田家洞村自然和人文相关的记录资料，县档案局为我们提供了《古丈县志》，并赠送给调研组2011年的《古丈县统计年鉴》。县人大及政府职能部门的主要领导看望并接待了调研组，讲述了古丈县、断龙山乡和田家洞村的相关情况。我们到了断龙山乡政府，乡党委周大钊书记组织乡、村主要干部和我们进行了座谈，让我们了解乡、村概况，并详细地介绍了田家洞村的历史与发展，提供了一些具体的资料和数据。他们都给调研组提供了珍贵的资料。随后调研组一行八人分成四个组，开始入户专访。

在调研过程中引起调研组关注的是，由于田家洞村处于三县交界地带的特殊地理位置，历史形成了交界地带最大的集贸市场，田家洞村支部和村委会也在改造和升级集贸市场方面做出了规划，由集贸市场带动田家洞村的经济发展，积极主动地把田家洞村纳入区域经济一体化的发展当中。田家洞村有得天独厚的气候资源优势，有利于烟叶、茶叶、经济林木和柑橘等经济作物的生长，在传统农业转型方面，田家洞村支部和村委会因地制宜地提出了大力实施“两叶一果”战略。在走访过程中，田家洞村的土家族传统文化也深深地吸引了我们，该村的社巴节、土家族舞蹈和民歌等都很有名，其中，茅古斯舞被列入第一批国家级非物质文化遗产名录，调研组成员马琴应邀参观了打粑粑的过程，调研即将结束之际，恰好赶上断龙中学的课间，应调研组要求，学校特意让我们参观了学生表演的引进课间操的土家族摆手舞等。调研组还遇到了几位熟知土家族传统文化的老人,他们向我们详细介绍了田家洞村的土家族文化传统,我们还专门访问了土家族文化传承人。这些都成为我们此次调研的重点内容。对田家洞村集贸市场的未来如何发展、田家洞村如何更好地纳入区域经济发展等问题,部分调研组成员也多次与乡政府敖金耀乡长、村支书田宏双书记做过长时间的交流和讨论,也可以看出他们呕心沥血谋划田家洞村未来发展的决心和信心。

从接受任务到调研结束,从初稿完成到审稿、修改、统稿、定稿,历时近一年,调研组全部成员不辞辛苦,分工协作,团结互助,尽心尽力,高效率地完成了基地交给我们的任务。本书的调研及撰写具体分工如下:吉首大学李长友博士负责统筹调研工作的具体实施和后期审稿工作;中央民族大学民族学博士后于印辉负责撰写调研方案并组织实施,编写撰写提纲,负责全书统稿及审稿,撰写前言、一、六,合作撰写七;中央民族大学博士生马琴协助组织调研工作和第二、第三部分审稿,撰写八、九,合作撰写五;中国人民大学博士生吴俊协助组织调研工作,撰写三、四,合作撰写二;中央民族大学博士生郭德启合作撰写七、十六(三);中央民族大学博士生贺痴合作撰写五、十三(一);中央民族大学博士生赵启伟合作撰写二、十七(一);中央民族大学博士生刘学鹏合作撰写十二(二)、十七(三)和(四);中央民族大学硕士生常龙负责摄影,撰写十(三)、十二(四)、十三(二)、十五(二)、十六(五)、十九(一),合作撰写十二(二)、十六(三);中央民族大学硕士生赵妮撰写十(四)、十二(一)、十三(三)、十五(一)、十六(一)、十七(二)、十八(一)、十九(二),合作撰写十三(一);中央民族大学硕士生常靖撰写十一、十四(一)、十五(四)、十七(五)、十八(二)、十九(三),合作撰写十七(一);中央民族大学硕士生邹洲撰写十(一)、十二(三)、十五(三)、十六(二)、十七(七)和(九),合作撰写十七(四);中央民族大学硕士生廖嗨烽撰写十(二)、十三(四)、十四(二)、十六(四)、十七(六)和(八),合作撰写十七(三)。

本次调研,我们得到了各方面的帮助和支持。古丈县人大副主任向发旺百忙之中看望并接待了我们,古丈县档案局局长向银燕为我们提供了珍贵的资料,县委办公室的向书牧热情地接待并陪同我们查资料、参加座谈会,断龙山乡党委书记周大钊、乡长敖金耀、副乡长田欢为我们召开座谈会,断龙中学和断龙山乡中心完小的领导和老师耐心为我们讲述了田家洞村文化教育状况,乡驻村干部彭民贵、田家洞村支部书记田宏双、村秘书田昌斌、田宏顺老人等在调研期间一直做我们的向导,带领我们入户访谈。他们都为我们的调研做了大量、具体的工作，特此向他们的热情接待和无私帮助表示深深的敬意和诚挚的感谢！中央民族大学杨思远教授对本书稿进行了审阅，并提出了宝贵的修改意见。创新基地科研秘书刘江荣博士，中国经济出版社的编辑等同志，都为本书的顺利出版付出了辛苦的劳动，在此对他们表示由衷的感谢！我们参考和引用很多与本次土家族调研有关的资料、著作和网站，在此向这些作者和所有默默帮助和支持我们的单位和个人，表示崇高的敬意和由衷的感谢！还有很多人提供了帮助，恕不一一列举。

民族经济是一个长期的研究领域，本书只是反映土家族村庄经济的一项报告，还有很多问题需要继续调查和研究，我们会长期关注民族经济发展。书中难免有疏漏和不妥之处，请各位专家学者批评指正。

目录

第一部分　村庄

一、田家洞村概况

田家洞村是湖南省湘西土家族苗族自治州古丈县断龙山乡所辖的一个行政村，是断龙山乡人民政府所在地。1984 年 1 月，田家洞自然村分为田家洞村、喜其哈村、报吾列村三个行政村，该村是一个典型的土家族村寨。

（一）村庄概况

1. 行政区划

断龙山乡位于古丈县西北部，酉水南岸，西北面以细塔河、唐家河（白溪关河）为界，与保靖县毗邻，北部以酉水河为界，与永顺县相邻，处在古保公路（古丈—保靖）中心位置。田家洞村坐落在断龙山乡的中心位置，距离县城 45 公里。历史上，该地曾设长官司，属永顺县所辖，亦为永顺县 11 个集贸市场之一，此地在永顺县的地位十分重要，是一个政治、经济、军事重镇。现在的田家洞村集贸市场是方圆 10 公里范围内最大的集市，也是古丈县与保靖县、永顺县三县交界最大的农贸商品交易集市。断龙山乡辖田家洞村、杨家河村、细塔村、报吾列村、喜其哈村、米多村、溪龙车村、猛虎洲村、龙王湖村、坐苦坝村、小白村、梅塔村、尚家村、白溪村、百家村 15 个行政村和断龙山乡居委会共 16 个村委，有 131 个村民小组，共 13246 人。全乡土地总面积为 95.86 平方公里，约合 143820 亩，其中，稻田 10742 亩，旱地 3836 亩，占总面积的 9.83%；森林覆盖率 63.7%；水面 3200 亩，占总面积的 1.56%。境内有龙叫河、双溪、细塔河、白溪关河，受酉水河底谷影响为台地，水源奇缺，俗有“田王二保（田家洞茄通）岩多土少，水荡地薄，十年九年旱”之说，是一个“九山半水半分田”的山区缺水乡。全村土地面积4876亩，总耕地面积1111亩，其中水田834亩，旱地277亩。近年来，在村支部和村委会两委的大力发动宣传下，全村村民大力发展种植烟叶，全村产业有了一定的发展，2012年，烤烟种植面积达到326亩，茶叶开发近224.6亩。

2. 民族人口

断龙山乡是一个以土家族为主体民族，土家族、汉族等多民族杂居的乡镇。截至2011年12月，田家洞村有6个村民小组，138户，共707人，其中，土家族人口占90%以上，还有少数为汉族、苗族等，绝大多数为农业人口，劳动力310人，其中，男性劳动力有170人。该村村民有田、向、彭、罗、黄、宋等姓氏，田姓为该地区土家族的第一大姓，田姓又分为七个不同的支系。田家洞村70%左右的土家族村民为田姓，田家洞、报吾列两村的田姓村民都视“包才”（当地方言发音）为家族的祖公，因而每年清明节都会自发前去“包才”的坟墓“挂清”。

3. 基础设施

（1）水利工程

断龙山乡自古以来就是一个干旱之地。古人语：“田王二保（田家洞、茄通），岩多土少，水荡地薄，十年九旱，三年雨不收。”田家洞村所处地区属于岩溶地质构造带，天坑星罗棋布，水源奇缺，人们历来都惜水如油。村境内有两座山塘，田一组附近的小山塘和下信寨山塘目前都需要整修，储水不多。新中国成立后，从1958年1月23日上断龙山取吊洞河水引来田家洞村灌田开始，曾经出现英雄三战断龙山，至1995年12月24日接龙渠引水工程时止，历时38年，从爷爷到孙子祖孙三代人年年修水利，一条长藤结瓜式的水线网终于有了雏形，百姓畔水的梦想至此才得以实现。但是，引渠并不意味着断龙山乡就真正完全摆脱了缺水的历史，仍然不能达到旱涝保收的境况，有待持续为水而战。

改革开放以后，各级政府和人民不断地为田家洞乃至全乡兴修水利。1986年2月泽比条水库补漏压力灌浆工程动工，年底完工试蓄水，初见效益，同时对小白小一型水库补修涵卧管完工。1988年4月溪龙车泽益乍天坑电排动工，8月底完工，试车抽水，解决了信封坪、胡家坪、信必老三地稻田300余的灌溉。1990年3月古丈县水电局在乡水管站的配合下，对断龙山水系枢纽工程进行斟察设计，整个工程分三期实施，其中，主干渠长27900米，支渠22000米，一期为引水工程，二期为枢纽工程，三期为灌溉配套工程。1991年6月24日三期工程开工，共完成配套工程主渠3700米，1991年7月完工。1992年2月24日二期枢纽工程开工，1994年7月24日竣工，共完成高标准防渗渠道10200米。1994年10月18日，一期接龙渠至细塔水库引水工程开工，1995年12月24日竣工，完成高标准渠道7300米。1996—1998年，三期配套工程开工，灌溉配套渠道总长22000米。1998年2月开始实施口粮田建设，增加田家洞塘上至拔泽细塔拱桥，又至尚家，尚家至喜科哈灌溉渠道，全长13000米。2007年细塔水库排除修溢洪道年底完工。2010年牙姐冲水库排险修溢洪道年底完成。2010年泽比条水库压水灌堵漏年底完工。这些水利工程使该地区的缺水状况大为改观。

（2）农村电网改造

断龙山乡电力事业起步较晚，1980年以前，全乡基本上没有任何电力基础设施，直到1983年冬，断龙山乡才开始通电，当时仅田家洞村、白溪村、百家村、尚家村、梅塔村、喜其哈村六个村和乡政府通电，用电线路45000米，其中，民用低压线路仅5000米。此后，断龙山乡电力事业虽然逐步发展，但进程缓慢。1997年秋，断龙山乡建起一座总造价达5万元的水电管理办公楼，拥有职工14人，此时断龙山乡电力事业初具规模，已拥有45台变压器，输电线总长125000米，其中，高压输电线10000米，低压输电线115000米，用电户3000多，全年用电量达120万千瓦时。直至2000年3月，断龙山乡电力事业才开始加快发展步伐，对田家洞村、喜其哈村、米多村、报吾列村、小白村等村和乡直机关进行了农村电网改造，实现城乡同价。2006年，对溪龙车村、猛虎洲村等村进行了农村电网改造，实现城乡同价。2009年，对杨家河村、胡家坪村、龙叫河村、坐苦坝村、细塔村等村进行了农村电网改造，实现城乡同价。2007年后，断龙山电力事业发展迅速，断龙山乡原有输变电设施已不能完全满足居民用电需求。为彻底解决这一问题，2010年下半年，红石林供电所投入较大资金对断龙山乡的输变电线路进行增设、改造，该项工作现已全部完成。线路改造后电容量已大为改观，有效解决了用电高峰时电压不足的问题。现在已配备高素质电力职工5名（每三个行政村均有一名专职电工），已基本满足该乡居民的生活用电及工业用电需求。

（3）公路建设

20世纪80年代，断龙山乡仅有一条白河公路，总长仅65公里，人们生活非常不便，近20年来，断龙山乡公路交通发展很快。目前，田家洞村处在古保公路（古丈—保靖）的中心位置，与其他村实现了公路村村通，甚至通到了村民组，公路交通便利。1991年12月，大龙热村级公路动工，1993年竣工。1992年5月，小白村、坐苦坝村级公路动工，1993年3月竣工。1993年7月梅塔村级公路动工，1994年底竣工。1994年1月，细塔村级公路动工，年底通车。1997年10月，口粮田公路，老洞至拔泽、喜科哈公路动工，1999年竣工。1998年，河迁公路扩宽，白家半边桥至米多村卫家苦开工，1999年竣工。1998年4月，母年毫至报吾列利吉冲村级公路开工，2000年竣工。2001年7月，杨家洞村级公路开工，2002年9月竣工。2003年4月，龙叫河村级公路开工，溪龙车至龙叫河公路，2005年2月竣工。2007年，喜其哈村至老虎洞村级公路开工，2009年竣工。2009年8月，喜其哈至介牌村级公路开工，2010年竣工。2009年5月，河迁县级公路扩宽硬化，开工。目前，田家洞村已修通除田二组的大部分通组公路，村道人行硬化也完成了关一组靠近乡中心卫生院的道路200米左右。这些公路的建设，大大便利了田家洞村民的生活和生产，尤其是为田家洞集贸市场的发展提供了非常便利的交通条件。但是由于该村底子薄，全村的交通仍然落后，村民耕田种地很多地方仍然依靠肩挑背驮。

（4）邮政通信

1986年，电话通信只有乡直机关手摆电话8部。1994年底，乡直机关程控电话开通。1998年7月至2000年，田家洞村、米多村、溪龙车村、猛虎洲村、梅塔村、白溪村、大龙热村、百家村、尚家村、喜其哈村、细塔村、报吾列村、小白村、坐苦坝村等15个村先后安装程控电话，杨家河村、龙叫河村开通无线电话，无线网络实现全覆盖，有电话机200余部。2000年断龙山乡仅有11部电话，到2011年已拥有电话651部，手机530部。2003年实现了电话村村通工程。2002年4月，断龙山乡政府微波站铁塔开工，10月竣工，田家洞村开始广泛使用手机，从此通信广泛应用于百姓生活。断龙电信所位于断龙山居委会内，于2003年3月竣工营业，占地面积165平方米，电信所成立后，致力于网络发展工作。从2000年的1对电缆到目前的出局电缆共270对总放电缆45公里，放光纤27公里。2004年，田家洞村塘上联通微波站开通。2007年，细塔村杨家微波站开通，2008年，米多村、龙爬溪村微波站开通。截至2008年，继梅塔村、溪龙车村、细塔村微波站开通，全乡移动、联通、电信实现全覆盖，手机应用网络遍及全乡，实现联网通信、购物、科技服务网络化。截至2010年，全乡手机拥有量达10000部，占全乡人口总数的80%左右。

断龙山邮政所建于1975年，当时面积不足100平方米。现已在原有基础上进行了扩建，建筑面积为400平方米，担负着断龙山乡15个行政村及居委会13000多人的邮政服务，包括报刊发行、函件、包裹、快件等其他相关业务。自成立之日起，办公设备日益改善，办事效率日趋提高。2009年，邮政局为断龙山邮政所投递人员配备了一辆摩托车，从而进一步提高了邮件的到达速度。断龙山邮政所现有职工4人，其中，正式工3人，聘用工1人，报刊投递额从建所的几百元到目前的数万元，发展较快。2005年，邮政快传开通，进入邮购种子快传快递通道。邮政事业的发展极大地方便了广大用户生活和生产。

（5）电视

1986年，断龙山乡有黑白电视300余台，多数在田家洞村、喜其哈村、米多村及乡直机关，乡广播站高铁塔无线工程开始动工修建，10月竣工，各家各户用室外天线，接收信号看电视，因信号弱收视效果不是太好，但能收看到电视节目。1988年，边远村、高山村开始购置卫星接收天线，电视机发展到500余台。1992年3月，古丈县广播局在断龙山乡至古丈县架设电缆，安装闭路电视，年底开通，田家洞村、喜其哈村及乡直机关可以收看闭路电视、彩色电视，这一年包括农村购室外卫星接电视增至2000余部。1996年，县广播局又将电缆扩至米多村及公路沿线村，8个村的电视包括彩电增至3500余台。2001年，除个别特困户外，田家洞村85%的农户看上了电视。到2006年，为了扩大内需，国家实行家电下乡政策，对家电进行补贴，家家户户都能看上了电视，实现了全覆盖，普及了彩电。2008年，宽带到乡，电脑联网，实现电脑办公、网上购物、网上服务、银行一卡通、天气预报信息网络等全程服务。

4. 医疗卫生

田家洞村村民现在基本都在断龙山乡中心卫生院（原田家洞地区卫生院）就医，该卫生院位于断龙山居委会，现共有在编医务人员14人。自20世纪

60 年代初始建以来，卫生院几经扩改建，占地面积由原有的 500 平方米扩大到现有的 3000 多平方米。2000 年以来，在乡政府的大力支持下，在全体员工的共同努力下，断龙山乡卫生院发生了翻天覆地的变化，房屋建设由原来一栋 250 平方米的裸露火砖平房（职工和病房共同），变成一栋 370 平方米的门诊医技楼，一栋 450 平方米的住院综合楼，现在一栋 800 多平方米的职工廉租房住宿楼正在修建。医疗设备由原来的简单人工器械，变成为 B 超机、心电图仪、心监控机、X 光机、血常规分析仪、尿分析仪、综合手术床、光学显微镜、全自动血球分析仪、半自动生化分析仪等先进医疗设备。针对缺医少药的医疗状况，先后进行全面、系统改革，加强了妇产、疾病防控、幼儿预防接种、门诊、住院医务等事业，增加配置了医务人员，对村医疗室及村医进行了配备和培训，在医疗服务上方便了群众，实现了大病不出乡、小病在村治。由原来能看简单的常见病到现在能治疗一些多发、疑难病及开展下腹部手术。随着国家惠农政策新型农村合作医疗的普及，不但解决了本地农民看病贵、看病难的问题，也使卫生院得到了发展。2009 年，断龙山乡全面推行新型农村合作医疗，成立了断龙山乡新型农村合作医疗管理小组，截至 2010 年底，田家洞村村民参合率达 91%，目前田家洞村全部村民都享受到了新型农村合作医疗保险。

5. 教育文化

田家洞村现有三所幼儿园，两所民办，一所公办，村里大多数学龄前儿童基本在这三所幼儿园入园。田家洞村、喜其哈村、报吾列村等村共用一所小学——断龙山乡中心完小（田家洞中心完小），中心完小新校区坐落在喜其哈村，是全县最大的小学，田家洞村大多数孩子就读于这所小学。由于全乡其他村寨一般都是几个村就近共用一个小学，一般也只有一二年级，因此乡里其他村寨的孩子从三年级开始寄宿就读于中心完小。据 2012 年 6 月统计，中心完小共有 16 个教学班级，在校学生 800 多名，其中，3 ~ 6 年级共计 400 多名学生在学校寄宿，有 33 位专职教师，4 位代课教师。断龙山乡初级中学——断龙中学坐落在田家洞村，与喜其哈村、报吾列村相邻，除少数学生随父母到古丈县上初中以外，田家洞村大部分小学升初中的学生都在这所中学就读，断龙中学共有 6 个教学班级，在校学生 200 多名，有 24 位专职教师。全县只有县城一所完全中学——古丈县第一中学，因此，田家洞村学生上高中都要去县城寄宿上学。学校现有教学班级 54 个，在校学生 3000 多名，其中，高中部35个，在校学生2000多名，在岗教职工达231人，其中，高中部162人，初中部69人。

田家洞村的土家族传统文化底蕴非常深厚。该村的社巴节等传统祭祀节日，哭嫁、夺床等传统民俗，茅古斯舞和摆手舞等民族舞蹈，山歌、民俗歌等土家族民歌，都非常著名。村民基本上都会跳摆手舞、茅古斯舞。其中，茅古斯舞、摆手舞等民族舞蹈，梯玛歌、打溜子、咚咚喹等民歌，被列为国家级、省级和州级非物质文化遗产保护名录。社巴节是湘西州土家族最隆重的传统祭祀节日，也是土家族的文化荟萃，有严格的祭祀仪式、独特的祭祀方式和丰富的表达内涵，有反映土家族男女爱情、婚姻习俗的内容，社巴节祭祀的社巴堂就在该村。田家洞村的“社巴节”一般在每年立春之后的第五个戍日举行，五年一小搞，十年一大搞，整个断龙山乡的土家族一起过社巴节，自己打鼓点，唱土家族歌曲，不同村庄的土家族轮流组织安排过社。在古丈县断龙山乡原属田家洞自然村的报吾列村被提名为“土家族非物质文化传承人”的田祖福老人于1990年提倡并发起恢复“社巴节”，每年由当地百姓自发举办一次。

6. 村民生活

随着改革开放的不断深入和市场经济的发展与不断完善，各项惠民、惠农政策的逐步落实，田家洞村村民的收入和生活有了较为明显的改观。田家洞村村民人均纯收入由2002年的770元增加到2011年的3000多元，主要收入来源为种植业、商业、运输业等。大多数村民从事“两叶一果”（烟叶、茶叶和柑橘）种植，少数村民从事商业、运输业和其他行业，他们的家庭收入相对较高，也有个别几户生活条件比较困难的家庭，基本靠政府低保收入维持生活。田家洞村已家家通上了电，用上了自来水。有线电视、洗衣机、电冰箱等家用电器，电话、手机、摩托车等交通通信产品，都已经成为村民必需的日常消费品，电视、电话（手机）实现全覆盖。部分家庭安装了空调、热水器，传统用木柴或木炭取暖的方式基本被电暖气所取代，小汽车进入了少数家庭的生活。田家洞村村民以前都居住吊脚楼，而今他们居住的房屋多为依地势而建的砖（石）混结构平房，少数家庭仍居住着木质结构平房，少数经济条件好的家庭住进了两三层的楼房，土家族传统的木质结构建筑风格的吊脚楼因建造成本较高已经成为个别家庭的偏好，大多数家庭的房屋都在100平方米以上，进入房屋大门一般是客厅，正前方中央摆放着电视、DVD、冰箱、沙发或桌椅板凳等电器和家具，正对门的墙上设立了神龛，摆放着香炉，神龛上贴着红色毛笔贴联，正中央为“天地国亲师位”的大字，左右为小字，右边为“九天司命，太乙府君”，左边为“紫荆堂上，历代祖先”或“×氏堂上，历代祖先”，外侧还贴有对联。客厅两侧有多间卧室，供全家人居住。田家洞村村民的房屋多为东西向，院子里建有厨房、卫生间和杂物间（多堆放生产工具），院内栽有树木或种植蔬菜，很多家庭有散养的家禽。在当今生活的时尚潮流下，村民的服饰大都趋同于现代生活服饰装扮，除了在土家族传统的节日和活动之外，传统的土家族服饰已经很少在日常生活中穿着。

（二）自然条件

田家洞村位于湖南省古丈县西北部的武陵山区，是断龙山乡人民政府所在地，全村土地面积 4876 亩，处于该乡的中心位置，地处东经 109°48′，北纬 28°40′，北临米多村，西邻白溪村，东南与喜其哈村、东与断龙山居委会和报吾列村连在一起。村民多依山而居，地质构造属于中国东部新华夏构造第三隆起带中段，为岩溶和准平原地貌特征，气候特征为亚热带季风湿润气候，自然生态环境较好。

1. 气候特征

田家洞村位于海拔 500 ~ 1100 米，该地区处于亚热带季风气候区，属于中亚热带山地型季风湿润气候，具有四季分明、气候温和、日照充分、雨季明显、作物生长期长、酷夏和严冬为期不长等特点。该地区常年平均气温在 16°C 左右，常年月平均气温 18.2℃，日气温达到 35℃的天数每年平均 15 天，日气温低于零下 5°C 的严冬天数每年平均 0.7 天，全年日平均气温 10℃的作物生长期有 240.8 天，积温 49971°C，全年日平均气温 15°C 的喜温作物生长期也有 183 天，年平均无霜期 275.5 天。田家洞村月平均相对湿度 81%，全年平均日照为 1304 小时左右，年平均太阳辐射热量约为 94 千卡/平方厘米，年平均蒸发量约为 1015 毫米，年平均风速为 1.1 米/秒，风向以南风为主。常年平均降水量为 1475.9 毫米，雨水比较均匀，70% 以上雨量集中在春夏的 3 ~ 8 月，夏末伏旱比较严重，秋天在单一冷空气团控制下往往出现秋旱。田家洞村得天独厚的气候资源优势，既有利于夏熟、秋熟各种粮食作物的生长，也有利于烟叶、茶叶、经济林木和柑橘等经济作物的生长，为传统农业转型，大力实施“两叶一果”战略提供了有利的气候条件。

2. **地形地貌**

田家洞村地处云贵高原向东延伸的武陵山区，该地区地质构造属于中国东部新华夏构造第三隆起带中段，褶皱断裂极为发育，属列夕向斜和保靖背斜，列夕向斜轴向北45°东，轴部由奥陶纪中晚世及志留纪早世地层组成，岩层倾角近似水平，两翼为寒武纪和奥陶纪早世地层，岩层倾角为15°~30°，为开阔平缓向斜；保靖背斜呈拱状，走向北40°东，轴部由寒武纪早世地层组成，两翼受保靖散溪—平头司压扭性断裂所破坏，岩层倾角为10°~30°。该地区海拔高度为300~535米，山峦起伏，村庄所在地势相对平缓，属于岩溶地貌特征，天坑星罗棋布，全村有低山、丘陵、河谷、天坑等地形，主要地形为山地，地面坡度较大。田家洞村所在地区由龙叫河、双溪、细塔河、白溪关河环绕，受酉水河底谷影响呈现为一大片台地。

3. **水文**

田家洞村所在地区小河、沟溪多，该村地处酉水河流域。酉水河，又称北河，是田家洞村北面最大的河流，也是古丈县境内最大的河流。《汉书·地理志》记载：“酉源山，酉水所出，南至沅陵入沅，行千二百里。”据《山海经》、《水经注》等史籍记载：“古之九江，位在洞庭。”酉水即古代九江之一。秦汉时期，酉水就以酉溪之名著称于史，或称首于武陵“五溪”。酉水河发源于湖北省宣恩县，沿岸都是土家人的聚居地，是20世纪60年代以前湘西与外界物资交流和文明传递的主要渠道，是土家族的母亲河，是土家族的摇篮。它全长600多公里，平均宽度约12.5米，流域面积约40000平方公里，由北向南横跨武陵山区，流经湖北、湖南、重庆土家族聚居区，由重庆市秀山县辗转流入湘西，从保靖县流入古丈县，沿田家洞村北部东向汇入沅水，最后注入洞庭湖，该河建有凤滩水电站。酉水两岸为石灰岩山地，褶皱山向背斜十分明显且很有规律，山上裸露岩层呈水平纹理风化，顶部多纵向水蚀下切而成的凹槽，喀斯特地貌特征显著，呈现出奇异而美丽的三沟两叉地形、独峰地形、漏斗地形、溪洞地形等。此外，田家洞村西北面还有细塔河、唐家河（白溪关河）河流。田家洞村地区漏斗状溶水洞、洼地、天坑、地下河遍地皆是，地下河发达，地面无溪河水系，大部分降水渗入坑洞汇入地下河，溶洞泉、基岩裂隙水等地下水多沿断裂带分布。田家洞村常年平均降水量为

1475.9 毫米，雨水比较均匀，河流、地下水、井泉水均随着亚热带季风气候带来的降水量的变化而变化。

4. 自然灾害

田家洞村的自然灾害主要有水、旱、风、雹、冻等灾害性天气，此外，还有虫、火等自然灾害。该地区早春气温低，寒潮频繁，随着冷暖气旋进退，春季时寒时暖，雨量较多，有时会出现冰雹、龙卷风等天气。进入夏季，雨量相对较为集中，阴雨连绵，有时会出现暴雨，部分地区会有山洪暴发，垄田坡土常受到冲刷，夏末伏旱较为严重，农谚有“头伏日头二伏雨，三伏太阳晒死鬼”的说法。到秋季，时有风暴，随着冬季风的突起，秋雨出现，冷空气南侵常常导致 9 ~ 10 月出现规律性的寒露风，受单一冷空气团控制往往出现秋旱。冬季持续时间较长，干燥寒冷，出现霜、雪等。干燥多风往往导致山林火灾。据资料记载，1977 年古丈县全县两次普降暴雨，雨量达 357 毫米，普遍受灾严重，田地、房屋和财产损失严重，有人员伤亡。1921 年，古丈县全县发生严重旱灾，1981 年 6 月 11 日至 9 月 9 日，日均气温 27°C，蒸发量超过 600 毫米，全县遭受 60 年以来历时三个月罕见的特大旱灾，田家洞村等地情况最为严重，出现“溪沟断流，井水干涸，塘库无水，竹枯草死”的惨痛景象，粮食减产 60.5%，车辆运输供水，出现大面积流感、痢疾、肠炎、腹泻等疾病，损失巨大。

（三）田家洞村土家族的来源

1. 土家族族称的演变

土家族自称“毕兹卡”、“毕基卡”或“密基卡”。学术界对土家族自称的本义有不同的解释。社会学家、民族学家潘光旦首先认为：“‘毕兹’是名称本身，‘卡’等于‘族’或‘加’。”[①] 彭官章认为：“‘毕兹卡’应是古代‘伏羲’、‘鼻息’（古代羌戎的一支）的转音。”[②] 彭秀模则认为《宗周钟》铭文中的“南国孳”的“孳”就是指古代賨人或板楯蛮，他通过对历史文

① 潘光旦. 湘西北的“土家”与古代巴人［M］//中央民族学院研究部编. 中国民族问题研究集刊（第四辑），1955.

② 彭官章. 土家族族称演变［J］. 民族研究，1988（2）.

献、语言文字和古音韵学等的研究后认为，在秦昭襄王时，以射杀白虎为业的板楯蛮世号“白虎复夷”，“复夷”就是“孳”，即“孳夷”的简称，因此，“孳”就是賨人或板楯蛮的自称。因为服与復、复均为德部并母字，上古音完全相同，“孳”就是“服孳”。随着汉字的演进，“孳”就写成了“服兹”，这个“服兹”就是土家族古语的自称，随着土家古语音的变化，古语“服”与“备”相同，近人就将“服兹”写成了“备兹”，今人又用同音的汉字写成了“毕兹”。邓少琴也认为：“按此器（《宗周钟》）记昭王时事……所记之‘服孳’，应即今日土家自称之‘毕兹卡’也。服，古音通毕。”[①] 由此，此说较为可信。另外，还有人则认为“毕兹卡”就是本地人的意思。

除以上自称说以外，在不同的历史时期，汉文史籍也用不同的称谓记载土家族历史族称。先秦时，土家族先民有多种称谓在史书中都有记载。在殷周之际史籍中出现的“巴人”、“彭人”即是土家族先民古老的支系，甲骨文中就有“巴方”的记载。[②] 春秋战国时期，土家族被称为“廪君蛮”，因其使用的武器独特被称为“板楯蛮”，因其称赋税为“賨”而被称为“賨人”，又因居住地域不同，泛称为冠以地区名的“蛮夷”。自此至秦，土家族被统称为“西南夷”。两汉至晋，又被称为“巴郡”、“南郡蛮”、“武陵蛮”、“五溪蛮”、“酉溪蛮”、“溇中蛮”、“建平蛮”、“豫州蛮”、“酉阳蛮”、“五水蛮”、“荆雍州蛮”、“宜都蛮”、“天门蛮”等。隋唐至宋，先后以因建制变化的地域名称而命族，土家族先后被称为“辰州蛮”、“南北江诸蛮”、“夔州蛮”、“信州蛮”、“彭水蛮”、“施州蛮”、“石门蛮”、“高州蛮”等，这个时期的史籍也开始出现了有别于其他族类的专门称呼土家族先民的称呼“土兵”、“土人”、“土丁”等。元明至清初，土家族地区建立了土司制度，对土家族带有“土”字命族的称呼“土兵”、“土人”、“土民”、“土蛮”等在史籍和方志记载中大量出现，也有一些以地域命族的，如“酉阳蛮”、“九溪十八洞蛮”等。清雍正年间“改土归流”之后，汉人大量迁入土家族地区，便出现了“土民”与“客民”、“土籍”与“客籍”之分，为了区别于迁入的外族人，他们用汉语自称“土家”，迁入的汉人被称为“客家”，毗邻的苗族被称为“苗家”，至此，“土家”一词开始出现。中华人民共和国成立以后，我国实

---

① 邓少琴．巴蜀史迹探索［M］．成都：四川人民出版社，1983.

② 郭沫若．甲骨文合集［M］．北京：中华书局，1982：6478.

行民族平等、民族团结和共同发展繁荣的新民族政策，通过识别并经中央政府确认，1957年1月3日，中共中央统战部发文，确定其为单一民族，正式定名为土家族。

2. 田家洞村土家族的源流

土家族是湘鄂渝黔毗连地带一支历史悠久的民族，他们的先民祖祖辈辈就繁衍生息在湘鄂渝黔边的云贵高原东端余脉的大娄山、武陵山及大巴山麓10余万平方公里的广袤土地上。土家族聚居地区，以武陵东脉和清江流域为中心，西抵贵州梵净山和乌江，东接彝陵和江汉，北界巫山长江，南控兰澧芷沅，整个地区属山区丘陵地带，溪河密布，峰巅山峦挟持河谷平坝，自云贵高原向东倾斜延伸，属于典型的亚热带气候，气候温和，雨量充沛，森林茂密，适宜农作物和果木生长，具有发展农林牧副渔业的良好条件。

根据2010年第六次全国人口普查统计，土家族人口数为835.3912万，占全国少数民族人口的7.34%，其中，男性430.726万人，女性404.6652万人，仅次于壮、回、满、维吾尔、苗、彝等族，在全国少数民族中人口排第七位。土家族主要分布在湖南、湖北、贵州三省及重庆市，其中，湖南省土家族人口最多，有263.2452万人，占全国土家族人口的31.51%，占全省少数民族人口的40.18%。全国各地还有散居的土家族。目前我国在25个县区实行土家族区域自治，其中两个自治州（共辖16个县市），5个土家族苗族自治县，4个土家族自治县，40个土家族乡，41个土家族联合自治乡。本次田野调查就选在湖南省湘西土家族苗族自治州及下辖的土家族苗族自治县——古丈县的田家洞村。

土家族具有独立的语言、传统的节日、古朴的歌舞、精美的工艺、奇特的乐奏、哭唱的婚丧、特殊的信仰、自尊的禁忌、顽强的民族意识和悠久的历史遗迹等基本特点。土家族语言属汉藏语系藏缅语族，是比较接近于彝语支的一支独立语言，现在绝大多数人通用汉语，沿西水（源自湖北鹤峰，注入湖南沅水）流域约20万人仍使用土家语，有的也兼通汉语。因为土家族只有语言而无本民族文字，所以对本民族的源流无文字记载，而汉文献记载又十分零散且存在较大差异，加之我国历史上各民族迁徙、融合与互动频繁，造成土家族历史源流十分复杂，故当今学者在研究土家族源流问题上众说纷纭，诸说并存，尚无定论。

土家族的主要源流有以下四种说法：第一种，巴人说。该说认为，现存土家族的主要分布区域与古代巴人所居住的区域基本一致，土家族自称与历史上巴人活动的有些地名读音相近，巴人崇虎与土家族相同，土家族的一些姓氏与巴人的一些姓氏相同等。第二种，土著说。该说认为，以土家族分布区域出土的新石器文化遗址和土家族遗留的地名为根据，证明土家族的主要来源之一就是最早定居于湘鄂渝黔的先民。第三种，乌蛮说。该说认为，据《新唐书》、《复溪州铜柱记》等史籍记载，土家族的形成主体主要是唐代中叶由贵州迁来的乌蛮的一部分。贵州境内被称为“比跻”或“比际”的人与土家族自称相同，而中唐以后，“越嶲”一带的乌蛮入侵贵州，征服了当地一部分土著，就是白罗罗称谓的起源，一部分与他们长期斗争，最后被迫迁入湘西和云南，而土家族与彝族在语言、信仰、歌舞方面有相似之处，因而认为土家族是乌蛮的一支。第四种，彭氏说。该说认为，土家族是江西彭氏的后裔，唐末五代初年，由彭王咸率领的江西彭氏子孙及百艺工匠入主湘西后，披荆斩棘，开拓疆土，统治湘西，在此繁衍生息。以上诸说虽不完全一致，但有一点认识是统一的，这就是发展到唐代末五代后，土家族已逐步形成为一个有共同语言、共同地域、共同经济生活和共同文化心理素质的稳定的人们共同体，开始形成一个单一的民族。

湘西土家族地区社会发展历史悠久，土家族先民在武陵山脉的怀抱里叩石垦壤、艰辛生存，土家族儿女日出而作，日落而息，用汗水和热血浇灌着秀丽的崇山峻岭，书写着他们的传奇历史，酿造着奇异的民俗风情。据考古发现，旧石器时代就有人类活动，湘西州境内已发现旧石器文化点 13 处，这说明早在 10 万年前，州境就有原始人类从事采集和渔猎活动；发现龙山里耶、大庸古人堤等地的新石器时代文化遗址 10 多处，这说明早在六七千年前，该地区已出现原始农业、畜牧业和手工业。商周文化的印痕在州域随处可寻。很多土家语地名至今犹存，说明这些地方最早应该是土家族先民开辟和居住的。到唐代末五代后，土家族已逐步形成为一个有共同语言、共同地域、共同经济生活和共同文化心理素质的稳定的人们共同体，开始形成为一个单一的民族。

自唐末农民起义后，“溪州蛮酋”相继而起，溪州彭士愁自署刺史后，势力日趋强大，割据地区不断扩大，除管辖上、中、下溪州外，还管辖龙赐、天赐、忠顺、保静、感化、永顺、安、远、新、洽等 20 个州地，不断与楚争雄，多次进犯楚地。后晋天福四年（939 年）秋，彭士愁举兵攻打辰州、澧州时，楚王派兵反击，经过数次战斗，彭士愁节节败退，后经过谈判，双方缔结盟约，铸铜柱立于溪州会溪。溪州之战后，彭士愁虽在军事上失利，但其政治地位和管辖地域却得到了楚的确认。楚王马希范仍授彭士愁为溪州刺史，继续管辖溪、锦、奖州，使其取得合法地位和领地，为彭氏在湘西维系八百余年统治奠定了基础。这使土家族地区在政治上获得长期的稳定，在经济上得到了相应的发展。五代时，土家族地区以农业为主，并喜渔猎，不事商贾。生产时，耕作粗放，伐木烧畲，火耕水薅，不施肥，不灌溉，农业产量极低。这时已有阶级分化，封建领主是最大的统治阶级。他们占有大量土地，广大农民则沦为农奴，受到封建领主的压迫剥削。

唐宋时期，土家族地区手工业和副业有了一定的发展，除采茶、取蜡、炼朱砂水银、采药较为突出，这些手工产品，多作贡品，供统治者向朝廷纳贡之用，并取得朝廷可观的“回赐”，即不少的食盐、丝绸、服饰以及金银货币等，这种官方贸易形式使上下统治者受益不少，农民一无所得。但这种“贡赐”关系，客观上又保持了地区政治稳定，促进各地经济技术的交流。

田家洞行政区划设置自明朝开始分别在正史、方志等史书典籍中出现，田家洞长官司最早见于《明史·土司传》：“洪武五年（1372 年），永顺宣慰使顺德汪伦、堂厓安抚使月直遣人上其所受伪夏印，诏赐文绮袭衣。”田家洞长官司位于永顺县城，永顺县田家保之辖境就是原田家洞长官司的辖境。永顺县在辖境内设有 11 个集贸市场，田家洞属其中之一，永顺还设置了田家洞塘。从永顺县建立后所设“田家保”、“田家洞市”、“田家洞塘”看，此地在永顺县的地位十分重要，至少是一个政治、经济、军事重镇，旧设长官司，为永保苗路，攒簇排列，重岗叠嶂，地险民勤，奸苗不敢轻犯，此“田家洞”就是今天古丈县断龙山乡田家洞自然村。

明末清初，土家族农民大量使用从汉族地区输入的各种先进农具，如铁犁、铁耙、铁镰等，还学会了制造使用蜈蚣车、冲筒、水磨、水碓、水碾等。在汉族地区经济的影响下，土家族地区出现了土地买卖，封建领主经济逐步向封建地主经济转化。但由于汉族商人和农民的大量迁入，新兴地主阶级的出现，广大农民不但受各种形式的地租剥削，还受到各种差役和苛捐杂税的剥削，生活苦不堪言。清雍正年间，在土家族地区实行的“改土归流”是一次政治经济制度的大变革，废除了土司制度，实行流官制度，客观上推动了土家族地区政治、经济的大发展。在政治上，打破了元明以“蛮不出境，汉不入洞”的禁令，这有利于国家的统一，有利于各民族的相互交往。在经济上，随着土司剥削制度的废除，广大农民摆脱了封建领主的人身依附关系，成为自由农民，并拥有自己开垦的土地，促进了社会生产力的发展。与此同时，汉族农民和商人带来先进生产技术和工具，特别是百艺工匠人员进入土家地区后，使一些城镇逐步建立和壮大，促进了土家地区手工业的起步和发展，如纺织、木雕、刻画、铸造、金工和采矿等。“改土归流”后，土家地区的商业贸易空前活跃，货畅其流，购销两旺，各州、府、县及交通要道集镇已成为百货营集的重要市场。有的产品，如盐业已设专店，分销川盐和淮盐。商品经济的发展又促进了土家族地区农业生产的发展和人民生活的相应改善。

土家族在近现代爱国斗争中做出了杰出的贡献。鸦片战争时，清朝副将鹤峰土家族陈连升与其子陈长鹏，率领600多名楚兵与从海路来犯的侵略军奋战，不幸以身殉国。八国联军攻陷大沽口之时，湘西轮州土家罗荣光任总兵，他严词拒绝敌军的胁迫，身先士卒，在激战中牺牲。温朝钟、黄玉山等人曾组织川鄂湘黔铁血联英会，发动起义震撼清廷。至今，土家农民薅草唱的田歌仍在歌颂他们的革命精神。在近代史上，土家族人民为民族的自由和幸福，参加了历次反侵略、反压迫斗争。第二次国内革命战争时期，湘鄂川黔革命根据地成为革命的大后方，为保持革命的基本力量起了不可低估的作用。抗日战争时期，又成为抵御日寇的一道钢铁长城。土家族人民为中国革命的胜利做出了巨大的牺牲和不可磨灭的贡献。土家族是一个勇敢、富有爱国传统的民族。

湘西、鄂西田姓当初统一被确定为土家族，一是巴人廪君巴务相的子民为田姓，二是按照相关法律规定，必须在本地居住、生活十二代人以上。野三关柳家山田行皋石碑的发现证明，田岂后裔在湘西、鄂西地区生活达1000多年，因此被划为土家族，为湘西、鄂西自治州的成立起到了决定性的作用。湘西土家族苗族自治州对田姓来源做过调查，龙山、凤凰、永顺以及桑植等县市的田姓，都称自己是田岂后裔，其家谱记载也证明了这一点。田家洞自然村目前有2100左右人口，其中土家族占人口的90%以上，其中70%左右的村民为田姓。由于田家洞、报吾列两村的田姓村民视“包才”为家族的祖公，因而每年的清明节都会自发前去“包才”的坟墓“挂清”。

地名包含着社会历史及其变迁的信息。民间对田家洞村有不同的称呼：当使用汉语言时就表述为“田家洞”，如“到田家洞去赶场”，而当使用土家语时则将“田家洞”称为“哆娜”（土家语记音），如“哆娜去赶场”。“哆娜”是一个土家语。“田家洞”的地名是因设立“田家洞长官司”而形成的。田家洞行政村辖区内有一个集贸市场，它是方圆20里范围内最大的集市，周边保靖县、永顺县与断龙山乡交界的村民常常会来此地赶集并进行商品交易。石刻是乾隆年间永顺县设置田家洞集市的最直接物证。

田家洞村特点鲜明的“过社”活动也揭示了土家族的历史，它既不像区域性祭祀活动，也不像家族性祭祀活动，因为区域性祭祀活动是所有姓氏共同参与的，而家族性祭祀活动对象是本族的祖先。长官司代表辖境臣民祭祀神灵，祈求风调雨顺、国泰安民是分内之事。长官司代表地域内臣民每年举办“过社”这一祭祀活动，家族成员各自承担相应的工作，年复一年不断地被重复。田家洞自然村的“过社”习俗实际上是土司时期长官司作为基层地方政权每年一度祭祀活动的遗风。

在新中国成立前，由于历史的原因，土家族作为单一民族一直没有得到社会的认同。直到20世纪50年代初，党的民族政策得到了深入的贯彻落实，以田心桃为首的湘西土家族知识分子和上层人物，根据土家人的历史、习俗、文化、语言、宗教信仰等多方面的特性，不断向上级反映，要求国家对土家族人的民族成分进行识别。中央对此十分重视，多次委派国家民委及有关部门组成调查组，深入到湖南湘西、湖北鄂西等地的土家族人居住地深入进行调查先后花了数年时间，搜集了大量的第一手资料，并多次组织我国著名的民族专家如向达、潘光旦、严学君、王静如、谢华等，再加上土家人专家田心桃、彭泊、彭武一、彭秀模、彭勃、田荆贵等，一起反复进行研究讨论，根据这些实地调查材料和专家们的一致意见，认定了土家族为我国单一的少数民族。

（四）田家洞村村庄的变迁

田家洞村处湖南省古丈县西北部，是断龙山乡人民政府治所所在地，田家洞是一个历史悠久的古遗址，历史上州域隶属关系复杂，行政区划演变频繁。唐虞之时，有“蛮地”之称，属“三苗”范围。夏代，为“荆州之域”。商代，属楚“鬼方”地域。西周至春秋，属楚“黔中地”。战国时期，属楚地黔中郡。秦统一中国后，置郡县，属黔中郡。至西汉，析黔中郡，设武陵郡。三国时期，田家洞初属蜀，后属东吴，境属荆州郡。西晋、东晋属荆州武陵郡。隋唐五代时期属黔中道。宋为荆湖北路。元置永顺路，后改永顺保靖南渭安抚司。至大三年（1310 年）改为永顺等处军民安抚司。至正十一年（1351 年）改为永顺等处军民宣抚使司，隶四川行省。明洪武三年（1370 年）十二月置永顺等处军民安抚司，治永顺。洪武六年（1373 年）升为永顺等处军民宣慰使司，治永顺，隶湖广布政使司，后改属湖广都指挥使司，辖三州六长官司，其中包括田家洞长官司。自明朝开始，田家洞长官司分别在正史、方志等史书中出现，田家洞长官司最早见于《明史·土司传》："洪武五年（1372 年），永顺宣慰使顺德汪伦、堂厓安抚使月直遣人上其所受伪夏印，诏赐文绮袭衣。"田家洞长官司位于永顺县城，永顺县田家保之辖境就是原田家洞长官司的辖境。永顺县在辖境内设有 11 个集贸市场，田家洞属其中之一，永顺还设置了田家洞塘。从永顺县建立后所设"田家保"、"田家洞市"、"田家洞塘"看，此地在永顺县的地位十分重要，是一个政治、经济、军事重镇，旧设长官司，为永保苗路，攒簇排列，重岗叠嶂，地险民勤，奸苗不敢轻犯。此"田家洞"就是今天古丈县断龙山乡田家洞自然村（即田家洞村、喜其哈村、报吾列村三个行政村）。清雍正七年（1729 年）"改土归流"，裁废永顺、保靖、桑植三宣慰司，置永顺府，古丈为直隶厅，隶辰沅永靖道。道光二年（1822 年），析永顺县之罗依、西英、功全、冲正四保地置古丈坪厅（散厅，即古丈县），直隶永顺府。"民国"时期，"民国"二年（1913 年）改古丈坪厅为古丈县，属永顺府，隶辰沅永靖道。"民国"三年（1914 年）湖南省废"府"、"州"、"厅"，保留道，州厅改名为县，辰沅永靖道改为辰沅道。"民国"十一年（1922 年）废道，各县直隶湖南省。"民国"二十五年（1936 年），湖南设立行政督察区专员公署，古丈县属第三区。"民国"二十六年（1937 年），湖南划为九个行政督察区，古丈县属第四区。"民国"二十九年（1940 年），湖南划为十个行政督察区，古丈县属第八区。

中华人民共和国成立之初，田家洞属永顺专区。1952 年 8 月，湘西苗族自治区成立，辖吉首、泸溪、凤凰、古丈、花垣、保靖 6 县。1955 年 4 月，湘西苗族自治区改为湘西苗族自治州。1957 年 9 月 20 日，湘西土家族苗族自治州正式成立。州府设吉首，辖吉首、泸溪、凤凰、花垣、保靖、古丈、永顺、龙山、桑植、大庸（现张家界市）10 县。1989 年至今，湘西土家族苗族自治州辖 8 县市。

田家洞自然村从行政区划上现属古丈县断龙山乡，该乡位于古丈县西北部，其西北面以细塔河、唐家河（白溪关河）为界，与保靖县毗邻，北部以酉水河为界，与永顺县相邻。1943 年，"民国"政府将田家洞村划入古丈县管辖，改名仁爱乡。1956 年 6 月，一区成立田家洞乡，1958 年 2 月，改为兴龙公社，同年 10 月与星火公社（今古丈县红石林镇）合并成为断龙山乡。1961 年 5 月分社，原兴龙公社辖区改名为断龙山公社。1984 年 1 月，改为断龙山乡，田家洞自然村是断龙山乡人民政府治所所在地，分为田家洞村、喜其哈村、报吾列村三个行政村。

民间对田家洞村有不同的称呼：当使用汉语言时就表述为"田家洞"，如"到田家洞去赶场"，而当使用土家语时则将"田家洞"称为"嗲娜"（土家语记音），如"嗲娜去赶场"。"嗲娜"是一个土家语。"田家洞"村的地名是因设立"田家洞长官司"而形成的。此外，民间还有一种说法，该村因田姓人多，村旁有一个大溶洞，故名田家洞。

（五）田家洞村的未来

中国是一个农业文明高度发达的发展中大国，目前正处于传统农业文明向现代工业文明转型的社会时期。十一届三中全会后实行改革开放，中国经济迅速崛起，工业化和城市化的进程不断加快，家庭联产承包责任制也使农村发生了巨大变化，同时，长期的非均衡发展战略造成了地区之间、城乡之间、收入和消费之间的差距逐步加大，占人口比例 70% 以上[①]，广大的农村地区仍处于相对落后的状态。美国著名经济学家、诺贝尔经济学奖获得者斯蒂格利茨认为，中国的城市化进程是影响和决定人类进程和世界发展进程两件大事之一，并且是中国 21 世纪面临的三大挑战之首要问题。[②] 进入 21 世纪以来，我国调整了发展战略，转向新的均衡发展战略，提出了诸多区域发展规划，努力推进城镇化和城乡一体化。

田家洞村作为经济社会相对落后的少数民族区域自治地方的村庄，依托当地资源状况、气候条件、地理位置等自然条件，加快发展步伐，创新

① 最新统计农业人口为 50%，此处采用广泛的农村地区概念，指县及以下地区人口。

② 张丽君. 乌鲁布铁——讷尔克气猎民村调查［M］北京：中国经济出版社，2009：18.

发展模式，在市场经济大潮中纳入国家整体发展战略，稳步实现经济转型和城镇化进程是当地政府和村民思考和探索的重大发展课题。一是要基于传统农业向特色农业转型，大力发展“两叶一果”，依托支柱产业，不断培养主导产业，打造湘西绿色产业。二是要加强农业合作组织建设，由粗放经营向合作经济转型。三是巩固和强化历史传承下来的田家洞农产品集贸大市场，规划建设高标准跨区域的集贸大市场，使其成为城乡一体化、城镇化、区域经济合作的一个重要桥头堡。四是依托湘西丰富的武陵山森林绿色氧吧、悠久的历史遗迹、独特的民族文化风情和建筑风格，有规划地开发旅游带，如红石林、苗寨、吊脚楼、大桥、武陵山等，大力开发湘西旅游产业。在调查走访过程中，笔者与断龙山乡政府敖乡长、田家洞村支部田书记也曾专门就田家洞村甚至断龙山乡的发展问题多次进行了长时间的交流和探讨，他们不但对此非常感兴趣，而且也讲述了他们正在实施的行之有效的一些做法。在这个问题上，他们大方向和思路都很清楚，近年来，在村支部和村委会两委的大力发动宣传下，全村村民大力发展种植烟叶，2012 年，烤烟种植面积达到 326 亩，茶叶开发近 224.6 亩，全村支柱产业和主导产业有了一定的发展。尤其是田书记是带头尝试“两叶一果”农业转型的楷模，他带领村支部和村委会干部对田家洞集贸市场提出了一系列成熟的规划和设想，重新规划市场摊位，把零散的摊位集中在村庄一片开阔的空地和主道路上，并着手集贸市场的软环境建设，建立市场保安队，制定了集贸市场管理制度，保护外来商户的经营，维持集贸市场的公平、繁荣秩序。这说明他们已经在突破民族传统文明的束缚，主动走向创新发展模式之路，也证明当今田家洞村土家族村民具有较强的面对历史进程适应新环境敢于创新的能力。相信勤劳、智慧的田家洞村土家族村民一定会把田家洞村建设成为一个更美好的家园！

二、农业和养殖业

（一）农业

农业是田家洞村的基础产业。截至 2012 年底，全村共有人口 707 人，耕地面积1111亩，人均占地1.57亩，其中水田834亩。2011年，人均纯收入3000余元，按不完全统计，农业收入占村民纯收入的50%。田家洞村的农业收入主要来源于经济作物——烟叶。近几年来，全村的农业种植逐渐地从传统作物稻谷等转向了经济作物，如烟叶和茶叶。如今，烟叶种植已经形成了一定的规模和特色，它给烟农带来了可观的收入，改善了大多数家庭的经济状况和生活水平。2011年，烟叶种植面积达到224亩，烤烟总产量为37吨。在县、乡政府的经济规划下，农业的发展战略将突出“两叶”开发，即烟叶和茶叶齐头并进。田家洞村将逐渐地从烟叶向茶叶过渡，形成“两叶”主导的多样化农业生产模式。

田家洞村位于古丈县西北部，酉水南岸，海拔高度为500~1100米，属于典型的喀斯特地貌和亚热带季风湿润气候，年平均气温16.7℃，年内气温最高40.1℃，最低-2.3℃，年降水量1120.6毫米，温和湿润，热量充足，雨水集中，四季分明，夏无酷暑，冬少严寒。气候的地域分布不匀，小地形气候复杂，垂直变化大，山地逆温效应明显，具有山地森林小气候的特点。土壤腐殖质及土层厚度微域分布明显，质地多为壤土或沙壤土。土壤的养分较丰富，全磷含量为0.5%~0.2%，全钾含量平均为2.2%，硒含量也较大，这些都为烟叶和茶叶的生产提供了必需的自然条件。目前，田家洞村的农作物以经济作物——烟叶为主，传统作物稻谷、玉米、大豆为辅。经济作物的收入构成村民收入结构中的主要元素，而传统作物基本是自给自足，或者为养殖业提供饲养原料。

1. 烟叶

烟叶是田家洞村农业中的重要经济作物，也是村民的主要收入来源之一。田家洞村按照县乡经济发展规划，从2004年开始推广种植烟叶，种植规模逐年扩大。但是到2010年，在全州“双控”条件下，即控制种粒数量和产量，村里烟叶的种植面积有所减少，之后又按照政策的要求有步骤地增加。截至2012年，全村烟叶的种植面积达到了480亩，占土地总面积的43.2%。烟叶带来的收入占有人均收入的近一半，它为提高人们生活水平做出了积极的贡献。

烟叶的生长对环境的要求比较高。烟叶一般生长在海拔高度为300~1300米的山地上，其中以500~1075米最为适宜。生长期的最适宜温度是20~28℃；大田期平均空气相对湿度和降雨量分别要求75%~80%和600~800毫米；成长期日照时数是650小时，成熟期是350小时，而年光照率要达到35%～45%。烟叶最适宜生长的土壤类型是山地黄壤、黄红壤、水稻土，同时质地疏松、团粒结构好、通透性较强，以壤土或沙壤土最好。土壤偏碱性，pH值在5.0～7.5范围内。土壤肥力要求有机质含量15.0～35.0克/公斤；全氮1.0～2.0克/公斤，碱解氮110～240毫克/公斤；全磷0.5～1.5克/公斤，速效磷5.0～20.0毫克/公斤；全钾10～25克/公斤，速效钾80～350毫克/公斤。土层深度达到20～30厘米，土壤的含氯量小于30毫克/公斤。同时，自然坡度大于40°的坡地，以及低洼地、阴山地、长期渍水和土壤受污染的田地是不适宜烟叶种植的环境。

田家洞村地处海拔500～1100米，属于典型的喀斯特地貌和亚热带季风湿润气候，年平均气温16.7℃，年内气温最高40.1℃，最低－2.3℃，年降水量1120.6毫米。土壤是典型的山地黄壤，山地坡度不大。田家洞村基本具备了烟叶种植、生长等所需的条件。

目前，田家洞村种植的烟叶型号主要是K326和云烟87。K326是由美国1983年育成，1985年引入我国，1989年被全国烟草品种审定委员会审定为全国推广品种。它的主要特征特性是：植株塔形，打顶株高90～110厘米，节距4～5厘米，茎围8～9厘米，采收叶数20～22片。叶形长椭圆形，叶色绿，叶面较皱。移栽至中心花开放52～62天，大田生育期130天左右。耐肥性强，田间生长整齐，腋芽生长势强。抗黑胫病，中抗青枯病，感赤星病、野火病、气候型斑点病和普通花叶病。云烟87是由云南省烟草科学研究所用云烟2号与K326杂交选育而成的，2000年12月，通过了全国烟草品种审定委员会的审定。它在继承了K326优良特性的基础上，还表现出独有的特征：植株呈塔形，打顶后近似筒形，自然株高178～185厘米，打顶株高110厘米左右，节距5.0～6.5厘米，叶片生着均匀，茎围8厘米左右，采收叶数18～20片；腰叶长椭圆形，叶色绿色；移栽至中心花开放62天左右，大田生育期120天左右。中抗黑胫病、青枯病，中感赤星病、野火病，感气候型斑点病、普通花叶病。两个型号的烟叶烤后原烟质量比较相似，颜色橘黄色，油分较多，光泽强，叶片结构疏松，身份适中，香气质中至中偏上，香气量足，浓度中等，劲头始终，刺激性有，余味尚舒适，燃烧性强。

烟叶生产分为育苗、移栽、大田管理、烘烤等四个步骤：

（1）育苗

田家洞村种植烟叶户所需的烟苗由烟草部门统一提供。烟草部门实行适度集中专业化育苗，而烟农按浅水育苗每亩不低于32元，常规育苗每亩不低于20元的标准给育苗专业户支付育苗费，同时青苗专业户保证给烟农按配肥种植面积每亩供应1200株烟苗。村秘书田昌斌是县烟草公司指定的烟叶技术指导员，负责指导全村的青苗专业化培育。育苗场一般选择背风向阳、地势平坦、交通方便、有清洁水源和地下水位低、排水顺畅、无工业污染的地块。田家洞村的育苗场是烟草公司租借农民的土地，租金是每亩700元/年。

首先，育苗场地根据不同的育苗法建设大棚。大棚的规模由育苗方法决定。育苗方法包括漂浮育苗法和浅水育苗法。田家洞村采用的是后者。按照浅水育苗法，每个标准大棚放置672个浅水盘、供应8.6万~9.6万株烟苗。大棚要安设防虫网，即在大棚门外层安装与棚门等高等宽、大棚两侧铺设1米宽与棚长相等的孔径0.6毫米（30目）的防虫网，防虫网底边入地。然后盖膜。将棚膜拉紧绷直，用压膜线压紧，裙膜下边用土压紧。除此之外，大棚还要开宽40厘米、深40厘米的排水沟，设置消毒设施，包括在大棚进出口放置洗手消毒盆，建长×宽×高为80厘米×60厘米×15厘米的消毒池，采用生石灰水消毒。其次，建育苗池。浅水育苗的标准是一个大棚建12个育苗水池，育苗水池内空长9.6米、宽1.1米、深3~5厘米，池底水平误差不超过1厘米。育苗池用木板和水泥砖等材料建造。育苗池底的苗床要平整，将上面的杂草连根带茎铲除，喷洒一次杀虫剂防止地下害虫，在上面铺上一层黑色池膜，用于盛水。最后，育苗操作。田秘书给我们介绍，田家洞村属于500~1100米海拔处，育苗时间一般是2月10日左右。育苗盘播种入池前，浅水育苗在育苗池内灌注2厘米深的清洁水，并检出水池是否有漏水情况。然后将基质放在干净的塑料布上，用清洁水洒湿，达到手捏成团、碰之即散时即可装盘。再用压穴板在基质上压穴，每个育苗盘上共压150个穴。每个育苗穴播种1~2粒包衣种子，然后再表面撒施1~2毫米过筛基质盖种。播完种后，将育苗盘放入育苗水池中，用清洁喷雾器向苗盘喷洒清洁水，使种子包衣湿润裂解。之后要密封大棚，保湿保温。天晴时，棚内温度在达到30℃时，要揭开大棚两端棚膜或两侧裙膜通风降温。连续阴雨时，棚内雾气量大，相对湿度大于90%时，同样揭开大棚两端或两侧裙膜排湿通风。

出芽的时间取决于天气的状况。在天气晴朗的条件下，大约需要半个月；

而阴天情况下，整个过程要一个月才能结束。出芽到成苗大概还要 70～80 天，出苗率最后可以达到 90%。其中，小十字期间要间苗、补苗，保证每穴有一株健壮烟苗。间苗补苗后要喷洒一次清水洗苗定根。这个阶段还要喷洒农药，预防花叶病等病毒性疾病和猝倒病的发生，避免影响烟苗的正常成长。间苗过后，每隔 4～5 天进行通风和排湿处理，防止出现烟苗大片死亡现象。在烟苗大十字时期，即烟苗达到五叶一心或呈“竖耳”状时，开始剪叶，把持生长点及心叶，剪去定型叶的 1/3～1/2，并去除老化叶。整个苗期要剪叶 3～4 次，目的是保证茎吸收足够的养分茁壮成长。其中注意的是剪下的残叶要及时地带出大棚并销毁。

（2）移栽

移栽前首先要平整土地。土壤翻耕后，耙平并将土块打细，及时开好围沟和腰沟，沟深在 30 厘米以上，使腰沟比围沟深，沟沟之间相通，排水通畅。土地不论肥力高低与否都要经过施肥，使之达到烟叶生长需要的氮磷钾标准。每亩施用专用基肥 45 公斤、专用肥 15～20 公斤、活性肥 20 公斤、提苗肥 5 公斤、硫酸钾 20 公斤。总施氮量 7.0～7.5 公斤，氮、磷、钾比例为 1:1.5～2.0:2.8～3.0。农户根据自家土地类型的情况，可以调整各种肥料种类的用量。对于肥力较高的稻田，减少肥料的使用量，反之亦然。具体施肥的方法是：按 1.1～1.2 米的行距拉线，开一条深 5～10 厘米、宽 20 厘米的施肥沟，将全部专用基肥、活性肥、40%～50% 的专用追肥，均匀撒施于施肥沟内及其两侧然后覆土起垄。田家洞村实行的是单行高垄种植，按照行距 1.2 米或 1.2 米的宽度进行起垄。垄底宽 80～90 厘米，垄面宽 50～60 厘米，旱土垄体高达到 30 厘米以上，垄体饱满、平直，呈瓦背形。垄体还要用塑料薄膜覆盖，并且黑白色相间。盖膜前先在垄体上喷施 1500 倍的功夫杀虫剂或其他杀虫剂，防治地老虎等地下害虫，然后将地膜拉平拉直，贴紧垄面，四周用土封严压实。如果土壤干燥，就要等待下雨，待垄体充分湿润后再盖膜。种植烟叶需要的肥料、地膜等生产物资均由田家洞村的烟农委托给县烟草公司来采购。古丈县烟草公司按湖南省烟草局统一招投标确定的厂家、价格、质量要求和全州的技术方案，统一采购供应大田生产所需的肥料、地膜等生产物资，只收取生产物资成本费。肥料和地膜两项费用共计 400 元/亩。准备工作结束后，移栽烟苗在 4 月底 5 月初开始进行。这个时候，土地还需再次施肥，补充氮磷钾等元素，每亩地大约 10 斤。烟苗的密度是严格控制的，稻田烟行株距为1.2米×0.50米，每亩移栽1100株；旱地烟行株距为1.1～1.2米×0.50米，每亩移栽1100～1200株。移栽的时候，要按照规定的株距，用移栽打孔器在垄体上打好直径7～8厘米、深12～15厘米的移栽孔。然后选择生长健壮、大小一致的烟苗移栽，深度以上部叶片不露出地膜为适度。移栽当天必须保证浇足定根清水，使烟苗根系与土壤紧密相结合。还可以视情况配合使用2.5%功夫杀虫剂或2.5%敌杀死1 000倍液，以防治地老虎。

（3）大田管理

移栽七天内，逐日检查烟苗成活的情况，如发现缺苗要及时用同一品种的壮苗补蔸。对于弱小的苗或长势较差的烟苗还要适当追施偏心肥水。25天后，烟苗处于旺盛生长初期。这时，要揭去地膜进行中耕锄草和培土。揭膜时要干净彻底，并将地膜及时清理出田间，集中妥善处理。培土时要将烟茎基部壅实，垄体达到大而饱满，高度在30～35厘米。同时理好腰沟、围沟和垄沟，达到垄直沟净、排水通畅的效果。烟叶尽管是抗旱植物，但是遇到长期干旱，尤其是烟株叶白天出现萎蔫，傍晚还不能恢复，而到夜晚才能恢复时，表示土壤水分已经不能满足烟株正常生长发育的需要，这时就要灌水。由于田家洞村属于典型的喀斯特地貌，地表难以积水，所以烟农一般利用水窖、水井及水池等水源，在垄体打孔或浅锄后浇灌。

到此阶段，打顶留叶是保证烟叶质量不可缺少的步骤。正常生长的烟叶，大约移栽50天以后，即等到50%的烟株第一朵中心花开放后或花蕾明显伸长后就需要打顶。打顶时间选择在晴天或阴天。打顶是将整个花枝连同下面的2～3片叶（花叶）一起摘除，并带出田间，最后单株烟苗留有效叶片数18～22片。但是非正常烟株的打顶情况又有所不同，对早花烟株，要尽早重打顶留杈，在主茎上留12～14片叶片后打顶，然后选择一个壮芽，培育4～6片杈烟。而长势旺盛的烟株，适当地推迟打顶时间，并从顶部下面第2叶位处培育一个杈芽，增加2～4片留叶数。在干旱情况下，也不能过早打顶和减少留叶数，防止后期雨水正常，出现叶片生长过长过大，形成“天盖地”的现象。遇到上部顶叶不能正常开片的烟株，可以进行二次平顶，及时打掉开片较差的顶叶。对发生花叶病的烟田先打健株，后打病株。打顶的同时，要抹掉杈芽，用抑芽剂进行抑芽处理。

大田期的病虫害防治和草害控制是烟农不可放松的环节。病害主要包括病毒病（花叶病、马铃薯Y病毒等）、青枯病、黑胫病、根黑腐病、赤星病、野火病和气候斑病等；主要虫害有地老虎（含金针虫）、烟蚜、烟青虫（含棉铃虫）及斜纹夜蛾等。病虫害防治主要有两项措施：第一，烟株残体处理与土壤消毒。拔出烟杆清理田间地头与路旁的病残体，放干后集中于田间烧毁。对于青枯病及花叶病重的地块，每亩撒入100公斤生石灰做消毒处理。第二，化学防治。病毒病要在移栽当日、栽后15日、30日及打顶抹杈阶段，用24%毒消乳剂或东旺杀毒800～900倍液等药剂，结合防治有翅蚜虫进行喷雾防治。青枯病如在零星的烟株上被发现，要及时拔除带出田间集中销毁，并对拔掉烟株的空白地撒施生石灰或用饱和石灰水作灌淋处理。对其余健康的烟株施用200单位的农用霉素液灌根3～4次，每次间隔7～10天。在黑胫病发病初期，可以用25%甲霜灵可湿性粉剂或58%甲霜灵锰锌可湿性粉剂800倍淋液蔸。对于根黑腐病的治疗，需要采用70%甲基拖布津可湿性粉剂1000～1500倍灌根或喷雾2～3次，每次间隔同样是7～10天。防治赤星病和野火病最有效的分别是40%菌核净500倍液和农用链霉素，使用频率是间隔7～10天一次和2～3次，直至烟叶采收结束。烟叶虫的防治时间是5月中下旬，使用2.5%功夫1000倍杀虫剂或2.5%敌杀死1000倍液进行喷雾。田家洞村种植的烟叶形成了烟稻连作区，所以斜纹夜蛾的防治一般于5月中旬，采用2.5%功夫杀虫剂或90%万灵可湿性粉剂1000倍液喷雾。

除病虫害外，草害控制是大田期防治的又一重点。垄面杂草控制重点通过地膜、除草剂和人工三种方式结合完成的。其中，除草剂控制需要在揭膜培土后的七天内进行，使用25%宝成干悬浮剂兑水6000倍，然后均匀地喷洒在垄面上（每亩用25%宝成干悬浮剂5.0g，加入15～30g的洗衣粉），这样可以防治马唐、稗草、狗尾草、蓼科等单子叶和双子叶杂草。行间杂草控制采用除草剂方式控草。在烟苗移栽15天后至杂草生长到2～4叶期时，使用25%宝成干悬浮剂兑水6000倍液在行间均匀喷雾。

（4）烘烤

烟苗在移栽两个月后的7月进入成熟期。烟叶成熟呈现出的特征是：下部叶面绿中带黄，整片叶泛出均匀的浅黄色；中部叶面黄中带绿，主脉全白通体发亮，叶耳泛黄；上部叶面黄中带白，主脉和中部叶一样通体发亮，五分之三支脉全部发白、间或有枯尖焦边，有较多黄色至黄白色成熟斑块。烟叶的采收不是一次性完成的，而是分次分批的。每株烟共采收5～7次，下部叶片和中部叶片每次采收2～3片，上二棚叶片每次采收3～4片，顶部叶片一次性采收。采收的时间一般是阴天或晴天的上午10时以前和下午5时以后，而雨天、晴天中午与光照太暗的情况下是不宜采收的。采收烟叶还要遵循“同一烤房品种同一、部位一致、成熟度一致”的原则，同时要求掌握成熟度，即下部叶适熟采收，中部叶成熟采收，上部叶充分成熟采收。

采收结束后，烟叶进入烘烤阶段。烘烤是在专门的烤房里进行的。田家洞村烟农使用的烤房是湘西1号烤房。烤房的动力源有两种：一是耗电，二是燃煤。烤房的长、宽、高都为3.4米。四周的墙壁是用空心砖建成的，屋顶是水泥预制板。烤房内架着由木材做成的一定高度的挂烟架。一扇小门的上面还装有观察窗，方便控制室内的温度。燃煤式的烤房在门的左侧设计有一个装燃料的洞，洞连着一个通屋顶的烟囱。一栋湘西1号标准烤房的造价是5000元。烤房经费由县、乡和个人共同承担。在烤房建成后，经烟草部门验收合格，烟农可以从县财政领取3500元/栋的补贴，以及乡政府500元/栋的补贴，剩余的部分由个人承担。到目前为止，全村已经建成烤房34个。今年，政府为鼓励农民积极发展烟叶种植业，在补贴建设烤房的同时还免费安装了太阳能热水器，改善了烟农的生产生活条件。

烘烤前最重要的准备就是温湿度计的安装。烤房内装有一种气流控制器（上升式和下降式），尽量保持室内温度均衡。根据气流上下不同，温湿度计的安装位置也不同。上升式烤房的温湿度计安装在二棚温度观察窗的正对面。下降式的安装在顶棚中间烟杠下，距离观察窗边墙25～30厘米的地方。温度计装好后，还要将湿球温度计水瓶灌水，棉纱绑牢并浸透水，瓶口距离湿球感应头1.5～2.0厘米，同时检查温湿度显示是否正确。

烟叶在放入烤房前要按照过熟、成熟、欠熟三类分类编杆。编杆是将烟叶背靠背编在烟杆上面，每杆编40～50对、80～100片叶。编好后先晾挂，让叶片脱去部分水分稍发软后再装炕。湘西1号烤房的装烟量是400～500斤。烘烤一房烟叶需要5～7天，分成三个阶段完成，期间通过干球温度高低确定火力大小，而湿球温度的状况确定了天窗和地洞开关的大小。第一是变黄期。干球温度上升到38℃、湿球温度是36℃时为主要变黄期，烟叶达到了青筋变黄并且发软。上部烟叶开始适当地提高变黄温度，采用干球39℃～40℃，湿球37℃变黄，促进淀粉和蛋白质等高分子化合物的转化。第二是定色期。前期（又叫凋萎期）干湿温度42℃～43℃，湿球温度36℃～37℃，烟叶达到充分变黄并充分发软塌架；中后期干球湿度44℃～54℃，湿球温度稳定在38℃～39℃，干球温度54℃时烟叶全部变干。期间还要保证每两个小时升温1℃。第三是干筋期。干球温度54℃～68℃，不能超过68℃；湿球温度39℃～42℃，同时不要超过43℃。干筋期要求每一个小时升温1℃。烘烤一房烟消耗400～500斤煤，或需要120～130元的电费。根据古丈县政府的烟叶生产规定，烟农可以从烟叶发展专项资金中按烟交烟量领取15元/担标准补贴。

烟叶烤完后，要按照GB2635规定进行分组和分级。然后用同部位、同颜色、同等级的烟叶扎把。扎把时烟柄整齐一致，烟片不超过一片。把头周长10～12厘米，绕宽5厘米。每把烟的叶片数控制在下部烟叶20～25片，中部烟叶15～20片，上部烟叶12～15片。最后选择封闭性好、干燥的房屋储存。田家洞村的烟叶收购在每年的8月中旬展开，价格按等级分布在0.8～15.1元/斤范围内。烟叶的等级有40多个，不过根据田秘书的经验统计，上等烟占37%，中等烟的比例最高，达到45%，下等烟是12%。如果按烟叶的片数来计，上等烟的上部烟片有20～25片，中部烟片是5～17片，下部烟片是3片。烟叶全部由古丈县烟草公司统一收购，上中等烟叶可以获得100元/担的生产现金补贴；低次等烟叶中的B4L、X3L、X4F、X4L、CX1K、BIK六个等级的生产现金补贴是50元/担；低次等烟叶中的B2K、B3K、CX2K、GY1、GY2、S2六个等级没有补贴，其中无法再进行加工的烟叶由相关部门集中销毁。

田家洞村每亩烟叶的产量约为300斤，一户烟农种植烤烟的规模是10亩左右，带给家庭近3万元的收入。自从引进烟叶种植后，田家洞村民的物质生活水平得到极大的改善，大部分人都新建了楼房，添置了新家电，同时为孩子的教育提供了保障。对于烟叶的发展前景，田家洞村的村委干部充满了信心。他们准备在充分利用现有的烤房资源的基础上进一步挖掘生产潜力，鼓励现有种烟农户多种烟、种好烟，并积极引导没有种烟的农户加入到种烟的队伍，扩大烟叶种植面积。在种植布局上坚持小连片、大集中、整村推进的原则，做到开发一片、成功一片，进一步促进烟叶的发展。同时，他们也认识到，单一化烟叶的种植不是经济可持续发展的模式，因为烟叶对土壤的要求比较高，生产需采取轮作方式。因此，从宏观上来看，烟叶仅仅作为经济发展的过渡阶段，寻求可持续的发展模式才是根本。2010年，田家洞村在古丈县和断龙山乡政府的政策引导下，开始引进茶叶种植，形成烟叶、茶叶等多元化的发展模式。

2. 茶叶

茶叶是田家洞村农业的潜在优势产业，自身具备了天时、地利、人和的条件，未来拥有良好的发展前景。田家洞村所在的古丈县历来就有“名茶之乡”的美称。我国著名歌唱家宋祖英的《古丈茶歌》唱道：“绿水青山映彩霞，彩云深处是我家；家家户户小背篓，背上蓝天来采茶。采不完的悄悄话，采不尽的笑哈哈；采串茶歌天上洒，好像仙女在撒花。青青茶园一幅画，迷人画卷天边挂；画里弯出石板路，弯向海角和天涯。春茶尖尖叶儿翠，绿得人心也发芽；天下五洲四海客，逢人都夸古丈茶。”更是道出了古丈是名副其实的茶乡。古丈茶叶中以毛尖历史最为悠久，闻名天下。根据史书记载：“武陵七县通出茶，最好。”古丈便是武陵七县之一。东晋《坤之录》云：“无射山多茶。”无射山绵延经古丈县境。唐代入贡，清代又列为贡品。古丈毛尖盛产于武陵山脉，而田家洞村地处武陵山脉的中部，拥有天然种植茶叶的地理位置。同时属中亚热带山地型季风湿润气候，年平均气温16℃左右，温和湿润，热量充足，雨水集中，四季分明，夏无酷暑，冬少严寒。气候的地域分布不匀，小地形气候复杂，垂直变化大，山地逆温效应明显，具有山地森林小气候的特点。土壤腐殖质及土层厚度微域分布明显，质地多为壤土或沙壤土。土壤的养分较丰富，全磷含量在0.5%～0.2%，全钾含量平均为2.2%，硒含量也大。这种特定的自然条件，为古丈毛尖名优茶的生产奠定了良好的基础。

2010年，古丈县政府大力推进茶叶产业化建设，迅速拓展茶叶基地，在这个大好形势下，田家洞村成了茶业生产新区，至此开始推广种植茶叶。由于引进的茶叶是新型品种，而且距离产生经济效益至少有两年的期限，普通农户对此抱有不确定性的心理，对新的事物不敢贸然做出尝试。但是，田家洞村党支部和村委会两大班子认识到这是带动全村老百姓增收致富的契机，不容错过。因此，他们开会讨论由村委干部带头种植茶叶，做表率作用。等到老百姓看到茶叶所取得的效益后，他们就会主动地效仿种植。茶叶的种植规模也就随之扩大。

田家洞村在2010年种植茶叶320亩，2011年增加了586亩，共计900多亩，计划2012年扩张300亩。茶树苗是从福建、浙江等地引进的新品种。新种植一亩茶树需要投入1400元，其中树苗费800元，化肥300元，以及培管费200元。茶树栽培是一项专业技术，因此田家洞村农户种植茶树时，邀请了农业技术推广员给他们做指导。茶树种植首先要做茶行布置。平地茶园采用直线布置，茶行与主道平行，与步道垂直；坡度在15度以上茶行按等高线布置。茶行规格是单行种植行距150厘米，丛距30厘米；双行种植距离150～180厘米，小行距30～40厘米，丛距30厘米，茶丛交错“丁”字形排列。其次是整地施肥。种植前在茶行位置开种植沟，宽80厘米，深60厘米。沟内施肥以有机肥和矿物源肥料为主，每亩施入圈肥或土杂肥5000公斤。根据土壤条件，还要配合使用一定量的氮、钾肥，充分拌匀，分层施入，回填种植沟待种。最后种植。茶苗移栽时间一般在9月中旬，每穴定植两株，亩植茶苗3500～4000株。移栽时覆土高于根茎处3厘米左右，根系离底肥10厘米以上；栽后立即浇定根水并覆盖。移栽20天后要喷洒农药，防治“地老虎”等病虫害。6个月后，茶树生长需要汲取各种养分，这时就要及时地追肥，补充茶树所需的氮等元素。施肥采用开沟方式，先挖深10厘米左右的沟，然后将专用肥施入，再及时盖土。每亩茶树要用250斤的肥料，折合300元左右。如果茶树周围生长出杂草，也要及时地清理掉，避免影响茶树的正常生长。幼龄茶园还有三次定型修剪，时间一般在3月上中旬。第一次，当80%以上的茶苗高度达到30厘米，离地面12～15厘米处剪去主枝，不剪侧枝，其后每次在剪口上提高15厘米左右剪平。幼龄茶园在两年后到成年，成年阶段的茶树就可以采茶了，也是取得经济效益的开始。每亩茶园可以采茶300～500公斤。

到2013年底，田家洞村发展成一个规模1000多亩新型茶品种植基地，前景非常乐观。“凡事预则立，不预则废”，村委委员们已经意识到茶园种植的规模逐渐扩大，随之而来的问题就是销路。小农生产方式使得茶农必须承担市场的风险，如果农业产品缺乏销售渠道，销路不畅，最后积压在农民手中，只能是血本无归。在市场化的条件下，小农生产方式下的农业无形中承担了市场风险，这个矛盾如何转化呢？借鉴其他地方的成功经验，茶叶产业化是解决矛盾的途径。茶叶产业化是一种新型的茶叶生产管理体系和运行机制，它以国内外市场为导向，以茶叶龙头企业为依托，与千家万户茶农小规模、大群体式的茶园基地相结合，形成农、工、商有机结合的产业链和利益共同体，以缓解茶农小生产和国内外茶叶大市场相衔接的矛盾，实现增产、增效的创新型的经济效益、社会效益和环境效益的最大化的茶叶发展经营模式。经营模式采取股份合作制，有关茶业的企事业之间与茶户之间，以土地、资金、技术、劳力等茶叶生产要素互相参股形成较紧密的资产关系，结成“互利互惠、配套联动、共兴共荣”的经济共同体。这种组织形式把分散的资金及劳动力、土地、技术等茶叶生产要素以股份的形式集中起来，形成规模，使茶叶生产要素在茶叶生产中得到合理的配置，推动茶叶产业化的发展。田家洞村周围已成功的模式是“龙头企业 + 科研院校 + 专业合作社 + 农户”的发展模式和“茶农销售靠大户（卖鲜叶）、大户销售靠企业（送初制品）、企业销售靠网络”的良性机制。鉴于这些成熟的经验，考虑到田家洞村的具体情况，它要和周围茶叶生产基地联合招商引资建立股份合作制公司，形成“公司 + 基地 + 农户”的产业链模式。茶园生产按照公司制来运作，茶农以自家茶园入股公司，使茶叶生产按照标准化来运行，同时个人可以到统一的茶园工作参与生产。小农生产方式下的茶叶质量参差不齐，这是影响其销量的重要因素之一。公司化的茶叶按照产业链条来运作，茶叶基地产出的生茶直接进入流水线加工。通过加工企业和大型经销商的合作，成品茶的销售渠道也自然会得到解决。招商引资进入田家洞村不仅要借助于当地茶园规模的扩大和发展，还要切实考虑到周围交通环境的建设。田家洞村有天然的地理优势，它是三县的枢纽交会处，通往古丈县、保靖等地的公路已经修建通畅，为引进有雄厚资金的公司进驻本地提供了便利条件。

同时，在茶叶的产业化未实现之前，培养成规模的、素质高的农业经纪人队伍解决农民所需要的市场信息、规模化生产渠道是必需的。农业经纪人，也就是俗称的生意中间人，是市场经济的重要组成部分，在历史上已经有几百年了。他们的身影活跃在各个经济领域，他们的智慧极大地推动了农业经济的发展。他们是农业结构调整的信息员，掌握信息、了解市场，能根据市场的需求信息向农民提供正确的生产信息和有效的技术咨询；他们是农民致富的领路人，帮助农民推销农产品，能有效防止滞销和缓销情况的发生；他们是农业产业化的推进者，能为农业规模化生产、产业化经营搭桥牵线；他们是改变农民观念的宣传员，能对农民的思维方式、行为方式和生产方式的转变起到推动作用。培育农业经济人，可以推进田家洞及周边地区的茶叶产业的发展。

目前，尽管周围存在一定数量的农业经纪人，但是表现出人数偏少、素质偏低、影响力小、效果不明显等问题。他们缺乏必要的培训学习和社会责任，参差不齐，不适应茶叶产业化发展的现实需要。首先，当地需要坚持市场选择、自主发展、行业自律的原则，根据实际需要多方调研和科学论证，由政府出台积极的农业经纪人培育政策，包括上户登记、资金帮助、信息支持、场地协调、运输保障等；鼓励农村经纪人联合组建行业协会、专业合作社，整合闲置和分散资源，形成干事合力，提高工作效率；抽调专款，成立培训学习基金，交与专门部门负责，对农业经纪人举行定期或不定期的培训和对外交流，增强职业自觉自信，提高从业人员素质。其次，制度建设问题是根本性、全局性、稳定性和长期性问题，任何组织和个人在任何时候都不能忽视。健全的制度可以极大地增强个人的归属感，调动个人的主观能动性和方法灵活性，发挥出个人最强大的战斗力。作为直接服务于广大群众的农业经纪人，健全的管理制度更是关乎农业发展、农民富裕、农村稳定的大事，规范管理更显重要。目前，国内外已经有一大批成功的农业经纪人才队伍，有许多先进的农业经纪活动经验，有很多套成功的工作管理制度都可供当地培育农业经纪人学习借鉴。最后，着力搭建平台，引导发展。

巧妇难为无米之炊。农业经纪人队伍的产生、发展、壮大离不开社会的关心、帮助和支持。培育农业经纪人的任务一定要由政府结合当地的情况来完成。在此过程中，政府作为主体，一要掌握基本情况，包括现有的农业经纪人人数性别、从业对象、素质高低、业绩好坏，做好备案登记，全力整合现有资源，集中开展培训学习，提高业务水平和能力；二要加大宣传推介，提高群众对农村经纪人及其活动的意义和价值认识，增强农民对农村经纪人的认同感和信任度；三要为农业经纪人及时提供信息，包括各地购销洽谈会、农机农资销售、农副产品收获情况、政府最新政策等；四要适时组织开展各种规模不同档次的商洽会，鼓励更多的农业经纪人参与。

3. 普通农作物：稻谷（套养鱼）

稻谷是田家洞村的基本农作物。随着加入世界贸易组织，我国农业对外开放水平不断提高，农产品的市场价格也遭到严重的冲击。田家洞村的稻谷生产方式还是传统式的小农生产方式，表现为成本高、效率低，与西方国家大农业的低成本、高效率无法比拟。也就是说，传统农业下的农产品几乎丧失了市场竞争力，更不可能立足于市场。因此，田家洞村种植的稻谷基本是为了满足家庭日常生活的需要，即自给自足。

根据断龙山乡2011年统计年报，田家洞村水稻的播种面积是456亩，占全村常用耕地面积的41%；品种是杂交水稻，年总产量共计140230公斤，人均产量198公斤，亩产量达到307.52公斤，高于全球水稻平均生产水平。

田家洞村的水稻属于早稻，播种时间一般在4月上旬，以晴天为主。每亩水稻的播种量4~5斤，种子的市场价格是20元/斤，因此购买稻种大约80元/亩。播种前后都要做好防除杂草的措施，播种前用60%丁草胺拌细沙，均匀地撒在水田中，关水5~7天后开始排水播种。播种后1~3天，用直播青除草。秧苗长至2~3叶期时，用农得时或草克星除草。水稻需要氮磷钾等大量元素，及钙片、锰、硅、铁、锌、硼、铜等微量元素。从播种到成熟期需要施肥两次，主要是氮磷钾复合肥，每亩用量100斤，花费70~80元。总的来算，除去人力，种植一亩水稻需要投入150~160元。水是水稻不可缺少的生存条件。水稻在播种7~10天后，如果田面有较大裂口的话，就要灌一次跑马水，15天左右以瓜皮水为主，分蘖期以浅水为主，灌浆成熟期干干湿湿，不能断水过早。在稻穗发育阶段，禾苗生长旺盛，通风透光条件差，容易发生纹枯病以及螟虫、稻纵卷叶螟和飞虱等病虫害，还要及时地用化学方法进行防治。当全田稻谷有85%~90%黄熟、枝梗橙黄色时即可收割，大约7月中旬。田家洞村的稻谷有它的特殊性，因为它的成熟期和其他地方相差20天，可以慢慢地吸收足够的阳光等养分，稻米质量高，受到当地人的称赞。

稻田养鱼即在稻田里养殖鱼类，是田家洞当地的一种传统农耕文化，至今有几百年的历史了。稻鱼共生、合为一体的稻田养鱼已经成为合理利用农业土地资源、水资源、农业种质资源等生物资源和非生物资源的节约型农业生态系统。稻田养鱼工程不仅在保证农田稻谷生产力的前提下增加生产鱼种的重量，同时还保持了农田持续耕种所必需的肥力。因为鱼在稻田中能活水松土，吃掉浮草、浮游动物、底栖动物和部分害虫，直接或间接起到增施肥料的作用。田家洞村2011年稻田养鱼的面积达到117亩，总产量622公斤，平均亩产量5.32公斤。不过村里老百姓养鱼的目的不是为销售，而是平时改善日常生活。

稻田养鱼工程较普通的稻田要做出一些修建，并且制备一些简易设备和工具。首先，田埂要加高加固，一般达到40厘米以上，捶打结实，不塌不漏。其次，开挖鱼沟、鱼凼。鱼沟是鱼为躲避水稻浅灌、晒田、施药治虫、施肥时比较安全的场所。田家洞的早稻田养鱼一般是在秧苗移栽后7天左右开挖。鱼沟宽30～60厘米，深30～60厘米，开成1～2条纵沟。鱼凼用条石修，面积占稻田面积的8%～10%，每块田1个，由田面向下挖深1.5～2.5米，由田面向上筑埂30厘米，鱼凼面积50～100平方米。鱼凼设在田中或者被断头，凼口四周挖有缺口与鱼沟相通。最后，开好进排水口。进排水口的地点选择在稻田相对两角的田埂上。两个口要设置拦鱼栅，避免鱼跑掉。放育苗的时间是插秧10天后，当鱼苗长成2厘米时，便挖通田埂，让鱼苗游散四周稻田中，平时还要注意防虫病害等。等到捕获期，老百姓就可以捞鱼享用美味了。

4. 玉米和大豆

玉米和大豆是田家洞村的传统经济作物。这几年田家洞村大力发展烟叶种植，导致种植玉米和大豆的耕地面积缩小。由于烟叶种植需要采用轮作生产方式，所以玉米和大豆就成了和烟叶相互轮作的农作物。每户一般种2～3亩玉米或大豆，收成分别约为1000斤和600斤。根据统计，田家洞村2011年玉米的播种面积是107亩，占总耕地面积9.6%，产量22吨；大豆的种植面积是121亩，总产量是5吨。

每年7月上旬是稻谷的收获季节，同时也是玉米和大豆的播种季节。种植玉米和大豆的投入主要在种子、化肥和农药上。每年平整土地后，村民基本都使用播种施肥同时进行的一机两用式的播种机种植。播种一段时间后，如果出芽率低的话，还要及时补种。玉米长到3～5片叶子时，需要打一次除草剂，隔一段时间再打叶片肥。幼苗长到20厘米左右，需要开始人工间苗，保证长势不错的苗能够汲取足够的养分。等长到50厘米左右，再追肥一次。田家洞村的水利设施就是一个与几个村共用的水库，如果碰到雨水充足的时候，水库的蓄水量比较充足，但是天旱的概率较高，所以当地还是没有摆脱靠天吃饭的命运。玉米大约10月的时候进入成熟期，开始收割。收割后的玉米用来做养殖牛或猪的饲料，而大豆是主要的油料作物，收割后榨成的豆油供自家消费，而豆渣制成豆饼用作喂牛的饲料。

除以上农作物外，田家洞村还有少量的红薯、花生、柑橘和蔬菜，每年的产量分别是7吨、9吨和3吨，基本都是自产自销，其中留一部分供自家消费。

（二）养殖业

养殖业属于田家洞村属的副业。全村基本没有养殖大户，一般都是村民自家养几头猪，供过年的时候自家消费，多余的部分通过市场来出售。通过表2-1可以看出，2011年，生猪存栏量是276头，出栏392头，人均不到半头；牛存栏量181头，出栏46头，主要是用作农业生产的动力，奶牛的数量相对较少；山羊存栏量是189只，出栏数是265只；家禽主要指鸡和鸭，存笼量是1041只，出笼1434只，一般家庭养7~20只，主要供自家消费。全村生产的肉类产量仅有37吨，禽蛋产量2吨，满足不了村民的日常消费能力，所以田家洞村需要通过市场的力量来解决这个缺口。

表2-1　**田家洞村农业、畜牧业统计表**

指标名称	单位	田家洞村
1. 乡村户数	户	138
农业户数	户	138
2. 乡村人口数	人	707
农业人口	人	707
3. 乡村劳动力资源数	人	403
4. 乡村从业人员	人	439
农业从业人员	人	221
5. 年末耕地面积	亩	1111
水田	亩	834
旱地	亩	277
6. 农作物总播种面积	亩	2054
7. 粮食作物播种面积	亩	951
稻谷面积	亩	456
小麦面积	亩	0
玉米面积	亩	107
大豆面积	亩	121
薯类面积	亩	177

续表

指　标　名　称	单位	田家洞村
8. 粮食作物产量	吨	182
稻谷产量	吨	140
小麦产量	吨	0
玉米产量	吨	22
大豆产量	吨	5
薯类产量	吨	7
9. 油料作物播种面积	亩	160
花生面积	亩	60
油菜籽面积	亩	100
10. 油料作物总产量	吨	19
花生产量	吨	9
油菜籽产量	吨	11
11. 烟叶播种面积	亩	224
烤烟面积	亩	224
12. 烟叶总产量	吨	37
烤烟产量	吨	37
13. 蔬菜播种面积	亩	450
蔬菜总产量	吨	228
14. 茶叶播种面积	亩	210
茶叶总产量	吨	0
15. 年末果园面积	亩	177
柑橘园面积	亩	176
16. 水果总产量	吨	4
柑橘产量	吨	3
17. 生猪存栏量	头	276
生猪出栏	头	392
18. 牛存栏量	头	181
牛出栏	头	46
19. 山羊存栏量	只	189

续表

指　标　名　称	单位	田家洞村
山羊出栏	只	265
20. 家禽存笼量	只	1041
家禽出笼	只	1434
21. 肉类产量	吨	37
22. 禽蛋产量	吨	2
23. 水产品产量	吨	0
24. 药材播种面积	亩	0

资料来源：古丈县断龙山乡分组统计台账年度计算表（2011）。

三、副业

（一）运输业（货运、客运）

田家洞村的运输业包括客运和货运。从某种意义上讲，田家洞村是整个断龙山乡的政治和经济中心，交通发达，信息通畅，同时拥有便捷的运输网络——从田家洞村（断龙山乡）至县城的城乡客运线。田家洞村距离古丈县城37公里，这条客运线囊括了全程路程以及沿途的路段。现在共有八辆中巴车承担着这条路线的客运任务。中巴车是统一的车型——长沙梅花，每辆车的市场价格是15万元，载客量是19人。这八辆车全部由田家洞村的村民个人购买，归个人所有。他们必须获得运营资格，领取路线牌照后才可以跑这条客运路线，所以首先要向古丈县交通局和交管所申请，经过检验审核之后才能获批。

2000年之前，这八辆车的运营方式是小农式的，各自单干，互不干涉。这种运营方式因争抢客源影响了各家的利益，导致了摩擦的发生，随着矛盾不断的激化，运营方式不得不改革，以寻求出路。直到2000年，在古丈县委的政策引导和相关部门的协调下，城乡客运模式做出了重大的调整，开始了全新的联营模式。田家洞村城乡客运联营模式的基本原则是车辆轮流负重，售票员互换上岗，毛收入平均分配。具体解释为，车辆轮流负重是指以四天为一个周期，一辆车每跑完四个边（他们所讲的“边”，是指来回一趟）的一天后，接着跑三天的两个边。司机和车辆在完成一次重复任务后，就可以有一定的缓解和放松期。中巴车除了要配备一个司机外，还要有一个售票员协助客运服务。司机一般是家里的男主人，而售票员的职责就由女主人来承担。售票员互换上岗的意思就是，售票员不在自家的车上服务，而是到其他的车辆上协助司机。因为所有车辆一天的毛收入最后要平均分配，所以这种机制也是起到了相互监督的作用，保证利润的公平划分。毛泽东曾经说过，只有人民才是历史的创造者。轮流制、互换监督制、利润均分制，如此完整严密又具有可操作性的规章制度绝非从象牙塔走出来的书生所能想出来的，而是人民群众集体智慧的产物，真所谓实践出真知啊！

按照国家交通政策和法规，这八辆中巴车中有三辆属于2012年11月达到了使用年限，申请报废后新购进的车，其余五辆车在2013年也会按照规定报废更新。车型以及生产厂家是县交通局和交管所统一指定的，所以更新车也要按照这个规定来做。我们采访的黄大哥家的旧车是两年前从别人那儿买来的，当时接手的时候车已经运行四年了，花费了11万元。而那辆车折旧后的市场价只有1万多元，转让价格高的主要原因是车所附带的城乡客运专线的运营牌照。使用两年后，尽管按照国家商务部、国家发展和改革委员会、公安部、国家环境保护总局各阶段制定的《汽车报废标准》，旧车的使用年限应该还有四年，虽然尚未达到国家报废标准，但是发动机和底盘损坏严重，经检验不符合国家机动车安全运行技术条件，所以也必须申请报废了。新买的车运营的时候不再需要申请客运牌照，可以延用原有车的牌照，只需到相关部门作登记变更即可。田家洞村的客运专线是从断龙山乡（田家洞村）至古丈县城，途经三个乡镇。全程票价是10元，断龙山至通段是5元，通至河西段3元，河西至罗依溪段3元，罗依溪至古丈段3元。每天发车共9趟，最早一趟的发车时间是5：00～6：00，剩下的都是隔一个小时发一趟。如果乘客比较多，很快满员的话，他们就调整到提前半个小时或20分钟发车。载客量严格控制在19个，绝对不能超员，一旦被交通部门检查发现后就会遭到比较重的罚款。所以，售票员特别注重控制载客量。每到周末在县城寄宿读书的学生们都要搭车回家、返校，这造成了乘客人数的暴增，要求增加班车次数。八辆车的司机和售票员按照次序轮流加班加点。每月90元的卫生费和汽油费都是由车主家支付，一个每天跑两边的车需要油费100元。古丈县城汽车站服务中心提供了卖票的服务，要从售票费中扣除8%的服务费，这笔钱到月底才能凭单领取。因为票价比较低，汽油费不断地上涨，所以除去各项成本，一辆车每月可以收入3000元左右。2009年，为了加强城乡道路客运成品油价格补助专项资金管理，促进城乡道路客运健康发展，保障国家成品油价格和税费改革顺利实施，根据财政部等七部门《关于成品油价格和税费改革后进一步完善种粮农民部分困难群体和公益性行业补贴机制的通知》，财政部和交通运输部共同印发《城乡道路客运成品油价格补助专项资金管理暂行办法》。根据此办法，符合规定的农村客运经营者[①]在国家确定的成品油分品种出厂价，高于2006年成品油价格改革时的分品种成品油出厂价（汽油4400元/吨，柴油3870元/吨）时，启动补贴机制；低于上述价格时，停止补贴。2011年和2012年的油价不断地上涨，国家启动了补贴机制。按照这个政策规定和地方实际情况，田家洞村的联营客运经营者2012年从交通局领取了3万多元的燃油补贴，2011年是2万多元。

田家洞村至古丈县城的客运专线的开通在为普通老百姓提供方便的同时，争抢线路、客源的现象也屡见不鲜。由于存在多头管理，随着市郊公交线路的开通，公交车屡屡“大伸腿”，城乡各处不断出现客车、公交车、出租车相互“顶牛”的事件。罗依溪镇是从田家洞村至古丈县城客运的途经站点，也是离县城最近的小镇。2009年12月初，为提升罗依溪镇小城镇城市品位，活跃栖凤湖经济开发区经济发展，古丈县城至罗依溪镇城乡公交车正式开通。公交车经营者是原古丈县至罗依溪镇有线路牌的面的经营户，他们与湘西州湘运公司古丈分公司达成协议，自筹资金购入19座新车，挂靠湘运公司统一经营管理，统一车型，统一停靠点，统一票价和发车时间和地点。这样造成田家洞村至古丈县城的线路与罗依溪镇至古丈县城的公交行车路线大约有26公里是重复的。所以田家洞村的客车每到罗依溪镇站点时，就会受到那里的公交车的抵制，不允许他们车站停靠。为了争抢客源，保证各自的经济利益，争吵和冲突时有发生。交管所为了公平竞争，规定各线路的票价，不允许任意抬高或降低价格。其实，这种事情已不再是偶然现象，全国各地对此做出

① 本办法所称的农村客运经营者，是指经依法取得道路客运经营资格，在县境内或者毗邻县间固定的道路客运线路上运营，或经许可同意在县境内或者毗邻县间某一特定区域内运营，其线路起讫点至少有一端在乡村的道路客运经营企业或个人。

过报道，甚至一些地方矛盾激化、升级到政府不得不出面解决的地步。农村客运班线和公交车频发矛盾冲突，与近年城乡公交发展迅猛有关。大量公交车涌入县城和乡镇，让本来已经竞争激烈的农村客运市场更为震荡，优胜劣汰的市场规则令农村客运班线招架不住。然而推动公交车下乡，则是城市大型客运企业往外扩张、扩大营运范围的必然结果。宏观地看，公交下乡是大势所趋，现行的“公交车只能在城区运营”规定已经无法满足需求，需要重新制定相关政策法规，或者对两者运行的线路范围进行划分，或者重新定义两者。因此，城乡公交和农村班线需规范整合。但是，为了避免矛盾冲突，整合也需要时机和政府智慧。一是可以由发展公交的大型客运企业收购农村客运班线，引导这些班线开到公交不能到达的农村地区。二是耐心等待农村班线的经营期限结束后，不再审批这些线路，引导班线车主进入客运企业工作。此外，田家洞村至古丈县城的客运线路还有另一种竞争者——面的车。各个村里的面的车从村里到乡里，最后还可以进入县城。原来规定面的车不可以进县城，只能在乡镇之间运营。但是从2011年开始，这些拥有线路牌的面的车也可以进城了，并且同样可以领到国家的燃油补贴。面的车的载客量一般是八九个人，具备便捷等特点，招揽了不少的客源，对中巴车客运造成了冲击。所以，公交、农村班线、面的车之间的规划整合势在必行，否则会影响社会的和谐稳定发展。

田家洞村货运业依托于附近地下锰资源的开发、开采和利用。田家洞村所在的古丈县拥有丰富的锰资源，储藏量位居全省前三。近年来，古丈县为了充分发挥锰资源优势，招商引资成立公司开发资源。宏泰电解锰有限公司是坐落在田家洞村毗邻的白溪村，立足于当地资源，着力于开采加工销售锰等。锰矿开采后需要通过运输才能到达加工场所，这样对货运就产生了需求。所以，田家洞几乎所有的货车业务来源于宏鑫电解锰有限公司。货车都具备自卸功能，方便节省时间。田昌伟家的货车的载货量是最大的，载重可达50吨，隶属于古丈县的一家货运公司。货车是自筹资金购买的，一辆正常运营的车大约需要27万元。运输业务由货运公司来分配，一般是把锰矿从一个矿区运送加工地点。距离虽然不长，但是某些路段的路况不太好，基本要两天才能跑一趟。业务也不是天天都有，每个月平均可以跑八趟。货车的耗油量很大，每趟需要1500元的油费。而运费比较低，每吨75元，如果按照交通法规的话，载货量不能超过30吨，一趟的毛收入仅有750元。在此基础上，再除去司机的工资、餐饮费、过路费以及车的损耗折旧等，几乎没有什么利润。因此，他们只能采取超载的方式增加收入。采访期间，田昌伟休息在家，原因是交通局对此加强了管理，沿途设卡开始检查超载车辆，一旦被查到就要遭到严厉的处罚。普遍性寓于特殊性之中，全国各地经营货运的车主都面临着同样的问题，货运商的命脉掌握在信息中间商手中。按照马克思的观点，资本主义社会是一个中介人社会，它由大量的中间人构成。经济领域：金融家、经纪人、商人；法律领域：律师；政治领域：议员、代表；宗教领域：牧师；意识形态领域：媒体。这个中间人领域的日益庞大，构成了对社会的威胁。中国在市场化的进程中，也形成了这样一批中介人，如业务信息提供者，所以也就构成了货运商和信息中介者之间的利益冲突。这个问题同样受到社会的关注，但是在我们这样的社会主义国家中可以通过政府的调解或者政策的引导转化矛盾，从而保障底层劳动者的利益。

田家洞村还有 8 辆小型货运车。他们基本运输建房子或修公路所需要的建筑材料，包括沙子、水泥、石灰、钢材和砖等。因为缺少固定的业务，所以他们的营运也没有什么规律性。如果某个人有运输的信息，然后他们就一起出去干，相互可以帮衬。这种车的载货量比较小，也具有自卸功能。他们活动的范围局限在古丈县域范围内，如果业务不错的话，年毛收入也可以有 4 万多元。遇到淡季的时候，司机们就干点农活或出去打零工。尽管小型车不像大型车的收入高，但是它的成本低、风险小，同时还可以照顾家里。

（二）建筑材料业

田家洞村的建筑材料业主要有水泥砖厂。田家洞的水泥砖是新型的绿色环保产业。水泥砖是利用粉煤灰、煤渣、煤矸石、尾矿渣、化工渣或者天然砂、海涂泥等（以上原料的一种或数种）作为主要原料，用水泥做凝固剂，不经高温煅烧而制造的一种新型墙体材料。它符合了我国“保护农田、节约能源、因地制宜、就地取材”的发展建材总方针，符合国务院曾经转发的《严格限制毁田烧砖积极推动墙体改革的意见》，符合国家财政部税务总局曾发布的财税字〔1996〕20 号文件《关于继续对部分资源综合利用产品等实行增值税优惠政策的通知》，是属于全免增值税的建材制品。由于材料强度高、耐久性好、尺寸标准、外形完整、色泽均一，具有古朴自然的外观，可以作为清水墙，也可以做任何外饰品，因此，水泥砖成了取代黏土砖极有发展前景的更新换代产品。田昌胜夫妇正是看到水泥砖的这些特点和广阔的发展前景，才带领全家艰苦创业，创建了田家洞村的第一家水泥砖厂，也成了白手起家发家致富的典范。全村的男女老幼对他们都充满了钦佩之意，赞不绝口。

该水泥厂成立于2006年，至今已有六年的时间了。建厂的时候首先要考虑原材料尽量可以做到就地取材，以减少运输等成本。田家洞村有大量的生产水泥砖所需的天然石头资源，但是石山都是荒郊野岭的，可以说是不毛之地。田昌伟夫妇属于自主创业，前几年远赴外地打工好不容易才攒了第一桶金，资金相对于创业来说还是捉襟见肘，必须精打细算。权衡之后，田昌伟决定利用自家的优势，开荒山，解决原材料石子的难题。田昌胜家早年为了生计，开拓过距离村里1公里处的一片山，不过现在也是荒无人烟，也不生长任何植物，但是有大量的石头可供采伐。所以，他们选址在山脚下，顺势可以利用山上的石头。因此，田昌胜家的老老少少全部出动，在石头山上开荒、平地。最艰难的时候，老人、孩子、青壮年吃住在山脚工地的棚子里，真是有一种愚公移山的精神。除了平整厂房用地5亩外，他们还自修了一条公路，从环乡公路通往厂房的公路，方便运送设备和产品等。半年后，占地180多平方米的六间厂房建成，同时安装了从吉首采购的设备等，启动资金投入了20多万元。万事俱备，只欠东风。田家历经半年的筹备，终于可以投入生产水泥砖了。石子虽然可以就地取材，但是取材也是一个费劲的过程。开采荒山里的石头的第一步是开山。开山要使用炸药，而炸药是国家严格控制的违禁品。所以，他们必须到古丈县公安局治安大队办理爆炸物品使用证。办理此证件需要具备爆炸物品储存条件，临时使用的要有临时储存仓库。然后向辖区派出所提出申请，辖区派出所派管片民警先实地检查仓库的条件是否合格，经检查合格后，持派出所出具的爆破物品审批表到派出所审批，派出所民警和分管所领导根据检查情况对申请做出批准后，再持审批表到古丈县公安局治安大队审批。最后还需要由古丈县公安局分管局领导进行审批，这些审批全部通过后，才可以到民爆公司买炸药。一件重168斤炸药的价格是500元。除炸药外，还需引爆设备雷管，雷管是爆破工程的主要起爆材料，它的作用是产生起爆，能引爆各种炸药及导爆索、传爆管。雷管分为火雷管和电雷管两种，炸药开山一般使用的是电雷管。一根电雷管是4~5元。炸药要安放在石头的孔洞里，所以还要使用风钻机钻洞，一个风钻机价值6800

元。炸药开山是一件危险系数比较高的事情，雷管的使用数量要根据周围石头的具体情况而定。开山时，炸药中有电子雷管，通过一根电线，把开关引到安全区域，引爆雷管，通过雷管再引爆炸药。石头被炸开之后，还要用大铁锤砸碎，方便搬运。从山上到制砖厂运送石头的交通工具是农用拖拉机，搬运靠的是人力。水泥砖厂目前共有两辆农用拖拉机运输石料。石料运到工厂后，还要通过粉碎机的加工才能达到使用标准。

水泥砖的原材料包括黏土、砂、水泥、石子和水。其中，砂按细数密度（Mx）可以分为粗砂（Mx 为 3.7～3.1）、中砂（Mx 为 3.0～2.3）、细砂（Mx 为 2.0～1.6）和特细砂（Mx 为 1.5～0.7）。制作水泥砖采用的是细度模数Mx 为 3.7～1.6 之间的砂，其含泥量小于 3%。石子的粒径大于 5 毫米，小于 8 毫米。水泥采用标号 32.5 以上的普通硅酸盐水泥、硅酸盐水泥（GB175－1999）和矿渣硅酸盐水泥（GB1596－91），一般夏天生产时使用矿渣硅酸盐水泥。要含有一定量的松散颗粒，以利于拌水泥。含砂量少的黏土，可在土中配砂。含砂量少又较硬的黏土，须磨碎后再配砂。用水量适当，砖的强度就高。成型水分少，砖的强度则差，物料在模内阻力大，单面加压，砖底面不密实；成型水分多，底面潮湿，出模时容易碰坏。当砂土含水率为 3%～5%，成型时的用水量以 10% 为宜。若原料细砂过多，则降至 8%。

水泥砖的生产工艺流程非常简单，原材料选择好后加入一定量的水泥和水，通过搅拌设备将原料充分搅拌，然后通过输送设备把搅拌好的原料运送到水泥砖机设备的储料斗内，开通水泥砖机使其运转，设备会将料斗内的原料均匀地摊布到成型模具中，待原料摊布完毕，通过上冲头下压同时结合底部振动电机的同步振动，最后生产加工出水泥砖成品。其中，混料时间要长，时间长就能混均匀。干混料混合 20 分钟比 10 分钟的强度提高 15%～23%；湿混料混合时间以物料不结块为宜。混合好的料存放时间以 2 小时左右为宜，时间太长或太短，都会降低砖的抗压强度。黏土水泥砖成型时的压力，以每平方厘米 500 公斤最好。在此压力下，其制品抗压强度高，耐水性能好。压力太低，不易压实。养护时，黏土水泥砖一般利用太阳能保护。日晒自然养护 7 天龄期的强度，相当于 28 天龄期强度的 67%～90%；28 天龄期强度为一个季度龄期强度的 80%～95%。一般晾晒半个月就会出厂。水泥砖的生产受到天气温度的限制，所以一年可以生产的时间合起来仅有 8 个月。

水泥砖的规格标准有各种各样的，田家洞村只生产两种规格的水泥砖，一种是长、宽、高分别为400毫米、200毫米、200毫米，另一种是长、宽、高分别为400毫米、150毫米、200毫米。前一种的市场价格是2.1元/块，后一种是1.7元/块。每天可以做20搅拌机，共可制砖560块。盖一幢200平方米的两层楼房，需要近5000块水泥砖，1万元左右。在田家洞村，制作水泥砖的最大问题是水源。前面介绍过，田家洞属于典型的喀斯特地貌，地表不容易蓄水，常年缺水。我们对田昌伟夫妇做访谈的时候，他们最担心的是干旱缺水，造成停工停产。水泥砖厂制作砖的水来自山水的水源，如果遇上干旱缺水情况，他们就得向附近的水库买水，这样才能保证生产的正常进行。现在，农村老百姓积累了一定的积蓄，开始陆续翻修新房，改善生活条件。因此，水泥砖的市场需求量非常大，田昌伟也就根本不愁会有积压产品等情况，通常都在加开马力生产。同时田昌伟家的砖厂生产的水泥砖因产品质量过硬、口碑好，老百姓一传十、十传百都前来购买他家的水泥砖。有了这块金字招牌，他会更加信心百倍经营水泥砖厂。

田家洞村支部的田书记介绍说，水泥砖在古丈县的探索源于1969年的古丈县砖厂，因为当时国家号召封山育林，对于林木的管理开始进入规范化发展的阶段，所以提倡探索免烧砖的生产工艺。随着人口数量的上涨，人均耕地面积减少、资源稀缺等情况的出现，从20世纪80年代开始，我国开始探索免烧砖，率先研制出挤压式八孔制砖机，开创了免烧制砖机的先河，但是因为圆盘转动每次只能压一块砖，产量低，一般砖瓦厂的产量满足不了市场的需求。为了提高产量，一些机械工程人员又研制出每次压两块砖、三块砖甚至四块转的蜂窝煤机式制砖机。虽然它制砖无须托板，直接码垛，但它不符合机械持续化工作原理，最终开发失败。到了20世纪90年代，在借鉴、引进国外墙体机械的基础上，我国开发出空心砌块成型机，为我国新型墙材机械的发展奠定了基础。科学技术的进步和发展，改变了空心砖只作为围墙和填充墙的角色。砌块广泛用于非承重墙和承重墙体建筑，利用专业技术生产的承重空心砌块是承重墙体材料的主导产品，其强度高于黏土红砖强度。此外，使用水泥砖的建筑造价也大大降低。利用废渣空心砌块建造房屋，可比黏土砖建筑节省工程造价25%，缩短工期50%，节省木材70%，节省钢材40%，节省砌筑砂浆50%，节省抹面砂浆40%，节省人工40%，采暖耗能降低30%~50%。同时，砌块建筑在施工中废除了传统的手工瓦刀作业，减少大部分模板和高层脚手架，免除十几道施工作业程序，大幅度降低了劳动强度，提高施工作业的安全性和科学性。因此，废渣空心砌块具有较好的经济和社会效益。2013 年，环保事业又被推上了高潮。因此，环保免烧砖未来有广阔的前景。

四、田家洞村的商业

商业是田家洞村的支柱产业之一。村民相当一部分收入来源于商业，按照不完全的统计，很多家庭一半的收入来源于商业。田家洞村作为一个重要的商品集散中心的历史由来已久。田家洞村地处古丈县，西与保靖县仙仁、阳朝、梅花三乡毗邻，北与永顺县列夕接壤，是三县的交会处，优越的地理位置成就了它作为商品集散地的辉煌。早在光绪年间的1825 年，田家洞商业集市就具备了较大规模，吸引了来自县城和边区的大量消费者和商人。它不仅承接着商家和消费者的关系，而且作为小型的批发市场，在商人和商人之间互换、互购商品方面起着纽带作用。商业和文化交互发展，每年定时都会有地方戏曲的表演，成为老百姓难得的精神饕餮。

田家洞商业中心的地位并没有随着历史的演变而没落，而是延续了传统，在继承中得到了发展。而现代化、市场开放等外部环境的变化更是给予了田家洞商业中心新的因素和动力。日本京都学派著名学者宫崎士定在《东洋的近世》中指出，“人类的文化因为交通而得以发达”，“……如果交通的频繁达到某一点，由于交通本身的方便，大商业都市便出现在交通路线上，而当一个地区产生了经济重要性后，政权便不得不对之采取特别保护的措施。最方便的方法，是将这些商业都市改为政治都市。五代和宋以后，中国舍弃交通不便的长安、洛阳，把国都迁往交通都市和商业都市的开封”。因此，交通对于促进一个地区经济和政治的发展起着不容忽视的作用。田家洞村是断龙山乡政府所在地，这不能说与其商业中心的位置毫无关系。历史有其自身的演变规律。田家洞“麻雀虽小五脏俱全”，其作为商业、政治中心必然要求交通设施的改善，反过来，交通的改善会进一步反作用于经济、政治和文化的繁荣。

田家洞通往县城和边区的交通网基本建成。县道古保公路 7.5 公里，贯穿全村，建于两年前；省道 S229 公路经过东面接壤的红石林镇；环乡公路 4.2 公里，工程于2004 年结束，由财政和社会共同筹资建设，耗资 100 多万元；村落的水泥路2公里，花费8万元，全部由村委会筹资承担完成。便利的交通优势为经济的蓬勃发展做了准备基础。田家洞村近几年作为烟草种植基地，大力推广烟叶种植，其规模在稳步地扩张，这都得益于交通的便利条件。发达的交通网络为烟叶运输提供方便，相关烟草种植的信息和技术及时地引入，并传达给烟农等，所以，烟叶的收购中心、技术指导员、烟苗的培植基本都聚集于此。

目前，田家洞的商业大致可以分为两种模式：一种是固定地点的店面经营模式；另一种是集中的大规模的批发市场模式。首先介绍后者。集中的大规模的批发市场模式继承了当地的商业传统，地点位于断龙山乡政府向南的斜对面。市场和乡政府相隔一条环乡公路，沿着拱形大门进去，一块不规则的平地上弯弯曲曲陈列着摊位。摊位从大门的右侧开始，左右顺势摆开，中间是人行过道。西边的部分摊位有简易的屋顶，屋顶是用木板和砖瓦搭建起来的。其余的摊位都是露天的，摊位上是一块水泥板，下面由两排高一米的砖块作支撑。摊位接踵而来，没有空隙。沿着从平地通往坡上的台阶两旁都有摊位，转过一个弯又出现一片空地。空地上的摊位设施更为简单，下面做支撑的砖块没有用水泥加固，上面只有几条横排着的木板。下面的摊位约有80个，上面有50多个，共计140个。摊位现在都属于个人所有和管理，而非集体所有，主要分属于两户人家。其中一户的房屋正好在市场的范围内，前几年修建楼房的时候专门把第一层设计成开放式的，方便摆放摊位。摊位的出租管理、维修都由个人来负责。

按照农村的集市传统习俗，集市的开放频率比较高，每五天一次。我们调研参观的时候，刚好错过了集市的开放日，未能亲眼看见熙熙攘攘，讨价还价热闹、繁荣的场景，确实是遗憾。通过一位田大爷和村支书的介绍，我们了解到集市开放当日从上午一直持续到傍晚。一大早，各地商家骑着电动三轮或开着面包车急匆匆从各地赶过来占摊位。有了摊位，生意才能开张，否则就会白跑一趟。同时，路边摆满各种交通工具，有商家的，也有邻村老百姓的。出售的商品包括日常生活用品、衣帽、化肥饲料、种子、蔬菜、水果、干果、肉类食品、玩具等，真是应有尽有，一应俱全，让人眼花缭乱。这些东西有的是从进货渠道拿来的，有的是自家生产的。当地的老百姓每到集市开放日基本都放下手中的活，赶往集市或购买需要的商品或凑热闹。他们戏称集市这天是休息日，相当于城市的礼拜天，只不过频率周期不同而已。吆喝声、讨价声、嬉闹声，各种声音混杂在一块，好不热闹，用老百姓的话说，就像过年似的。商家除了面向普通老百姓外，还互相购买各自的产品，可谓一举两得。商家采购的产品是为了满足他们本地老百姓的消费需求，一方面产品的价格合理，另一方面还节省了交通费用。每天的摊位费是5元/个。拥有80个摊位的大姐，每个集市仅摊位费就收入400元；另一户有20个摊位，这一天收入也有100元。充足的商品提高了村民的消费水平和生活水平，我们采访的村民说，逛一次集市基本要开销100元，而且每隔五天的集市如果没有要紧的事情，基本都会去。他们的平均消费水平要高于周围的村庄。不过不是只买不卖，他们也会利用便利的条件，把从山上采集来的天然野生枞菌、自家产的核桃等东西交换出去，有进有出，稍微高些的消费水平也可以满足。

众多的消费者聚集在热闹的集市，成了田家洞餐饮消费的潜在人群。小餐馆基本设在市场内部，店面是自家的房屋，因此，经营成本比较低。餐馆以提供便捷的米粉、米线为主，形式是煮、炒等。价格比较适宜，一碗米粉或米线5元，如果有煎鸡蛋的话，需要另加1元，这种水平在老百姓可以接受的范围内。餐馆平时不营业，营业时间和集市开放日相同。

总的来说，田家洞村的集市为附近地区的老百姓购物提供了便利条件，但在市场化高度发达的今天，它的经营模式、环境等还处于传统阶段，远远滞后于地区经济发展的要求。田家洞村支部和村委会早就意识到了这个问题，并已多次开会研讨如何提升市场品级。他们认为村委会作为最基层的公共组织是村级公共产品的提供者，理应承担起规范田家洞市场的责任。从2011年开始，村委自筹资金组织了一支市场安全巡逻队，保障市场的正常运行，同时确保消费者和商家的利益不受损害。此外，他们还在酝酿着重新规划市场，包括市场的位置、设施、环境、后勤保障等。按照规划，市场的摊位由村委统一来建设、管理和维护等。同时，为了市场的环境，他们还要改善村里的基础设施，如道路交通等。随着市场规范化的运行，餐饮、住宿的需求也随之上升，因此，餐馆、旅馆等配套设施也就成为规划的重要内容了。集市的发展必然会辐射到医疗卫生、教育、养老等诸多方面。目前，乡中心卫生院坐落在田家洞村靠北的主干道上。卫生院除住院大楼外，还有在建的实验楼。医疗设施的配备、医护人员的水平也在逐渐提高，以满足来自周围十几个村老百姓的就医需求。未来，养老院就建在卫生院的旁边，方便老人们就诊看病等。商业的发展也会增加当地的财政收入，而财政收入又可以反哺农村基础设施等的建设。因此，田家洞村将会顺势把握优势地理位置、便利交通、传统集市等条件，推动并加快农村城镇化的步伐。

除集市外，田家洞村还有固定的店面经营模式。这种模式下的商业氛围也很浓厚，并且形成了一定的规模。店面主要分布在断龙山乡政府的主干道、北边环乡公路主干道以及零散的村落间。分布在乡政府主干上的是最繁华的，可以说是商业一条街。从东向西约有100米的街道上几乎被商店填充满了。经营范围涉及银行、饲料、家电、餐饮、副食、建材、药品、照相、儿童服装、粮油、床铺用品、鞋、日用杂货、移动和联通业务代理、网吧、理发店、烟草专卖、文具、复印、灯饰、彩票、肉制品、蔬菜、棋牌室、旅店等，品种有上千种。经营模式有专营和兼营两种。我们重点采访了乡政府旁边的田丽萍大姐，她家是兼营模式的典范。店铺零售药品、日用百货等，还兼营小旅馆。田大姐的店铺是一幢三层小楼，修建于2011年，每层有100多平方米。一楼一半是药品专柜，另一半是日用杂货的货架，中间的走廊通往后面的储货仓库和楼梯；二楼是她们四口之家的卧室；三楼用作旅馆，提供住宿。田大姐早年毕业于卫校，后来在乡卫生院做医生，因为人员关系的调整辞职就开始经营药店，至今将近20年，积累了丰富的经验。该药店一开始设在自己家里，2002年的时候才买下现在店铺的位置。鉴于便利的地理位置，她又开辟经营日用杂货。她说经商看似简单，但也是一门大学问，需要不断地摸索。日用杂货的品种一定要根据老百姓的实际需要来选定，而非想象。她一开始进货就采取了满面铺开的战略，没想到碰了一鼻子灰，库存积压了很多。究其原因是价格、商品质量以及缺少需求等。考虑周围的竞争对手有20多家，她调整思路，决定采取差异化竞争战略，专营婴幼儿产品和儿童食品，以及保质期较长的食品等。日用品有洗发水、牙膏牙刷、洗衣粉、花露水；婴幼儿用品包括奶粉、奶瓶、奶嘴、尿不湿、卫生纸；食品有饮料、饼干、小零食、营养品（黑芝麻糊、脑白金等）、酒等。日用品的品牌是大众化的，如海飞丝、力士、霸王等，婴幼儿产品是质量比较好的，这也符合老百姓的愿望；酒的价格比较有层次，满足不同人群的消费需求。思路的调整收到了意料之外的效果，由于质量过关、价格公道、产品专用等优势的集合，田大姐的销量发生了很大的改观，利润也提上去了。药店的经营也充分利用了自身曾经行医的优势，再加上店面整洁卫生，积累不少固定客源。2011年修建新房后，她又把空余的三楼改造成旅馆。可能是医生的职业习惯，田大姐的旅馆房间环境好、床铺整洁、洗漱设施完备，因此，调研期间我们调研组就住宿在这里，受到了她的热情照顾。物流的发达使得供货更为方便，所以，田大姐家70%的商品一般由供货商直接送到商店，其余的就由自己到吉首市选购，一般是每两个月一次。商店和药房每个月的毛收入总计5000多元，旅店的收入不太稳定，每个月平均也有1000多元。商业收入基本是家庭收入的重要来源，水平也达到了全村的中上等。

环乡公路上共有三家小商店，主要经营食品、日用品等，方便附近老百姓的生活。这边的商店收入不及乡政府主干道那边，月均毛收入1000元，原因是商品的种类较少，规模效应也小。村落间的两家商店销售的商品偏重于实用和应急。我们采访过的田大爷家的商店坐落在村里的小坡道旁边。田大爷夫妇俩都已过60岁了，从年轻的时候起就经营这家小店，至今有30余年了。既然儿女们都已成家立业，他们开店的目的不再是赚钱，而是为了消遣生活。他们主要销售劳动布鞋、手电筒、鞋垫、袜子、拖鞋、保温杯、鞭炮、被子、床单、帽子、袖套、手套雨鞋、碗、毛毯、牙膏、电池、插线板、笔芯、墨汁、雨伞、洗衣粉、肥皂等生活用品，还有菜籽油、酱油、八宝粥、儿童食品。这些商品体现了附近老百姓的需求特点，部分是田间劳作所需的装备，均属于耐用品。

田家洞村还有两家建材店。这几年村民都积攒了一定的积蓄，开始翻修自家的房子，对于钢材的需求也逐渐多了起来。但老百姓一般都得去县城购买钢材，既费时又费力。村里的田老四等人瞄准了这个商机，利用自家的门面房，开始经营起建筑材料，包括不同规格的钢筋、油漆、涂料等。他们不仅零售，而且免费提供切割服务。如果客户有需求的话，他们还可以提供上门服务，因此他们成立了一支建筑队，形成一条龙服务。田老四的建材店刚开业不久，经济效益还未体现出来。而位于乡政府主干道上的建材店，真是生意兴隆。我们曾经两次拜访店老板，但都因为生意忙而未能如愿。这家店划分为三部分，中间部分出售建材，一边是修车补胎，另一边是小型加油站。修车补胎和加油站主要针对摩托车、电动车、农用三轮车和拖拉车，加油站则是为农业机械设备提供燃料动力。

综合言之，田家洞村由于是断龙山乡政府驻地，又有通畅的交通条件，还有商业的历史传统，其商业呈现出欣欣向荣的势头。随着村委会规划的逐步实施，我们相信田家洞的商业前景会越来越美好！

五、田家洞村的经济制度

经济制度是一定时期一个民族内部经济关系和外部经济关系的基础，规定着该民族经济矛盾的性质，决定了民族经济的发展趋势。它随着劳动者素质技能和社会地位的提高而演进。“经济制度是指建立在劳动者一定素质技能基础上，反映劳动者社会地位的关于劳动力所有权和生产资料所有权及其相互关系的权利体系。”① 断龙山乡田家洞村的经济以传统农业为基础，其特点是以农为本兼营其他副业，田家洞村的经济制度主要指土地和劳动力权利及其相互关系。其经济制度大致经历了三个时期，第一个时期是新中国成立以前的农业生产资料私人占有制；第二个时期是土地改革时期均配土地占有权；第三个时期是社会主义公有制时期。

（一）土地权利及其变化

1. 田家洞村解放以前（1950 年以前）

在国民党统治时期，国家政权被官僚资产阶级控制，中国广大农村地区的农业基本保持着小农经济式的生产。土地所有权名义上归国家所有，占有权归官僚大地主所有，自耕农所有的土地占有权只占所有土地中很小的一部分，由土地占有权派生出来的土地使用权则部分归佃农所有。1950 年，田家洞村解放以前一直处在国民党统治下，田家洞村的农业生产资料归私人占有，土地占有权集中在地主阶级手里，他们凭借土地占有权对土家族的佃农进行盘剥，广大的农民则主要靠做长工、打短工和租赁土地使用权来维持生活。田家洞村的山林大部分归地主、富农占有。

2. 土地改革（1950—1954 年）

自 1950 年田家洞村解放开始到 1952 年，实行土地改革，将不合理的地主土地占有制改为农民土地占有制。“在土改中，按照中央关于依靠贫农、雇农，团结中农，有步骤、有分别地消灭封建剥削制度，在发展农业生产的土改总路线和总政策，通过扎根串联，访贫问苦；宣传政策，发动群众；建立健全各级

① 刘永佶．民族经济学［M］．北京：中国经济出版社，2010：142.

组织；划分阶级，分清敌、我、友；讲究策略，开展对敌斗争；没收地主土地和其他财物，分配给无地少地的农民等步骤，将田家洞村的土地分配给了全村的农民。经过土地改革消灭了剥削制度，使得农民生产积极性大为提高，农业产量也大大地增加了。在土改后，土地所有权实际上归国家所有，土地占有权归农民所有，这种私人占有制度在田家洞村实行一段时间后，一度出现了两极分化的倾向，很多农民由于天灾人祸将自己的土地转卖给其他人。针对这种情况，在过渡时期总路线的指导下，一方面对农民进行社会主义教育，另一方面对个体农业进行社会主义改造。在农民自愿互利的原则下，组织变工队、互助组，以解决生产上劳动力弱、耕牛农具不足等困难。"[①] 1954 年，田家洞村的互助组已经发展到了一定的规模，一般都是关系比较好的户会组成互助组，在农业生产中相互帮助，提高劳动生产率和生产资料使用率。

3. 社会主义公有制时期（1955 年至今）

1954 年古丈县第一个初级农业生产合作社成立，入社 23 户，共有耕地 125.76 亩。1955 年到 1958 年，田家洞村开始了初级合作制，农户以土地占有权入股分红，劳动实行按劳分配，实行记工分的办法，年终决算。当时合作社都有大食堂，社员都在食堂吃饭。将劳动力分别定为 10 分、9 分、8 分三级底分，耕牛分别定为 18 分、15 分、13 分三级底分，大农具也评定了基分。每出勤一天，即按底分和基分记账。产品分配，除完成农业税和付给一定的土地报酬及留下来年再生产资金外，其余全部按劳分配。[②] 这一时期田家洞村参加了断龙山乡的农业水利建设，逐步地解决了田家洞村农业灌溉问题，农民生产积极性高，粮食产量逐年增高。

1959 年，在初级合作制之后田家洞村开始实行高级社，高级社明确了把社员私有的主要生产资料转为合作社集体所有，改变了初级社基本上在较大程度上保留社员的土地及其他一些重要的生产资料私有权的半社会主义性质，取消了土地报酬和主要生产资料的报酬，采取按劳分配，强调社员可以在不影响合作社生产的条件下经营家庭副业，没有明确劳动力所有权，强调了各尽所能，按劳分配，土地所有权和耕畜、大型农具的所有权转为合作社集体所有。"社员私有的生活资料和零星的树木、家禽、家畜、小农具、经营家庭副业所需要的

---

① 编委会．古丈县志［M］．成都：巴蜀书社，1989：136，138，140.

② 以上数据来自《古丈县志》。

工具，仍属社员私有，都不入社。”[1] 农业生产合作社抽出一定数量的土地分配给社员种植蔬菜。“分配给每户社员的这种土地的数量，按照每户社员人口的多少决定，每人使用的这种土地，一般地不超过当地每人平均土地数的5%。要求退社的社员一般要到生产年度完结以后才能退社。社员退社的时候，可以带走他入社的土地或者同等数量和质量的土地，可以抽回他所交纳的股份基金和他的投资。”[2] 这期间田家洞村的农业彻底完成了社会主义改造。

1960 年，由报吾列村、喜其哈村、田家洞村三个村组成断龙山乡人民公社。断龙山乡人民公社分四个生产队，农户的生产资料全部归集体所有，产品全部按劳分配。当时小孩子一天分配二两大米、大人半斤大米，过年会给一家分 1 ~2 斤肉。人民公社时期土地占有权分为三个阶段，即一是归公社或管理区，二是归生产大队，三是归生产队的“三级所有”。人民公社的所有制，除了公社直接所有的部分以外，还有生产大队和生产队的所有制；而且基本上是生产队的所有制。1961 年集体食堂下放到户，定量供粮，自由开火。劳动力和生产资料也是按公分计价，年终分粮。[3]

1962 年，按照中央制定的《农村人民公社工作条例（草案）》，将公社所有制逐步调整为三级所有。队为基础的生产管理制度，粮食分配到社的部分，实行基本口粮、按劳分配加奖励的分配原则。产值除了上交国家、集体提留部分，其余一律按劳分配。[4] 强调生产队实行独立核算，自负盈亏，直接组织生产，组织收益的分配，据此将土地权利关系做了进一步调整。生产队范围内的土地，都归生产队所有。生产队所有的土地，包括社员的自留地、自留山、宅基地等，一律不准出租和买卖。生产队所有的土地，不经过县级以上人民委员会的审查和批准，任何单位和个人都不得占用。

人民公社时期土地权利关系及其变化主要有以下几点：土地所有权归集体所有；“人民公社及其生产队、生产队所拥有的是土地所有权派生的占有权；土地占有权先是归公社及其管理区，进而归生产（大）队，最后归生产（小）队；在土地占有权归生产（大）队时，其使用权归生产（小）队；土地占有权归生产（小）队时，土地使用权也归生产（小）队；土地占有权归

---

① 薛蕃桥. 中国社会主义经济问题研究［M］. 北京：人民出版社，1979：42.

② 高级农业合作社示范章程，《建国以来重要文献选编》第 8 册，第 407 –409 页。

③ 本节数据来自作者调研时根据村民口述整理而得。

④ 本部分数据主要是作者调研时根据村民口述整理，具体的史实参考《古丈县志》。

生产（小）队时，生产大队和公社还拥有一部分山林的所有权，但将使用权交生产队；社员对自留地、自留山、宅基地等拥有使用权。”① 在国家统一的制度规定下，田家洞村的土地权利关系也是这样一套系统，在土地权利体系中实际上拥有的只是一部分土地的使用权和占有权。

1980 年，古丈县有一些生产队开始实行包产到户的政策，1983 年田家洞村开始实行了土地联产承包到户的生产管理责任制。其收入部分除了上交国家任务和集体管理费、公积金、公益金外，完全由承包户自理。1984 年 5 月到 8 月，又将荒山、自留山、责任山完全改变为自留山。土地所有权归所有农民集体所有，农民拥有土地的使用权。取消了人民公社后，集体所有制的联产承包责任制与人民公社时期的联产承包责任制有重大区别，其标志是：原来的公社、生产大队、生产队等集体经济组织已经解散，集体经济的载体只有村民委员会的村民小组，以及部分乡镇企业；能够体现集体所有制的，主要是对土地的所有权，以及原来大队和生产队办企业的、生产资料和资产的所有权；土地的使用权大部分分给农民承包，相应的税费也分由农民承担；原有归大队或生产队的耕畜和农机具所有权分归农民个人。联产承包责任制的权利关系，以所有权和经营权的两权分离为基本思路，其义务和利益关系是交够国家的，留足集体的，剩下都是自己的，国家、集体、个人这三层关系是集体制的基本关系。集体所有，家庭经营的联产承包，还是以国家和集体为主为先，要在履行了对国家和集体的义务之后，余下的才归农民，农民的利益是以保证国家和集体利益为前提的。这种义务和利益关系正是土地所有权、占有权、使用权的权利关系的表现。

（二）劳动力权利及其变化

在中国集权官僚农民制社会中，虽然没有明确规定农民劳动力所有权，但是农民已经有了人身自由，农民凭借其所有的劳动力所有权从地主那里租赁土地使用权进行农业生产，也有农民将自己的劳动力使用权出卖给地主，给地主当长工或者短工。在新中国成立之前，田家洞村的农民虽然没有明确拥有劳动力所有权，但是实际上他们都拥有自己的劳动力所有权。

---

① 刘永佶．农民权利论［M］．北京：中国经济出版社，2007：271．

自耕农有部分的土地占有权，他们一般都是给自己家里生产，也有部分小自耕农从地主那里租赁土地使用权，自己耕种，给地主上交地租；佃农主要依靠租赁的土地使用权获取生活生产资料，也有无地的农民将自己的劳动力使用权出卖给地主，给地主家里当短工或者长工。新中国成立之后，1950年田家洞村解放，解放军炮二连驻扎在断龙山乡进行了土地改革，将土地占有权均配给个体农民，农民基本在自己家的地里种地，农民不仅拥有自己劳动力所有权而且也拥有土地占有权，随着对农业进行的社会主义改造的进展，田家洞村的村民开始组建生产互助组，将劳动力所有权派生出来的劳动力使用权交给互助组里的“小集体”使用，此时，虽然没有明确农民的生产资料和劳动力权利关系，但实际上已经由互助组成员共同来支配生产资料所有权和劳动力使用权。1955年，田家洞村开始实行初级合作制，此时农民以土地和生产资料入股加入合作社，集体拥有土地所有权和农民的生产资料使用权，农民以集体为单位进行生产劳动。虽然他们参加劳动，但是劳动力所有权和使用权并没有得到明确规定。后来的高级社集中了所有的生产资料，劳动力所有权派生的劳动力使用权归高级社所有，统一劳动，由公社统一调度。1960年，人民公社化之后，公社实行“政社合一”，“工农商学兵相结合”，生产资料归人民公社集体所有，统一核算，统一分配，实行供给制，办公共食堂，取消自留地和及时贸易。田家洞村加入了断龙山乡人民公社，村民的劳动力所有权不明确，由公社统一安排劳动。1983年，田家洞村实行土地联产承包到户的生产管理责任制，土地所有权归集体所有，土地使用权归村民，村民拥有劳动力所有权，除了在自己家里劳动之外，农民根据自己的劳动力所有权将其使用权出卖给一些集体企业或者私营企业以获得相应的收入。

（三）经济管理制度

经济管理制度是生产资料和劳动力的使用权利体系及其相互关系。经济管理制度受生产资料与劳动力所有权结构的支配和制约。在新中国成立以前，田家洞村的主要生产资料就是土地，在国民党官僚资本主义统治下，土地所有权名义上归国家所有，土地占有权归地主和部分自耕农所有，由土地占有权派生的土地使用权由地主租给佃农。农民拥有自己的劳动力所有权，无地农民和部分自耕农将自己劳动力所有权派生的劳动力使用权出卖给地主，在地主所有的土地上劳作。因此，在新中国成立以前，田家洞村的经济管理制度主要是由单户组织生产的小农经济，以家为单位组织生产劳动，然后依据土地和劳动力权利实行分配。新中国成立以后，1950—1952 年，实行土地改革，将土地的占有权均配给个体的农民，农民依据对土地的占有权和自己对劳动力的所有权进行生产，这时候虽然消除了剥削制度，但是农民还是以“家”为单位进行生产劳动，很多农民由于经济底子薄弱，加上天灾人祸，少数人又将自己土地占有权出卖给其他农民了，重新失去了土地，一度出现两极分化的倾向。田家洞村的村民以户为单位组织生产。“1953 年在过渡时期总路线的指导下，田家洞村开始实行互助组，农民拥有土地占有权和劳动力所有权，由土地占有权和劳动力所有权派生的土地使用权和劳动力使用权组成生产性互助组织，解决了生产上劳力弱、耕牛农具不足等困难，大大提高了农民的生产积极性和农业产量。同年，在互助组兴起的同时，开始逐渐出现了初级合作社。”①

1955 年，田家洞村开始实行初级合作社，农民以土地占有权和生产资料所有权入股分红，由初级社统一组织农民进行生产劳动，生产合作社的最高管理机关是社员大会，公社日常工作由社长组织社员执行。“社员大会选出管理委员会管理社务，选出监察委员会监察社务，选出合作社主任领导日常工作，合作社主任担任管理委员会主任，对外代表合作社。管理委员会一般由五到十五个委员组成，分工管理农业生产、技术、副业生产、财务、政治工作、文化福利事业等，管理委员会可以推举一至几名副主任协助主任工作。管理委员会委派生产队长和直属的生产组长，但要征得社员同意，生产队以下的生产组长，由生产队长指定。合作社还设监察委员会，行使监督权，对合作社主任和管理委员会委员遵守社章和社员大会决议情况，检查财务收支及公共财产有无贪污、盗窃、破坏、浪费、损失的情形。监察委员会一般由三到九个委员组成，设主任一人，副主任一到两人。合作社主任、管理委员会委员、监察委员会主任和委员，每年改选一次，可以连选连任，并规定女社员应有一定比例。”② 在断龙山乡人民公社时期，田家洞村是一个生产大队，

---

① 编委会．古丈县志［M］．成都：巴蜀书社，1989：137.

② 刘永佶．农民权利论［M］．北京：中国经济出版社，2007：211－212.

其由断龙山乡人民公社领导，由几个生产队组成，生产队长由社员选举产生，负责本大队具体的生产活动。

田家洞村在1956年开始推行高级农业生产合作社，绝大部分农户加入了生产资料折价归公，完全归集体所有，产品全部按劳分配。“高级社农业生产合作社的最高管理机关是社员大会或者社员代表大会，社员大会或者社员代表大会选出管理委员会管理社务；选出合作社主任领导日常工作，对外代表合作社；选出一个到几个副主任协助主任进行工作。合作社主任、副主任兼管理委员会主任、副主任。社员大会或者社员代表大会选出监察委员会监察社务。人民公社实行统一领导、分级管理的制度。公社的管理机构，一般可以分为公社管理委员会、管理区（或生产大队）、生产队三级。管理区（或生产大队）一般是分片管理工农商学兵、进行经济核算的单位，盈亏由公社统一负责。”[①] “生产队是组织劳动的基本单位。在公社管理委员会的统一领导下，管理区（或生产大队）和生产队在组织生产和基本建设、管理财务、管理生活福利事业等方面，有必要的权力。生产队是基本核算单位，生产经营管理的权力应该主要归生产队，公社和作为公社派出机关的管理区（生产大队）不能乱加干涉。公社的生产计划，建立在生产队的生产计划和生产小队的包产计划的基础上。作为包产单位的生产小队，对于土地、耕畜、农具和劳动力有固定的使用权，公社、生产大队和生产队都不能轻易调动，如果必要抽调的时候，要在不影响本小队完成包产任务的条件下进行，并且必须商得本小队的同意。生产小队在安排作物种植面积的时候，95%以上的土地必须按照生产队布置的计划安排，3%～5%的土地可以根据自己的情况机动使用。与合作社不同人民公社是政社合一的社会组织，它的管理权不仅包括经济，还包括政治和文化，不仅涉及农业，还涉及工商学兵各业。”[②] 田家洞村是生产大队，其下有几个生产小队，负责日常具体的生产活动，执行公社下达的生产任务。

在人民公社时期，“公社的管理权是以国家对土地所有权和行政集权为根据的，从中共中央经各级党委、政府赋予的，并按上级指令来行使管理权。公社以下，先有管理区（或生产大队）为公社的派生机构，后撤销管理区，设生产队和生产小队，再后将原生产队改称生产大队，生产小队改称生产队。公社的

① 刘永佶．农民权利论［M］．北京：中国经济出版社，2007：240．

② 刘永佶．农民权利论［M］．北京：中国经济出版社，2007：255－256．

管理权通过管理区、生产（大）队再达生产（小）队。在人民公社成立之初，曾实行一段组织军事化，并在人民公社的各级生产组织中相应建立民兵组织，分团、营、连三级，由同级管理机构和上级民兵指挥机关双重领导。民兵分基础民兵和普通民兵。”① “人民公社实行分级管理，其管理权在名义上说是经过社员代表大会选举并赋予的，但实际上是由上级任命公社管理委员会主任级副主任，管理区的负责人由公社党委委派，生产（大）队的队长也主要实行任命制，只有特殊情况下才有选举，但生产（小）队的队长因很少利益而无人愿意担任，不得不选举。人民公社的管理机构，是由党委领导的，公社党委和总支部、支部，是农村工作的领导核心。中共中央直接以自己的名义发布关于人民公社成立、调整的指示或工作条例，由公社党委贯彻，并通过总支部、支部执行。在以生产队为基本核算单位阶段，公社、生产大队、生产队的管理权分别是：公社管理委员会，在行政上相当于原来的乡政府，受县人民委员会领导，行使管理生产建设、财政、贸易、民政、文教卫生、治安、民兵和民事纠纷调解等乡政府职权；领导生产，组织各方面力量发展农业、畜牧业和林业生产，向各生产大队提出关于生产计划的建议，并可对各大队生产计划进行调整；检查各大队的生产，帮助解决生产中存在的问题，改进经营管理，推行增产措施、改良工具和先进经验；组织各生产大队间的协作，调剂种子，供应农具、肥料和农药，管好用好大型农业机械；兴办全公社范围的或者几个生产大队共同的水利建设和农业基本建设，举办社办企业；从各生产大队提取公积金和社办企业的利润中进行积累，用于扩大再生产和福利事业，并扶助生产上有困难的生产大队和生产队。生产大队管理委员会，其管理权是统一管理各生产队的生产、统一分配归大队所有的产品和收入；根据国家计划任务和各生产队的实际情况，对各生产队的生产计划提出要求，在各生产队制订的生产计划基础上，订出全大队的生产计划；对生产队实行包产、包工、包成本和超产奖励，督促检查生产队的生产工作，帮助生产队总结经验、解决困难和问题；经营管理大队企业；扣留公积金，用于基本建设和扩大再生产；扣留公益金，用于社会保险和集体福利事业。”② “生产队管理委员会的权限是：在生产上有一定自主权，安排农活，决定增产措施，选留和管理本队的种子，调整本队的劳动定额，开垦荒地、

---

① 刘永佶．农民权利论［M］．北京：中国经济出版社，2007：270.

② 刘永佶．农民权利论［M］．北京：中国经济出版社，2007．276，277，278.

经营荒山，在农闲时经营副业；在生产管理上可以实行以作业小组为单位的包工生产责任制，奖励超额完成生产任务的小组和个人；组织一切有劳动能力的人参加劳动，并按其劳动的数量和质量付给报酬。”①

以生产队为基本核算单位阶段，人民公社的管理权分别是：“公社，在行政上是乡政府，社长即乡长，其权限与以生产大队为基本核算单位时一致。公社管理委员会的管理权，也与前一阶段大体相当，但规定的更为明确。主要有：贯彻执行中央关于农村人民公社的政策、法令。公社不能违反和改变中央既定的政策、法令，并且要随时督促生产大队和生产队认真执行，检查他们的执行情况。根据国家计划和各生产队的具体情况，兼顾国家和集体的利益，向各生产队提出关于生产计划的建议，并且可以对各生产队拟定的计划进行合理的调整。在调整的时候，只许采取协商的办法，不许采取强制的办法。对于各生产队的生产工作，进行督促和检查，经过同社员和干部商量，及时地帮助生产队解决生产中存在的问题，改进经营管理和财务会计工作，帮助生产队做好收益分配工作。对于困难较多的生产队，应该更多地给以帮助。不许乱开电话会议和其他各种会议，不许向生产队乱要统计报表，不许瞎指挥生产。推定经过反复试验、确实有效的增产措施和先进经验。推行的时候，必须因地制宜，并且只能典型示范和提出建议，不许强迫生产队接受。在必要的时候，可以组织生产队之间的生产协作。组织这种协作，必须按照自愿互利和等价交换的原则，不许无代价地调用劳动力、生产资料和其他物质。从各方面帮助和督促生产队妥善地安排生产资料；选留良种，并且按照等价交换的原则，对种子进行必要的调剂；根据生产队的需要和货源的多少，同供销合作社商量提出农具、肥料和农药的供应计划，并且督促供销合作社做好这些供应工作。农具、肥料、农药等生产资料的供应，必须注意保证质量，保证配套，讲求实效。这些生产资料，应该由生产队自由选购，不许摊派。凡是摊派的，生产队都有权拒绝接受；推行经过反复试验、确实有效、适用于本地条件的改良农具和运输工具；管好、用好属于公社所有的大型中型农业机具和运输工具。公社的管理权还包括兴办全公社范围内的水利建设、植树造林、农田基本建设。并规定若干年内不兴办社办企业，不具备生产条

① 《农村人民公社工作条例（修正草案）》，《建国以来重要文献选编》第14册，北京：中央文献出版社，1997年，第385－411页。

件的要停办，需要保留的可下放生产大队或转给手工业合作社经营，此外，公社保留少量直接为农业生产和农民生活服务的社办企业；合理分配和督促生产队完成国家的粮食和其他农副产品的征购、派购任务；不提取公积金和公益金。”① 生产大队因不再是基本核算单位，因而其管理权变化很大。田家洞村生产大队管理委员会，在断龙山乡人民公社管理委员会的领导下，管理本大队范围内各生产队的生产工作和行政工作。帮助生产队做好生产计划、对生产队的生产工作、财务管理工作和分配工作，进行正确的指导、检查和督促，帮助它们改善经营管理；领导兴办和管理全大队范围的或者几个生产队共同的水利建设和其他农田基本建设；根据生产的需要，按照自愿互利和等价交换的原则，组织各生产队之间必要的协作；管好、用好大队所有的大型中型农业机具和运输工具；经营好大队所有的山林和企业，领导好生产队联营的企业，督促和帮助生产队经营好山林和企业；在全大队范围内，督促生产对完成国家规定的粮食和其他农副产品的征购、派购任务，帮助生产队安排好社员生活；管理全大队的民政、民兵、治安、文教卫生等项工作；进行思想政治工作，贯彻执行中央的政策、法令。“概括起来生产大队的管理权主要是在行政上，其经济上的管理权一是代表公社对生产队进行领导和监督，二是对大队保留的企业和大中型生产、运输工具的经营管理。而生产队的管理权主要集中在对生产的计划和执行上，主要有以下几个方面：一是生产队是人民公社中的基本核算单位，它实行独立核算，自负盈亏，直接组织生产，组织收益的分配；二是生产队对生产的经营管理和收益的分配，有自主权；三是制订本队的生产计划；四是积极开展多种经营，生产队的多种经营，必须实行严格的经济核算和民主管理，账目要定期公布；五是管理、保护、繁殖耕畜，管理、保护和添置农具；六是生产队应该组织一切有劳动能力的人，参加劳动，对一切有劳动能力的人的生产劳动都要进行管理，划分作业小组，制订劳动定额，按劳动的质和量付给报酬；七是扣留公积金，并由公积金开支基本建设和扩大再生产的投资；八是扣留和支配公益金；九是负责完成国家征购粮食、棉花、油料和派购农副产品。人民公社管理权的行使，从各相关文件的规定中，都明确是由公社、生产大队、生产队的管理委员会负责，

① 《农村人民公社工作条例（修正草案）》，《建国以来重要文献选编》第14册，北京：中央文献出版社，1997年，第624－626页。

管理委员会要经社员代表大会（公社）和社员大都会（生产大队、生产队）选举产生，并设监察机构。”①

社员对自留地、宅基地的使用权及房屋所有权，经营家庭副业的权利。在合作社时期，自留地的所有权明确归农民个人，但到人民公社时，则将全部土地归集体所有，并曾一度取消自留地，1960 年 11 月又恢复了自留地。1961 年 6 月，进一步明确耕种自留地是人民公社社员家庭副业的一部分，规定社员可以耕种由人民公社分配的自留地。自留地一般占生产大队耕地面积的 5% ~7%，长期归社员家庭使用。在有柴山和荒坡的地方，还可以经营由人民公社分配的自留山。社员对宅基地与自留山、自留地只拥有使用权。

（四）分配制度

在新中国成立以前，田家洞村的分配制度由其土地和生产资料所有权所支配。拥有土地占有权的地主，每年要按照一定的比例交税；租地的佃农要根据自己所租的土地的多少，每年向地主交纳地租，交完地租后的余留才能归自己所有。给地主家里做短工和长工的无地农民到年终可以以其所出卖的劳动力使用权取得相应的收入。由于赋税很重，加之苛捐杂税也很多，农民交完地租后所留不多，佃农、长工、短工更是只能维持基本的生计。

在土地改革时期，农民拥有土地占有权，其分配方式是依据国家规定的比例缴纳农业税，余下的农业产品归农民自己支配。在农业生产合作制时期，农业生产合作社在全年生产经营中所得的实物和现金，“有两种分配办法。一是在由社员家庭各自负责交纳农业税、交售国家所统购的农产品、向采购机关出卖产品的情况下，应该按照这样的次序进行分配：扣除本年生产中的各项消耗，留作下年的生产费；留出一定数量的公积金和公益金；支付社员的土地、林木和畜牧的报酬，支付租种的土地的租金；按照农业生产、副业生产和社务工作的全部劳动日，分配社员的劳动报酬。二是在由合作社统一负责交纳农业税、交售国家所统购的农产品、向采购机关出卖农产品的情况下，应该首先履行上述对国家的义务，然后对余下的实物、现金和由交售、出卖农产品得来的现金按照上一项所列的次序进行分配。

① 刘永佶. 农民权利论［M］. 北京：中国经济出版社，2007：281－282.

合作社基本建设的公积金，规定其比例占实际收入的5%～10%，而用于发展合作社文化事业和公共福利事业的公益金，比例应在1%～3%之间。当社员退社的时候，只能带走他私人所有的生产资料，抽回他所交纳的股份基金和他的投资，不能分走合作社所积累的任何公共财产。两个以上的合作社合并的时候，不允许任何一个合作社分掉合并以前所积累的一切公共财产，已经积累了公共财产的合作社，在接受新社员入社的时候，除了要他交纳应缴的股份基金以外，不应该对他提出额外的要求。"[①] 公积金以及体现于实物上的资金与劳动，都是合作社协作劳动的积累，其所有权属于社员个人，占有权由合作社集中行使。

在断龙山乡人民公社成立后，其分配关系如下："高级农业生产合作社全年收入的实物和现金，在依照国家的规定纳税以后，应该根据既能使社员的个人收入逐年有所增加、又能增加合作社的公共积累的原则，按以下的项目进行分配：把本年度消耗的生产费扣除出来，留作下半年的生产费和归还本年度生产周转的贷款和投资；从扣除消耗以后所留下的收入当中，留出一定比例的公积金和公益金。公积金一般地不超过8%，包括归还到期的基本建设的贷款和投资在内。公益金不超过2%。经营经济作物的合作社，公积金可以增加到12%；其余的全部实物和现金，按照全部劳动日，进行分配。"[②] 在田家洞村也是执行由国家统一规定的政策，与其他地区并无区别。"人民公社时期，生产小队向生产队包产、包工、包成本，超产的部分，按照过去高级社实行的办法，上缴一定的比例给生产队，其余部分归本小队所有；节约下来的生产费用，全部归本小队支配。在保证完成生产队布置的农业和副业的生产任务、服从国家市场管理的条件下，生产小队可以经营各种小型副业生产；在不影响包产任务完成的条件下，生产小队对于自己管辖范围内可以利用的零星土地，应当尽量利用；所有这些经营的收入，都归本小队所有。对生产小队所有的全部收入，如果公社、生产大队和生产队要调动给别的单位，必须实行等价交换。归生产小队所有的全部收入，生产小队除了可以把其中的一部分留作本小队的公积金、公益金以外，应当把绝大部分，不少于总数的

---

① 《农村人民公社工作条例（修正草案）》，《建国以来重要文献选编》第14册，北京：中央文献出版社，1997年，第201页。

② 《高级农业生产合作社示范管理》《建国以来重要文献选编》第8册，北京：中央文献出版社，1994年，第419－420页。

90%的部分，分配给社员。”[①] 在田家洞村，本生产大队的木匠师傅会为生产队创造副业收入，他们一般由5~6个人组成，除了在本生产队做木匠活外，还会到其他生产队或者个人家里做木匠活，或者为当地人建房子，以此获得收入，这部分收入要上交生产队一部分，自己留一部分。

六、田家洞村的农村教育

农村教育在社会主义市场经济建设、和谐社会建设进程中具有基础性、先导性、全局性的重要作用，它既是解决“三农”问题和新农村建设的基础性条件，也是消除城乡差别，全面建设小康社会的重要表征。我国是一个农业大国，由于经济、教育体制等种种原因，多年的城乡分治形成了显著的二元结构特征，农村教育远远落后于城市教育，导致区域之间、城乡之间社会经济发展差距越来越大，这种差距反作用于社会和经济，只能影响和制约我国现代化建设的全局进程。近些年，我国陆续出台了加强农村教育的多项政策，加大了农村教育投入，全面实施了九年义务教育，农村教育取得了历史性进展，但是，农村教育仍存在诸多问题有待于解决，诸如农村教育观念落后、教育经费严重匮乏、师资流失比较严重、教师素质偏低、课程设置不合理、教学设施陈旧等，都严重地制约了农村教育的发展。全民素质的提高，科教兴国战略的实施，现代农业的发展，都离不开农村教育的发展。只有教育全面发展，提高农村教育的质量，使之与城市教育同步发展，齐头并进，才能为国家和民族的发展提供强有力的后盾和支持，有效实现我国的各项社会经济发展目标，才能建设一个强大的中国，实现中华民族的伟大复兴。

农村子女的受教育程度是农村教育的重要指标，也是衡量一个地区农村教育发展水平的主要方面。农村子女的受教育程度主要体现在农村子女的入学率、毕业班毕业率、在校生辍学率、文盲率等方面，通过对这些方面的考察，我们可以看出一个地区、一个村庄的农村子女受教育程度。提升农村子女的受教育程度，对提高农村教育水平，特别是像田家洞村这样地处武陵山区的农村教育水平至关重要。

---

① 《关于人民公社的十八个问题》，《建国以来重要文献选编》第12册，北京：中央文献出版社，1996年，第164页。

田家洞村历来重视学校教育，配合地方政府严格执行中央及地方政府的教育政策及措施。地方政府全面贯彻党的教育方针，加大了教育投入，积极改建、扩建中小学的基础设施，增加师资，改善教学条件。田家洞村的农村子女教育主要依赖于断龙中心完小和断龙初级中学。近年来，断龙中心完小坚持先进的管理目标，坚持全面、特色的办学宗旨，面向全体学生，全面实施素质教育，使学生在德、智、体方面和谐发展，教育质量大幅度提高。中心完小先后多次荣获古丈县颁发的一系列奖项，教师撰写的教学科研论文获奖达 100 多篇，赢得了社会各界的好评。多年来，断龙中学是古丈县骨干初中，学校常抓教学质量，一直落实常规管理，着重传承良好的教风学风，教师敬业，学生乐学，教育教学质量一直位于古丈县农村中学前列，为国家培养了一批批合格人才。该初中先后多次获得湘西州、古丈县颁发的一系列荣誉称号。近年来，学校坚持办土家特色学校，充分利用土家族文化资源进行课程改革，结合立项课题，将土家族民族风情的舞蹈引入课堂，开设土家舞文化课程，不仅使校本课程得到了充实，同时使学生课余生活得到了丰富，传承了土家文化，增强了学生的民族自豪感和认同感，形成了学校特色，使学校得到了全面发展。

近些年来，田家洞村通过一系列措施提高村民文化素质，努力为村民营造一个良好的文化环境，加强他们的农民主体地位，提高其当家做主的意识，加深其对国家政策的理解。这不仅获得了农民的支持和赞同，也引导和带领全体村民在经济、政治、文化方面取得了更大的发展和进步。

（一）田家洞村的学校与教育水平

1. 田家洞村学校教育概况

田家洞村地处山区，原有土家族人大都是土著先民，与外界少有交往，从地方所有建筑及古墓碑文等记载来看，自改土归流后，有汉人开始进入，有了办私塾的开端。例如，田家洞村的黄姓、罗姓中，黄世谟曾点翰林，老一辈文人基本上都是罗家子弟。他们所学功课不过论语四书，进而读诗、书、礼、易、春秋等经书，不设算术。学生少则七八人，多则 20 人不等。1939—1940 年，罗时元、黄费严二人在田家洞关帝宫庙内开办第一所洋学堂——田家洞学堂，读的是短期小学课本，开设国语、算术和常识三门课程，1941 年又停办。直到 1942 年，才正式成立了永顺县田王乡中心小学，校舍设在田家洞翰林院马房，开设12个班，学生170多人，教员7个。同年又修木楼一栋，同时并筹集了教育基金以保证教员的薪金。1943年，划归古丈县后田王乡改为仁爱乡和西南乡，田王乡中心小学也改名为仁爱乡中心小学，所有私塾全部停办。直到新中国成立前，办学任校长的有向奇生、龙泽斌、田庆忠、黄文藻、黄费冲等。

1950年，田家洞解放，人民政府提倡举办教育，土家族人民翻身当家做主人，子女才得以上学读书。人民政府召集中小学教师讲习会。新中国成立后第一任校长黄富载，全年两季招生改为秋季招生。1952年，土改时将黄家的翰林大院收归学校所有，校名改为田家洞中心完小，学生210多人。当时由于新中国成立不久，教育资金短缺，人民政府提出乡学乡办，各村都办起了初级小学，但没有固定的校舍，大都占用地主房屋，一个学校一个老师，开的全都是复式班，总共有教师21人，学生500多人。从1951年起改100分为5级记分，1955年又改回100分记分。1966年后，提出学生以学生为主，兼学工、学农、学军。开始办贫下中农管理学校。1968年，增设初中班，改名断龙中学，由"土改根子"① 田长庚任校长，并提出学制要缩短，教育要革命。六年制小学改为五年，升学采用推荐制，废除考试，教学质量有所下降。1969—1971年，增办高中，设高一至高三班。直到1981年，学校恢复了考试制度，学生读书的积极性又高涨起来。1981年7月，中小学分开，小学部（即现断龙中心完小）设在米多村，各村小学都盖起独立的校舍。1990年，断龙中心完小又迁至喜其哈村至今。

田家洞村现有一所公办小学——断龙中心完小，和一所公办初级中学——断龙中学，虽然这是两所乡村学校，但其建设规模和师资力量并不差，学校拥有完备的教育教学设施，教师文化素质不断得到提高，学生取得的成绩及其素质的提高得到了村里家长们的好评。建校几十年来，迎来了一批批新学生，为社会培养了一批批优秀人才。学校传承着良好的教风学风，不断向前发展，获得了州、县多项殊荣，取得的成绩得到了政府和上级教育部门

---

① 根据龙志毅发表于《当代贵州》2010年第3期的《土改根子》一文的解释，土改根子意即敢于面对几百人做报告，虽然讲起话来词汇不多，语言难免单调刻板，却并不腼腆，处处显示出一种当家做主的翻身农民常有的自豪感。这种自豪感也来自他们在反封建斗争中的勇敢、积极，因而在群众中具有权威性和凝聚力。这大概是当时村干们的共同特点。

的肯定，学校的教育水平得到了社会的认同，学校的未来充满了希望。

2. **断龙中心完小**

断龙中心完小是一所全日制完全小学，是全县最大的完全小学，位于湘西古丈县断龙山乡喜其哈村，校园内还有保存完好的古树，是一所环境优雅、清静整洁而又交通便利的绿色校园。该小学前身就是由罗时元、黄费严二人于1939年在田家洞创办第一所洋学堂——田家洞学堂。1941—1948年，正式命名为田王乡中心小学。1949—1957年，改名为田家洞中心小学。1958年，更名为断龙中心完小至今。其校址几经搬迁，由创办时的田家洞村，1981年9月迁至米多村，1990年3月，学校开始搬迁到新校区，即现在校址——断龙山乡喜其哈村。断龙中心完小的发展简史见表6－1。

表6－1　**断龙中心完小简史**

<table>
<tr><th>时　间</th><th>校　长</th><th>校　名</th><th>校址</th></tr>
<tr><td>1939—1940</td><td>罗时元、黄费严</td><td>田家洞学堂</td><td rowspan="19">田家洞村</td></tr>
<tr><td rowspan="7">1941—1948</td><td>田金达</td><td rowspan="7">田王乡中心小学</td></tr>
<tr><td>龙泽斌</td></tr>
<tr><td>向奇生</td></tr>
<tr><td>田庆忠</td></tr>
<tr><td>尚吉吾</td></tr>
<tr><td>黄文藻</td></tr>
<tr><td>黄费冲</td></tr>
<tr><td rowspan="5">1949—1957</td><td>黄富载</td><td rowspan="5">田家洞中心小学</td></tr>
<tr><td>刘纪仲</td></tr>
<tr><td>李玉平</td></tr>
<tr><td>孙习莲</td></tr>
<tr><td>田久候</td></tr>
<tr><td rowspan="6">1958—1981</td><td>王承槐</td><td rowspan="6">断龙中心完小</td></tr>
<tr><td>田家正</td></tr>
<tr><td>向加义</td></tr>
<tr><td>梁清平</td></tr>
<tr><td>田祖恩</td></tr>
<tr><td>彭善兴</td></tr>
</table>

续表

<table>
<tr><th>时 间</th><th>校 长</th><th>校 名</th><th>校址</th></tr>
<tr><td>1981.9—1984.8</td><td>田宏义</td><td rowspan="4">断龙中心完小</td><td rowspan="4">米多村</td></tr>
<tr><td>1984.9—1985.8</td><td>黄太强</td></tr>
<tr><td>1985.9—1988.8</td><td>田宏义</td></tr>
<tr><td>1988.9—1990.2</td><td>向加钊</td></tr>
<tr><td>1990.3—1990.8</td><td>向加钊</td><td rowspan="7">断龙中心完小</td><td rowspan="7">喜其哈村</td></tr>
<tr><td>1990.9—1992.8</td><td>向成富</td></tr>
<tr><td>1992.9—2001.2</td><td>向加仕</td></tr>
<tr><td>2001.3—2004.8</td><td>向汉佳</td></tr>
<tr><td>2004.9—2007.8</td><td>康家红</td></tr>
<tr><td>2007.9—2009.10</td><td>彭朝超</td></tr>
<tr><td>2009.10 年至今</td><td>彭祖海</td></tr>
</table>

资料来源：《断龙山乡志（修改一稿）》。

学校占地面积约14680平方米，总建筑面积约4450平方米，运动场占地面积约2000平方米。现有教学楼、教师办公楼、教师宿舍楼、学生宿舍楼、学生食堂各一栋，有教室18间，学生寝室28间。配备了实验室、图书室、会议室、办公室等专用功能室。1994年，断龙中心完小计划全部由米多村迁往喜其哈村，开始征地拆迁。1995年夏，断龙中心完小教学楼动工。1996年秋季，教学楼、学生宿舍、食堂竣工，中心完小从米多村迁往新校舍。1999年冬，断龙中心完小办公大楼动工，2000年秋竣工使用。2001年，断龙中心完小操场硬化，建了两个篮球场，改善了学生活动场所。2005年，进行了教育体制改革，全乡的村小学三年级以上学生实行寄宿制，集中到断龙中心完小就读，是年春断龙中心完小宿舍楼新建动工，秋季竣工交付使用，解决了学生住宿困难。学校有的设施虽然有些简陋，但基本可以满足学校的教育教学需求。近些年来，学校教学条件不断完善，教育教学设施、体育设施、生活设施配置正在趋于完备，并得到了优化利用。

断龙中心完小现有16个教学班级，800多名学生，其中，3～6年级共计400多名学生在学校寄宿。学校有33位专任教师，4位代课教师，具有大学本科、专科学历的33人，具有中专学历的4人，都毕业于师范类院校，教师学历合格率达到100%。教师队伍稳定，年龄结构和梯队合理，20～30岁的年轻教师占 1/3，50 岁以上的老教师不超过 5 人，30 ~ 50 岁年富力强经验丰富的中青年教师占半数以上。教师性别比例为男女教师各一半。教师党员有 8 人，约占教师总数的 22%。每学期期末，学校都要奖励优秀教师和学生。

近年来，断龙中心完小全面贯彻党的教育方针，坚持以“规范化、优质化、特色化、现代化”为管理目标，坚持“以全面为根本，以特色为追求”的办学宗旨，面向全体学生，全面实施素质教育，使学生在德、智、体等多方面和谐发展，教育质量大幅度提高。断龙中心完小先后多次荣获县教育目标管理奖和教学质量名次奖，荣获过“六一”文艺汇演特等奖、一等奖，多次荣获古丈县中小学生田径运动会农村小学第一名，教师撰写的 100 多篇教科研论文曾经获得国家、省、州一、二、三等奖，赢得了社会各界的好评。断龙中心完小正朝着更高的目标前进。

3. 断龙中学

断龙中学是古丈县断龙山乡唯一的一所初级中学，坐落在断龙山乡政府所在地田家洞村，近两年实施了校园绿化、亮化、美化工程，是一所环境优雅、清静整洁而又交通便利的花园式校园。学校前身是古丈县田家洞小学，新中国成立后先后更名为田家洞中心完小、断龙中心完全小学，1968 年增设初中班，改名为断龙中学，由“土改根子”田长庚任校长，并提出学制要缩短，教育要革命，升学采用推荐制，废除考试，对学生影响很大，教学质量下降。1969—1971 年，增设了高一至高三班。直到 1981 年，恢复考试制度，并提出“人人学伯乐，发现千里马”，学生读书的积极性高涨。1981 年 7 月，中小学分离，更名为断龙山乡初级中学，开办过三届高中班。

学校占地面积 15000 多平方米，总建筑面积 5800 平方米，学校教学区、生活区、运动区层次分明，办学设施条件较为齐全，有一个田径运动场、两个标准理化生实验室、一个语音室、一个多媒体室、一个配置 24 台液晶显示器的计算机教室、一个藏书 10000 多册图书的图书馆、一个阅览室等必要的现代教育教学设备。1986 年秋，断龙中学教学楼开工，1988 年竣工，解决了危房校舍。1989 年春，断龙中学校门口一块 1.5 亩的土地划给学校修建操坪球场，解决了学生运动场所。1991 年，在古丈县教育局的扶助下，断龙中学修建了长 300 米的围墙，解决了教育环境和学校安全问题。1992 年，1020 平方米的新教学楼完工并投入使用，可容纳 12 个班级 700 余名学生。1998 年，教师宿舍楼建成，解决了 10 户教师的住房问题。2000 年，综合楼建成，内设电脑室、多媒体室、理化生实验室、图书馆、教师办公室等。2003 年，学生宿舍楼建成投入使用，有宿舍 24 间。2004 年，占地面积 188 平方米的学生食堂完工。2007 年，断龙中学广场破土动工，修建了 400 米长标准跑道、两个篮球场、乒乓球活动场地以及田径运动场。2010 年，学校厕所重建工程完工。2011 年，学校历经数十载，先前的老木屋、土木结构的旧校舍换成了一栋栋新楼房，教育教学设施不断趋于完备，教育事业得到了快速发展。

学校现有 6 个教学班级，学生 240 余人，学生基本为寄宿。教职工 27 人，其中，具有大学本科学历的 20 人，大学专科学历的 7 人，教师学历合格率达到 100%，县级学科带头人 2 人，中学高级教师 7 人，中学一级教师 12 人，中学二级教师 6 人。

学校坚持“坚持党的教育方针，常抓教育教学质量，办出土家族民族特色，培养全面发展的合格人才”的办学宗旨，恪守“励志、勤奋、求实、进取”的校训，以“尽责、爱生、博学、善导”为教风，以“勤学、好问、善思、笃行”为学风，学校贯彻“育人为本，德育为先”的育人理念，以“三以”（以孝道文化为根基，以感恩教育为主线，以赏识教育、自我教育、体验德育为手段）为德育特色，落实“三全”（全员育人，全程育人，全面育人）的工作方针，力争做到“事事德育，人人德育”，打造“三自”（自立、自律、自主）的班级管理特色。学校成立德育领导机构，制定十多种切实可行的德育规章制度，致力培养学生厚德正品、重孝尚礼、本真乐观的人格，形成了学校、家庭、社会三位一体、全方位的育人体系。学校长期坚持“教学质量是学校的生命线，狠抓教学质量不松懈”的方针，将抓好落实教学常规作为提高教学质量的前提和学校教学管理的重中之重，并制定了多项切实可行的教学管理制度。学校不仅注重抓学生的学习成绩，同时也注重学生艺体能力的培养，成立了兴趣特长小组，每学期坚持开办各式各样的艺体活动，培养了一批艺体特长生。这些都使学校的管理逐步走上科学化、规范化、制度化、民主化的轨道，断龙中学成功打造了具有土家族特色的办学模式。

近年来，学校狠抓课程改革，学校地处土家族聚居区古丈县断龙山乡，学校师生绝大多数为土家族，学校充分利用土家族文化资源进行课程改革。2006 年，彭云武校长主持的课题《利用土家族文化开发校本课程研究》被省教育学会立项，2010 年 6 月结题，2011 年，该课题获省三等奖。县学科带头人杨菊花老师主持的县级课题《以土家族山歌为辅助手段进行古诗词鉴赏教学的实践研究》获县一等奖。几年来，学校紧紧围绕这些课题开展了扎扎实实的校本教研，校本研修成绩突出，2008 年，学校被州教育局授予“学习型学校”称号。结合省立项课题，学校将土家族文化中摆手舞、打贡鸡、打镏子引入课堂，开设了土家摆手舞、打贡鸡等校本课程，同时成立了 20 多人的镏子队。学校每年举行一次全校摆手舞比赛，开设了大课间活动，活动时间 35 分钟，活动内容以摆手舞、广播体操为主，同时将跳绳、打陀螺、打贡鸡、游戏等体育项目融入大课间活动。就在我们即将结束调查，准备回吉首的时候，正好赶上断龙中学上午大课间活动，应我们调研小组的要求，断龙中学校长让我们参观了学生们的摆手舞大课间舞蹈。学校把土家族传统文化寓于课堂教育，不仅使校本课程得到了充实，同时也丰富了学生的课余生活，既保证学生每天一小时的锻炼，又传承了土家文化，增强了学生的民族自豪感和认同感，形成了学校特色，使学校和学生得到了全面发展。

多年来，断龙中学是古丈县骨干初中，一直落实常规管理，着重传承良好的教风学风，教师敬业，学生乐学，教育教学质量一直名列古丈县农村学校前茅。学校先后被评为州级学习型学校、课程改革先进单位、安全教育优秀学校、遇险自救培训优秀单位等一系列荣誉称号；在年终目标管理评比中三次获得县教育局最高奖项和“一岗五责”目标管理二等奖，单项奖不计其数；在县级艺体比赛中多次获得一等奖、第三名、第四名。学校规模虽不大，但为国家培养了一批批优秀人才，中央民族大学彭武麟教授、扶贫司令彭楚政将军等均毕业于断龙中学。今后随着学校办学条件的进一步提高，学校的教育教学质量将会有一个飞跃，断龙中学将会创造出新的辉煌。

（二）田家洞村的子女受教育水平

国家在实施九年义务教育以前，田家洞村农村子女的入学率、毕业率得不到保障，且在校学生的辍学、退学情况也不容乐观。随着我国九年义务教育政策的全面实施，农村经济的快速发展以及村民素质的提高，田家洞村的孩子再也不用担心上不起学了，家长再也不用担心付不起学费了。村民们清醒地认识到，再穷不能穷教育，再苦不能苦孩子，他们支持孩子上学让孩子成才的决心非常大。通过我们的调查走访发现，随着国家九年义务教育政策的落实和各级政府的扶持，农民子女上初中、小学不用再缴纳学费了，子女上学主要负担生活费用，每年国家还会给学生拨付一定的生活费用补贴，这不仅减轻了农村家庭的教育负担，从物质方面减少了家庭经济支出，而且从精神方面给予广大农村家庭极大的安慰、鼓励和支持，给农村教育的快速发展提供了极大的动力。加之增加教育投入、加强师资力量、改善教育环境和设施等一系列农村教育资源配置的强化，都极大地提高了农村子女的受教育程度，农村子女的入学情况、毕业情况以及辍学情况都得以明显改观。

由于我国长期实行计划生育政策，人口出生率明显降低，田家洞村总人口增长呈下降趋势，因此，农村适龄上学子女总数量也呈下降趋势。通过我们的走访调查，根据教育部门、村支委和学校提供的近些年情况显示，农村子女的入学率达到了100%，其中，除了少数子女随外出打工的父母在外地上小学以外，绝大多数小学适龄子女都在断龙中心完小就读小学，家庭条件稍好的少数子女随父母在古丈县城上初中以外，绝大多数初中适龄子女都在断龙中学就读初中。目前，无论小学生还是初中生，田家洞村农村子女的毕业率都达到了100%，辍学率都降到了零。这进一步说明我国九年义务教育政策在农村收到了预期的效果，农村教育得到了快速发展，农村经济取得了长足的发展，农民素质获得了极大的提高，也为田家洞村经济的进一步发展准备了充分的条件。

七、田家洞村的社会保障事业

社会保障制度是现代国家最重要的经济制度之一，它对保持社会安定稳定，促进经济增长和社会进步具有不可替代的重要意义，素有“社会稳定器”之称。在我国，随着社会主义市场经济的深入发展和社会结构的深刻变革，社会保障日益成为实现经济平稳发展和社会进步、安定团结局面的关键因素。党的十六大明确提出了把“社会保障体系比较健全”作为全面建设小康社会的目标之一。农村社会保障是指在广大农村地区实施的社会保险、社会福利、优抚安置、社会救助和住房保障等一系列保障农民生活、维护农村社会稳定、促进农村的经济稳定发展和社会公平的经济制度。我国长期的城乡分治形成了突出的二元社会结构使农村社会保障事业明显落后于城镇社会保障事业和整体社会经济发展水平。在田家洞村建设社会主义土家新农村的过程中，不断提高土家族地区农民的抗风险能力，实现和谐田家洞的目标，建立和完善与本村社会经济发展水平相适应的社会保障体系，不断扩大覆盖面，是贯彻落实科学发展观的本质要求和重要内容，也是田家洞村社会经济发展最迫切的需要。

田家洞村是古丈县典型的土家族聚集村寨，当地农民的生活、医疗和养老等保障性支出主要依赖于土地和传统农业。受当地经济发展水平和诸多因素的影响和制约，目前田家洞村的社会保障事业仍然处于低水平、不均衡、不完善的初级阶段，养老问题、公共卫生和医疗问题以及少数农民的贫穷问题仍然存在。这和我国大部分农村地区的社会保障一样，与相对完善的城镇社会保障制度相比，仍然是落后的。田家洞村发展较快、覆盖面较广、易被村民接受、运行较为顺畅的社会保障制度主要有新型农村合作医疗制度（简称新农合）和新型农村社会养老保险制度（简称新农保），而社会救助、社会福利等保障制度的发展则相对较为落后。这里重点介绍一下田家洞村的养老、医疗和社会救助三个方面的社会保障事业的情况。

（一）养老

田家洞村是土家族聚集村寨，这里的土家人与其他兄弟民族人民一样，自古就保持着中华民族古老的尊老、爱老、养老的优良传统，一直都延续着以家庭养老为主的传统养老方式。

新中国成立后，田家洞村实行的是我国农村普遍实行的集体经济。当时，农村以公社为依托，采用以农村集体经济保障为主、国家保障为辅的方式，形成了以“五保”①、救灾救济等为主要内容的农村社会保障制度，这种社会保障制度体现在养老方面主要是物质供给，即对享受该待遇的老人定期分配粮食、衣服等生活必需品，保障其日常生活最基本的物质需求。由于名额有限，“五保户”覆盖范围很小，致使一些无劳动能力、生活无着、无依无靠的老人无法享受到“五保”待遇，生活不得不依靠亲朋好友接济。总体来看，当时田家洞村主要采用家庭养老和集体养老两种方式。有子女的家庭，老人

① 农村五保供养，即保吃、保穿、保烧（燃料）、保教（儿童和少年）、保葬五个方面，是我国农村依照《农村五保供养工作条例》规定对丧失劳动能力和生活没有依靠的老、弱、孤、寡、残的农民实行保吃、保穿、保烧、保教、保葬的一种社会救助制度。

主要依靠子女养老，采用家庭养老方式养老，影响其晚年生活的主要因素是家庭收入和子女的道德水平，田家洞村民风淳朴，当时的家庭收入主要来源于田家洞大队的集体经济，因此，老人晚年生活受子女道德水平影响较小，对集体经济的依赖度比较高。无子女的，子女成年后死亡的，或者子女先天残疾、严重智障无能力赡养老人的家庭，老人主要依靠田家洞大队集体供养，虽然集体养老的老人人数和比例小、覆盖面窄、水平较低，但对这些老人的基本生活保障是非常必要的。

根据我们调查了解到的实际情况，目前，田家洞村的老人有三种居住方式：与子女同住，独自居住，敬老院集体居住。村里大多数老人与子女同住或者独自居住，很少有老人在敬老院集体居住。在我国农村的传统观念中，几辈人同住，子孙满堂，是一个幸福美满的家庭。老人一是乐意与子女同住，二是在感情和物质上对子女有一定的依赖，三是可以帮助子女做一些力所能及的事，比如带小孩、做饭。同时，老人与子女同住被子女赡养也被人们认为是一种良好的传统模式，这是一种在传统文化熏陶下的自觉行为。这些子女大都处于青壮年，他们与老人之间的关系一般都比较融洽，老人很受子女尊重，大都也会得到很好的照顾。与子女同住的老人一般心情都不错，身体状况大都很健康或者比较健康，一旦他们生病都会得到及时的照料和救治。当然，也有少数与子女同住的老人是因病，独自生活不便，需要子女长期照料，不得已与子女同住。田家洞村的老人大部分都有自己的住房，他们的住房有的是祖传的老房子，他们独自居住，生活自由自在，又不打扰子女的家庭生活，他们的身体状况往往都比较好，日常生活可以自理，一般不需要子女照料，且他们的住所一般离子女的住所不远，甚至是邻居，即便有什么事，联系也比较方便。老人独自居住的因素较多，一是生活习惯的差异，在这个日新月异的时代，代与代之间的饮食起居等生活习惯存在着较大差异，独居可以减少因互相影响而产生的不必要的麻烦，有利于家庭和睦；二是婆媳关系紧张，婆媳关系是自古以来最难处理的家庭关系之一，遇到这样的情况，大多数老人都会选择独自居住避开矛盾以保全子女的家庭；三是有的老人转变了观念，在主观上喜欢独居，在客观上离子女的住所近便，觉得没有必要同住；另外，还有的老人不愿意给子女增加负担，往往选择独自居住。

党的十一届三中全会以后，我国农村经济模式由集体经济转为家庭联产承包责任制，农村经济发生了巨大变化，田家洞村农民的养老方式也随之发生了变化，但仍然以家庭养老为主要方式。市场经济取向的社会变革导致影响家庭养老的因素不断显现和变化，计划生育、家庭收入、生活观念、道德水平、人口流动、家庭结构等都不同程度地冲击着延续了上千年的家庭养老观念和传统。比较典型的与以前不同的情况，如一般家庭有一两个孩子，子女都到城市或外地学习、工作的越来越多，工作较忙，一年中也回不了几趟家，很多老人不适应城市生活，或不想打扰子女生活，造成了农村越来越多的老人与子女分居两地，因而老人得不到子女的照顾，虽然子女通常会给予老人许多物质方面的照顾，但却缺少了对老人精神方面的关怀，老人仍然会沉浸在孤寂和对儿孙的想念中。很多老人再也享受不到像以前那样几世同堂、儿孙绕膝、其乐融融的天伦之乐的养老氛围了，"养儿防老"的传统观念受到挑战。近些年来，我国的农村人口老龄化、家庭小型化和空巢化日益严重，农村老人收入远远低于城市，而贫困发生率大大高于城市，农村子女赡养老人的负担越来越重，因此，转变养老观念，建立完善的新型农村养老体系是适应时代变迁的要求。

1991 年，我国的农村社会养老保险才开始进行试点工作，起步较晚。主要做法是以个人缴费为主、集体补贴为辅、国家政策扶持，采取个人账户基金储备积累模式。十年来，各地积极探索新型农村社会养老保险制度，近年来我国财政收入快速增长，为新农保制度建设提供了有利条件，通过调整支出结构，公共财政大幅增加了对新农保的投入。目前，我国根据各地经济发展和试点情况逐步在全国普遍推行新型农村社会养老保险制度，新农保基金纳入社会保障基金财政专户，实行收支两条线管理，单独记账、核算，按有关规定实现保值增值，目标是在 2020 年基本实现对农村适龄居民的全覆盖。

随着农村改革的深化，农村养老保险越来越凸显出了其在解决"三农"问题和新农村建设中的重要意义，但社会养老保险的推行并不是一步到位的，广大农民从对社会养老保险缺乏了解、知之甚少到逐步了解并接受，经历了一个参保人数由少到多逐步实施的过程。田家洞村也同样存在这种情况，由于很多人开始不了解养老保险的性质和好处，对社会养老保险持怀疑态度，认为是推行商业保险要缴纳高额保费，对它多少有一种抵触情绪。目前，田家洞村村民有 70% 以上的人参加了新型农村社会养老保险，这个数字呈逐年增长趋势，覆盖面逐步扩大，田家洞村的新农保参保水平处于古丈县的中等水平。各地方可以按照国家设定的五档个人缴费标准（分为一年 100 元、200

元、300元、400元、500元五个档次）任选其一，田家洞村的新农保个人缴费标准是每人每年缴费100元，选择的是最低缴费标准，实施办法按照国家规定的正常缴满15年，满60周岁的参保人就可以按月领取社会养老保险金（包括个人缴费部分和国家基础养老金部分），目前我国基础养老金的月领取标准为55元，即田家洞村的参保人员60周岁后每月最低可领取55元，除了基础养老金部分，每个人领取的社会养老保险金根据自己的缴费基数和年限来计算，多缴多领，少缴少领。

田家洞村的计划生育政策贯彻得较好，一般一个家庭两个孩子，外出打工人员较少，家庭养老基础也比较好，但随着人口老龄化和平均寿命的提高，养老压力也会随之有一定的提高，因此，加大宣传和推行力度，实现田家洞村社会养老保险的全覆盖，逐步提高村里老人的保障水平，公开农村社会养老保险的缴费和领取信息，是解决该村养老问题的根本办法。

（二）医疗

田家洞村解放后，实行了集体经济制度，村民看病主要依靠农村合作医疗体系，在当时形成了县、公社、大队三级医疗网络，田家洞村的农村合作医疗以公社为组织单位，由公社卫生院组织本公社所辖大队承担医疗费用，并由公社卫生院统一进行管理。田家洞村的农村合作医疗以村集体经济为基础，主要开支来源于村提留的集体公益金，社员看病只需负担极少的费用，村里的医生主要是半农半医的乡村医生。这种以集体负担为主、个人负担不高、自愿参加的互助合作医疗制度，很符合并基本满足了地处偏远、交通不便的田家洞村土家族村民的医疗需求，让他们能看得起病，很受他们的欢迎和拥护，很快便在该村发展起来了，几乎所有村民都享受到了该项制度的保障。由于当时经济发展水平的限制，这种保障水平仍然较低。

改革开放后，我国实行了农村经济体制改革，全面推行家庭联产承包责任制，田家洞村集体经济被逐渐削弱，在此基础上建立起来的农村合作医疗制度逐步走向消亡。而此时取代它的新的医疗体系又没有建立起来，田家洞村村民失去了原有的医疗保障体系，一下子又退回到了完全依靠家庭保障的状况。农民看病的一切费用都依赖于家庭收入，“因病致贫”、“因病返贫”成为田家洞村贫困户产生的重要原因之一。出现了农民看不起病、不敢看病、小病扛、大病挨等现象，致使小变大、大变重的病情恶化情况出现，进一步加大了家庭负担和风险，使一些家庭陷入困境。

随着市场经济体制改革的深入和公共财政框架的初步确立，国家实施新型农村合作医疗制度，为农民提供大病住院保偿机制。按照国家规定和古丈县新农合实施办法，参加新农合的人员包括农村户籍人口（含农村户口的在校中小学生和幼儿园儿童）、在城镇居住一年以上的非城镇户籍灵活就业人员和失业人员，小林场、小农场、小渔场等非农业户籍的失业人员可选择自愿参加新农合，参加新农合以户为单位，家庭全体人员参加。参合人以家庭为单位每年12月20日以前带上户口本和合作医疗证到村委会进行参合登记并交费，年度中不能退出新农合，也不能参合。2012年田家洞村村民按每人每年50元的标准缴纳门诊统筹家庭参合资金作为封顶线，次年1月1日至12月31日就可以享受新农合待遇。新生儿不用缴费参合，其母亲参合的新生儿住院发生的医药费用可随母亲按照住院政策补偿；其母亲未参合的，其费用不予补偿。对于特殊参合人群参加新农合的个人缴费和补助也制定了相应的优惠政策，五保户、孤儿户、独生子女户、两女结扎户、计划生育手术后遗症持证人员、重度二级以上残疾人和无偿献血达300毫升以上人员参加新农合的个人应缴费，由民政部门、计生部门、残联共同帮助解决；农村低保户参加新农合个人应缴费的50%由民政部门通过其他途径帮助解决，其余50%由个人负担。对五保户、计划生育手术后遗症持证人员和重度二级以上残疾人在县内住院实行医疗费用全免，低保户和无偿献血人员则适当提高补偿比例。缴纳的参合资金可全部用于门诊费用，年底结余资金转入住院统筹基金，不结转下年使用。参加各项商业保险又参加新农合的参合人，仍然可以享受新农合的补偿。田家洞村村民参加新型农村合作医疗的人数达到90%以上，参合率超过了古丈县新农合平均参合率的88.2%。

（三）社会救助

社会救助是政府对由于失业、疾病、灾害等原因所造成收入中断或者收入降低并陷入贫困的人员或者家庭实行补偿的一种社会保障制度。农村社会救助制度是针对农村的贫困人口或者家庭进行救助的一项社会保障制度，它主要包括农村生活社会救助、农村生产社会救助和农村医疗社会救助。

田家洞村的社会救助主要体现在农村生活社会救助和农村医疗社会救助方面，为了保障贫困农民的最低生活需求，具体体现在农村五保供养和农村居民最低生活保障方面。

新中国成立后，田家洞村实行集体经济，农村以公社为依托，采用以农村集体经济保障为主、国家保障为辅的方式，形成了以对丧失劳动能力和生活没有依靠的老、弱、孤、寡、残的农民实行保吃、保穿、保烧、保教、保葬的“五保”、救灾救济等为主要内容的农村社会保障制度。这种社会保障制度体现在养老方面主要是物质供给，即对享受该待遇的老人定期分配粮食、衣服等生活必需品，保障其日常生活最基本的物质需求。由于名额有限，“五保户”覆盖范围很小，致使一些无劳动能力、生活无着、无依无靠的老人无法享受到“五保”待遇，生活不得不依靠亲朋好友接济。无子女的，子女成年后死亡的，或者子女先天残疾、严重智障无能力赡养老人的家庭，老人主要依靠田家洞大队集体供养，虽然集体养老的老人人数和比例小、覆盖面窄、水平较低，但对这些老人的基本生活保障是非常必要的。我国实行家庭联产承包责任制后，农村经济发生了巨大变化，田家洞村绝大多数农民的收入状况得到了大幅度提升，村民贫富差距不大。原有以生产队为单位的低保形式逐渐被政府所取代，古丈县、断龙山乡和田家洞村成为当地农民社会救助制度的主体，五保户和特困户仍然是主要的救助对象，标准是每年每户200元，一般都在年底春节前发放。由于收入低、因病等各种原因，我国的贫困发生率大大高于城市，通过对乡村干部的访谈了解到，目前，田家洞村只有四户人家按月领取最低生活保障困难补助。由于受调查时间所限，没能走访到所有的贫困户，只走访了生活贫困的彭秀莲家和贫苦老人田春艳家。

在集体经济制度下，田家洞村民看病主要依靠以集体负担为主、个人负担不高、自愿参加的互助合作医疗制度，社员看病只需负担极少的费用。这很符合并基本满足了地处偏远、交通不便的田家洞村土家族村民的医疗需求，让他们能看得起病，几乎所有村民都享受到了该项制度的保障。但是由于当时经济发展水平的限制，这种保障水平仍然较低。全面推行家庭联产承包责任制后，田家洞村集体经济被逐渐削弱，原有的农村合作医疗制度逐步走向消亡，田家洞村村民失去了原有的医疗保障体系，而新的医疗体系又没有建立起来，一下子又退回到了完全依靠家庭保障的状况。农民看病的一切费用都依赖于家庭收入，“因病致贫”、“因病返贫”成为田家洞村贫困户产生的重要原因之一，出现了农民看不起病、不敢看病、小病扛、大病挨等现象，致使小变大、大变重的病情恶化情况出现，进一步加大了家庭负担和风险，使一些家庭陷入困境。随着市场经济体制改革的进一步深化，国家实施新型农村合作医疗制度，为农民提供大病住院保偿机制。按照国家规定和古丈县新农合实施办法，对于五保户、孤儿户、重度二级以上残疾人等特殊参合人群参合的个人缴费和补助也制定了相应的优惠政策，他们参加新农合的个人应缴费，由民政部门、计生部门、残联共同帮助解决；农村低保户参加新农合个人应缴费的50%由民政部门通过其他途径帮助解决，其余50%由个人负担。对五保户和重度二级以上残疾人在古丈县内住院实行医疗费用全免，低保户则适当提高补偿比例。田家洞村村民参合率达到90%以上，新型农村合作医疗基本上解决了田家洞村村民因病致贫的问题。

2012年，断龙山乡政府提出，以农村家庭特困救助、农村五保供养、农村大病医疗救助、危房改造为重点，以社会援助为补充，建立健全农村社会救助体系。田家洞村民也将会在这个“社会安全网”中受益。

八、土家族传统民居[①]

土家族爱群居，以前都居住在具有土家族民族特色的传统民居——吊脚楼中。吊脚楼也称吊楼，为苗族、土家族、壮族、布依族、侗族、水族等少数民族的传统民居，湘西、鄂西、黔东南、桂北地区的吊脚楼特别多。田家洞村民以前都是居住吊脚楼，建房都是一村村、一寨寨的，很少单家独户。所建房屋多为木结构，小青瓦，花格窗，司檐悬空，木栏扶手，走马转角，古香古色。一般居家都有小庭院，院前有篱笆，院后有竹林，青石板铺路，刨木板装壁，松明照亮。

如今田家洞村的土家族村民大多居于砖瓦房，他们一般会建两层，下面一层是会客厅和厨房，上面的一层是起居室。在田家洞村，大约有50%的村

① 本部分内容是作者根据调研期间田宏顺老人的介绍和向明炎、袁玉康的《浅析土家族民居建筑元素的构成》一文而得，文中土家族的建筑结构根据田家洞村的民居实际情况基本采用《浅析土家族民居建筑元素的构成》一文中的介绍。

民还居住在传统的木质土家族吊脚楼中，土家族传统的民居一般是“左青龙，右白虎，前朱雀，后玄武”式的结构。依山而建的吊脚楼，在平地上用木柱撑起分上下两层，上层通风、干燥、防潮，可以当作储物室，下层是居住生活的主要场所。房屋规模一般人家为一栋4排扇3间屋或6排扇5间屋，中等人家5柱2骑、5柱4骑，大户人家则7柱4骑。4排扇3间屋结构者，中间为堂屋，供历代祖先神龛，是家族祭祀的核心。左右两边称为饶间，作居住、做饭之用。饶间以中柱为界分为两半，前面做火炕，后面做卧室。在田家洞村，新中国成立前后约30年期间，土家族人民一般都居住在木质吊脚楼中，而且在田家洞村也有专门从事建造吊脚楼的师傅，他们一般带几位徒弟在本地专门建造吊脚楼。据田宏顺老人介绍，田家洞村的木质民居一般采用柏木和香椿木建造，柏木的质量比较好，可以防潮，而且柏木干了以后不易变形，这样建起来的房子使用的时间很长。

建造吊脚楼是土家人生活中的一件大事，第一步要备齐木料，土家人称“伐青山”，选好木料；第二步是加工大梁及柱料，称为“架大码”，在梁上还要画上八卦、太极图、荷花莲子等图案；第三道工序叫“排扇”，即把加工好的梁柱接上榫头，排成木扇；第四步是“立屋竖柱”，主人选黄道吉日，请众乡邻帮忙，上梁前要祭梁，然后众人齐心协力将一排排木扇竖起，这时，鞭炮齐鸣，左邻右舍送礼物祝贺。主人家会备上宴席，款待前来祝贺的亲朋好友，在这一天主人家也会打土家族传统的食物——粑粑，场面非常热闹。立屋竖柱之后便是钉椽角、盖瓦、装板壁。富裕人家还要在屋顶上装饰向天飞檐，在廊洞下雕龙画凤，装饰阳台木栏。吊脚楼有很多好处，高悬地面既通风干燥，又能防毒蛇、野兽，楼板下还可放杂物。在田家洞村的传统民居中，除了房屋的主梁结构外，装板是最重要的结构，装板在在木建筑中相当于建筑墙面，装板的制作按材料可以分为夹板式装板、竹编式装板、木装板。其中，木装板在土家族民居建筑中又可以分为以下几种：可拆卸木装板、印壁、落膛壁。可拆卸木装板常用于集镇的商户柜台的上店面与大门上。可拆卸木装板的厚度要厚于普通的印壁与落膛壁。它的宽度一般控制在200毫米到400毫米之间。为了安全稳固，在朝向室内一面还设置了顶门杠。可拆卸木装板在建筑中起到采光、安全等作用。印壁是指不增加任何装饰的不可拆卸的木装板。印壁依靠明方与底脚方与穿斗屋架连接。印壁的设计制作要求不是很高，只要表面刨光与其他部件清缝隙即可，但印壁在土家族民居木建筑中却占据了墙体的主要部分。落膛壁在土家族建筑中是指经过仔细装饰过的木装板。落膛壁的表面除了常见的装饰线刻以外还常常增加一些具有吉祥象征意义的图案，如梅、兰、竹、菊以及福、禄、寿、喜等。落膛壁在土家族民居建筑中打破了单一的木建筑界面，提升了木建筑的文化内涵与土家人的审美意向。

传统的土家族民居建筑的屋顶基本上采用的是坡屋顶的形式。田家洞村的土家族民居基本都采用坡屋顶。由于土家人深居武陵山区，武陵山区一带雨水丰沛，四季分明。为了适应地区的气候，土家人采用了两坡水的建筑屋顶。坡屋顶的坡度基本上控制在22.5度到23度之间。土家族建筑的屋顶变化多样，最常见的有歇山顶、悬山顶。土家族的建筑属于半干栏式建筑，其屋顶的特色在吊脚楼上体现得十分明显。吊脚楼的屋顶与主屋顶的连接采用“对撞”的手法，吊脚楼的屋顶要低于主屋顶一米左右，交接处呈现出“丁”字形态。为了解决采光问题，土家人利用吊脚楼与主屋的高差创造了一种类似乎老虎窗的屋顶结构，这种构造是脊部屋面的自然延伸，土家人称其为“鸦雀口”。在转角地方土家人处理得十分成熟，“将军柱”是最有土家特色的构造方式。坡屋顶的屋面盖小青瓦，脊饰由小青瓦堆砌而成，脊的中央堆砌的造型各异，常见的有“品”字形，其含义为一品当官，体现了土家族普通百姓对美好生活的追求。也有将其堆砌成“莲花”以及其他与“水”相关的造型。在传统观念上，水可以克火，因而这些造型体现了土家人木建筑对“火”的忌讳和对安全的向往。

歇山顶的飞檐是土家建筑屋顶最具特色的部分，飞檐翘角在歇山顶上在湘西被称为“搬爪”。在土家人的观念中“搬爪”最初并不是为了审美而设计。设计“搬爪”是因为建筑的朝向方面有影响风水的山洞、怪石等形态古怪的自然造型。但是现在的土家人更多的是将其看作一种装饰，这种装饰与其他民族不同的是它拥有非常厚重的檐口。这些檐口由多层木板加工而成，体现了土家人独特的审美情趣。作为传统木建筑的主要构成方式，穿斗抬梁构架并不是土家人所特有，但土家人很好地发展了这种结构方式并结合土家人的生活习惯和审美情趣发展了独特的建筑方式。土家人的民居建筑始终透露出一种朴素、恬美的审美意向。

九、风俗习惯与文化生活

文化是关于人生和社会的意识，它受经济发展和政治制度的制约，文化发展具有历史性。田家洞村是一个传统民俗与现代商业意识融合发展的民族村庄，它的民俗文化底蕴非常浓厚，传统的民族节日、民俗舞蹈在田家洞村保留比较完整，村民基本上都会跳摆手舞、茅古斯舞等传统舞蹈，土家族社巴节祭祀的社巴堂就设在该村。每年过社巴节的时候，这一地区的土家族人就会来到社巴堂，举行大规模的祭祀活动。

（一）语言文字

土家族有自己的语言，土家语属汉藏语系藏缅语族，语支未定。大多数土家族人由于长期与汉族杂居，迫于交往便利，他们很早就开始使用汉语、汉文，对于本民族内部的交往，则使用土家语。在现代化发展中，田家洞村已经逐渐突破了既有的生活范围，与外界的交往逐年增多，外出打工、上学及电视媒体的传播使得土家族语言得以存在的社会条件逐渐消失。在田家洞村，汉语已经成为当地的主要日常用语，只有一些老年人会讲土家语，这也仅限于懂土家族语言的个别老年人之间，而与其他人交流时，他们基本使用汉语（当地方言），土家语在日常生活中已经不常使用了。

（二）服饰及饮食

传统的土家族女装为短衣大袖，左衽开襟，滚镶 2～3 层花边，镶边筒裤；男装为对襟短衫。“过赶年”，即提前 1～2 天过年，是土家族的重要节日，在这一天，土家族男子一般会穿琵琶襟上衣，缠青丝头帕，妇女则着左襟大褂，滚两三道花边，衣袖比较宽大，下着镶边筒裤或八幅罗裙，佩戴各种金、银、玉质饰物。在我们调查的田家洞村，土家族人的日常穿着已经和汉族人没有什么区别了，那里的老年人一般都穿藏蓝色中山装；年轻人和现代汉族人的穿着一模一样，有各式各样的时尚服饰；只有到了重大节日的时候，他们才会着民族服装。

田家洞村的土家族平日每日三餐，闲时一般吃两餐，春夏农忙、劳动强度较大时吃四餐。如插秧季节，早晨要加一顿“过早”，“过早”大都是糯米做的汤圆或绿豆粉一类的小吃。据说“过早”餐吃汤圆有五谷丰登、吉祥如意之意。在田家洞村除米饭外，日常主食以苞谷饭最为常见，有时也吃豆饭；粑粑和团馓也是土家族季节性的主食，有的甚至一直吃到栽秧时，过去红苕在许多地区一直被当成主食，现仍然是一些地区入冬后的常备食品。土家族菜肴以酸辣为主要特点。民间家家都有酸菜缸，用以腌泡酸菜，几乎餐餐不离酸菜。豆制品也很常见，如豆腐、豆豉、豆叶皮、豆腐乳等。尤其喜食合渣，即将黄豆磨细，浆渣不分，煮沸澄清，加菜叶煮熟即可食用。民间常把豆饭、包谷饭加合渣一起食用。土家族人喜欢饮酒，特别是在节日或待客时，酒必不可少。其中常见的是用糯米、高粱酿制的甜酒和咂酒，度数不高，味道纯正。土家族民族典型的食品主要有粑粑、腊肉、油茶、合菜、团馓、绿豆粉（米粉）、油炸粑。在田家洞村，由于常年缺水，村民们日常用的碗筷都是一次性餐具，用完不用洗，可以节约水。

（三）民族舞蹈及民歌

1. 舞蹈

田家洞村的民族舞蹈主要有茅古斯舞和摆手舞。摆手舞中又分旋舞、转身舞、农事舞等，农事舞是从开荒、耕种、栽插一直到收获的一系列农事活动的舞蹈动作，反映了在农业文明时期土家族先民所从事的生产活动。摆手舞有显著的民族风格和浓浓的生活气息，深受土家族人民的欢迎，曾多次参加湘西州、湖南省和全国的民间艺术演出并获奖。茅古斯舞以近似戏曲写意、虚拟、假定等技术手法，表演土家祖先渔猎、农耕生活等内容，既有舞蹈的雏形，又具有戏剧的表演性，两者杂糅交织，形成浑然一体的祭祀性舞蹈。

（1）茅古斯舞①

茅古斯舞是土家族古老而原始的舞蹈，土家语称为“古司拨铺”，大意即

① 茅古斯舞部分是作者参考断龙山中心完小校本课程，土家族民族文化篇，第45－50页。

"浑身长毛的打猎人"，又称"毛古斯"，汉语多称为茅古斯，是舞蹈界和戏剧界公认的中国舞蹈及戏剧的最远源头和活化石，从其服饰、道具到表演形式、表演内容，茅古斯真实地再现了父系社会至五代时期土家人的渔猎、农耕生产生活及婚姻习俗状况。2006年5月20日，经国务院批准，茅古斯舞被列入第一批国家级非物质文化遗产名录。

相传，茅古斯舞为茹毛饮血时代的土家先民把他们所创造的舞蹈叫作茅古斯。现在茅古斯舞是土家族最为原始的古典舞蹈，是土家族为了纪念祖先开拓荒野、捕鱼、狩猎等创世业绩的一种原始戏剧形式，流行于湘西永顺、龙山、古丈等土家族地区。茅古斯虽然还不是成熟的戏剧形式，但已有模拟远古先民劳动和生活的故事情节，并通过舞蹈、道白来表达内容，被专家称为中国戏剧的"活化石"。

相传古时候，湘西土家族地区森林莽莽，荆棘遍野，人烟稀少，土家族先民为了觅食，或上山打猎，或下河捕鱼。后来又从渔猎生活步入农耕时代，有一位土家族青年独自下山去学习农耕技能，之后急于赶回山寨传授技能，一路上风餐露宿，一身衣服被山林中的荆棘撕扯成碎片，等他回到山寨时已是夜晚，正逢土家"调年"（过年），举行跳摆手舞等活动。他衣不遮体，不好露面，便躲在调年场旁的杂草丛中观看调年活动。不料几个参加调年活动的小伙子在草丛中发现了他，他只好走出来，急中生智地扯了一些茅草披在身上，参加到调年活动的人群中去，他用舞蹈的形式向乡亲们传授所学到的农耕技能。从此，土家人为了纪念这位传授农耕技能的先祖，每逢还愿、祭祖等活动时，都要表演茅古斯，有时也单独表演。

土家人跳摆手舞时，茅古斯的扮演者们事先装扮好，在摆手舞场不远的树林中等待，摆手舞跳到一定的时候，他们轰然入场，摆手舞立即停止，为之让场，说是"祖先爷"来了。茅古斯的表演内容以反映古代土家族先民的生产、生活为主，诸如"扫堂"、"祭祀请神"、"打猎"、"挖土"、"钓鱼"等，他们全身上下不停地抖动，让所穿的草衣发出窸窣声响，行走用碎步进退，左右跳摆，摇头抖肩，表演者模拟上古人古朴粗犷的动作，讲土家语，唱土家歌，融歌、舞、话为一体。其程序分为"扫堂"（意为扫除一切瘟疫、鬼怪，使后代平安）、"祭祖"、"祭五谷神"、"示雄"（表现全家族人民的生存和繁衍）、"祈求万事如意"等几个大段落，每个段落中细节繁多，如祝万事如意的表演中，有打露水、修山、打铁、犁田、播种、收获、打粑粑、迎新娘等。

茅古斯表演粗犷豪放，刚劲激昂，它让人们领略到五荒时代的原始艺术之美。土家族虽无文字，但“毛古斯”代代相传不衰，并在传承中不断完善，成为土家族文化艺术宝库中的一颗璀璨明珠。表演茅古斯的人，须浑身裹扎稻草或茅草，俨然以“茅人”象征远古蛮荒时代的先民。其中，一人扮演“拨铺卡”的代表祖先，其余扮演小茅人的则代表后代子孙。演出自始至终讲着土话，唱土歌，语焉不明。表演以碎步进退、屈膝抖身、摇头耸肩、左右晃动等动作，显出粗野、诙谐的民族气息。

每逢重大节日，譬如社巴节和春节，田家洞村的土家族村民结稻草为服，扮演原始初民渔猎农耕等故事，用以祭祀祖先创业功德，祈求保佑人畜兴旺、五谷丰登。茅古斯表演的内容，主要是表现先民的生产劳动、生活方式，具有人物、对白、简单的故事情节，以及一定的表演程式，以村落或姓氏为单位轮流举办，持续五至九天不等；按序分“生产”、“打猎”、“钓鱼”、“接亲”、“读书”、“接客”等段落。全用古代土家语演唱，以至于有些土语今人无法翻译。其动作原始粗犷，滑稽有趣，粗线条地勾勒出土家族从远古走到现在的发展历史。保留至今的剧目有《做阳春》、《赶肉》（即狩猎）、《捕鱼》、《抢亲》、《甩火把》等。

茅古斯舞动作特点别具一格，表演时屈膝抖身，浑身抖动，全身茅草唰唰的响，头上五条大辫子左右不停摆动；碎步进退，左右跳摆，摇头抖肩。根据表演的动作内容，可一目了然，如“打露水”、“扫进扫出”、“围猎”、“获猎庆胜”……它最突出的特色是服饰原始，身穿草衣树皮，古老大方，颇有原始人的形象；表演者的动作古朴健康，对话时要求变腔怪调，使观者辨认和监听不出表演者是谁，这是舞蹈者最大的成功。

演茅古斯的人数 10～20 人不等，现在田家洞村的村民一般在重大节日才会跳茅古斯舞，此外，他们也会在景区表演茅古斯舞，用于商业目的，增加收入。在断龙山乡，为了使茅古斯舞和摆手舞能传承下去，断龙中学和断龙山中心完小都编写了校本教材，专门请民间艺人到学校教孩子们跳摆手舞和茅古斯舞，而且断龙中学的大课间已经由传统的广播体操变成了跳摆手舞，孩子们在老师的统一指挥下一起跳摆手舞，以此来锻炼身体，传承民族传统舞蹈。

（2）摆手舞①

“摆手舞”，土家语叫“舍巴”，流行于湖南湘西土家族苗族自治州。“摆手舞”流传广泛，名称不尽相同，有叫“舍巴日”或“舍巴格资”的，意思是甩手或玩摆手；有叫“舍巴”的，意思是摆手；有叫“舍巴骆驼”的，意思是跳摆手；有叫“跳年”的，名称虽多，但表演形式和内容基本相同。每逢庆贺新年，纪念祖先或是团圆联欢的，土家族人民都要跳“摆手舞”。

“摆手舞”历史悠久，在永顺县城郊石壁上刻有一首古诗：“千秋铜柱壮边陲，旧姓流传十八司，相约新年同摆手，看风先到土王祠。”在过去“梯玛”念诵的土家族史诗《迁徙记》中，也有若干处提到摆手舞的。如：“摆手的人们啊，咱们的萝卜无论是大的还是细的，都放到背篓里，摆手用的东西，全部放到背篓里。”据了解，土家族人民的这次迁徙是五代前后的事了，这表明出现较完整的摆手舞的时间已有千余年。

在《永顺府志》中，对当时的摆手舞活动曾有这样的记载：“各寨有摆手堂，每岁正月初三至十七日止，夜间鸣锣击鼓，男女相聚，跳舞唱歌，名曰‘摆手’，此俗犹存。”每逢摆手时节，人们披着绚丽的被面，擎着数百幅乃至上千幅绣有龙凤、绘画着鸟兽的彩旗，同时木鼓声、锣钱声、上百支鸟枪声、人们的欢笑声，汇成节日的喧闹声，震荡山谷。成千上万的人聚在“八部庙”前的“摆手堂”，围成圆圈，男女相携，翩跃进退，迈开健美的步伐，摆动着双手，可以一连跳上几昼夜。

在土家人聚居的地方，有专门跳摆手舞的“廊场”，土家人叫“摆手堂”。在田家洞村，村民们自发组织摆手舞队，每天傍晚都会在乡政府大院一起跳摆手舞和广场舞，以此来锻炼身体，这支舞蹈队还到市里参加比赛，到周围景区进行商业表演等。在田家洞村有舍巴节祭祀的地方，供奉着抗倭英雄，每逢社巴节，周围的土家族就会到此祭祀祖先，跳摆手舞。摆手舞是土家族的一种大型舞蹈，按其活动规模分为“大摆手”、“小摆手”两种；按其舞蹈形式分为“单摆”、“双摆”、“回旋摆”等；按其举行的时间分为“正月堂”、“二月堂”、“三月堂”、“五月堂”、“六月堂”等。

①大摆手。大摆手活动规模庞大，以祭“八部大神”为主，表演人类起

① 摆手舞部分是作者根据调研资料整理并参考断龙山中心完小校本课程而得，土家族民族文化篇，第33－42页。

源、民族迁徙、抵御外患和农事活动等。“大摆手”的场所是几个县会祀的地方，或几个乡会祀的地方。这里坪大、庙大，到了跳“摆手舞”的季节，附近的土家族男女老少，都穿上最漂亮的衣裳赶来参加。由于土家族人民居住的地区不同，原姓不同，因此祭奠的祖先与修建的庙祠也不同，祭祖的仪式也各有差异。大摆手是在摆手堂中举行的，摆手堂正中央，供奉着八部大王及其夫人“帕帕”的神像。摆手堂大坪中间立一根高24米的旗杆，上面的两面龙旗迎风招展，旗杆顶端的一只白鹤振翅欲飞。

大摆手活动按三年两摆的传统习俗，于正月初九至十一日举行。届时，各寨依姓氏或族房组成摆手“排”，每“排”为一支摆手队伍，各“排”人数不等，均设有摆手队、祭祀队、旗队、乐队、披甲队、炮仗队。

首列为龙凤旗队。龙旗和凤旗系用红、蓝、白、黄四色绸料制成四面各一色的三角大旗。旗长丈余，边缘镶有鸡冠形花边。以白龙旗为首，并排走在队伍的最前面。

次列为祭祀队。由寨中德高望重的老者组成，达二十余人。他们身着皂色长衫，手持齐眉棍、神刀、朝筒等道具，一老者捧着贴有“福”字的酒罐，率领担五谷、担猎物、端粑粑、挑团馓、提豆腐等祭品的人，随掌堂师行祭事，唱祭祀歌。祭祀队后面为舞队。男女老少皆可参加，他们均着节日盛装，手里分别拿着朝筒或常青树树枝，列队入场。舞队之后是小旗队。一户一面小旗，小旗有两种，亦饰有荷叶边，敬献于“八部大王”坛下，以感祖恩深泽。接着是乐队、披甲队、炮仗队。乐队分溜子和摆手锣鼓两种，再配以牛角、土号、野喇叭、咚咚喹等，奏出土家族节日的独特旋律。

披甲队由身披五彩斑斓的“西兰卡普”的青壮年组成。土家族人天性劲勇，锐气尚武，在摆手舞中以锦为甲，以示威武雄壮。炮仗队由鸟铳和三眼铳组成。各队按以上程序排列进入摆手堂。进堂后先扫邪，后安神。掌堂师手持扫帚，以高昂激越的音腔，强烈谴责那些“大斗进，小斗出，少斤缺两”的剥削者；以道德的铁扫帚，清扫那些“起心害人，行盗为娼”的民族败类，充分表现了土家族疾恶如仇、纯朴善良的美德。祭祀时，祭祀人在掌堂师的带领下，依序跪下左腿，舞众亦虔诚跪下，与祭祀队一领一合，齐唱神歌，曲调委婉深沉，气氛肃穆庄重。歌毕，各排将各自的供品呈于神案，供品上有“福禄喜寿”、“吉祥如意”、“五谷丰登”、“风调雨顺”等字样。

祭祀完毕后，礼炮三响，撼天动地，催人起舞，全场沸腾。人们在掌堂师的指挥下，整齐地变换着舞蹈动作，时而单摆，时而双摆，时而回旋，舞姿优美，动作逼真，刚柔相济，粗犷雄浑。摆手舞的内容，分别展现出民族迁徙、狩猎征战、农桑绩织等富有民族特色和生活气息的艺术画卷。

②小摆手。小摆手活动规模较小，以祭祀彭公爵主、向官人、田好汉的各地土王为主，表演部分农事活动。小摆手是土家族居住区普遍盛行的一种文化习俗活动，主要流行于酉水流域。过去，凡百户之乡，皆建有摆手堂，有的还建有排楼、戏台等。来凤舍米湖、大河等地现有摆手堂遗迹。舞时，男女齐集摆手堂前的土坝，击鼓鸣锣摆手。其特点是摆同边手，躬腰屈膝，以身体的扭动带动手的甩动。表演内容为“拖野鸡尾巴”、“跳蛤蟆”、“岩鹰展翅”、“犀牛望月”等狩猎动作和“砍火渣”、“挖土”、“烧灰、积肥”、“种苞谷”、“插秧”、“割谷”、“织布”等生产生活动作。

摆手舞是集体舞蹈，大多成圆形，锣鼓放在中央或边上。男女老少都可以参加，有时两人一行或四人一行，有时女的在里圈。“导摆者”在行列之前领头，行列之间有“示摆者”压队，在锣鼓的伴奏下，边唱边舞。一般要跳完一圈之后才换一个动作，各个动作连接起来，便构成一个完整的情节。如耙田、插秧、扯草、望太阳等动作连接在一起，就变现出春季生产劳动过程。那健美的舞姿，高亢、自由的歌声，伴着强烈的锣鼓节奏，给人以清新而热烈的感受。

有的地方跳摆手舞是在摆手堂内举行。摆手堂分一堂、二堂，开始进堂时男女都在一堂摆，女的在里圈，男的在外圈。然后男的留在正堂摆，表示祈求幸福、安乐，情绪十分严肃。女的则到二堂摆，情绪欢乐。

在“摆手舞”中反映农事劳动的动作最多。它反映了土家族人民一年中的生产活动。其中有砍火渣、挖土、烧灰、积肥、种苞谷、种棉花、插秧、割谷、打谷等。

“摆手舞”的动作，绝大部分是顺摆，即摆右手出右脚，摆左手出左脚。膝部的弯曲，是“摆手舞”中较显著的特点，通常在整个舞蹈中，膝部都是弯的，特别是在每一个动作的最后一拍，膝部弯曲更深一些。手的动作虽多，但摆动较小，最高不得超过肩膀，摆时臂膀伸直或固定弯曲角度。重拍向上摆，弱拍向下摆，同时双手和上身都要颤动一下。表现劳动动作：双膝微屈，左脚上前一步，双手顺势向前一摆，当双手轻轻摆向后时，右脚即跟着上前半步；再反方向做一次，然后左脚上前一步，右脚上前半步，双手前后轻轻重摆两次；两脚停住，双手前后重摆一次，这就叫“单摆”。如向相反方向再摆一次，就叫“双摆”。农事动作多以“单摆”为主，要表现“挖土”，双手在摆动时，就做挖土状；要表现“栽秧”，双手就做栽秧状。总之，农业生产中的动作，都可以吸收到“摆手舞”中来。

变现战斗动作、变现军事战斗的摆手时，舞者分东西排列，中间隔一丈多宽，五人为一“排”，两排为一“比”，四排为一“队”，“比摆”20人，“队摆”40人，手中持长矛或齐眉棍，上面饰有红缨或黄帛。摆时将武器斜拿，然后以一摆三跃的方式向对方冲去，双方接近时，两人武器交锋，几个回合后，跳到对方位置，即将武器直拿，慢慢转过身来，面向对方，随即又以原来的动作一直冲回自己原位，这就算完成一次“摆动”。这时锣鼓狂热地打着“十二月”、“龙戏水”等鼓点，表示对凯旋壮士的热烈欢迎。表现打猎动作的舞蹈内容方面有“空拳斗虎”、“弄虎”等。这类动作是“摆手舞”中最古老的动作，因而逐渐失传，目前保存的还有“跳蛤蟆”、“岩鹰展翅”、“拖野鸡尾巴”等。在“摆手舞”中还有反映土家族人民日常生活内容的动作，如打粑粑、打蚊子、打草鞋、牛打架等。另外还有一些动作，如回旋摆、雀跃、套摆、乐太平等，反映了节日的欢快情绪。

跳摆手舞时唱的歌，叫作“摆手歌”，是土家族古老的民间舞蹈音乐。摆手歌均用土语演唱，有齐唱、领唱、独唱等多种形式，有歌唱历史、军事、生产、爱情等各方面的内容。摆手舞以大锣鼓伴奏为主，节奏明快、简练，有时也用大号和唢呐为伴奏乐器，舞者动作的变化听锣鼓“指挥”敲击鼓边为令，曲目是一曲多变。

古代巴人，曾在川东鄂西一带建立过巴子国。由于接受中原文化较早，十分强盛，巴子国成为秦楚兵争之地。据《华阳国志·巴志》记载，秦惠文王九年（公元前316年）秦灭巴后，巴人流入五溪（巫水、渠水、酉水、武水、辰水）号称五溪蛮。当时巴人的“巴渝舞”和土家族的“摆手舞”表演形式相同，动作相似。巴人在跳巴渝舞时，身披盔甲，手持弩箭，唱着古老的战歌。土家人在摆手舞时，身披兽皮，手拿齐眉棍，唱着打猎的猎歌。后来，随着生产方式的改进，跳起了刀耕火种、开拓荒野，逐渐发展到现在的摆跳农事农活。巴人流入五溪后，同湘西土家族先民长期接触，相互影响，逐渐融合成统一的土家族。巴人的“巴渝舞”和土家人的“摆手舞”相互结合，取长补短，逐步形成统一的“摆手舞”。

2. 土家族民歌

土家族的民间歌曲按传统习惯可分为山歌、薅草锣鼓、劳动号子、摇儿歌与儿歌、风俗歌五种。山歌在土家族的语言上有土家语山歌和汉语山歌两种，在声腔上有高腔和平腔之分，在结构上有“一声子”、“三声子”、“四句头”、“五句子”之别，在内容上有情歌、古歌、礼仪歌、生活歌、苦情歌等之分。薅草锣鼓又称薅草歌、合音锣鼓、挖土歌等。劳动号子是土家人世居武陵山区和酉水、澧水两岸，拖木运料，撬岩抬石，行船驾舟等形成的，在劳动生活中占有重要地位，因而行船号子、拖木号子、岩工号子最为流行。风俗歌有哭嫁歌、孝歌、摆手歌等。现在田家洞村能唱山歌的人很多，一般都会唱摆手歌和劳动号子，哭嫁歌、孝歌能唱的人比较少。这些民俗歌曲现在都有传人，他们一般会在重大的节日或者民俗表演中唱。在日常的生活中还会经常听到山歌，我们在田家洞村调研期间采访了彭纪珍老人，她对土家族的山歌曲调很熟悉，在日常生活中可以随时顺口唱出不同歌词的山歌，据她介绍有一次她出去逛街，在和导购说话中就开始唱山歌了，以此来答复导购的不合理要求。由此可见，在土家族人民的日常生活中唱山歌是非常普及的，土家族人通过唱山歌来表现他们的日常生产生活。彭纪珍老人为我们详细介绍了土家族的山歌，在新中国成立前后，田家洞村的土家族在平时的劳动中也要唱劳动号子，以前田家洞村男女谈恋爱一般都要通过对山歌来互相了解，她为我们唱了一段男女对唱的山歌，其内容如下：

山歌——男女对唱①

女：衣服破了要脱肩，
双手甩到姐面前，
青蓝白线姐都有，
一个绣针一个线。

男：一个绣针一个线，
我个人回去卖良田，
我上卖良田十八丘，
下卖良田弄花样。

---

① 本部分山歌是作者调研期间采访土家族彭纪珍老人时，根据她的口述笔录下来的。

女：一欠郎二欠郎，
劝你莫卖你良田，
转去把你妻子卖，
修你姻缘六十年。
男：我的妻子十七八，
日纺纱，夜结麻，
你说要我去卖她，
我又怎能舍得她。
女：舍不得妻子你莫来，
你莫刁难姐花德，
我厉园有棵梧桐树，
金鸡去了凤凰来。
男：舍不得妻子我要来，
我要刁难姐花德，
金鸡坐在梧桐树，
哪个凤凰他敢来。
女：我敢打滑镰四两铁，
割了许多嫩毛叶，
今日才见你四角色。
男：汗菜打汤一碗血，
莫做一时舍不得，
六月天气长汗久，
中秋还要照颜色。

男：我上坡不起打旁小，我六月又想那水凉，
你姐是口好凉水，
为何不解我口渴难。
女：我凉水凉，凉水凉，
凉水生到半岩山，
你郎想吃那凉水，
想吃凉水难上难。

男：你凉水凉，凉水凉，
你凉水生到半岩山，
我请个岩匠修根路，
怕你凉水不久长。
女：你想你凉水跟沟行，
头里有个凉水井，
我劝你莫吃那凉水，
你吃了凉水冷了心。
男：我要吃辣子不怕辣，
我要凉姐不怕杀，
我身上带着金钱草，
哪块打伤哪块麻。
女：哥有心来妹有心，
双方有心丢彩金，
双方就把彩金丢，
丢了彩金才放心。
男：妹有心来哥有心，
双方不要丢彩金，
双方就把彩金丢，
丢了彩金变小人。
女：哥有心妹有心，
你说不要丢彩金，
双方不把彩金丢，
不丢彩金会反心。
男：你有心来我有心，
我俩拿到太阳做把柄，
你若起了反心意，
你违生倒养坐血盆；
我若起了反心意，
我脑壳砍到教场坪。

土家族的民歌唱词基本和他们的生产、生活息息相关，其内容随时间的变化而有部分的调整，反映了土家族的民俗和民风。从其歌词内容可以看到土家族劳动人民日常的生产、生活方式。

（四）宗教生活①

受汉族影响，在宗教方面，土家族主要迷信鬼神，崇拜祖先。在田家洞村，家家户户都供奉着祖先，每逢节日或家中有重大事情发生，他们都要祭拜祖先，祈求祖先的保佑。在土家族生活的地区，过去有巫师驱鬼，有的地方信道教。每逢年节都要大敬祖先，初一、十五也要进行小敬。祭祖的食品有猪头、团馓、粑粑、鸡鸭和五谷种等。有的在每餐饭前，先用筷子夹少量的菜插在饭上敬默一会儿，表示请已故先人先吃，然后自己才开始食用，农历六月六为祭土王，每个村寨都要设摆手堂，将猪头、果品等祭品放摆手堂前。十月朔日祭冬，宰鸡鸭设筵宴客。此外，土家族还敬灶神、土地神、五谷神、卓官神，在修房造屋时祭鲁班，祭品除酒肉外，还要一只大公鸡。土家族信奉多种神，没有固定的宗教信仰，因土家族所敬奉的神明大都与祖先有关，土家人认为“祖先”处处关照子孙，是最好的神，因此对祖先十分崇拜，故称祖先神。道教、佛教传入甚早，18 世纪下半叶，又有天主教、新教的传播，加上本民族固有的宗教信仰，田家洞村的土家族要敬奉很多神明。

1. 八部大神

八部大神（祖先神）指八个弟兄，他们都有土家话名称，如破西卵蒙、缺太卵蒙、泽在卵蒙、拜尔卵蒙、洛驼卵蒙、蜡烛卵蒙、比耶卵蒙等。这八个弟兄是土家族先民中的八个部落酋长，曾在土家族先民的长途迁徙中做过贡献。位于田家洞村的社巴节祭祀场所中就供奉着他们，每年社巴节都要进行大规模的祭祀活动。

2. 白虎宗教

在土家族地区有不少类似白虎山、白虎堂等带有白虎二字的地名，这是土家族宗教的反映。这种宗教称白虎宗教。传说白虎有两种，一种叫行堂白

---

① 本部分是作者根据调研资料整理并参考断龙山中心完小校本课程而得，土家族民族文化篇，第 3－6 页。

虎，另一种叫坐堂白虎。坐堂白虎，坐镇厅堂，威风凛凛，是要“敬”的；行堂白虎，破门而入，凶恶无比，是要“赶”的。“敬”白虎和“赶”白虎，是根据古代巴人遗留的传说形成的。

3. 自然崇拜

土家先民以善于射猎著称，而每次打猎前都要祭祀猎神。传说它生前擅长狩猎，死后成为猎神，受敬供以保佑多获猎物和防止野兽害人。它的神位设在房屋外的右侧，用三块转合成。敬它时，猎人必须衣着整齐，将所获野物供祭。在生产力低下的条件下，土家族崇拜多神：“山神土地”管坡上五谷；“家先土地”管家禽家畜；“五谷神”管五谷；“阿密嫲妈”管保小孩的成长；“四官神”是致富神管六畜。

4. “梯玛”与巫术

土家语称巫师为“梯玛”，汉语叫“土老师”、“土司子”或者“土师子”。关于土老师的来历较多的传说是：土老师的祖师去西天取经，获得半本经书，八个铜铃，在回来的路上，客老师向他要走了半本经和两个铜铃。土老师再上西天取经，佛爷就不再给他经书。西天佛爷就说：“客老师一本经；苗老师半本经；土老师没有经，乱搬经，百说百灵。”从此土老师作巫术时只有师刀、砍刀、铜铃等，而没有经书。清朝“改土归流”前，土老师依赖于土司制度，权力较大，举凡土家村寨的祭祀、许愿、还愿、婚丧生育、占卜解难，无一不管。后来权力渐渐缩小，有的仅主持宗教仪式，有的兼作“土医”，现在已濒于绝迹。

5. 土王崇拜

土家族地区，历史上长期遭受土官土司制度统治。他们相信土王或土主死后为神，仍然同在世时一样管理土家臣民，必须敬拜，祈求庇护。在土官土司统治时期，土家族中的彭、田、向三大姓认为土王庙就是家庙，对其他姓氏而言则为族庙。有的在堂屋正中设坛祭土王，自己祖宗只能供于屋角门后，甚至只供土王神坛。每逢过年过节，都祭祀土主、土王。正月初一至十五举行的“摆手”祭，最为隆重。

（五）节日文化

土家族的节日非常多，改土归流以后，受汉族人影响，他们也过汉族人的节日。在田家洞村每年农历七月十三、十四、十五是向姓家族过的月半节，主要是祭祀祖先，田姓、李姓也过月半节，但是没有向姓过的隆重。农历四月初八要祭五谷神，在自己家的院子里敬祖先，保佑五谷丰登；清明节他们也要拜祭自己的祖先。此外在田家洞村影响比较大，比较隆重的节日就是社巴节和春节。

1. **社巴节**①

“社巴节”，又名“调年会”、“舍巴节”，是湘西州土家族最隆重的传统祭祀节日，有着严格的祭祀仪式、独特的祭祀方式和丰富的表达内涵。其中有反映土家族男女爱情、婚姻习俗的内容。田家洞村的“社巴节”一般在每年立春之后的第五个戊日举行，属于民间自发组织，五年一小庆，十年一大庆，整个断龙山乡的土家族一起过社巴节，自己打鼓点，唱土家族歌曲，不同村庄的土家族轮流组织安排过社。其表演的茅古斯舞、摆手舞、梯玛歌、打镏子、咚咚喹等数十种形式，被列为国家、省、州级非物质文化遗产保护名录。“社巴节”既是土家族的隆重节日，亦是土家族的文化荟萃。在古丈县断龙山乡报吾列村被提名为“土家族非物质文化传承人”的田祖福老人于1990年提倡并发起恢复“社巴节”，每年由当地百姓自发举办一次。

田家洞村至今每年都会举行大型的祭祀活动，民间称“过社”（土家语称为“咱卡”），主要祭祀“社菩萨”和七个兄弟。“社菩萨”与汉族地区的土地神基本相似，而七兄弟民间传说是姓氏各异的结拜兄弟，相传明朝年间，武陵地区有七位结义兄弟，这七位兄弟都以耕猎为本兼学武艺且个个武艺超群。当时倭寇侵犯边境，朝廷派兵抗倭屡次失败。朝廷得知这七兄弟英勇，召七兄弟领兵抗倭，这七兄弟英勇善战，屡战屡胜。抗倭胜利后，朝廷想召七兄弟进京为官，但奸臣在皇帝面前进谗言：“土家人生性野蛮，早就有谋反之心，不但不能重用，这七人还非除不可，以绝后患。”皇帝听了奸臣谗言，于是将他们派往武陵地区驻扎，随后又派人以劳军为名将他们杀害。由于是朝廷“钦犯”无人敢收尸，田姓家族既为他们鸣不平，也为他们抗倭事迹而感动，于是前去收尸，此时尸首已腐烂，并长满了蛆。“过社”仪式中有戏耍猪、掏出猪心并砍下猪头祭祀神的环节，其实猪象征着奸臣，仪式中有用扫

① 社巴节部分是作者根据调研资料整理并参考断龙山中心完小校本课程，土家族民族文化篇，第29－33页。

把不断清扫的情节，则表示扫七兄弟身上的蛆。祭祀通过惩罚奸臣、清扫污秽，从而达到祈求风调雨顺、人蓄平安的目的。土家人敬重这七位保家卫国的英雄，立碑祭拜，后人奉这七兄弟为土家人的保护神，定于每年立春后的第四个戊日为奉拜日（即“社巴节”），祈求保佑平安丰收。据老人们回忆，直到20世纪50年代，每当举办“过社”活动时，田姓家族便邀亲朋好友来“看热闹”，而亲朋好友不需要承担活动的任何义务，祭祀活动的所有开支全由田姓家族承担。田姓家族在“过社”活动中有严密的分工，民间至今依然还有许多人知晓其分工的具体内容：喜其哈村的田姓提供“若蹄卡”（土家语，意为“羊脚”）、闹泽村的田姓提供“仔蹄卡”（猪脚）、业者湖村的田姓提供“扯旗卡”、溪龙车村的田姓提供“午旗卡”（土家语，意为“牛脚”）、大龙热村的田姓提供“沙且帕”（扫把）、里朝村的田姓提供鼓、核桃冲村的田姓提供锣。可见祭祀活动所需物品皆由田姓家族提供，现在则改为断龙山乡田家洞村、喜其哈村、报吾列村、溪龙车村、大龙热村五个田姓较多的行政村每年轮流举办。在抗日战争年代，社巴节曾经一度中断，1991年才开始恢复土家人的节日——社巴节。在每年春耕前，在社巴头人李光华的组织带领下摆手队、锣鼓队、扫把队、祭祀队等列队入场，一路上跳的跳、摆的摆、扫的扫。最后由四人抬着一头大肥猪到摆手堂前祈祷来年风调雨顺，五谷丰登，人畜兴旺。向祖先进行一阵祈拜祈福后将抬来的猪解开猪蹄，在头人发话后，由六七个青年蜂拥而上，用脚一阵乱踢将猪踢死，再由一屠夫手持刀把猪开胸用手掏出血淋淋的猪心奉献于神堂前，让祖神享用。然后再割下猪头示众敬祖。祭祀酬神完毕，炮声齐发，锣鼓齐鸣土号扬起，摆手舞、扫把舞、茅古斯舞，一片欢腾。

2. 过年[①]

过年是土家族最大的节日，从内容到形式上都较其他节日隆重得多，持续的时间也最长。土家族过年，有过小年和大年之分。在田家洞村，不同的姓氏过小年的时间也不同，根据笔者调查田姓在腊月二十四过小年；李姓在腊月二十八或者二十九过小年；梁姓在腊月二十六到二十八过小年，正月初六过大年。不同姓氏过年时间不一样的说法有两种：一说，在明代嘉靖年间，

① 过年部分是作者根据调研资料整理并参考断龙山中心完小校本课程，土家族民族文化篇，第20－28页。

正值年关，土家族人正准备热热闹闹过年，突然朝廷下来圣旨，调土家族士兵赶苏淞协剿倭寇。按路程计算要按时到达指定地点，不等过年就得出发。为了使这些已集中起来马上就要离开家乡上战场的土家族官兵过了年再走，就决定提前过年。由于不同的姓氏出发的日期也不一样，因此，不同的姓氏过年的时间也就不一样了。过年后，土家族官兵紧急出征，按时到达，并同朝廷将士及其他少数民族官兵一道将倭寇击败。由于土家族官兵战功卓著，荣立“东南第一战功”，后人为了纪念这个很有意义的日子，每逢过年都按照原来的过年时间过年。久而久之，成为习惯。二说，土家族的祖先生活在兵荒马乱的年代，连过年也难得几天安稳的日子。有一年，过年前几天，探得敌方正集中人马，打算在过年这一天前来侵犯，土家族人为了不错过过年的机会，于是就提前过了年。第二天，斗志旺盛的土家族人迎头痛击来犯之敌，并取得了胜利。后来，土家族人以提前一天过年的形式纪念胜利的节日，从而成为习俗，传承下来。

田家洞村的土家族除过小年之外，还要和汉族同胞一样，再过一个大年，即月大过腊月三十，月小过腊月二十九。所以，一般人都说，土家族要过两个年。土家族过年不但在时间上有其独特之处，而且年事活动持续时间之久、内容之丰富多彩也很有特点。一进入腊月，土家族人便忙于打粑粑，做团馓，节日气氛笼罩家家户户，一直到来年正月十五堂屋中撤下祭祀帷帐，摆手锣鼓收场，整个年事活动才告结束。田家洞村在腊月二十三各家都要请菩萨回家，开始给家里除尘，早晚都要烧香，一直持续到正月十五。在春节期间各路神仙都在家中，有灶神、土官神、婆婆神、巴门神、土地神、菜园神等。三十那天不能扫地也不能梳头，大年初一女孩子不能往别人家走，是因为他们认为女属阴、男属阳，女孩子到别人家不吉利。在土家族聚居区，年事活动的内容主要有以下几项：

(1) 打粑粑

进入腊月，先后用最好的大糯米，用水洗净浸泡大半夜，第二天用甑子蒸熟，然后在粑粑槽内将其打揉，再揉搓成约莫两两重的一个圆饼，五个一叠，放在案板上冷却后在器具上放置七八天，粑粑开始干裂时放入大水缸或大陶瓷缸中，用腊水（腊月的清水）浸泡。为了便于互相帮工，打粑粑一般是几家几户联合进行，打粑粑时，这些人家显得热气腾腾。在打粑粑过程中，最有趣的是两件事：一是两个人对打，当蒸熟的糯米倒入粑粑槽后，两人面对面，你一槌我一槌对打起来，边打边推拉，动作十分优美。但无论力气多大的汉子，也难以一口气把一槽粑粑打完，一般需要中途换人。这样，你上我下，嘻嘻哈哈，热热闹闹。二是做“破拢粑粑”，汉语叫年粑粑，将熟糯米打揉后，粑粑快做完时，由心灵手巧、最会做粑粑的妇女，做几个大粑粑，这种粑粑小则三五斤，大则十多斤。这就叫作“破拢粑粑”，它既象征“五谷丰登”，又显示土家族人大方。吃“破拢粑粑”也有讲究，一是合家团团圆圆吃，二是招待亲戚朋友。相传，过年做大糍粑是因为田姓土家族人原是九兄弟，加上一个女婿，称九子十状元，朝廷怕他们独霸一方，便差来官兵要将他们斩尽杀绝。这正是腊月二十八打过年粑粑的时候，惊慌间，弟兄们把槽中粑粑取出，分成几大坨用簸箕端起上山了。回家后，大糍粑已变硬，再无法分成小块，以后吃时就用刀子切成小块烧着吃或煎着吃，后来，这九弟兄各占一方，安居乐业，生养后代。可土家族都没有忘记当年的苦难，所以，后来每年过年都要做几个大粑粑分食。这种粑粑一般要留到正月十五，有的甚至留到过清明节才吃，以显示家庭富足。

（2）做团馓

团馓是土家族过年的必备之物，它的加工过程精细而奇特。进入腊月后，土家族打粑粑之前，都要做团馓。团馓的做法是，将蒸熟的糯米，用或大或小的竹圈子在木板上做成一个个圆饼饼。冷却后用炭火烘干或用阳光晒干，用红笔在上面画上梅花点点，再用清油炸泡。做成的团馓形圆而馓凸，造型十分美观。土家族过年做团馓有一个有趣的传说，有一年腊月二十八，敌兵攻打土家族山寨，这时寨上已在打粑粑，为了不使大家吃亏，有个叫黑狗的小伙子主动要求守寨，其余的人用各种家什装上蒸熟的糯米躲到后山山洞里去了。敌兵进寨后，黑狗用粑粑槌同他们进行了一场搏斗。黑狗虽力大无比，东一槌西一槌，打死了不少敌人，但终因寡不敌众，被敌人杀害在粑粑槽边。他的滴滴鲜血洒在粑粑槽里的熟糯米上。等敌兵退走，人们回到寨子里，已是正月初一了。端上山的熟糯米已冷却成圆饼饼了。大家只好用清油把它炸熟来泡汤吃。后来，土家族每逢过年必做团馓，以此表示对土家族英雄黑狗的纪念。现在团馓作为土家族的特制食品或被当作“团圆”的吉祥物，除在正月间正常食用外，还被派上许许多多的用场。平日贵宾进屋主人必定先给客人泡一碗团馓，以示欢迎。膨松松的团馓，冲上滚烫烫的开水加进甜滋滋的白糖，吃起来分外香甜可口。小两口正月初一去岳父家拜年，年轻媳妇背上花背篓，小伙子用箩筐挑一挑礼品，这箩筐里装的就是糍粑，上面盖着的必是梅花点点或是画上“喜”字的团徽，以表示对岳父岳母的尊敬。

(3) 插柏梅、贴钱纸

过年这天，家家户户要在神龛上、堂屋中柱、大门上到处插上一些柏树枝和梅花枝，这样做与土家族祖先的战争生活环境有关。据说，出征官兵集中过年时人多，没有那么多也没有那么大的房子做餐厅，只得在村外梅花园中和松柏树林下过年。后人在过年时插松柏、梅花，意在重现古时土家族的战争生活，在门窗、猪圈、牛栏、鸡笼和推磨、犁、耙、锄、打谷桶、柜子等大型家具和农具上及附近果树上要贴压岁钱，以此预兆来年财源兴旺，到处是钱。这些钱纸，直到正月十五才能扯掉烧毁。

(4) 贴门神

门神，土家族人叫作“把门将军”。一般门神为秦叔宝、尉迟恭画像，也有贴神荼、郁垒或其他威武之神的。谈起土家族人贴门神的习俗，必须追溯到遥远的古代。据说，古时候，土家族居住的地方连年征战，加之年岁又差，战死、饿死之人很多。这些“惨死鬼”在过年时从四面八方赶来，想闯入百姓家享些香火、钱财。他们进入哪家都会带来凶灾，不但危及一家老小，而且来年五谷不丰，六畜不旺。只要贴上威风凛凛的门神，一切妖魔鬼怪见了都会望而却步，灰溜溜地逃走。在旧社会，贴门神的习俗表现了饱受欺凌的土家族人民对邪恶势力的痛恨，寄托了土家族对解民于水火的“神人”的敬仰。新中国成立后，贴门神的习惯仍在土家族乡间保留着。同时，普遍兴起了贴年画、贴春联之风，给节日增添了新的气氛。

(5) 吃团年饭

土家族人过年，讲的是合家欢乐，远离家乡的亲人也要回家来，全家老少团聚同桌吃饭，这叫团年。吃团年饭，一定要蒸甑子饭和蒸肉，煮合菜。过年这天土家族村寨家家户户要架甑子，甑子下层一般蒸的是大米饭，上层蒸的是用小米或米粉裹得坨坨肉。甑子饭蒸得很多，许多家庭吃甑子饭一直吃到正月十五才洗甑子。合菜就是把肉丝、萝卜丝、白菜、海带、粉丝、猪杂等煮在一起吃。土家族人过年之所以要架甑子蒸饭，蒸坨坨肉和吃合菜，这是和土家族祖先的战争生活分不开的。据说，当年土家族官兵集中一起过年，人数众多，只有架甑子蒸饭，肉也无时间切细，只有砍成坨坨，裹些小米、米粉子蒸在上层蒸熟，至于其他的菜，更没时间分别细炒了，只好合在一起煮成合菜。后人称这菜为“贺菜”，既是合之谐音，也有祝贺打胜仗之意。

吃团年饭很有讲究。上桌后，每人夹一坨肉放在自己碗内的饭上，在饭上插上筷子，表示祭祖宗。有的吃年饭的时间要长，饭后不立即抹桌、洗碗。传说古时候土家族人常和外界打仗，你杀过来，我杀过去，常年难得安宁。有一年，土家族人正忙着办年，敌方派一小孩来土家族山寨“探水”（侦察）。土家族人看他年岁小，没有把他放在眼里，小孩把土家族山寨的情况弄得一清二楚。敌军乘机发动猛烈进攻，土家族人刚吃完团年饭，还没来得及洗碗、抹桌，青壮年立即投入战斗，老人和小孩都逃到后面的山洞里去了。战斗结束敌人撤退后，大家方回来抹桌、洗碗。后人为了吸取教训，一直保持这一习俗。而且过年这一天不准外人来，因为怕他又是“探水”的。

（6）守岁抢年

大年三十这天晚上，土家族山寨家家户户堂屋内外灯火通明，男女老少通宵不眠，合家坐在火塘边，热热闹闹谈一年的年景，讲来年的打算，讲各种奇闻逸事。最要紧的是土家族人守年这晚要烧三根早已准备好的大木柴，火越大越好。说是这样，来年财源就兴旺，所以土家族地区流传着“三十夜的火，十五的灯”这样的谚语。守岁到凌晨，新年的钟声敲响后，就放爆竹，紧接着整个村寨家家户户爆竹震天，这叫抢年。谁家的公鸡先叫，先放爆竹，谁家就抢得“头年”，说是来年最吉利。公鸡一叫，爆竹一响，土家族山寨就欢腾起来，争先出行并给土地菩萨拜年，争先挑水，争先推磨，到处是一片欢声笑语，热气腾腾的节日景象。大部分人抢完年后，就睡觉了。初一早晨可以“挖觉”（即睡懒觉），不必早起。

（7）“拜年”

土家族拜年的时间是正月初一。拜年的形式多种多样。一是初一早晨，逢人就拜，互相祝福、问好。二是家中小孩起床后，立即给大人拜年。尤其是分户后的小孩必须先给公公、婆婆、伯伯、叔叔等长辈拜年。小孩拜年，大人必须给压岁钱或其他礼物。最正规的拜年，要算是年轻夫妻双双上岳父岳母家拜年，女的背上花背篓，男的挑上满满一挑粑粑、团馓和腊猪腿，女婿向岳父岳母磕头拜年后，就在岳父家住下来，参加当地的摆手舞等调年活动，直到正月十五年事结束后才回家。

（六）传统习俗

1. 葬礼[①]

在田家洞村实行土司制度以前，土家人实行火葬。自土司制度时期至今实行土葬，葬礼由土老司主持操办，土老司祭祀亡人时，将天窗口的纺车倒纺三下，念经送亡人过天桥上天庭。然后假扮亡人，围绕“哈哈台”转圈出门，死者子女跟随土老司哭丧，土老司唱丧歌，吹牛角，顿时火炮连天，哭唱哀鸣，极为悲痛，历时几天几夜。然后将装好遗体的棺木抬走埋葬。改土归流至“民国”时期，土家族和汉族的交流逐渐增多，汉族的文化也逐渐进入了土家族的生活中，在清朝时，基督教的传教士、道教、佛教逐渐进入了田家洞村，他们的丧葬也发生了很多的变化，人去世之后，由佛教来超度，根据家庭的经济情况和身份地位来分道场的大小，现在田家洞村的丧葬仍然分六个等级。由道士根据主人家境做不同等级的道场，有“开路送葬”、“小十王”、“大十王”、“隔夜素堂”、“立桅道场”、“文武道场”等名称。一般道场都履行下柳床、开路、荐亡、交牲、上熟、散花解结、解灯、打烧棺、辞灵、扫堂等具体操作程序。死者亲属披麻戴孝，跟随道士行丧礼，还请人唱孝歌，以哀吊亡人。新中国成立后，土老司、道士停止活动，以开追悼会唱丧歌代替道场。20世纪80年代以后，田家洞村的葬礼又恢复了土老司、道士等活动。在旧社会一般家庭的丧事就只是“开路送葬”，现在经济条件好了，“小十王道场”和“大十王道场”就逐渐的占多数了，“隔夜素堂”、“立桅道场”、“文武道场”现在则很少，据李保华老人介绍在20世纪80年代后这三个道场他都只是见过不超过三次。

（1）开路送葬

开路送葬一般用两天时间，开路送葬的第一步是开路，顾名思义是要给亡人开通道路。道士先生穿着衣服念两本经，让亡人能顺利到达西方超生，道士先生念经将五路（东西南北中）开通，到阎王殿里去，佛教念经主要的意思是要亡人第二次投胎投个好人家，需要一方一方的破五方，道士先生要说：“开东方，东方地狱画个莲花带，亡魂开到东方去，东方地狱画莲带，亡

---

① 葬礼和婚礼系作者调研期间根据李保华老人的口述整理而得。

人坐到莲带上，仙童接引上金台。”然后烧香烧纸，再开西方，继续说：“开西方，西方地狱画个莲花带，亡魂开到西方去，西方地狱画莲带，亡人坐到莲带上，仙童接引上金台。”再烧纸烧香，依次将五方都开通。第二天要进行撒花解结；撒花主要是探亡人，讲儿女怎么孝敬父母的要讲出来，苦中苦、难中难要随意的讲，什么花都可以讲，唱花也可以随意唱，比如可以讲春季桃花满枝头，夏季荷花香满池塘，秋季菊花遍地香，莫说冬季没花谈，梅花贺新年，这主要是根据个人的情况随便讲，这里花寓意人生一世如同花草春生、夏长、秋熟、冬落去，人死花散了，再也出不来了，一般参加葬礼的人中会讲会唱的人比较多，道士也唱花。唱花结束之后就是解结，主要由道士先生讲，人生的罪孽都解掉，使亡人在红尘中的罪孽都解脱。道士先生一般会带着书讲解结课：“不孝敬父母、杀人放火，偷抢打劫是罪，十八般罪都解脱，一解亡人……二解亡人……清清白白的去，一解解的千年最。”主要是帮助亡人将尘世中的罪孽都解除。

（2）小十王道场

小十王道场一般三天。第二级的小十王道场一般都要把第一级的开路送葬的所有程序都走一遍，然后再加一些法事在里面，小十王道场加的法事主要就是念经，去世的人如果是男性，则念《金刚经》和《道德经》，女性要念《血盆经》和《观音经》，这是因为女人生小孩污了水，血流成河，因此要破这种血流成河则要念《血盆经》，如果妻子生产小孩一个月后去世，则属于坐血盆，这时丈夫也要念《血盆经》，道士念经的时候，孝男孝女都要跪着，然后进行文佛上表、两岸对演、十王进贡和登山利幽的环节，然后再加经，大乘经和小乘经都要加进去。

（3）大十王道场

大十王道场一般是四天时间，有时候也有五天的。大十王道场除了做完前面的第一级和第二级的道场之外，还要加取水、送堂、召亡、沐浴、参佛、安灵等环节。在屋子里满堂都要挂上神像，如来佛、地藏王菩萨、文殊菩萨、十殿阎王等，共五十张神像，包含了天、地、水、阳，在每一张神像下面都要摆位，插香、点蜡烛，香火一直不能断。然后给亡人包包袱，纸钱包好，用笔写上亡人的名字。第一级的要 48 封；第二级的要 96 封；第三级的要 192 封，依次类推，每高一级都要翻番，从第三等级开始要有供箱，里面装有马蹄金、马蹄银总计 12 箱，第四级是 24 箱，依次类推，每高一级都翻一番，这些都要在开路送葬时，天还没有黑之前烧了，除此之外还要扎个灵屋也烧了。最后是安葬，现在实行土葬，要先请道士先生看地好不好，如果满意的话就要把墓地挖好，再把亡人抬出去送葬。亲叔、孝子都要送葬送到山里，然后起坟，用石头打一块石碑，在碑上刻上亡人一生的事迹，再将自己家里的人的名字都写到上面。这个碑的种类有很多，有土地碑、五厢碑、七厢碑、九厢碑、龙床碑、牌楼碑等。主要根据亡人家里的经济条件和地位来定的。

(4) 隔夜素堂

第四级隔夜素堂主要是在整个丧葬期间封斋诵经，三天禁荤，主要吃素油，如果用手动过也要洗手、漱口，来家里祭奠的人也要洗漱，在前面的三个道场都走完之后才开斋，而且这一级念得经也比前面的三级要多很多。

(5) 立桅道场

立桅道场在持续了前四个道场的整个过程之后，还有一些与前四个道场不同的地方，要在门前树两根大柱子，由文道长来主持，在柱子上钉一块板，晚上点素油灯，专门有人管，把灯吊在柱子上，这个灯早上升起来，晚上降下来，在柱子上面的悬板上用毛笔把所要走的法事都写出来挂在柱子上。设一名总管堂，一名内管堂，一名外管堂，专门管理上油、点灯、装香、搬柴运水的事情，每天有七八桌人，管堂还要负责换桌、拆桌，并且把这些来的人的姓名写在板上。除此之外还要有一个跑荒扎城的环节。在外面地上要扎一个四进四出迷宫，迷宫由四个木棍扎成的方阵组成，每一个方阵由 90 个直径 5 厘米的木棍组成，摆成一个正方形，从第一个方阵进去再从另一个口出来，进入第二个方阵，跟着道士先生走三圈，要用七天的时间，这叫作跑荒，寓意走完十八层地狱，跑荒必须连夜走，孝子必须走出来。从十八层地狱走出来，接出阴魂送到西天去。在四个方阵前摆上四个凳子，凳子上垒上两个桌子，两个桌子上再垒上一张桌子。道士先生要杀夜鬼，拿 14 个粑粑，撒出去，给赶灾而来的夜鬼，道士先生在桌子上走三个小时，最后是烧纸钱。这个道场最短的时间都要七天。

(6) 文武道场

文武道场最短的时间是九天，这个要立四根桅杆，武道长先开始，将前面五个道场过一遍，佛、道教分开。主要针对非正常死亡的人，武道长要度这些非正常死亡变成厉鬼的人，因为他们不能投生，武道士先把这个人捉起来，把他们身上的污秽都洗掉，再送到文道长那里去度。武道长先走两夜，然后再交给文道长度。如果是正常死亡的人也可以请武道长先捉住亡魂超度。

在土家族的传统中人如果去世了的话，家里会杀牛，因为亡人在世的时候，劳动了一辈子都没有吃到好的，死了可以带着牛走，在田家洞村，牛非常重要，它可以成为老人的代步工具，也可以耕地，因此很多人一辈子都舍不得杀牛。现在丧事中杀牛的比较少了。

2. **婚俗**

土家族的婚俗，伴随着社会制度的改变出现了很大的变化，在土司制度时期，土家族大小的事情都要由梯玛、土老司来管，改土归流之后，汉文化传进了田家洞村，婚俗也发生了变化，哭嫁、接娶由梯玛老师组织，后来由寨主管，再后来就是媒婆来管。田家洞村解放前，婚嫁主要考虑门当户对，由父母做主，直到1951年，中华人民共和国第一部《婚姻法》颁布实施后，父母之命、媒妁之言的局面才有所改变，80%的包办婚姻得到了改变，在田家洞村能很快转变婚姻观念的一个重要原因是1971年一个女孩子为了反对父母包办的婚姻跳水库自杀身亡，这件事情引起了多方面的关注，其父亲被判刑五年。这样从制度层面基本上改变了土家族人的婚姻观念，原来是请媒人说媒，现在是先恋爱后请媒人说媒，媒人在两家人之间起促成婚姻、传递信息的作用，媒人出面讲要什么嫁妆、衣服之类的东西，在20世纪50年代，田家洞村的婚嫁比较简单，一般男方出两件衣服，女方出两条裤子，娘家缝制两床被子，女方出被面，男方出被里，现在的聘礼一般是2万~3万元来代替原来的这些东西，女方家庭一般陪嫁电器。土家族为一夫一妻制，儿子成婚后，一般与父母分居，给儿子一份土地、房屋等财产。女儿出嫁后，也给“陪嫁田”和“私房田”。婚姻不论是旧婚还是新婚都要经过求婚、认亲、拜年、送日子、娶亲五个阶段。

婚前一个月或半月，新娘就要哭嫁，哭嫁那天晚上，全寨相好姐妹都来陪哭，土家语叫“坡”。在此期间家族亲友都要宴请新娘一餐丰盛的饭菜，叫作“嫁饭”。结婚前一天新娘正式“开脸”，请人撤去脸上汗毛，眉毛撤成新月形，发辫梳成“粑粑髻”。下午男方派两三乘轿子和抬嫁妆的队伍。头嘎即媒人，是迎亲队伍的领队，其标志是拿一把雨伞，二嘎即管理各项礼物的督官，其标志是背一个花背篓。当晚，女方向督官要哭嫁粑粑、厨师茶钱等礼品。迎亲队伍到达女家后，女方要举行拦门礼，然后鸣跑奏乐，将轿子停在院子里，上席吃饭。

第二天早上，新娘穿上红呢子长衣，哭拜辞别祖先后，把手中的两把筷子往前后各丢一把，上了花轿，哭唱着“哭嫁歌”，一直到男方家听到她的哭声为止。拜堂入房后，还要进行“夺床”，男青年闹新房。婚后第二天，新郎新娘端着茶盘向前来道喜的亲友、长辈敬茶，长辈还要送茶钱，婚后三日还要“三朝回门”。

“夺床”：按照土家族婚俗，新娘跪拜天地后，新郎新娘要尽快站起来，直入新房，抢先坐在床上，叫“夺床”。夺床的规定，是男左女右，以正中为界。有心计的新娘常常坐在界线上。这时新郎也不让步，用身子尽力把新娘挤到界线以外。双方互不相让，难解难分。这时新郎猛地一下揭开新娘的盖头巾，新娘羞得一笑，夺床也随之告终，据说，谁先坐床，将来由谁当家。

“哭嫁歌”：是土家族婚俗的一大特色。因哭声文笔巧妙，有腔有调，悦耳动听，所以人们称为“哭嫁歌”。其内容是哭爹娘，哭兄嫂姐妹，哭祖先等，以诉离别之情。出嫁前一天晚上，姑娘和乡邻姐妹十人围着火炕同哭，称“陪十姐妹”。土家族曾把会哭嫁，作为衡量女子才智和贤德的标志。能出口成章，辞藻华丽，唱的如泣如诉、动人心弦的，嗓子嘶哑、两眼红肿的，便会受到众人的赞赏。而若不会哭嫁的话，是会受到非议与讥笑的。因此，不少土家姑娘从小便要跟人学哭嫁，观摩或参与陪哭。行嫁前，有的还须专门请人调教。“哭嫁”不仅是土家族婚礼中必不可少的礼仪与程序，而且“哭嫁歌”已成为土家族一种独特的艺术形式。土家族的哭嫁一般从新娘出嫁的前三天或前七天开始，也有的前半个月、一个月甚至三个月就已揭开了哭嫁的序幕。不过，开始时都是断断续续进行的，也可以自由地哭。亲族乡邻前来送礼看望，谁来就哭谁，作道谢之礼节。喜期的前一天晚上到第二天上轿时，哭嫁达到高潮。这段时间的哭唱必须按着传统礼仪进行，不能乱哭。总的来看，哭唱的内容主要有“哭爹娘”、“哭哥嫂”、“哭姐妹”、“哭叔伯”、“哭陪客”、“哭媒人”、“哭梳头”、“哭祖宗”、“哭上轿”等。歌词既有一代代流传下来的、传统的，也有新娘和“陪哭”的姐妹们即兴创作的。内容主要是感谢父母长辈的养育之恩和哥嫂弟妹们的关怀之情；泣诉少女时代欢乐生活即将逝去的悲伤和新生活来临前的迷茫与不安。也有的是倾泄对婚姻的不满，对媒人乱断终身的痛恨等。土家族的哭嫁，除即将出嫁的姑娘自己哭外，还有亲人及女友同伴们陪哭。而且陪哭的人也要有一定的水平和经验，要回陪哭。

3. 神龛

神龛，土家族又称为“家先”。土家民居正屋一般为一排三间，两端是生活起居的场所，中间为中堂，土家族称为“堂屋”，主要用于接待客人、婚丧娶嫁以及祭祀。神龛位于堂屋后墙壁正中的上方，面对大门。神龛为竖立长方形，大多数神龛直接设在墙壁上，与墙壁处于同一平面，但也有少数神龛是专门制作的，如有的神龛镶在墙壁中，呈内凹状，有的神台为外凸的柜状，并一直延续到地面。神龛上方有诸如“祖德流芳”等内容的横批，神龛的正中供有“天地国（君）亲师位”的位牌，位牌主体字的左右端分别用较小的字体竖写“九天司命，太乙府君”和“××堂上，历代祖先”。位牌两边分别书写对联一副，大多为诸如“金炉不灭千年火，玉盏长明万岁灯”之类的内容。位牌的下方设有木板制作的平台，土家族又称为“神台”，主要用于摆放香炉、蜡烛、祭祀品，有的家庭也用来安置祖先神及其他神物。神龛下方的地面上放有方桌一个，也是为祭祀所用。方桌与神台之间倒着贴一“福”字，下有三小条幅，中书为“安神大吉”，两边分别是“堆金高北斗”和“积玉比南山”。同时，神龛书写纸皆为大红纸，字的颜色或黑色或金黄色。

神龛是神圣、圣洁的地方，在土家族心中占有重要位置。具体可以表现为下述四个方面。

第一，神龛供奉着系列神灵以及世俗最高智慧象征的老师。神龛中的“天”是指天上存在的一切神，“地”是指地上的一切神灵，“君”是指过去的“土王崇拜”，“亲”和“××堂上，历代祖先”是指祖先神，包括族神、氏族神和家庭祖先神。土家族认为祖先是祖业的创造者，也是自己生命得以产生的根本，理应享用子孙的供奉。“九天司命，太乙府君”即指灶神。土家人相信灶神是惩恶扬善之神，具体负责伦理道德的监督，灶神生性耿直，但凡一家人的言行，善恶美丑，都会　记录下来，每年农历腊月二十三，他将所有记录如实禀报玉皇大帝，不徇私情，民间有谚语曰：“灶神菩萨上天，标杆笔直。”因此，每当此日，土家人还要在灶门口摆放祭品，在最大的锅内点上“灶锅灯”，祭祀灶神。

第二，制作“天地国（君）亲师位”的神龛位牌十分讲究。首先，书写字体大小、笔画以至于偏旁结构等都有具体的规定：“天不盖地，地不离土，国不破疆（君不开口），师不戴刀，亲不闭目，位不离人。”具体地说，在书写位牌时，书写者要做到：“天”字应比“地”字小；“土”与“也”要连在一起组成“地”，而不能分开；“国”字的外包围“口”要封闭，不能留有缝隙（“君”字的下方结构“口”也要封闭起来）；“师”，繁体字为“師”，左边偏旁必须去掉一撇；“亲”，繁体字为“親”，右偏旁“见”不能封闭；“位”之左右偏旁要连在一起，不能分开。其次，书写位牌主体字有字数的规定。土家族书写位牌时，要求主体字数必须是“5”的倍数再加上一个字，可将之表述为：$5x+1$（x 为整数）。这是因为，在土家族看来，人生面临一系列重大问题，但最大的可分别排序为：生、老、病、死、苦。“生”是人生幸运，可喜可贺之事，而“老”、“病”、“死”、“苦”是人生之不幸，不吉利之事，尽管不能回避，但却是讳忌之事。

第三，神龛在民居中具有重要地位。首先，神龛位于民居的核心位置。如前所述，土家民居正屋为一排三间，堂屋位于中间部位，神龛就设在堂屋中，且其在堂屋内又设在正对大门的墙壁中间之上方，所处位置十分突出。其次，将神请入神龛就位标志着新居的落成。土家族修建新居过程十分复杂，从选定修建场地到竣工约有 17 道大的程序，其中每道程序又包含若干小的内容，而其最后一道程序俗称“请火”。具体过程是：主人在择好时间后，在新居内举行升火仪式，火升起来后，主人就分别请家神在火炕的后方就位，请其他众神在神龛上就位，于是修建房屋的工作和程序就算顺利完成，新屋至此竣工。

第四，供奉神龛是土家人在节日和家庭重大活动时必做的“功课”。在节日方面，但凡节日都要举行或简单或复杂的敬奉神龛仪式，一般的节日供奉较为简单，而重要的节日如过小年、过赶年、过团年、正月初一、正月十五、社巴节、清明节、四月初八、端午节、月半节（农历七月十五）、尝新节、中秋节、重阳节等祭祀活动较为复杂。供奉神龛，主人先准备好祭品，如香、冥纸、红烛、刀头、团馓、水果、酒、米饭等，再洗手和洗脸，整理衣冠，而后将供品置于神台或方桌上，将点燃的红烛置于神台的两端，手执燃香，面对神龛跪拜三次，起身将燃香插入香炉，退身又面对神龛跪拜三下，走出门外燃放鞭炮，节日祭祀仪式完毕。在平时有好吃的，或有意外喜事，或在梦中出现了去世亲人（主要是长辈）也会在神龛前敬一敬。在家庭的重大活动中，敬奉神龛往往成为仪典的重要组成部分。生儿育女是传宗接代的标志，要供奉神龛。婚姻是人生的大事，要供奉神龛。土家族婚俗程序十分复杂，而从定婚到婚礼完毕，仅敬奉神龛就要进行三次。死亡标志着生命个体的终结，作为人生的最后大事，要供奉神龛。土家族认为，人死后灵魂会离开躯体，因此，当死者的灵魂离开身体即将远走时，要与亲人和祖先道别。

第二部分　农户

十、主要从事传统农业和养殖业的农户

（一）种烟大户田宏富家

2012年12月4日下午，在田家洞村主任的引领下，我们调查小组来到田宏富家进行访谈。去他家的目的就是要了解田宏富家通过怎样的努力，在缺少货币型收入的田家洞村发展成为富裕户的原因和过程。虽然致富之路各有不同，探讨田家洞村的致富方法在理论上有共性的东西，对田家洞村的发展或许有一定程度上的借鉴意义。

田宏富家位于田家洞村乡村公路旁，地理位置较好，交通较为便利。田宏富家的房子是具有典型地方特色的土木结构的瓦房。调研小组走进田宏富家时，田宏富的妻子李祖香正在院子里洗衣服，而田宏富正在离家不远的田间劳作。伴随着洗衣机的嗡嗡声，李祖香热情地把调研小组一行几人请进屋里。女主人把调研小组成员请到"火坑"旁围着坐下，火坑是一个矩形的灰坑，旁边堆满了干木柴，通过在坑里烧木柴取暖。在冬季，主人一般都会把客人请到"火坑"旁，而不是平时会客的"堂屋"，这间会客的"堂屋"正中间供奉着土家祖先。听说调研小组来到家里，田宏富扛着锄头从田间回到了家中，在回家的途中他还特地从自家的后院摘了几个又大又甜的柚子招待我们。大家围着温暖的"火坑"，吃着香甜的柚子，感受着土家人的热情，开始了解田宏富家的一些情况。

田宏富一家现有6口人：田宏富夫妇，儿子儿媳和两个孙子。20世纪四五十年代出生的人，不仅对土地有一种特殊的感情，而且将自己的一生与土地联系在一起，所以平时田宏富夫妇都是在家干农活。现年32岁的儿子田夏

逢财校毕业后，在断龙山乡政府工作，主要负责公路建设项目；而26岁的儿媳黄帅在古丈县城负责带着两个孩子。8岁的大孙女田培在古丈县小学上小学三年级；5岁的孙子田永生在古丈县上幼儿园。

田宏富，出生于1947年，土家族人，小学文化。田宏富12岁那年，因其父亲去世而辍学回家。此后，田宏富进入生产队，参加大集体劳动。但是进入生产队后，田宏富却时常挨饿，于是，他自己开挖了一些自留地解决自身的温饱问题。这种状况一直持续到1964年，因为1964—1965年自留地被集体收回，而后粮食（主要是指口粮）比较紧张。田宏富说："干大集体，就是靠天吃饭。"自1964年开始，为响应毛主席号召，他参加了轰轰烈烈的"三线建设"。"三线建设"指的是中华人民共和国中央政府在中国中西部地区的13个省、自治区进行的一场以战备为指导思想的大规模国防、科技、工业和交通基本设施建设。"三线建设"是中国经济史上又一次大规模的工业迁移过程，其规模可与抗战时期的沿海工业内迁相提并论。由于建设地点都太过偏僻，这种建设方式为后来的企业经营发展造成了严重的浪费和不便，但是三线建设也成为中国中西部地区工业化的重要助推器。在1964年，17岁的田宏富参加了修建枝城—柳州铁路干线的建设。1981年，田家洞村实行了家庭联产承包责任制，在一定程度上解决了农民的口粮问题。

田宏富家有六亩一分水田，10亩旱地，20~30亩荒地，其中荒地以种植树木为主。田宏富家一方面为响应政府号召开荒种植桐油树（生长期5~6年，三年后开始产油）、松树以及柏树；另一方面，田宏富为了改善生活水平，主要靠勤劳的双手和挥洒辛勤的汗水投入田间劳作来获取供养家人的粮食。正如费孝通先生所说："土地的生产率随着人们对农田的照料和投入的劳动量而波动。一直在某块土地上劳动，一个人就会熟悉这块土地，这也是对土地产生个人感情的原因。人们从刚刚长大成人起，就在那同一块土地上一直干到死，这种现象是很普通的。如果说人们的土地就是他们人格整体的一部分，并不是什么夸张。"[①] 这在某种程度上反映了20世纪50~60年代的农民对土地的特殊情结。

田宏富家的田地以种植玉米为主，水稻种植面积是根据自家的口粮而定，偶有余粮时，就托粮站的亲戚卖掉，当时大米价格为每斤0.4元。

---

① 费孝通．江村经济（中国农民的生活）——长江流域农村生活的实地调查［M］．上海：上海人民出版社，2007：144-145.

1991 年，田宏富生了一场大病——胃穿孔。对当时农村合作医疗体系衰落而又缺少货币型收入的农村家庭而言，这是一场致命的考验。田宏富生病后，全家人生活境况陷入了困难之中。田宏富出院后，决定不再种植玉米而改种一些生长周期较短的经济作物，但为了保证全家人的口粮，他还是种植了一些水稻。

2008 年 4 月，国家标准化管理委员会和国家烟草专卖局把湘西自治州列为第六批国家级烟叶标准化生产示范区，为古丈县农村烤烟生产提供了难得的发展机遇。在这种经济政策的大氛围中，2008 年田宏富家开始种植烟叶，表 10 - 1 是田宏富家 2008—2012 年烟叶种植面积与净收入情况。

表 10 - 1　**田宏富家 2008—2012 年烟叶种植面积与净收入情况**

年份	种植面积（亩）	年净收入（万元）
2008	8	2
2009	10	2.5
2010	12	3
2011	16	4
2012	20	5

注：①一亩旱地需要烟苗 1100 株（烟叶种子为云烟 87）；

②亩产烟叶数量：约 300 斤；

③烟叶补贴情况为：20 亩大户补贴 2000 元。

种植烟叶的过程是很辛苦的，但它同时也为田宏富家带来了可观的经济收入。调研小组向田宏富咨询到田宏富家种植烟叶的详细情况，田宏富向我们介绍了他家种植烟叶的品种、特点和过程。田宏富家选用的烟叶种子是云烟 87，该品种由云烟 2 号与 K326 杂交而成，2000 年 12 月通过全国烟草品种审定委员会审定，云烟 87 的特性是植株塔形，打顶后似筒形，自然株高 178 ~ 185厘米，打顶株高约 110 厘米，节距 5.0 ~ 6.5 厘米，叶片着生均匀，茎围约 8 厘米，采收叶数 18 ~ 20 片；腰叶长椭圆形，叶色绿色；移栽至中心花开放约 62 天，大田生育期约 120 天；田间生长整齐，腋芽生长势强。云烟 87 具有抗逆性：中抗黑胫病、青枯病，中感赤星病、野火病，感气候性斑点病、普通花叶病。云烟 87 烤后原烟质量：颜色橘黄色，油分较多，光泽强、叶片结构疏松，身份适中、香气量足，浓度中等，劲头适中，有刺激性，余味尚舒适，燃烧性强。云烟87栽培技术要点：适宜在中等肥力的地块种植，每亩施纯氮6.5～7.0公斤，种植密度1100～1200株，单株留叶数18～20片。关于烟叶的种植过程，田宏富简单地描述为：育苗前的施地肥→播种→覆盖地膜（提高种子所需发芽温度）→移栽烟苗（稻田烟行株距为1.2米×0.50米，每亩移栽1100株；旱土烟行株距为1.1～1.2米×0.50米，每亩移栽1100～1200株）→提苗肥→追肥（施氮肥）→打农药（早上8：00后打农药；下午14：00后打农药）→垒土（围苗）→去烟芽（也叫打顶）→摘烟叶→烤制烟叶→打包烟叶。

田宏富告诉我们，烤制烟叶是一门技术活，烘烤烟叶一定要坚持“四看四定”的原则：

（1）看烟叶的质量和部位确定烘烤工艺；

（2）看烟叶变化情况确定干球温度高低；

（3）看干球温度高低确定火力大小；

（4）看湿球温度状况确定天窗、地洞开关大小。

在此，田宏富特别提到了“三段式”烘烤工艺：以挂温湿度计处的烟叶变化情况来调整烤房温湿度。表10－2是田宏富的“三段式”烘烤工艺。

农业是地域性特别强的产业，也是季节性特别强的产业。因此抓住时机，对农业的发展是十分重要的。烟叶作为一种季节性极强的经济作物，要求农民抓住时节就显得更为重要，表10－3是关于烤烟生产月历的情况。

表10－2　**田宏富的“三段式”烘烤工艺**

烘烤条件	变黄期	定色期	干筋期
基本工艺	干球温度38℃、湿球温度36℃时为主要变黄期，烟叶应该达到青筋黄片并发软。上部烟叶应适当提高变黄温湿度，采用干球39℃～40℃，湿球37℃变黄，促进淀粉和蛋白质等高分子化合物的转化	前期（又叫凋萎期）干球温度42℃～43℃，湿球温度36℃～37℃，烟叶应达到充分发软塌架；中后期干球温度44℃～54℃，湿球温度稳定在38℃～39℃，干球温度54℃时烟叶应全干。定色期保证每2小时升温1℃	干球温度54℃～68℃，不得超过68℃；湿球温度39℃～42℃，不得超过43℃；干筋期每小时升温1℃

续表

烘烤条件	变黄期	定色期	干筋期
湘西自治州生态条件的烟叶烘烤		增设干球温度45℃~49℃黄烟等青烟阶段，其中下部烟叶增设干球温度45℃~47℃，中部烟叶增设干球温度47℃~48℃，上部烟叶增设干球温度48℃~49℃	
自然通风条件下	对装冷炕和采收偏青烟叶应增设33℃~35℃预热温度阶段		
热风循环及密集烘烤	湿球温度应提高0.5℃~1.0℃，并提高变黄程度	定色转火期应推后，在整房烟叶仅主筋微带青、烟叶充分发软塌架后才能升温定色，定色升温速度应保证1~2小时升温1.0℃，直至54℃	
气流下降式烤房自然通风烘烤	下部烟叶在定色期湿球温度应偏低1℃，保持37℃~38℃，定色升温速度要慢。含水量高、烟叶素质差的烟叶，底棚不装烟		

资料来源：《中国烟草之技术手册》。

表10-3 **烤烟生产月历的情况**

阳历	节气	主要工作内容与任务
1月	小寒 大寒	1. 落实种植面积，草签烟叶生产种植收购合同 2. 选好育苗场地，建设大棚和育苗池，对育苗场地，旧漂盘、育苗设施和器材消毒，准备好育苗物资；南部海拔500米以下烟区元月中旬播种 3. 实施烤房建设
2月	立春 雨水	1. 播种育苗：中南部海拔500~800米烟区2月上旬播种；西南部海拔800~1000米烟区和北部海拔500~1000米烟区2月中旬播种，1000米以上烟区2月下旬播种 2. 做好苗床温度、湿度、水分等管理 3. 南部海拔500米以下烟区进行整地起垄工作

续表

阳历	节气	主要工作内容与任务
3月	惊蛰 春分	1. 签订烤烟收购合同 2. 继续做好苗床温、光、水、肥管理，并及时间苗、补苗、预防病虫害 3. 开展标准化生产技术培训 4. 购进化肥、地膜等烟用物资 5. 进行第二次烟地翻耕和整地、起垄、盖膜等工作
4月	清明 谷雨	1. 继续做好苗床温、光、水、肥管理，防治病虫害，及时剪叶和炼苗 2. 完成第二次烟地翻耕、整地、起垄和盖膜等工作 3. 中南部海拔500～800米烟区4月下旬移栽
5月	立夏 小满	1. 西南部海拔800～1000米烟区和北部海拔500～1000米烟区5月上旬移栽 2. 及时查苗补蔸，追施提苗肥，中耕、锄草、追肥、培土，防治病虫害 3. 完成烤房建设，并接受验收
6月	芒种 夏至	1. 做好中耕、追肥、揭膜培土、开沟排水、打顶留叶、病虫害综合防治工作 2. 举办烟叶采收、烘烤技术培训班 3. 做好烘烤前准备工作
7月	小暑 大暑	1. 继续做好施肥、中耕培土、打顶抑芽、病虫害综合防治和烟田排水等工作 2. 采烤底角烟，适时采收中、下部烟叶；科学烘烤 3. 进行烟叶分级、扎把，储存保管烟叶
8月	立秋 处暑	1. 清除烟花烟杈，搞好病虫害防治 2. 中部烟叶和上部烟叶采收烘烤 3. 继续烟叶分级扎把，储存保管烟叶
9月	白露 秋分	1. 继续抓好烤烟大田后期管理 2. 完成上部烟叶成熟采收和烘烤 3. 交售烟叶 4. 继续做好分级扎把 5. 种植绿肥

续表

阳历	节气	主要工作内容与任务
10月	寒露 霜降	1. 种植绿肥 2. 拔出烟田烟杆 3. 实施烤房建设
11月	立冬 小雪	1. 拔出烟田烟杆 2. 烟田冬季翻耕 3. 烧制火土灰、调制农家肥 4. 继续进行烤房建设
12月	大雪 冬至	1. 继续烟田冬季翻耕 2. 南部海拔500米以下烟稻连作区播种育苗 3. 继续实施烟叶生产基础设施和烤房建设

资料来源：《中国烟草之技术手册》。

烤烟是湘西自治州支柱产业，也是广大农民脱贫致富的重要经济作物。近几年来，在行业政策的指引下和州委州政府的正确领导下，湘西自治州烤烟生产取得长足发展，种植规模和烟叶质量实现了历史新跨越。2009年合同种植烤烟17.8万亩，收购烟叶60余万担。2011年烤烟种植面积达19.85万亩，收购烟叶58.60万担；2012年种植面积为26万亩，预计可收购70万担。[①] 在缺少货币型收入的田家洞村，为了实现更加稳定的收入保障和提高生活水平，田宏富一家用自己的勤劳和劳作技术在土地中寻找和获得了自己期待的生活，实现了自己在土地上最憧憬的一切，他对土地有某种特殊的情结，而这种情结在田宏富的勤劳中得以实现：他在土地劳作中实现了自我价值。

（二）林地大户黄生陆家

黄生陆家坐落在田家洞村乡村公路旁，却和公路有一定的高差，比公路高了足足5米左右，这种现象在地势高低不平的田家洞村非常常见。

我们调研小组和村委会田昌斌秘书到黄生陆家时恰巧碰见黄生陆在搭着

① 肖和元，唐爱平，梁芬，王荣泉．西烟叶缘何走俏［J］．中国烟草，2012（14）．

梯子给自家房子做检修，我们打招呼让他明白我们的来意后，他妻子来到马路旁的一片空地接受了我们的访谈。起初我们都觉得她不善言谈，显得非常生疏，但慢慢地随着访谈的深入我们发现情况和我们想的完全不一样，她开始变得非常热情，还能时而让我们哈哈大笑，最后很好地表述出了我们想访谈的内容。这和我们近几天在田家洞村采访的其他女主人的情况非常类似，在相互不熟悉的情况下，她们和陌生人谈话不主动而且很含蓄，熟悉之后就似乎变成了另外一个人。后来采访进行了大约10分钟的时候，黄生陆也参与了我们的访谈，加上田秘书对我们的一些协助，使得本次采访进行得非常顺利。

黄生陆，1965年出生，土家族人，初中文化，家有6个兄弟姐妹，他排行老三。他开玩笑说从小他排在中间，一方面得顺从哥哥，另一方面还得照顾弟弟，得不到什么照应，所以很吃亏。但是相比现在的独生子女，他那时的童年生活虽然非常艰苦，但兄弟姐妹之间还存在着很多不可多得的童真乐趣。小时候由于家里经济条件不太好，加上他父亲当时又病重，不能从事体力劳动，所以他初中毕业后就开始务农。但由于年龄小，只能选择干些轻的农活，如犁头扛不动，就没法犁地等，小时候过早的劳动也让他切实感受到了生活的艰辛和不易。

1987年黄生陆与妻子结婚，妻子是同村的，彼此非常熟悉。他介绍说那时结婚经常是本村内或是邻村之间的姑娘小伙在一起，有时也通过介绍认识，这总体上与现在村里的情况非常不同，田家洞村现在外地的媳妇很多，主要是年轻人在外地打工认识的，也有很多本村姑娘嫁到外地，这些在田家洞村已经不是新鲜事了。黄生陆婚后的几年一直在家务农，作为家中主要劳动力，他整天都忙着干活挣钱，很少有休息时间。随着家里两个小孩上学需要更多的钱，他在1997年选择南下到深圳打工，进入一家鞋厂，那时鞋厂的工资是计时工资，每小时2.5元，多劳多得，每个月能挣到600元左右。黄生陆说在外打工相比在家干农活收入更稳定，只要努力工作，生活节俭点，他便每个月都能攒几百元寄回家给孩子们花。回忆起在外打工的日子，黄生陆说非常辛苦，都是干体力活，每天为了多挣钱就得多加班，有时候遇上订单多时还得熬通宵工作。但只要想到孩子们，心中便有了动力，无论多辛苦都会坚持下去。

他们家有两个孩子，一儿一女，我们去时两个孩子都不在家，均是他们夫妇俩为我们介绍的情况。他们的大儿子1990年出生，今年23岁，初中毕业后因为家里经济原因和对学习不感兴趣，就开始跟着他们夫妇俩外出打工，也是进鞋厂做一般的简单加工工作，工资很低。刚开始出去的时候一个月800元，后来工资慢慢增加，涨到每月1200元。黄生陆说儿子在外打工的时候，空余时间就用来上网玩游戏，或者跟着一些同事出去喝酒吃夜宵，生活非常简单单调。所以2010年他将儿子从深圳叫了回来，主要考虑到在外打工平时没人管会变得游手好闲，另外他也觉得儿子今年年纪不小了，完全可以让他先回家考虑成家的事了。

他儿子2010年从深圳回到家里，在外打工的几年也没攒下多少钱，主要是年轻人在外面开支大，空余时间多用来消费，而且没有节俭意识。儿子回来后黄生陆给他花费2万多元买了个二手农用拖拉机，通过给村里建房的户主运送砖、沙、木材等货物赚钱。因为没有牌照，买的这辆二手车不能去县里或州里，仅在村附近进行运输工作，根据距离远近不同，运输一次可以挣到100元、80元、50元不等。但是由于是二手车，一年下来也出现了不少毛病，坏的次数多，花费了不少钱修车，所以也没挣到多少钱。在2011年，黄生陆夫妇觉得修车花费的钱太多了不合算，于是决定将这台农用车卖了，重新购置了一辆二手车，这次花费是16000元。从使用效果来看，这辆车比上辆车效能好，迄今没有出现什么大的毛病。现在用这台农用车拉货挣钱是这个家庭的主要收入之一，平均每个月能挣到1000多元，生意好的时候能达到2000元左右。现在他们儿子基本成了这个家庭的主要劳动力，除了负责农用车的运营外，平常空余时间也会干点零工，每天能挣到100元左右。黄生陆说现在儿子非常忙，除了晚上回家能看见外，白天他们也基本上看不到儿子的身影，都是在外面工作，他们夫妇俩表示对现在儿子的生活状态非常满意，并希望他尽快成家立业。

他们家的女儿今年21岁，一个很大的特点就是非常喜欢学习，读书成绩比哥哥好很多，而且具有很好的独立性，基本不用黄生陆夫妇操心。他们说女儿读书一直是一个人在学校，初中是在古丈县古源中学读，后在古丈一中读高中，并且初、高中都是寄宿制，她只有周末回家由奶奶照看。这期间黄生陆夫妇都在外地打工，对女儿的具体生活情况关心较少，只负责在外面多挣钱寄给家里。黄生陆说2009年女儿高三考大学这年他们夫妇俩从外地赶了回来，期待女儿能上个好大学。令他们非常高兴的是女儿考上了湖南常德文理学院，专业是土木工程，今年正在读大三。选土木工程专业是因为当地有一种观点认为学土木工程后出来找工作挣钱多，而且找工作也比较容易。黄生陆夫妇说女儿在外面学习的具体情况他们也不太清楚，只是如果她需要钱的话就寄钱过去，其余的事基本没操过心。黄生陆夫妇有个观点：无论自己多辛苦，也从来不让孩子缺钱花。他们认为这也是这个村里大多数做父母的想法，无论自己吃多少苦都行，绝不能苦了孩子。

现在他们女儿在念大三，正准备考研究生，不过在考研究生这个问题上，黄生陆夫妇出现了分歧。黄生陆表示只要女儿想考，就支持，能考上就考。而他妻子的想法是女儿读个大学就够了，不用再上研究生了，研究生毕业后同样是找工作。最重要的是家里挣钱不容易，已经辛辛苦苦这么多年给孩子们挣钱读书了，如果读研究生的话就需要继续挣钱，而这太难也太累了，是她不愿再继续面对的。我们调研小组让她了解读研可以公费还可以勤工俭学，钱的事可以不用太操心时，黄生陆的妻子开始慢慢接受女儿考研的想法，并逐渐转向了支持。

我们采访黄生陆家的一个很重要的原因是他们家是林地大户，拥有林地20多亩。现在林地上的树种都是他们夫妇俩结婚后自己种的，1987年开始种，那时候国家鼓励植树造林，村里家家户户都争先在自家林地上种树。采取交叉种植方法，所种的树品种多种多样，有适合当地气候的杉树、柏树、丛树等，其中以丛树最多。我们采访时正发现他们家门前摆放着大约30根杉树，都是去掉枝叶的树干，整整齐齐堆放在马路旁，这些树半径能达到5~6厘米。当我们问到为什么把这些树砍回家时，才发现这里蕴含着一个故事。黄生陆介绍说这是前几天别人准备从他家林地偷走的树木，但由于晚上这些树放在林地里没能及时运走，黄生陆才能将这些已经被别人砍好的树木运回家，这也就是我们看见的这些树木的来源。黄生陆夫妇给我们说现在村里偷树的情况比较常见，主要是偷树卖钱，或者是偷去直接用于盖房，因为现在村里修建新房的很多，对木材的需求量非常大。所以现在黄生陆夫妇对自家的林地非常担心，需要对林地进行照看，否则自家树木会被别人偷走。在了解到这一情况后，我们调研小组对现在农村的林地管理及砍伐情况进行了了解，具体情况如下：现在的林权制度是山地是国家的，使用权归农户，国家每年发的林地补贴是每亩3元。国家规定采伐林木必须申请采伐许可证，按许可证的规定进行采伐，许可证需要去县林业局办领，而这通常没有得到有效实施，乱砍滥伐的情况依然存在。另外林地还需要平常进行打理，一般2米以下时，除去周围灌木丛，当树木长到2米以上时所需花费打理的时间较少。

在对林地的使用情况上，黄生陆自己家2008年修新房时，就用了山上的木材，整个建毛房花了七八万元，这和木材上节约成本不无关系。对于怎样利用自己林地的木材，以前主要是用于建房子，现在房子建好了，他们夫妇俩说近期打算修猪圈也需要用到木材。而会不会对自家林地上的树木进行出售，他们表示现在还不清楚，因为既不清楚木材的行情，树也还尚未成材。

令我们惊讶的是黄生陆家现在是以种烟叶为主，烟地有十亩，从2011年初开始到现在种烟叶已经有两年历史了。以前他们家还种了五六亩柑橘，每年产量能达到2000斤左右，不过近几年柑橘价格不好，售价最低时每斤只有0.1元多钱，非常不划算。并且他们夫妇中途去深圳打工，也没怎么打理种下的柑橘，导致柑橘整体情况长得不好。后来由于产量不佳，加上柑橘价格非常低，所以2011年的时候将一部分柑橘挖掉改种烟叶，2012年则将全部的柑橘改成了烟叶。由于烟叶的种植非常具有季节性，每年还能有好几个月的空余时间，在这段不种烟叶的期间，黄生陆夫妇会首先整理烟叶田，采用人工挖掘的方式，将残留在地里的烟叶根拔出，这通常会花费大量的人力，忙的时候还会雇几个零工整理烟叶地。将地整理后就搁置在那儿，不种其他粮食作物，以免影响第二年烟叶的种植效果，现在他们家每年种植10亩烟叶的年收入在3万元左右，这比种柑橘收入增加了很多。

家庭支出方面，他们家现在最主要的支出是在教育上，因为女儿还在大学上学，每年8000元的学费和每个月1000元左右的生活费对他们来说并不是一个小数目。生活具体支出上，买大米得花费1000多元，虽然他们家种了一亩水稻，每年产量有1000多斤，但这还不够吃，需再买600~700斤大米。其他方面如衣服、食品加起来的生活开支每年在5000元左右，人情往来支出差不多一年也需5000元，平常电费大概20元/月，用于普通的照明、看电视等，现在做饭还是用柴火。只有在烘烤烟叶的那几个月用电量很大，因为他们家的烤房是最新建造的一批，电烤机器成本为300~400元，不过是烟草公司为新的一批烤房配套下来的设施。用电烤的优点是能将烟叶烤得比较均匀，而且能更方便控制温度。他们家有大约10房烟，一房烟需要烘烤一个星期，所以总共烤下来得两三个月。

另外黄生陆家还新种了一批茶叶，是2012年3月刚栽的，属于村里第二批种茶的农户，总共种了7~8亩，茶叶和烟业套种的面积达到4亩左右。茶叶种植方面基本没什么投入，政府支持力度很大，如茶苗发放、技术指导、后期收购等，他们只需要对自家种的茶叶进行常规的照料和打理。

由于黄生陆以前给自家修过水池、猪圈等，2011年学习建筑方面的手艺时就有一定的基础，现在他农闲时会在村里附近给修建房子的做零工，一天能挣到100元甚至更多。种植烟叶和茶叶后，这一家人的劳动量相比以前增加了不少，我们也能感受到他们勤劳致富的信心和所做的努力。

现在最令这个家庭担心的是黄生陆身体不太好，经常咳嗽，打算近期去趟医院看看病。他们全家都参加了医疗保险，但一直没使用过，也不太清楚医疗保险的具体政策，只是村里所有人都交医保他们也跟着交。最后他们感慨地说健康才是最大的财富，不生病比什么都好，我们调研小组也希望黄生陆能尽快去医院将病治好。临走时我们对这个普通而勤劳的家庭留下了美好的祝愿，黄生陆一双坚定并充满希望的眼睛也留给了我们很深的印象。

（三）养羊专业户田润富家

2012年12月6日一早，我们调研小组在向导断龙山乡驻村干部彭民贵的带领下，来到了村里养羊专业户田润富家的山脚下。然后我们被告知，田润富的家就住在山上。我们调研小组经过一番曲折的山路，终于来到了田润富的家里。田润富家有一个大大的院子，或者可以说山顶的这一片平地都可以算是田润富的院子，院子的一个角落有一个羊圈，里面有十几只羊。院子里还有一些鸡、鸭和鹅散养着，另外还有一个小猪圈。这让我们感受到田润富真不愧是村里的养殖专业户，不仅是羊，还养了这么多的家禽。在这种环境中，我们开始了对田润富的采访。

田润富，男，57岁，初中文化，妻子彭武奇，60岁，两个人都是土家族人，有两个儿子，以及四个孙子和两个孙女。大儿子名为田爱华，小儿子叫田爱林。

田润富7岁开始就读于断龙乡完小，那时田润富就不太喜欢学习。到了13岁的时候，田润富考入断龙乡中学，但是却越发地不喜欢学习，这导致学校的老师很不喜欢他，相应的，他对学校老师的偏见也越来越多。在田润富刚上初一的那一年，他上课不老实，经常在教室里搞一些小动作，有一次，他又在课堂上捣乱，结果被老师发现了，于是老师很生气地打了田润富一下。当时的田润富虽然只是上初一，但是由于经常做农活，已经是一个身强力壮的大小伙子了，再加上自己对老师的反感，田润富直接把老师推倒了。就因为这件事情，田润富受到了学校的严厉处分，这使得田润富多复习了两年，初中整整上了五年才毕业。

18岁，田润富初中毕业后，因为他实在是讨厌读书，所以就没有继续读高中，而是加入了生产队。当时县里为了大家出行交通方便，要着手开始修河西—古丈的公路。乡里的各个生产队接到命令，要求每个生产队以自愿报名的形式派两个人去修公路，田润富在那时刚刚加入生产队，年轻，充满了干劲。于是，抱着找点事情做的念头，再加上修路的工作时间比在生产队的工作时间短，就报名参加了修路的工作。这段时间，田润富主要负责打炮眼的工作，所谓打炮眼就是把炸药放在石头上面，把石头炸开。因为这项工作比较危险，田润富每天能赚到一个工分，是工分最高的人了。虽然田润富不喜欢上学读书，但是在工作的时候，田润富却一点儿都不含糊，认真踏实地做着自己的工作。他在刚去修路的第一个月出满了工，没有一次迟到、早退或者请假，到最后他的总工分是最高的，后来和田润富一起修路的那些人，都以田润富为榜样，不断向他学习。这条河西—古丈公路整整修了一年，1974年，这条公路竣工后，田润富又回到了自己的生产队，开始务农。回到生产队后，田润富又一次展现了自己的能力。当时在生产队有一头水牛，非常厉害，生产队里几乎没人能驯服它，驾驭它用来耕地，除了田润富。田润富驯服了这头水牛，但是这头水牛依然只有田润富敢用，别人都不敢用。因此，田润富就自己赶着水牛在生产队里耕地，哪里需要他，他就去哪里，这样，他每天会比别人多赚0.5个工分，所以回到生产队以后，田润富依然是赚取工分最多的那个人。

在这段时间，田润富还做过另一个工作。田家洞村以及整个断龙山乡地处山区，饮水问题一直比较严重，大家的饮用水主要是靠降雨，但是经常会有一段时间没有任何降雨，大家只能寻找别的水源。大家发现断龙山上有水源，但是需要自己出钱铺管道，村子里只有一些人铺了。乡政府就出资铺了一条管道用于从断龙山上引水，同时乡政府聘任田润富疏通、修理管道。乡政府和田润富商议按次给田润富工钱，并且每次出了问题，田润富修好后才会给他钱，每天平均 20～30 元。这本来应该是没有什么问题的，但是有一件事情的发生，让田润富感到了不满，就不再干这条水管的修理、疏通工作了。事情是这样的，有一次，乡政府的水管不出水了，半夜乡党委书记打电话给田润富让其修理，田润富过去观察后，发现有人破坏了水管，使得水漏出来给自己家的地浇灌。田润富将这件事情报告给了乡政府，乡政府要求田润富抓住这个破坏水管的人，并且承诺事成后给他 500 元作为报酬。可是，后来田润富抓到这个人，乡政府并没有兑现给田润富承诺的报酬，对于这件事，田润富感觉很不满意，于是就不再继续做水管修理的工作了，而是专心务农。这样的日子一直维持到了 1982 年。

在 1982 年，中共中央召开各省、自治区、直辖市党委第一书记座谈会，并肯定了包产到户“是联系群众，发展生产，解决温饱问题的一种必要的措施”。尔后，包产到户作为家庭承包经营的一种形式，在全国农村迅速地采用和推广。在这个浪潮中，田润富分到了 9 分地。这种家庭联产承包责任制，使田润富和其他人一样，生产积极性得到了极大的提高，此后，田润富就在家里务农一直到 2007 年。

25 年过去，田润富的儿子也都长大了，各自都有了自己的家庭和工作。2007 年，田润富应小儿子的要求，来到了古丈县给他的小儿子田爱林帮忙。主要工作是把田爱林收回的塑料瓶子粉碎，然后再由田爱林卖掉。田润富在这一待就是两年。随后，田润富在 2009 年又随田爱林去了永顺县待了一年半。这时田润富已经 54 岁了，到了知天命的年纪。随着年纪慢慢变大，田润富的体力渐渐不如从前，在田爱林那几乎帮不上他什么了，于是他决定回家。2011 年回到家后，田爱林问田润富在家里想做点什么的时候，田润富想起了他在去帮田爱林之前，在家种地的时候曾经养过很多牲畜以及家禽，包括 4 头牛、23 只羊、2 头猪、20～30 只鸡。在这种经历的基础上，田润富决定再养些羊，这是因为他知道一只羊一年能生两三只羊羔，两年的话，就能生 5～6 只羊，增产是比较快的，可以养活自己。于是，田爱林就给田润富买了 8 只羊，让其养殖，至于现在我们看到的鸡、鸭都是村里人送给田润富的。虽然田润富在外近四年，但是田家洞村的村民们并没有忘记他，没有忘记田润富自己一个人赶着水牛给大家耕地的事情，因此，在田润富刚回到田家洞村，家里什么都没有的时候，村民们就把自己家的一些鸡、鸭送给了田润富，让他自己养着吃。对这些村民的情谊，田润富都深深地记在了心里。

田润富养羊最早是他的四弟给他出的主意，也是因为田润富一开始家就在山里。有一次，村里有一户人家在卖羊，正好被田润富的四弟看到了，就用150元把对方的4只羊全买了下来。但是买回来以后，有个问题放在田润富四弟的面前：怎么养这4只羊？村子里因为缺水的原因，几乎所有的家庭吃饭都会用一次性的塑料碗以及其他的塑料用具，这样用完以后可以不用水洗碗，能节约用水，因此这就导致了村子里塑料垃圾比较多，地上很多地方都会有，而羊是不能吃塑料的，羊吃了塑料以后无法消化，塑料就会一直在羊的肚子里，对羊的危害非常大，因此在山下的村子里养羊非常不方便，因为放羊的时候，牧羊人不可能把所有羊吃草的地方的塑料都发现并清理干净。相反，在山里放羊就基本上不存在这些问题，基于这种考虑，田润富的四弟就想到了住在山里的田润富。于是，他就把买的羊赶到了山里，交给田润富养。慢慢地，田润富越养越多，越养越有经验。田润富告诉我们，如果养的是黄羊的话，就需要一个星期用药水帮其洗一次澡，非常麻烦，而自己养的是本地羊，就不存在洗澡的问题，而且羊什么草都吃，正所谓"羊吃千把草"，因到了羊该吃食的时候，自己只要把羊赶到山里就可以了，羊会自己找草吃，并且任何草都可以，不需要专门选择什么样的草，比较划算。

从田润富的述说中，我们感受到田润富是一个非常热心外向的人。另外，田润富还是一个非常好客大方的人。可能这也是因为周围的村民都对他很好，田润富养鸡下的鸡蛋，他会拿出来送给周围的村民，而且还很喜欢别人来自己家做客。虽然自己没有多少钱，但是田润富并不吝啬，每次朋友来了，田润富都会杀只鸡，来招待客人，再加上自己种的菜就可以好好地喝一顿小酒了。田润富告诉我们，自己去别人家做客的时候挺多的，同样，别人来自己家做客喝酒的时候也不少。

当我们问起田润富有没有参加农村合作医疗的时候，他告诉我们他参加了，而且在他们家还发生了一件大事。2008年，他的妻子彭武奇身体不舒服，在古丈县医院检查后，被查出得了卵巢癌。彭武奇在古丈县医院住了两个月后，转到吉首医院住了一个月，然后回到古丈新城医院。整个治疗一共花费12万元，农村合作医疗给报销了1万元，其他都是田润富的两个儿子出的钱。现在，彭武奇的病基本上好了，都能照顾孩子了。

目前，田润富的大儿子和小儿子分别住在古丈县以及永顺县，因此田润富并没有和自己的两个儿子住在一起，只有自己和妻子住在山上。2011年，田润富养了18只羊、1头猪、27只鸡、10只鸭、8只鹅以及1头牛，其中，除了羊和鹅是田润富为了出售才养的，牛是用来耕地的外，其他的都是为了自己吃才养的。2011年田润富还种植3.6亩田以及5亩地，在2011年产出玉米2000斤，稻谷4000斤。这些粮食就足够田润富夫妻俩一年的口粮了。田润富告诉我们，基本上自己不需要买什么，只要买一些盐、油就可以了，米、肉以及菜自己都能自足。而且每年大儿子和小儿子都会给自己3000元作为生活费，已经足够用了。现在的田润富对目前的生活感到比较满意，他的愿望就是希望自己儿子的生活变得越来越好。

（四）一切为了生计的农户田昌茂一家

“什么挣钱就做点儿什么，都是为了生活。”这是当田昌茂被问起具体工作的时候最常说的一句话。无论是种烤烟还是外出打工，田昌茂一家为了生计不间断地奔波着。田昌茂一家是一个普通的农家，但却不失为一个脚踏实地、勤劳诚恳而且对待生活有着自己的思考的普通农家。

调研小组是在田家洞村委会与男主人田昌茂碰面的，田昌茂四十几岁的年纪，身材消瘦，性情十分温和。恰巧中午时间，田昌茂说，家里正在修房子，爱人向香莲在家里忙着干活。基于这种情况，我们最终决定在村委会完成访谈，田昌茂的家庭情况就由他本人以口述形式给我们做介绍了。

田昌茂，土家族，田家洞村人，1968年出生。田昌茂6岁进入断龙中心完小读书，到了初中一年级，由于家庭生活条件的困难而辍学。田昌茂说当年父母身体都很不好，家里缺少可以顶大梁的劳动力，再加上医疗费用的重负，家里已经不能再承担自己的学费了。田昌茂说，父母都是知识分子。父亲毕业于当年湖南省最著名的中学——省立第一中学，这也是朱镕基总理的母校。父亲毕业后，在“国民政府”时期“精兵简政”的政策下，被下放到了古丈县茄通乡做小学老师，后来工作调动至断龙中心完小，自此，全家人便落户于断龙山乡田家洞村。母亲毕业于吉首民中，之后也没有再出来做事，身体始终不大好。田昌茂说，由于父母都是知识分子，并不会做农活的，加上当时村子里教师的工资待遇低，所以家里的收入极为有限，一家人生活得很辛苦。

田昌茂家兄弟姐妹五人，他是老三。田昌茂和姐姐哥哥三个孩子在稍稍长大了一些的时候，他们就开始在生产队做活，挣工分换取现金或粮食以贴补家用。到了20世纪80年代，土地包产到户，全家七口人共分得了6亩稻田、2亩旱田，外加十来亩林地。当时，哥哥已经结婚，家里的土地主要由田昌茂和大姐两个人来耕作。田昌茂说，种粮食，说到底还是靠天吃饭。而林地里的唯一收成，就是每年野生的五六十斤的茶油，家里炒菜的时候用。就这样，除了父亲微薄的工资收入，这几亩土地的产出就是全家人的主要依靠。

1987年，也就是19岁的时候，田昌茂应征入伍，在湖南省长沙警备司令部服役三年。说起这段经历，田昌茂坦言，起初只是觉得当兵比干农活要有趣些，而且每个月能够固定的有16元的收入。但是在军队里经过思想和政治的教育后，自己才明白是时候该把自己的角色从老农民转变为解放军了，军人就要为保卫国家利益而存在。1988年，田昌茂被提拔为副班长，后来又接任代理排长，他主要担当两方面的工作：一是负责新兵的政治思想工作，二是管理部队秩序、军容风纪，具体形式就是带队在长沙的街道执勤，凡是发现有违反交通治安秩序的军人，就立即上报司令部处理，从而维护军队形象。田昌茂说，自己倒是没有遇到过恶劣性质的案件。就这样，田昌茂度过了平稳但思想却逐步成熟的三年。

三年过后，虽然在军队的工作很顺利，岗位待遇也十分优厚，当时全国总共只有17个警备司令部，但是，田昌茂深知父母年事已高，身体情况不好，而自从自己入伍后，家里只有姐姐一个人一边务农一边做些小生意维持家用，十分辛苦，所以，田昌茂没有继续留在部队，而是选择回家帮姐姐支撑、照料父母和整个家庭。

田昌茂刚刚入伍的时候，姐姐为了维持全家生计，不再局限于农活，开始兼顾着经营小生意，在村子里卖些蔬菜、瓜果之类的。姐姐根据季节，从吉首市购进本地本季所没有的西红柿、茄子、甘蔗、柑橘、香蕉等瓜果蔬菜。当时，断龙山乡仍处于为期十几年的开荒时期，公路交通十分不便。姐姐需要搭车到距离田家洞村20公里之外的永顺县芙蓉镇，再转乘坐火车到吉首市，这样通过铁路运输的方式，每次要运回来200多斤的农贸产品。

1990年，田昌茂从军队里回到家中，姐姐刚刚结婚。田昌茂重操农活，并且与姐夫二人一起接过姐姐的班，继续经营蔬菜瓜果的小买卖。田昌茂说，他和姐夫二人从罗依溪火车站上车，目的地是200公里以外的怀化县。从怀化县二人每人每次能够运回1000多斤的农产品，单趟行程的时间是四到五个小时，大约每五天跑一次，每一批货物能挣到的收入有一二百元。两个人这样跑了两年的时间，虽然只有剩余个把零花钱的程度，也还是大大地缓解了家里紧张的生活条件。根据我们的了解，退伍军人一般都会有分配工作的优待，当问及此事时，田昌茂很无奈地说，没有办法，在当年的断龙山乡并没有企事业单位，更没有其他合适单位安排，无处可去，最终只有回家。

除了生意，田昌茂还操持着家里的农活儿。田昌茂考虑着可以在自己的能力范围内适当扩大种植规模，这样，地里的产出除了自家的口粮之外，剩余的部分还能卖出去，多增加一些收入。有了想法之后，便开始行动。田昌茂从一些有闲置土地的农户手里租来了几亩地，加上自家的土地，差不多有15 亩。田昌茂在这十几亩的土地上辛勤耕作，春种夏收，每亩田的收成在200 斤左右，不到3000 斤的粮食，自家留下500 斤做口粮，剩余的就以每斤5 角钱的价格出售。再有空闲的时间，田昌茂还会在本乡为人打打小工挣些钱花。到了冬天，上山拣柴也是每个农家的必做功课，柴火是用来取暖做饭的，由于山上没有树木，田昌茂每背一次柴都要走出二十几公里的路程。

生活在平静地持续着。到了1994 年，田昌茂和隔壁村子的姑娘向香莲喜结良缘。女主人向香莲，土家族，断龙山乡人，1967 年出生，比田昌茂小一岁。田昌茂说，自己和爱人当年是自由恋爱，在田家洞村的集市上一见钟情。向香莲上过三年学，然后就在家里干农活了。婚后，仍然是负责料理家务，干干农活。在1995 年和1997 年，两个孩子先后出生。作为一家之长，夫妻二人开始为这个小家庭而忙碌。整个20 世纪90 年代，田昌茂还始终把工作范围尽量维持在本乡。但是到了2000 年，生活压力日渐加大，原本不宽裕的家庭已是捉襟见肘，孩子生病没有钱买药。另外，考虑到孩子今后上学的费用、老人的赡养费和医疗费，田昌茂想到了去外地打工。从2000 年到2006 年，田昌茂生活在浙江省宁波市的逍林镇，做五金、打鞋底、学木工……用田昌茂的话来说，“家里太穷了，只能是看到什么挣钱就做什么”。每个月2000 ~ 3000元的收入，夫妻二人省吃俭用，剩余的，一部分留作孩子的教育基金，一部分就寄回双方的老人手里。在六年的时间里，除了有老人生病的情况，田昌茂会回到湖南家里服侍，否则就会一直在浙江不间断地打工挣钱。

2006 年，田昌茂说，做儿子的看到老人老了，身子都不灵活了，应该回家守在他们的身边。这样，田昌茂再次返乡。用什么来维持生计？这个问题也再次摆到了田昌茂的眼前。这个时候，听说村子里的土地适合种植烟叶，而政府也正在向村民大力推广烟叶种植。用他的话说，“人活着一切都是为了生存”，田昌茂夫妇二人决定种植烟叶。由于是第一次参与，尚属技术上的门外汉，无论是风险还是收益田昌茂心里也都不十分的确定。田昌茂说，家里可以调用的资金有限，“害怕失败”，所以，谨慎起见，在经营的初期只开辟了八亩烟地。

田昌茂、向香莲夫妇种植的烟叶品种是“K325”，亩产约160公斤。种植的成本每亩500元，涉及烟苗、肥料、薄膜和农药等农资用品。烟苗由烟草公司培育，肥料和地膜也是从烟草专卖站统一配套购买的。在种植的过程中，田昌茂说，要特别注意病、虫害和降雨带来的“气候斑”。这三种灾害非常影响烟叶的生长，使得烟叶品级降低，卖不出好的价钱。要防治病害，田昌茂总结的经验是，打农药，但是一次即可，一是因为农药的成本较高，二是如果农药打的过量，反而会给烟叶质量带来负面影响；对于防治虫害，田昌茂也有办法，他说，虫害是有季节性的，在五月中旬的时候，需要仔细观察烟叶，那刚好是生虫的时节。一旦发现就先用手抓，然后再使用农药。需要注意的是配比，一两药剂配一药桶水，如果配比太低，虫子死不了，配比重了又会影响烟叶的生长；而对于气候斑，田昌茂说，并没有很好的办法，能做的只是打两次药，但是效果并不理想。除了自然病害，田昌茂说，作为烟农还担心会遇到假农药。所有的农药都是统一从烟草专卖站购买的，烟草公司一旦被骗，购进了假农药，老百姓也无从辨别，最终承担下了所有的经济损失。当问到所有这些都是他自己在短短时间内种植经验的总结吗，田昌茂说最好的方法其实就是多学多问，全家都靠这个吃饭，所以一定要学会学好技术。除了自己的叔叔，村子里、乡里谁种的好、烤的好田昌茂就会向谁学习。

烟叶种植只是前期工作，决定烟农收益大小的第二个重要环节就是烟叶的烘烤了。在每根烟叶的上、中、下三部分类中，品质也同样由上至下依次递减。田昌茂说，下部烟叶只能保本，收益就主要来自上部和中部烟叶。烟叶4月栽苗，7月从下部叶开始采摘，边采摘边烤制，直至9月栽种和烘烤阶段全部结束，10月就可以分级交售了。田昌茂家有一个烤房，建在了山上。在烤制烟叶的时候，全家上阵，田昌茂和向香莲夫妇，还有两个恰好放暑假的孩子。田昌茂家的烤房使用的是煤、电混合动力，即烧煤提供热量，但是需要使用鼓风机控制煤温。烤制烟叶的成本主要就集中在煤和电的费用上，每烤一环烟叶，需要用电100多度，费用在50元左右。

烤烟的技术性难度在于控制烟叶的温度，温度恰当才能保证烟叶的排湿度，否则烟叶变黑，大大影响交售的价格。以 2012 年为例，田昌茂家就有 400 多公斤的烟叶出现了类似的问题，最终使烟的品质下降了两级，损失了几千元。但是细究起来，造成这次损失的原因并不是田昌茂夫妇的技术操作失误，而是不持续的电力供应。田昌茂说，在 9 月烤烟，面临最大的一个问题就是雷雨天气多，近两年，凡遇雷雨天村子里就会停电，没有后续的电力供应，而一旦停电，烤房温度失控，无法保证温度的持续性，严重损害烟叶质量，甚至使得正在烤制的烟叶全部变成废烟，这一损失无从弥补。曾经有烟民与电力公司因赔偿烤烟损失问题发生官司纠纷，但最终无果而终。对待这个问题，田昌茂的观点是，“民告不了官”，所以自己的态度就是保持中立，有赔偿就去领，没有就自己兜下，权当吃哑巴亏了。

田昌茂家的烤房规模较大，还有个简称，叫作“湘西 2 号”。田昌茂说，政府补贴加上自掏腰包，一共花了一万元来建设这个烤房，包括房屋和各种设备，比如说鼓风机、循环机、电脑主机、打煤机，另外还有一件人工使用的工具——火叉。田昌茂笑着说，自家的烤房就像“三八式步枪”，是“半机械化”的。由于烤房面积较大，将近 20 平方米，每房的烤烟量能达到 400 公斤以上。田昌茂说，烤烟的活儿很细致，也很辛苦。夫妻二人在烟株上把烟叶一张张的拔下来，一棍一棍的夹起，然后再放入烤房。

依靠烤烟，田昌茂家每一年的收入在三四万元。但是，种烟、烤烟的时节只是每年的 4 ~ 9 月，当问到其余的时间会做什么，田昌茂笑着说，还是要出门打工。“哪里好就去哪里”，有的时候是浙江，有的时候也在省内。就是给人家做做小工，能多挣点儿就多挣点儿。在 2011 年和 2012 年之间，田昌茂家还有一个大的工程，就是把家里的传统木房子改造成为砖瓦房。田昌茂说，砖、料、工人，所有费用加起来总共需要 20 多万元，家里的储蓄并不够，所以又跟亲戚借了几万元。希望再做几年烤烟能够把债全部还清。

田昌茂的大儿子叫田绍钦，已经开始读高中了，跟父亲说自己也想去当兵。小儿子名叫田绍陵，很是调皮。说到今后的打算，田昌茂说，只是希望孩子能比自己强。现在娶个媳妇盖个房子，至少需要 20 万元，说出来真是“吓死人”，“头发都会竖起来”，只是打工，哪里能支付的起啊。除了孩子，家里还有四个老人，外公外婆自己住，爷爷奶奶目前住在弟弟家，身体情况都不大好，等到自己的房子修好了，就会把老人们接过来跟自己一起住。等房子修好了之后，田昌茂说，自己可能还会再出去打工。打工还是比较方便，比较轻松，自己做事情反而思想压力大，到了自己现在这个年纪，害怕失败，事事需要做好思想准备，已经不比年轻人的闯劲儿了。

家里的收入来源，除了种植烤烟，田昌茂、向香莲夫妇还承租了别人家的五六亩土地，开荒之后，进行稻谷、玉米和红薯的轮作。家里有一头耕牛，用起来很方便，还有一个犁、一个耙，是祖传的物件。稻谷每亩250元的成本，收成在1000斤左右，是家里的口粮。另外还有一小片菜地，可以满足全家人对蔬菜的需求。田昌茂说，相对于收入来说，日常开销还是很大。人情支出比较高，每年在5000元左右。孩子上学期间的学费和生活费用，每年大概需要两万元。给老人的赡养费用，每次几百元到1000元，也要看自己手头的宽裕程度而定。全家人基本不买新衣服，旧衣服洗干净缝缝补补之后继续穿，否则开销太大。家里也没有洗衣机，衣服自己洗，田昌茂笑着说，我们还保持着劳动人民的本色。现在也依然使用木炭、柴火做饭、取暖。夫妻二人共有两部手机，每个月大约100元的话费支出。老人生病的开销有多少就全力支付多少，新农合可以帮助报销一部分。田昌茂说，自己和爱人的思想觉悟比较高，新农合、养老保险全部都参加了，养老保险每人每年交100元，医疗保险交60元，全家人什么都不信，就信共产党。

十一、主要从事商业活动的农户

（一）经营网吧的黄明海家

在湖南省湘西土家族苗族自治州古丈县断龙山乡田家洞村，一共只有两家网吧，而我们去采访的就是其中的一家，店主的名字叫黄明海。我们当天晚上来到网吧的时候，发现整个网吧几乎每台电脑面前都坐着人，生意很好，上网的人以年轻人居多，大部分人主要就是玩游戏、看电影和上网等项目。网吧分里外两间房，在外间的一角上，坐着一个看起来比较年轻的小伙子，不到30岁的样子，怀里抱着一个小娃娃，嘴里嚼着槟榔，这就是我们今天晚上的主角——黄明海。

黄明海，土家族，男，27岁。黄明海初中毕业于断龙中学，就没有再继续读书了，而是开始外出打工。黄明海的父亲名为黄生雾，57岁，母亲叫徐长春，50岁。黄明海还有一个23岁的弟弟，名字叫黄明鲜，以及一个25岁的妹妹。我们是在黄明海的湘敏网吧里见到的黄明海以及他的家人，当时他怀里抱着一个小孩，我还以为那是黄明海自己的小孩呢，后来经过询问，我才得知那个小孩是黄明海的妹妹的，他妹妹已经出嫁了，而他自己至今尚未结婚。

在黄明海的网吧里，我们同样也看到了他的父亲以及母亲。黄明海说，他们家现在主要的经济来源就是这个网吧的收入。家里有3亩地，但是已经给别人种了，自己家里人并没有种植，在这方面并没有什么经济收入，他和他的父母几乎全天都在网吧看着。网吧里还会卖些小零食，比如槟榔，还有水、饮料，就在我们采访期间，就有很多人过来买零食，而且大多是槟榔，这个可以看出，网吧每天都不能缺了人，都要有人看着，而且生意相当不错。

黄明海的网吧是在2011年才开始正式经营的。我不得不佩服黄明海的眼力和魄力，他自己只懂得很少的一点儿电脑知识，就敢在村子里经营网吧生意。这可能是源自黄明海外出打工的经历。黄明海初中毕业以后，当时他16岁，也不知道干点儿什么好，就在家里待了三年，这三年黄明海和自己的父母在家里忙农活，在家里那3亩地上帮忙，当时虽然不富裕，不像现在这样，但是靠着那3亩地，解决温饱是不成问题的。但是，黄明海不想一辈子就这么做一个农民，他想有所改变。于是在2004年，初中毕业三年后，黄明海孤身一人，经过一个亲戚的介绍，去了广东的湛江市打工。在湛江，黄明海主要是帮别人养虾，工资是每个月700元。在湛江市，黄明海有个优势就是不需要自己花钱租房子，因为这个亲戚是自己一个表哥的老婆，黄明海就住在他们家，而且吃饭还不怎么需要花钱。但是，这种日子没有持续太长的时间，黄明海第一次外出打工，19岁的他正是一个血气方刚的小伙子，因为一点儿小事，他和别人打了起来。这样一来，黄明海就不能继续做养虾的工作了。于是在三个月后，经过另一个老乡的介绍，黄明海去了福建的泉州市，这个老乡给他介绍的工作是在工厂里做鞋底。这个工作比上一份赚的多了40%，一个月有1000多元，黄明海觉得还是比较满意的，就一直在这里工作了，这一做就是一年半。在这一年半的时间里，黄明海一直住在工厂的宿舍，是四个人一个房间的小宿舍，每天 15 元的住宿费。一年半以后，到了 2006 年，黄明海的弟弟黄明鲜 16 岁了，他初中毕业考入了吉首技工学校读书，这样，黄明鲜就要长时间的住在学校宿舍，这就使得黄明海的父母不需要必须在家里照顾黄明鲜了。因为之前，虽然黄明海的父母听黄明海说在外面打工比在家务农要赚得多，但是二老因为要照顾黄明鲜，没办法外出打工。因此，在 2006 年，当又有亲戚给黄明海介绍工作的时候，黄明海从福建泉州市，和黄生雾、徐长春三人相约来到了浙江金华打工。在浙江金华市，黄明海一家人从 2006 年一直待到了 2011 年。在这五年的时间里，黄明海做过好几份工作，有裁剪、冲床、玩具生产等，工钱基本上都是计件来算的，每件 0.1 元，黄明海每个月能赚到 3000～5000 元不等，他告诉我们说，多做就能多赚，想偷懒些就会赚得少一点儿。而黄生雾和徐长春二老则一直在一个工厂里做包装的工作，平均每个月的收入有2000～3000 元。黄明海一家人在浙江金华打工的时候，是租的房子，而黄明海几乎每换一次工作，就要换一个地方租房子，房租从每天 50 元到每天 90 元，最高的有每天 150 元。当问起黄明海在外面打工的时候，生活条件怎么样时，他告诉我们，在外面的打工的时候，工资高的工作条件就相对好些，而工资低的条件就会较差，在他做的几个地方的工作中，黄明海觉得浙江的条件是最好的，其他的就差些。在这期间，黄明海的弟弟黄明鲜技校毕业，也来到了金华，与他们一起打工。

2011 年，黄明海和他的父母经过五年的在外漂泊都觉得累了，于是三人回到了田家洞村，留下了黄明鲜还继续在金华打工。回来后，黄明海向家里人提议，要在村子里开家网吧。在外打工的经历，使得黄明海以及他的父母的眼界都有所开阔，当时黄明海父母听到黄明海的这个提议时，都觉得不错，二老都很支持他的这个决定。于是在一致通过以后，黄明海就开始着手自己的网吧了。因为黄明海自己并不懂得太多的电脑知识，也就不知道应该配置什么样的电脑，而他也知道买成品机的成本又太高。于是黄明海找到了吉首市的一家电脑公司，找了专门的人帮他写单子、配电脑、组装。30 多台电脑的成本再加上电脑公司的服务费、网络等费用，黄明海一共用掉了 13 万元。这 13 万元都是黄明海以及他的父母黄生雾、徐长春在外打工这些年来攒下来的钱。然后，电脑公司把电脑从吉首送到田家洞村后，黄明海的网吧就正式开业了，他取名字叫做湘敏网吧。对于黄明海网吧里的电脑，我们在看了数据以后，发现电脑的配置还是相对不错的。电脑的中央处理器是英特尔赛扬处理器 E3400，主频为 2.60GHZ，显卡为 NVIDIA GEForce 210，显示器是 VIEWG 的牌子，内存为 2.00GB，存储硬盘空间为 1T。从这些数据可以看出，虽然电脑的中央处理器是英特尔赛扬的，而赛扬是英特尔为满足低价市场的需求而推出低价的处理产品，同时 NVIDIA GEForce 210 也是属于入门级别的显卡，但是在 E3400 超频后，电脑的速度还是比较稳定的，而 2.00GB 的内存也保证了运行的流畅性，总的来说，完全可以满足网吧的需要。黄明海的湘敏网吧并没有网管，而黄明海自己也只懂一点儿电脑知识，而这一点儿电脑知识也是多为怎么玩游戏，对于网吧平时电脑的维护工作，黄明海做不了，出现问题后，他只能向帮他组装配置电脑的公司寻求帮助。一般出现问题后，黄明海会打电话告诉电脑公司，然后电脑公司与黄明海这边都会打开远程操控，这样，电脑公司的技术人员在吉首市就能帮助黄明海解决一些问题。一般对于软件问题，技术人员都可以通过远程操控来解决。但是如果遇到实在解决不了的软件问题，或者甚至检测出来是硬件问题，就需要电脑公司的技术人员来湘敏网吧一趟了。在吉首到田家洞村需要一个多小时的时间，而出现问题后，黄明海打电话给电脑公司，电脑公司的技术人员在远程解决未果后，一般都会在第二天的清早赶过来帮助黄明海解决问题。

湘敏网吧的价格是每小时 2 元，而与其他地方不同的是，黄明海规定网吧的押金随便多少钱都行，即便是押 1 元都是可以的，而在其他地方，一般都是至少要押 10 元的押金，防止来上网的人不小心把电脑弄坏了，或者有人赖账，上完网不付钱就走了。黄明海可以这么放心少收取押金，基本上就是说可以不用交押金，村民就可以上网，侧面反映了田家洞村经济社会秩序很好。通过了解我们知道，田家洞村的村民素质还是比较高的，基本上不会有赖账等这些不良事件的发生，这与我们了解到的田家洞村的村民淳朴、治安环境非常好有很大关系，大家晚上睡觉不关门都是可以放心的，不会有人偷东西，能真正做到夜不闭户。

另外，我们还了解到，黄明海家除了网吧的收入外，在 2011 年还有其他两项主要收入，分别是卖煤和卖门。卖煤这个生意是黄明海的父亲黄生雾主要负责经营的。黄生雾在回到家乡后，自己儿子主要开始经营网吧，黄生雾也不想闲着，想多少再干点儿别的赚些钱，于是经过考察，自己开始倒卖煤。这个生意是 2011 年 10 月开始做的。黄生雾卖的煤炭是从古丈县进的，每斤煤炭的进价是 2.2 元。进货的车是找的货运公司，一辆车的车费是 500 元，一辆车能运 5~6 吨的煤炭。2011 年，黄生雾第一年开始卖煤炭，进了一车共 6 吨的煤炭，在田家洞村，黄生雾每斤卖 2.5 元，这样一车下来能赚 3000 多元。黄明海告诉我们，这个只能说是多少赚点儿，不能当主业做，因为只有到了冬天才会有人买煤炭，春夏季节是没有生意做的。2012 年，黄生雾又进了一车 5 吨的煤炭，放在屋子外面囤着，有人来买就零散地卖。另一个生意就是卖门，这个主意是黄明海的妹妹出的。黄明海的妹妹嫁到了浙江衢州江山市，江山市有许多生产门的厂家，从普通的房门到防盗门都有，而黄明海的妹妹注意到了这个情况，就告诉黄明海，让他可以兼顾着在村子里卖些门。因为黄明海的妹妹在江山市，她可以直接去厂家考察和谈价格，不需要经过中间商，这样利润空间就大。而且厂家多，可以对比的价格就多，互相比较下来，就可以找到更便宜的货源，这样利润空间就更大了。黄明海觉得这个主意不错，就开始着手干了。他告诉我们，这个小生意其实主要是妹妹在江山市那边弄好，找好厂家、货源就基本上没多大的问题了，他只是负责在别人需要门的时候，直接打电话给厂家，告诉厂家需要什么样的门，厂家就直接发货到村里，每扇门的价钱在 40~50 元。这个生意算是零散的小生意，村里有人装修或者盖房子需要门的时候，就会去找黄明海，没有人需要的时候，黄明海也不会刻意地去向大家宣传来加大门的售货量，而黄明海在平时没有生意的时候，主要还是照顾网吧的生意。

2011 年，黄明海家一年的收入有 7 万元，这在田家洞村已经是很不错的收入了。其中 90% 多是来自网吧的收入，卖门和卖炭并没有太大的收入。但是他的经营管理还有一点儿不规范，黄明海家的网吧并不记账，钱就放在柜台的抽屉里，谁需要用钱谁就拿，这样的结果就是当我们问起黄明海网吧具体在 2011 年赚了多少时，他并不很清楚，同样的，家里的支出在他这也是一笔糊涂账，只能知道大体上花了 6 万元，具体怎么用的就不知道了。但是他告诉我们，2011 年他们家有 1 万元的存款，这是准确的。黄明海家的房子有 360 平方米，从家里的耐用消费品的情况可以感受到他家的生活是比较富裕的。其中有 1 台电视机、1 台电冰箱、1 台冰柜、1 台洗衣机、1 台照相机、1 台影碟机以及 4 部手机，如表 11-1 所示。

表 11－1　　2011 年黄明海家庭耐用消费品情况

项 目	数 量	项 目	数 量
电视机（台）	1	小轿车（辆）	0
电冰箱（台）	1	自行车（辆）	0
洗衣机（台）	1	电动车（辆）	0
照相机（台）	1	摩托车（辆）	0
影碟机（台）	1	手机（部）	4
组合音响（套）	0	固定电话（部）	0
冰柜（台）	1		

在接近采访的尾声，我们问了黄明海，他出去打工这么长时间，见惯了外面的世界，回到家乡的时候有没有不适应呢。黄明海笑呵呵地告诉我们，刚回来的时候是有些不适应，有落差，但不是很强烈。网吧开业后，白天在网吧看店的时候，刚开始坐不住，总想出去玩儿，但是适应了大约半个月就基本上没什么问题了。当谈及对未来有什么计划的时候，黄明海说虽然现在网吧的生意很好，但是也不能当作一辈子的饭碗，还是要想办法做些别的。但是自己和父母都不打算再出去打工了，因为出去打工虽然赚得多，但是太累了，而且外出打工怎么说也是给别人干的，相当于给别人做牛做马。以后就打算在村子里做些生意，自己投资自己干，就算累也是给自己累的，只是现在还没想好要干什么。以后要出去就是带着自己的老婆、孩子出去玩儿。而对于自己的婚姻，黄明海告诉我们说自己现在还没有目标，也不知道什么时候能结婚，但是自己并不着急，等有合适的对象再说。我们相信，有着这样想法的黄明海一家，生活肯定会过得越来越好的。

（二）经营小卖店的黄明忠家

黄明忠，男，42 岁，初中毕业，土家族人，妻子向红秀，38 岁，毕业于古丈县双溪完小。黄明忠和向红秀是再婚，向红秀是 2003 年经别人介绍嫁过来的。现在黄明忠和向红秀的家庭有三个孩子，一个儿子和两个女儿，其中大儿子叫黄小庆，19 岁，是黄明忠和自己前妻的孩子，2012 年刚刚考入武汉的中南民族大学，开学的时候由其母亲送去的学校；二女儿名为李霞，18 岁，是向红秀和自己前夫的孩子，是向红秀改嫁的时候一起跟过来的，目前在古丈一中读高二；小女儿叫黄丽君，7 岁，是黄明忠和向红秀婚姻的结晶，现在在断龙乡完小读二年级。两个女儿的学习成绩都处于中等偏下的水平，虽然不好，但是黄明忠和向红秀两个人都不担心，也不会说强迫她们多去学习，他们认为顺其自然就好。相反，黄明忠的大儿子黄小庆学习成绩就非常好，这也是他的骄傲，在刚结束的 2012 年 6 月的高考中取得了优异的成绩，考取了中南民族大学，为此，古丈县政府还专门奖励了黄明忠家5000 元。黄明忠有五个兄弟和一个姐姐，自己排第三，家里的老父母都健在，两位 70 多岁的老人身体都非常健康，平时两位老人的主要爱好就是打麻将。

黄明忠家，孩子目前年纪都还小，都在上学，真正的劳动人数只有黄明忠和向红秀两人。黄明忠在 2000 年之前，在罗依溪硫酸厂工作，是罗依溪硫酸厂的一名正式员工，在里面做电工，那时，黄明忠每个月的工资是 80 元。但是罗依溪硫酸厂在生产的过程中，产生的二氧化硫尾气对环境的污染太严重，致使厂子周围的水草、树木等植物都死了，就被迫关闭了。工厂关闭后，黄明忠也就失业了，在家里待了一段时间以后，黄明忠开始在村子里帮别人做一些小工。由于在硫酸厂的工作，黄明忠对电工的工作很熟悉，就去工地上帮人做些电工活儿，黄明忠每天能挣 100 元，平均一个月能挣2000 多元。这个零散的工作黄明忠做了近三年，但是黄明忠想还这样做下去的话，他的生活也不会很好，因为慢慢的，自己的孩子大了，上学、结婚等都需要很多钱，仅凭打小工，黄明忠无法满足家里日益增长的支出需求。黄明忠的困难家里人都看在眼里，在 2003 年的时候，他的父亲黄生炳给他出了个主意，让他在村子里开一个小卖店，卖一些生活用品、零食、烟酒等。黄明忠接受了他父亲的建议，并且由黄生炳出资 1 万元，开起了小卖店。黄明忠的父亲黄生炳曾经是一个初级中学教师，会画画，目前退休在家，每个月有固定的退休工资领取。这位老先生是一位非常有见识、有智慧的人，看事情非常准，我们已经不止一次听说过这位老先生。在我们采访黄波的时候，就已经听说过黄生炳了，黄波做客运的主意就是黄生炳出的点子，并且事后证明，这个点子非常好，客运已经成为黄波家的主要经济来源，保证了黄波家较富裕的生活。并且，从黄明忠家现在的生活来看，黄生炳的建议也是不错的。

2003年，向红秀经别人介绍，改嫁到了黄明忠家。这时黄明忠家的小卖店刚刚开业不久，正好这时向红秀嫁进来了，黄明忠就直接把小卖店交给向红秀来经营了，而自己继续在外面的建筑工地上做小工，这样可以多挣些钱，比夫妻两人都守着小卖店挣得要多。向红秀告诉我们，她开始接手小卖店的时候非常不适应，刚一开始虽然因为能卖东西可以赚钱而非常高兴，但是自己在店里的时候就感觉像是在监狱里一样，坐不住。这主要是因为，向红秀在改嫁前，在家里主要的工作是种地，没有像现在这样总是坐在一个小屋子里。而且向红秀告诉我们，她非常喜欢玩儿，这也是她待不住的另一个原因。但是，向红秀必须让自己待在小卖店里，让自己努力地适应这份工作。毕竟对于向红秀来说，这种工作和生活已经比以前好多了。在改嫁以前，向红秀家里只有一亩地，种一些玉米、稻谷、萝卜和白菜等，这些全都拿来自己吃都不够，生活温饱问题都无法解决，与此相比，现在的生活要好多了，至少向红秀不用担心温饱问题，而且自己还能通过小卖店赚钱。向红秀用了大约一年的时间才渐渐地适应了每天守着小卖店的生活，为了让向红秀尽快适应而且在看店的时候不会很无聊，黄明忠还买了台电视放在小卖店里，并且每当电视机坏了或者信号不好了，黄明忠都会第一时间换个新的电视机，就在2011年，小卖店还刚刚换了第三台电视机。在2003年到2004年这一年的适应时间里，向红秀记住了所有商品的价格，并且整天待在小卖店里也不会觉得难受了，现在向红秀已经习惯了一整天都待在店里的生活，包括吃饭也都是在店里。

黄明忠的小卖店，每天早晨6点开门，一直营业到晚上10点。每半个月到一个月需要进货一次。进货这件事一开始是黄明忠负责的，要去吉首市小溪批发市场，每当进货的时候，黄明忠都要早晨5点钟就起床，然后借别人的小卡车去进货。刚开始进货的时候，黄明忠也不知道需要买什么，只能摸索着多买几样，每样都少买一些，等以后卖的时候，知道什么东西比较受大家欢迎，卖得比较好的，再多进货。当向红秀来了以后，她就接管了小卖店的生意，理所当然的，进货的任务也落在了向红秀身上。因为只有看店的人才能知道哪种商品卖得比较好。每次去进货，向红秀都要出去一天，从早晨5点出发，到了晚上8点才能回来。还是需要借别人的小卡车去进货，虽然自己家有车，但是向红秀没有驾照，因此只能租借别人的车，让别人开车去才行，每次的价钱是100元。向红秀告诉我们，现在比以前快多了，以前路不好走的时候，都是弯弯曲曲的山路，去一趟吉首市要四个多小时，现在路修好了，只要三个小时就可以了。渐渐的，向红秀就基本上知道村里需要什么，什么东西没人买了，而且自己也去吉首市小溪批发市场好多次，和那边的批发商已经建立了稳定的供货关系，因此从2010年开始，向红秀就基本上不需要自己再去吉首市进货了，每当缺货了，向红秀只要在家给吉首市小溪批发市场的相应批发商打电话，联系好要进的商品，然后让司机去拉回来就可以，货钱也是司机带过去，每次是100元的运费，这样可以节省很多的时间和精力。

小卖店刚开业的时候，生意并不好，向红秀在店里坐着非常着急。本来向红秀就坐不住，感觉像蹲监狱似的，再加上生意不好，向红秀非常难受，一度想过不干了。到了后来，向红秀坚持下来了，而周围的村民也渐渐地都知道了这家新开的小卖店，过来买东西的人就多了起来，回头客越来越多，生意慢慢地好了起来，这时向红秀才露出了笑脸。向红秀告诉我们，热天以及过年时生意是最好的，每年的情况都是这样。她还告诉我们，在小卖店里，她最想卖出去的是烟、酒以及槟榔，因为这些东西的利润是最高的。就在我们采访期间，来小卖店买东西的人可以说是络绎不绝，基本上一个顾客来了，向红秀就要起身招呼，然后当这个顾客走后，向红秀刚坐下没一会儿，另一个顾客又来了，因此整个采访过程时间拖得比较长，断断续续的，但是从这点我们可以看出，现在小卖店的生意确实很不错，可能有时候忙起来，向红秀一整天都没时间休息。

2011年，黄明忠家的收入为39000元左右，其中黄明忠一年做小工的收入有24000元，向红秀小卖店的收入为15000元左右，如表11－2所示。

虽然年收入39000元，在田家洞村已经算不少的收入了，但是黄明忠家的支出相对也较多。2011年，黄明忠家的总支出接近24000元，其中花费最大的地方是黄明忠的大儿子黄小庆的教育方面的支出，仅这一个方面的支出就有13000元，因为2011年黄小庆刚考上大学，学费和生活费都需要的比较多。支出的其他方面包括买衣服的1000元，每个月400元的生活费支出，看病用去300元，村里的红白喜事随礼大约2000元，修车费1000元，还有每个月100元的通信费，如表11－3所示。

表 11－2　　2011 年黄明忠家庭收入来源情况

职业	收入（元）	职业	收入（元）
从事种植业	0	本乡镇就业工资	0
从事个体经营	15000	打工	24000
从事屠宰	0	从事运输业	0
从事渔业	0	政府补贴和社会救济	0
从事养殖业	0	出租耕地或房屋	0
从事旅游业	0	其他经营收入	0

表 11－3　　2011 年黄明忠家庭主要支出情况　　单位：元

总支出	生产性	衣服	食品	看病	教育	娱乐	红白喜事	交通	通信	住房
24000	0	1000	4800	300	13000	0	2000	1000	1200	0

从表 11－2 和表 11－3 中我们可以看出，黄明忠家的生产性支出和收入都是 0，对于这个疑问，向红秀告诉我们，是因为她家没有土地。在村子人们都平均分配土地的时候，黄明忠家竟然没有分到土地，我们对此非常疑惑。然后向红秀向我们解释，原来村子里规定居民户口，即非农业户口是不能参加土地分配的，而黄明忠的父亲黄生炳，在黄明忠上班前就把黄明忠的户口从农业户口变成了非农业户口，因为当时的农业户口不能做生意，农业户口如果弃农经商是违反国家政策的，而居民户口就没有这种限制，而且居民户口还可以安排工作，正是因为这样，黄明忠才能在硫酸厂里工作，另外当时的国家政策有利于居民户口，居民户口买粮食也比农业户口买粮食容易得多，限制较少。但凡事都有利就有弊，黄生炳也没有想到后来国家会实行包产到户、家庭联产承包责任制的政策，作为非农业户口的黄明忠就不可能分到土地了。

对于现在的生活，向红秀觉得还是不太满意，她告诉我们家里实在是缺钱，现在孩子上学的支出太大了，一是大儿子上大学花费是大头，另外，二女儿上了高中，一个月的生活费也需要 300～400 元，即使是上小学二年级的小女儿，每天都需要 2 元的零花钱。当我们问及，大儿子上大学是否申请了奖学金的时候，向红秀表示不清楚这件事，应该是没有申请。而且向红秀说自己家现在住的房子太小了，只有90平方米，每当小孩都回来的时候，都没地方住。但是对于黄明忠家生活质量的主要方面还是孩子们的教育费用。

但是不管怎么样，向红秀都觉得现在的生活比自己改嫁过来以前好多了，至少自己不需要风吹日晒辛苦劳作了，天天坐在屋子里，看电视卖东西，日子还是比较惬意的，而且自己去进货的时候，在小溪批发市场还能转转，给自己、待家人买一些衣服等。而对于村子每晚上在乡政府举行的跳舞活动，向红秀表示自己也非常想参加，但是自己需要看店，走不开，只能羡慕。现在的向红秀虽然能长时间在店里待着看店，毕竟过这么长时间了，但是向红秀好玩儿的天性依然是存在的，她依然是很想去市里玩儿，可是却没有时间。而黄明忠平时的休闲活动和村里的大部分村民一样，就是看电视和打麻将。当我们问及对于不是自己亲生的小孩的态度时，向红秀告诉我们，她一直对这三个孩子都一视同仁，不会有偏向谁的问题，一家人的感情都非常好，重组家庭的感情能这样实在是件不容易的事。现在社会上离异再婚的重组家庭有很多，经常会有女方带着自己的孩子嫁到有孩子的男方，可是家庭成立后，每个父母能对于非亲生的孩子，对外都会说能不偏不倚，可是真正能做到的却不多，这对于重组家庭的幸福指数是一个很大的影响因素。我们祝愿黄明忠一家的生意越来越好，一家人能这么一直和睦团结。

（三）经营鞋店的符秀菊家

我们在完成了一天的采访，准备回到住处时在一个很狭窄的坡路上偶然发现了这家鞋店，这是我们在村里几天来看见的第一家鞋店。门店很小，鞋店门口也没有什么明显的招牌，店里只摆了一个五层的架子和一个两层的柜台，上面摆着小孩和老人四季穿的各种鞋。店主正在看电视，看到我们，热情地招呼我们进去，我们随即进行了采访。

经营鞋店的店主名叫符秀菊，女，今年39岁，出生在湖南省美丽的凤凰古镇，土家族人。丈夫田小勇，36岁，湖南省古丈县断龙山乡田家洞村人，与符秀菊一样也是土家族人。符秀菊和丈夫田小勇两人2000年结婚，现在有两个女儿，大女儿今年10岁了，现在断龙完小读五年级，小女儿今年两岁半。丈夫田小勇的弟弟田洋，今年30岁，田洋的妻子向春莲，今年29岁，二人都是田家洞村人。向春莲和田勇有三个孩子，大女儿9岁，在断龙完小读二年级，二女儿不到2岁，小儿子刚刚3个月。符秀菊一家现在住在大约90平方米的三间旧房子里，其中一间就是我们看到的鞋店，另外两间房子里整齐地摆放着一些家用电器，有电视机、电冰箱、电饭煲、洗衣机。现在天气阴冷，符秀菊平日里带着小女儿在家里看店就靠着一个小火盆烧煤来取暖。向春莲一家则和婆婆住在另一处房子里，公公刚刚去世一个月。家里还有一亩田地，因为田小勇夫妇和田洋夫妇常年都在外打工，公公婆婆年纪也大了，地就一直这么荒着。

符秀菊从小的时候嗓子就很好，特别喜欢唱歌，她唱歌村里人都爱听。符秀菊读初中时，学校里任何活动都少不了她，节日联欢时演节目、当主持人，符秀菊表现都特别突出。说到这，符秀菊感慨道现在基本上都不唱歌了，只顾着照顾孩子，照顾家庭，没有自由支配的时间。读完初中后，老师推荐她去一所中专院校学习音乐，学习期间符秀菊的成绩很优秀。2000年符秀菊中专毕业后，她的初中老师特地邀请她回母校任教，教学三年后就可以转正。这样，符秀菊就回到了自己的母校教音乐和地理两门课程。这期间，田小勇经常邀请符秀菊出去玩儿，两人自由恋爱结为了夫妇。

结婚后，田小勇一直想出去打工，希望符秀菊能够随其一起去。符秀菊毅然辞去了教师的稳定工作，和田小勇一起去了浙江打工，这一去就是十年。在这十年间，符秀菊生大女儿时，中途回村里住了一段时间，小女儿则是在浙江出生的。在浙江，符秀菊和丈夫田小勇都在一个五金厂里做模具，田小勇每个月有3000~4000元的收入，符秀菊每个月能挣1500元左右。一家人住在约50平方米的出租房里，一个月房租1500元。再除去水电费和日常生活的一些花销，两人的工资维持生活，所剩无几。符秀菊提到在外打工能多劳多得，虽然比在家里收入要高一些，但是每天从早到晚都要工作，有时还要加班，感觉很累。她说自己曾经后悔草率地辞去教师的工作出去打工，后来想明白了后悔也没用，只能自己宽慰自己了。

2012年8月，符秀菊和田小勇决定不在外打工了，带着两个女儿回到了湖南老家。符秀菊回湖南老家，一是因为父母年纪都大了，需要照顾，二是因为孩子上学的问题，在浙江，外来打工人员的子女只能读到初中二年级。符秀菊的大女儿学习成绩特别好，在家里墙上挂的都是大女儿获得的奖状，她希望女儿能够一直读书，认为上学才能改变命运。符秀菊和丈夫回到家后，符秀菊的婆婆就把这家鞋店交由她经营。丈夫田小勇到现在还没有稳定的工作，他自己也想做点儿小生意，但一直没有找到合适的项目，现在偶尔会做小工补贴家用。符秀菊则一边在家照看鞋店，一边还可以照顾小女儿。我们发现，符秀菊的鞋店里卖的都是老人和小孩穿的鞋，符秀菊说村里的年轻人大多数出去打工了，留在家里的都是老人和小孩，年轻人的鞋基本上没什么销路，所以也就不卖了。符秀菊一般去吉首市的批发市场进货，从田家洞村到吉首市要坐两个小时的公共汽车，车票为每人20元，每天早晨6：10在村口出发。每次进货时，符秀菊为了赶车早上都要5点多起床。婆婆经营鞋店时经常在吉首的批发市场进货，已经和批发商非常熟悉了，所以符秀菊也是去吉首市市场的熟人那里进货，价格相对比较公道，种类一般是小孩和老人穿的拖鞋、布鞋和棉鞋。据符秀菊介绍，鞋店的生意勉勉强强，平日里来家里买鞋的人比较少。每逢村里的集市，符秀菊就在集市里摆摊卖鞋。村里的集市每五天一次，生意好的时候，一次集市能卖600~700元，但是赶上生意不好的时候，一次集市只能卖200~300元，扣除进货的成本，一个月有2000元左右的纯收入。从浙江回来后，符秀菊一家人就靠鞋店的这点收入维持生活。

符秀菊一家外出打工时的收入情况与回老家后的家庭收入情况如表11－4和表11－5所示。

表11－4 **外出打工时符秀菊年家庭收入来源情况**

职业	收入（元）	职业	收入（元）
从事种植业	0	本乡镇就业工资	0
从事个体经营	0	打工	60 000
从事屠宰	0	从事运输业	0
从事渔业	0	政府补贴和社会救济	0
从事养殖业	0	出租耕地或房屋	0
从事旅游业	0	其他经营收入	0

从表11－4和表11－5可以看出，符秀菊一家外出打工和在老家的收入差距还是比较大的，外出打工时一年的收入60000元，在老家只有25200元，二者相差一倍多。对此，符秀菊说在外面打工虽然收入稍微高一点，但是花销也比较大，符秀菊和丈夫在外面打工大约10年的时间并没有多少积蓄。在

老家收入较低，但是花销也少，能满足基本的生活要求。具体的支出情况如表 11－6 所示。

表 11－5　**回老家后符秀菊年家庭收入来源情况**　单位：元

职 业	收 入	职 业	收 入
从事种植业	0	本乡镇就业工资	0
从事个体经营	24000	打工	0
从事屠宰	0	从事运输业	0
从事渔业	0	政府补贴和社会救济	1200
从事养殖业	0	出租耕地或房屋	0
从事旅游业	0	其他经营收入	0

表 11－6　**2012 年符秀菊家庭支出情况**　单位：元

总支出	生活费	看病	教育	红白喜事	交通	通信	水电费
20000	10000	4000	1000	3000	1000	500	500

家庭支出包括，一家人一个月生活费 700～800 元；二女儿因为年龄小，容易生病，2011 年一年花费 3000 元左右，加上家里人偶尔头疼脑热等一些小病拿药的花费，一年花费 4000 元左右；大女儿每学期的学费 200 元，还有资料费和书本费一个月大约 50 元；人情费每年要花费 1000～2000 元，遇到兄弟姐妹结婚可能会花费多一点。符秀菊去吉首进货，来回的交通费一年约 1000 元；手机通信费每个月 20 元左右；水电费每个月约 40 元。

从表 11－4 和表 11－5 可以看出，符秀菊经营鞋店一年的收入才刚刚能够支付一家人平日里的花销，如果遇到事需要多余的花销，家中就无力支付了。符秀菊还打算 2013 年把自己住的旧房子重新装修，但是需要几万元的装修费。婆婆答应资助一些，公公和婆婆都有养老退休金，婆婆每个月能领 1000 元，公公从村里的供销社退休，每个月能领 4000 元的养老退休金，经济上稍微富裕些。

在国家福利政策的享受方面，符秀菊一家现在每个月都能领到发放的 100 元粮食补贴。除此之外，她们一家人都参加了新农村合作医疗，在浙江生二女儿时，住院总共花费了 8000 元，合作医疗报销了 4000 元。因为符秀菊是异地住院，原本以为是不能报销的，负责人告诉符秀菊让她在浙江住的医院出具一份出生证明，这样就可以报销了。符秀菊的婆婆患有心脏病，曾经在吉首市治疗共花费了1万元，合作医疗也报销了4000元。符秀菊觉得合作医疗这项政策给农民带来了实实在在的好处，原来农民根本看不起病，有病不敢去医院，现在情况得到了很大的改善，农民也能得到正规的治疗。现在，符秀菊和丈夫正在考虑参加养老保险。

谈到在外打工与在湖南老家的生活，符秀菊说刚回到湖南老家时觉得各个方面特别不适应。在生活环境方面，符秀菊说在外打工，出门都是宽阔干净的柏油马路，交通便利，购买生活用品也特别方便；回到家后，村里卫生环境脏乱，生活也没有城市方便。收入方面，在外打工每个月都比较稳定，现在在家只有在每5天的集市上才能挣到钱，只能挣一点儿就花一点儿了，生活不稳定。但是，在外打工是能挣钱，但花费也大，符秀菊和丈夫在外打工这十年，也没有多少存款；在家挣钱少，花销也小。所以，符秀菊慢慢地也就适应了现在的生活。但是她还是觉得在外打工感觉会好一些，现在每天在家里待着，生活很无聊。向春莲则觉得在家里挣不到钱，小孩、老人、人情费等各种花销又大，生活压力比较大，日子不太好过。她的二女儿上个月生病，一个月就花了2000元，小儿子还要吃奶粉，用尿不湿，三个孩子一个月需要花费1500元左右。向春莲说现在在家照顾这三个孩子，洗衣服的时间都没有，更没办法去挣钱了。家里缺少劳动力，丈夫田洋挣钱养一家人，压力确实很大。田洋现在还在浙江打工，主要是安装空调架子，一年的收入2万多元。向春莲说等孩子都大了，上学了，就在家做点儿生意，能维持生活就行了，相比来说，还是年轻人更适合外出打工。

符秀菊和田小勇夫妇，向春莲和田洋夫妇正是我国众多农民工的缩影，他们辛辛苦苦的劳动，修建、清洁、服务了繁华的城市，却始终被城市生活排斥在外，融入不到其中。农民工在城市里出卖自己的劳动力，但是工资却少得可怜，而且没有必要的社会保障。他们无论在外面打工多长时间，最终的结果还是要回到农村忍受贫穷。农民工是特殊历史条件下所形成的一个特殊群体，这一社会群体的特殊性就在于他们在城镇中出卖劳动力，每天的主要活动都在城镇，但是他们的生活和家庭却还在农村。据相关统计，农民工在总人数上已经超过了城市中的产业工人，成为除农民之外的第二大产业劳动者身份。现在在农村，很多农民的主要收入来源都不是农业生产性的，如果从事农业的条件充足，有足够的土地和其他生产资料能供其劳作和收成，那么农民就不会选择背井离乡外出打工了，而是从事农业或者类似于种植、养殖等个体经营。现实的情况是绝大多数的农民没有足够的条件，如果只在自家土地上劳作，最基本的生活都难以维持。所以就造成农村里的青壮年都外出打工，自己家的土地却由于缺少劳动力而荒废，土地质量下降，生产效率降低，这就形成了恶性循环。

农民工不能转入城市生活的一个重要原因就是没有充分的法律和社会保障制度来保证农民工的劳动力所有权。虽然在法律上对于劳动力所有权的规定是平等的，但是相对于城市中的劳动者而言，从就业和选择职业方面，农民工是无法相比的。农民工的本业是农业，他们的素质技能相对低下，当他们从农村转向城镇，出卖自己劳动力的使用权时，只能从事简单的体力劳动或技术含量降低的职业。农民工进城务工，就业范围大都是城市里的劳动者不愿从事的职业，比如建筑工、环卫工、服务员和采矿工等特别累的工作，而且报酬通常都比城市劳动者低，也没有法定休息和休假的时间。农民工出卖劳动使用权很少受到法律的保护，企业很少和农民工签订劳动合同。也正因为得不到法律的保证，农民工劳动力使用权廉价，造成城市生活水平与农民工收入水平差距大，使他们绝对不可能依靠微薄的收入搬迁到城市生活，但他们又必须外出打工以维持家庭在农村的生存。农民工不仅工资低，拖欠工资情况还屡屡发生。有相当多的农民工在辛勤工作了一年后，最后分文工资都没拿到。而且法律制度也没有赋予农民工充分的公民权，比如中国自1958年实施的户籍制度。户籍制度限制了农民工的城市化和工业化，同时抑制了农民素质技能的提高。由于没有城市户口，农民工的子女在城市里不能享受公费教育和各种福利，除非交高额的"赞助费"才被允许入学，大多数就只能像符秀菊的大女儿一样回老家上学。没有受到正规的教育，他们的素质技能难以提高。社会保障是社会生活的必要环节，农民工因其身份是"农民"，享受不到城里人的社会保障。他们为城市创造财富，但是却得不到其创造的社会福利，没有享受他们劳动本应该享有的工伤、医疗、养老、失业、生育等各种社会保险的权利。此时，我们只能期望社会主义民主法制能逐步确立并保证农民的权利，让农民能安居乐业。

十二、主要从事加工业的农户

（一）开砖厂的田昌胜家

当调研小组向村支部田书记问起村里私营业主的大致情况时，田书记第一个想到的就是田昌胜夫妇。田昌胜、向纪寒虽说是20世纪70年代出生的人，但是夫妇二人年轻有为，在2007年建起了一个小型砖厂，叫古丈县断龙山乡田昌胜砖厂。说到这里，我们已经迫不及待地想要上门拜访了，但是田书记说，田昌胜家白天没有人在，除了孩子去上学了之外，全家人都在砖厂里做工，晚上的时候我们可以过去看看。就这样，在晚上七点钟左右，调研小组在热心的田大爷的带领下，来到了田昌胜家。田大爷边走边自豪地跟我们说，“田昌胜是我的侄子，我是他的叔叔呢。”到了他家，女主人向纪寒给我们打开门，并且接待了我们。正如田书记所说，女主人也是刚刚从砖厂回到家中，而男主人田昌胜仍在工厂里忙碌，要更晚一些时候才会回来。

田昌胜、向纪寒夫妇的家位于村子中部的地势较高之处。我们在田家洞村调研的几天里，总有机会路过他们的家门口。他家的房子是一栋三层小楼，白色墙体，砖瓦结构，独栋，很有气势。之前我们注意到这栋宅院完全是由于它的外形，它的外形让我们这群外乡人从直观上就得出了宅子主人应该是比较富裕的判断。而当我们真正有机会走进这个家庭的时候，才真正发自内心地钦佩这对夫妇的勤劳朴实。

田昌胜，土家族，田家洞村人，1971年出生，家中四个兄弟姐妹，田昌胜排行老三。田昌胜毕业于断龙山乡中心完小，并在初中二年级时辍学回家。不再读书主要是因为家里的生活实在是苦，兄弟姐妹四人年纪相差不大，老人们养家的负担很重。田昌胜回到家中，一方面减少了家里的支出，另一方面还增加了一个劳动力，一减一增，家里的困难能够得到一定程度的缓解。田昌胜说，最初，年纪尚小，自己只是在家里和父母一起种地，后来才外出到深圳打工。打工主要是在工厂里做模具，这样一做就是几年。到了1989年，田昌胜和向纪寒结婚，两个女儿和一个儿子分别是在

1998 年、2001 年和 2003 年出生的。结婚后，田昌胜依然是或者出门打工，或者在家里干农活，或干零工，什么事情都做。田昌胜回忆说，夫妻二人曾经在 2001 年的时候到温州打工。那时，田昌胜在火车站做搬运工，妻子向纪寒则在家里喂养看护刚刚满月的二女儿，而大女儿其实也才刚刚 3 岁的年纪，自己看不了，就留在湖南老家由爷爷奶奶照看了。田昌胜说，当时在温州的工资大概是每个月七八百元的样子，早年在深圳，也就只有三四百元。到了 2003 年，小儿子出生了，夫妻二人决定放弃打工，回到湖南老家，之后就再也没有出去过。

回到湖南老家，经过了五六年的资金积累，2006 年，田昌胜、向纪寒夫妻二人决定和弟弟共同创业，他们看中的项目是建筑用空心砖的制造。经过了工厂前期的筹备建设，在 2007 年，由田昌胜和他的弟弟共同出资的“古丈县断龙山乡田昌胜砖厂”建成了。回忆起当年的创业经历，向纪寒说，虽然每天起早贪黑，但是毕竟比在外面打工安定、自由许多。

厂址的选址倒是没有费功夫。1982 年，田昌胜的父母分得了山上的十几亩荒地，这十几亩荒地为田昌胜夫妇建厂提供了最基本的便利条件。但是，要建厂，先开荒。开荒是个辛苦活儿。向纪寒说，那片地块杂石密布，为了尽快把石块移除把土地弄平整，当年真的是全家男女老少齐上阵了。孩子的爷爷奶奶六十几岁的年纪，夜间就住在山上，为自己的儿子和儿媳看守工地。工作日里孩子们需要上学读书，向纪寒每天起大早先给孩子们做好了早饭，然后自己简单吃几口便上山干活儿了。到了周末的时候，孩子也会跟着父母一起上山，出力平荒。田昌胜和他的弟弟更是自始至终地早出晚归，不离工地半步。开出了一片场地还不算结束，他们担心阴雨天山路泥泞，不方便原料或成品的运输，一家人又利用开荒的碎石和另外购进的细沙共同铺设了一条从山上直通村子的公路。这个时候，他们才开始放心地集中搭建厂房。就这样，从正月到 7 月，田昌胜一家七口用了整整半年的时间，平整好了土地，建起了厂房，还铺设了几百米的上山公路。

田昌胜砖厂占地五亩，一排共六间厂房，实用面积 180 多平方米。厂房建成后，田昌胜和弟弟从吉首市购进了制作空心砖的机器设备并进行了初始的安装和调试，包括粉碎机、搅拌机、空心砖机、模具、焊机、风钻机以及两台拖拉机，负责向内运输砂石料，向外运输成品砖。至此，砖厂的基础设施已经齐备。向纪寒说，所有的前期投入加在一起共计 20 万元，都是家人的储蓄凑齐的，没有贷款，也没有债务。

田昌胜家的砖厂生产的是盖房子用的一种水泥空心砖。之所以要在山上建厂，除了前面提到的十几亩土地以外，还有第二个便利条件。空心砖制造所需要的主要原材料是石头、沙子、水泥和水。石头，在那片荒山上完全可以就地取材；而用水方面，本村本乡的生产生活用水基本都来源于山上的水库或者水窖，所以在山上建厂也是最接近水源的。这样一来，两项最主要的原材料已经具备了先天的地理优势，砖厂的正常生产就只需外购水泥和沙子两种原料了，这也大大降低了砖厂的生产成本。

在石头投入使用之前，还有一个避不开的环节。田昌胜、向纪寒夫妇在山里采集石头的时候，如果石块过大，就需要使用炸药把石头炸碎，以方便运输和使用。向纪寒说，在办理了爆破许可证的前提下，砖厂购置了炸药和雷管。每168斤炸药为一件，一件500元，雷管一根4.5元。除了这两件，砖厂还需要配置一个电雷管引爆器和一个风钻机。风钻机的作用是在石头上钻出可以放置炸药的孔洞，钻孔的多少视石头的大小而定，而深度则至少是3.5米，如果太浅就会对人的安全造成威胁。钻孔打好后，就可以放置炸药了。如果还有石头比较大的，但是不适合或无须使用炸药的，那么碎石的方法就只能人工用锤子使劲砸了。

每75斤水泥配置5立方米沙子，再加上适量的水，一共可以做出一盘共七批砖。一天的时间里总共可以做出20盘。田家的砖厂一共有两种模具，一种是40厘米×20厘米×20厘米，另一种是20厘米×15厘米×40厘米，也就是说能够生产出两种规格的空心砖。大型砖每批出产4个，小型砖每批出产5个。这样，每天只生产大型砖得到的最大产量是560块，而每天只生产小型砖所得到的最大产量则是700块。

每批砖在生产出来后，需要平铺在场地在太阳下晾晒，这个过程通常需要半个月的时间。向纪寒说，砖块的质量直接影响建房的质量，所以，只有保证砖块完全晒干晒透，才会让它们进入流通环节。根据2012年断龙山乡的市场价格，大型砖每块2.1元，小型砖每块1.7元。需求方面，向纪寒也给我们做了一个大致的介绍。田家所生产的空心砖主要用于居民房屋建筑，大型砖主要用于盖建楼房，而小型砖则主要用于盖建平房。以一个两层的居民房为例，每套房子需要4000~6000块大型砖，费用在1万元上下。

由于晾晒环节的不可或缺性，砖厂的经营带有节气性。减掉下雨天和下雪天，每年砖厂的工时总共只有 8 个月。由此，田昌胜并没有请长期工，而是雇用了一个日工，专门负责砸石头，一天的工时薪水是 90 元。其余的工作全部由家里人来承担。比如说，女主人向纪寒主要负责两个环节的加料的工作，先是把沙子倒入搅拌机，之后再将搅拌后的沙石水泥料放入空心砖机中，机器自动将砖压制成形。除此之外，向纪寒还学会了驾驶拖拉机，每天从厂子里回家就顺便将晾晒好的砖块从山上运回了乡里。

砖厂的生产费用包括这样几个部分，首先是电费，各种机械设备尤其是免烧空心砖机的动力就是用电，所以电费是砖厂的最大开销，根据向纪寒的估算，砖厂每个月的电费在 2000 元左右。电费之外，砖厂的其他费用就集中在购买水泥、沙子等原料的支出、购买炸药的支出、人工费、拖拉机的燃油费、机械设备的折旧、维修费用等几个方面。

说完了砖厂，我们又将视线转移到了眼前的女主人身上。向纪寒，1977 年出生，比爱人田昌胜小 6 岁。向纪寒身材娇小但是很结实，颧骨处已经留下了长年风吹日晒后出现的血丝的痕迹。向纪寒性情直爽，待人热情。在家里，每天起床最早的人就是她，因为她需要给孩子和爱人做早饭。早饭过后，全家人各自忙碌。孩子们去上学，她也和爱人一道去工厂干活。直到晚上六点多钟，她会从工厂提前返家做好晚饭，等待孩子们放学回家，而爱人可能会更晚一些才能回来。向纪寒说，孩子们比较省心，中午的时候给他们一些零花钱，学校会为孩子们提供营养餐，这样家里只要负责他们一早一晚两顿饭就可以了。

如今田昌胜、向纪寒居住的这栋三层楼房，是在田家原有的木屋基础上修建的。夫妻二人的生意做得红火，有了一定的积蓄，2010 年的时候就决心把家里重新修建一番。但是，夫妻二人完全没有铺张浪费。向纪寒说，修房子的活儿基本都是她自己干的，只是偶尔请工人过来。男主人白天去工厂，女主人就一个人留在家中负责修房子，有的时候工厂里很忙，向纪寒又放下家里的活儿再去工厂帮忙。就这样两边跑着，前前后后共用了一年的时间，向纪寒终于把自家的房屋修建一新，其中的辛苦可想而知。最后算下来，房子的改造和装修总共花费了十几万元。家电和家具方面，只有空调、冰箱、太阳能、沙发、床这几大件是重新购买的，一共花掉了两万多元，而其余物件和摆设就都是旧房子里的东西了。

除了盖房子和做生意，家里最让女主人挂心的当然就是孩子了。田昌胜、向纪寒夫妇一共有三个孩子。大女儿在古丈县第一中学读高中，学校采取封闭式管理，所以孩子平时住校，每周末才会回家一次；二女儿在乡里读初中二年级，小儿子在断龙山乡中心完小读小学四年级，这两个孩子无须住校，每天都会按时回家。三个孩子都十分乖巧，懂得节省。大女儿除了每学期300多元的学费外，生活费每个月在六七百元上下；小女儿和小儿子每天每个人需要给他们五元七元的午饭钱或者是零花钱。一提到孩子，向纪寒满脸的幸福，她说三个孩子都听话，学习成绩很好，二女儿得过学校的一等奖，是可以送到县城读高中的，就像她姐姐一样优秀；小儿子上学期在班上也排在前三名。向纪寒笑着说，只要孩子还在读书，就会不断地需要家长在经济上的供应，所以自己和爱人也就不能放松。

家里的日常支出方面，向纪寒说，除了生产性的支出外，家里大大小小全部的生活性支出算起来每年大概在2万~3万元。比重最大的两块是口粮和人情开支。向纪寒说人情开支每年都要有一万元左右。由于忙于工厂的生产，田昌胜、向纪寒夫妇暂时放弃了农活，家里的两亩旱田交给了田昌胜的哥哥耕种，没有自产的粮食，口粮就在市场上买着吃。

我们在田昌胜家走访的时候，村支部田书记再次陪同，他向我们介绍说，田家的女主人向纪寒是一个女强人，是村子里响当当的致富能手，多次获得“三八红旗手”和“新农村建设带头人”的荣誉称号。田书记还说，不知道调研小组注意到没有，田家住宅的室内活动空间是从二楼开始的，而楼房的一层基本完全是室外设计，从远处看去，只有几根承重柱。但是，这些室外的部分，无论是泥土地还是硬化地面，都很平整，上面还放置着许多长竹架，它们是智慧的女主人向纪寒在建房子的时候亲自设计的。那些竹架其实就是农贸市场的买卖摊位。听到这里，我们才恍然大悟。原来，田昌胜家的住宅有一个很好的地理位置，就是紧邻农贸市场。女主人正是充分利用了这一有利条件，在自家楼房的一层规划出了二十个市场摊位，每个摊位以每天五元钱的价格出租，每逢集日可以赚取固定收益。果然如田书记所说，女主人不仅能吃苦，能干活，而且还有着不一般的商业头脑。

田昌胜、向纪寒夫妇二人的砖厂生意做得十分红火，我们试着分析了一下其中的原因，毫无疑问，夫妇二人勤恳、能吃苦、并且同心协力，他们的优良品德是能够使这个家庭迅速致富的内在原因。此外，书记又给我们提供了两条重要的信息。田昌胜砖厂并不是没有竞争对手，在古丈县，1969年就建起了一家国营砖厂。但是，田家生产出来的空心砖成本低，质量结实、可靠，声誉远播，如此一来，再加上田家洞村距离乡政府只有几步之遥优越的地理位置，田家的砖销路又好又多。田书记还说，田家的砖厂所涉及的生产工艺，既不用煤，也不用柴，更不用手工，既符合国家封山育林的发展规划，又符合节约能源以及现代化的发展规划，所以它也是政府积极支持的生产项目，他们的生意势必会越做越红火。

说到今后的打算，向纪寒说自己想搞个分厂，另外多雇用几个工人，也可以为老乡提供几个工作岗位。夫妻二人正在准备扩大生产规模、筹备分厂的前期工作，目前面临的最大问题是水源。断龙山地区本身就雨水稀少，工厂最好是建在与大型水库较为接近的地方，这样，一旦没有了雨水蓄水，还能花钱从水库里引水。

正在我们就要结束访问的时候，男主人田昌胜回到了家中，当时已经是八点多钟。田昌胜身材偏瘦，干了一天活儿看起来比较疲惫，而且还没有吃晚饭，我们不忍继续打扰，便告辞离开了田家。祝福这对勤勤恳恳的田家夫妇。

（二）卖豆腐的田昌斌家

5日晚上匆匆吃过饭，我们就在村里向导的带领下来到了田昌斌的家里，正好田昌斌也吃完了晚饭，我们就在他的家里展开了对他的采访。

田昌斌，男，45岁，初中毕业于断龙乡初级中学，土家族人。有两个姐姐和一个弟弟。田昌斌的妻子叫王祖菊，43岁，毕业于永顺县松柏乡完小，我们在采访的过程中并没有见到王祖菊，她一直在屋里做家务，没有露面。田昌斌有两个儿子，大儿子叫作田校涵，22岁，现在正在福建厦门当兵，到2012年已经是田校涵当兵的第三年了，在2011年，田校涵转为了一级士官，每个月有2000元的补贴；小儿子名为田二涵，才刚刚13岁，现在断龙乡初级中学上初二。

2011年，田昌斌家的家庭收入接近4万元，其中主要的收入来源有两项，分别为卖豆腐和养猪。田昌斌在2011年平均每天卖豆腐的收入为60元，而2011年养的8头猪每头能卖到2000元。另外，2011年，田昌斌家里还种了四亩地的玉米以及一亩五分地的稻谷。四亩地玉米有2500斤的收成，主要是用来喂猪了，并没有卖；一亩五分地的稻谷有1500斤的收成，这解决了田昌斌家的吃饭问题，也没有出售。此外，田昌斌家还有三亩五分地，以每亩100元的价格租给了别人种植。因此，2011年田昌斌家的收入如表12－1所示。

表12－1　**2011年田昌斌家庭收入来源情况**　单位：元

职业	收入	职业	收入
从事种植业	0	本乡镇就业工资	0
从事商贸	20000	外出打工	0
从事屠宰	0	从事运输业	0
从事渔业	0	政府补贴和社会救济	0
从事养殖业	16000	出租耕地或房屋	350
从事旅游业	0	其他经营收入	0

相对而言，2011年田昌斌家的支出要少于收入，包括生产性支出5470元，买衣服支出1000元，食品支出7300元，教育支出500元，看病支出50元，红白喜事支出6000元，通信费支出240元，总共20560元。其中，生产性支出包括买猪崽4000元（500元/头），玉米种子120元（60元/袋），施肥300元，稻谷种子50元，糠1000元。如表12－2所示。

表12－2　**2011年家庭支出情况**　单位：元

总支出	生产性	衣服	食品	看病	教育	娱乐	红白喜事	交通	通信	住房
20560	5470	1000	7300	50	500	0	6000	0	240	0

因此，田昌斌家每年如果都和2011年差不多的话，是可以存下1000多元钱的。田昌斌告诉我们，他自己不像村里的其他人一样，他不喜欢打牌，抽烟也抽很一般的烟，吃饭也挑平淡一般的吃，这样才能把钱省下来，留着给自己的小儿子田二涵上学用。虽然现在，田二涵上学用钱不多，2011年只用了500元，但是田昌斌明白，当田二涵上了高中以后，学费加上生活费每年就需要1万元了，甚至当田二涵考上大学，需要的费用就更多了。因此，

虽然现在田昌斌家生活压力不大，有一些结余，但是不能胡乱地花钱，要尽量节俭省钱。在田昌斌家里，我们还看到了几只兔子，我们一度认为田昌斌还养兔子卖钱，问过后才知道，这几只兔子是田昌斌养给田二涵玩的。从这些访谈内容中，以及包括谈及田二涵的时候，从田昌斌的神态中，我们能感受到田昌斌非常疼爱自己的这个小儿子。然而，我们在调研的过程中，并没有见过田二涵，这让我们有些遗憾。田昌斌告诉我们，田二涵现在在上晚自习，每天晚上 8 点半才会回家。

田昌斌已经 45 岁了，在已经度过的 45 年的人生中，田昌斌卖了 13 年的豆腐，在他卖豆腐之前，一直都在外面打工。但是，因为家里的母亲年纪慢慢大了，需要人照顾，他就不能再继续在外面打工了，因此，田昌斌回到了家里开始卖豆腐，这一转眼就是 13 年。当时刚回到家的时候，田昌斌为什么会选择卖豆腐呢？对于这个问题，他告诉我们，他们农村里，几乎家家都会做豆腐，因此他不需要学习怎么去做豆腐，自己本身就会，而且自己家又养猪，做豆腐剩下的豆腐渣可以用来喂猪，是一举两得的事情。但是，由于几乎家家都会做豆腐，因此，在田昌斌刚开始卖豆腐的那几年，竞争者是有很多的，当时生意不是很好，但是后来渐渐的，大家发现卖豆腐挣不到多少钱，因此，卖豆腐的人慢慢就少了，田昌斌是因为豆腐渣可以用来喂猪，能节省一部分养猪的费用，相当于比别人卖豆腐的利润更高，于是就坚持了下来。现在，市场上就只有田昌斌自己一个人卖豆腐，这样生意就比以前好多了。

田昌斌向我们介绍了做豆腐的方法，包括四个步骤，分别是泡豆子、磨成豆浆、点石膏，最后成豆腐。田昌斌是每天下午去农贸市场买当天或者第二天需要的黄豆，一般都是买 10 斤豆子。这个农贸市场最早出现于康熙二十年左右，发展到现在，已经成为古丈县第二大农贸市场了，因此田昌斌不用担心买不到豆子，不需要自己多买豆子作为存货。然后，买回豆子以后，田昌斌就要把豆子泡在水里，等到黄豆都泡的变“胖”为止。这个时间随着季节的变化，会相差很多。如果是冬天的时候，黄豆就需要泡 15 ~ 16 个小时才可以，而夏天只要在水里泡 5 ~ 6 个小时就行了。当豆子泡好后，就需要把豆子磨成豆浆了。每天的 10 斤黄豆需要兑上 80 斤左右的水来磨豆浆。在以前的时候，田昌斌是用传统的石磨把豆子磨成豆浆的，费时又费力，现在随着科学的进步，科技的发达，豆浆机已经很普遍了。田昌斌自己买了一台，这样，每天磨豆浆的工作就变得的相当轻松了。磨好豆浆后，在豆浆里加入二两的石膏，然后就是等待豆浆凝固成豆腐。田昌斌每天晚上6点开始做豆腐，10点做完，经过4个小时的时间，10斤黄豆就会变成30斤热腾腾的豆腐了。我们去采访他的时候，还专门参观了田昌斌做豆腐的地方：有一个很大的炉灶，旁边放着一个缸，里面放着当天田昌斌做的豆腐，只不过当时还没有做好，豆浆还处于凝固成豆腐的过程。每天田昌斌做完豆腐，就会去睡觉休息。然后第二天早晨6点半准时起床，洗漱过后，田昌斌就推着豆腐来到了市场上，7点左右就开始卖豆腐了。过了这么多年，田昌斌在市场上已经有了属于自己的固定卖豆腐的地方了。而且田家洞村的市场不像其他的市场那样，商贩需要交钱才可以在里面卖，在这里的市场，可以随便卖东西，没有进入壁垒，为田昌斌节省了成本。在自己的摊位前，田昌斌等着熟人们来买豆腐。生意好的时候，上午10点田昌斌就能把自己做的30斤豆腐卖完，当然，也有生意不好的时候，那样，他可能就需要等到下午4点才能把豆腐卖完。因为豆腐容易腐坏，不容易存放，田昌斌要每天都把豆腐都卖光，否则自己带回家一晚上，第二天肯定就坏了。因此，在无法预知第二天生意是好还是一般的情况下，田昌斌每天就只做30斤的豆腐，这样虽然可能会出现因为第二天生意好而到下午就没有豆腐卖的情况，但是不会出现因为做多了豆腐，卖不出去而出现豆腐剩下浪费的情况。在经济学上，我们知道田昌斌这种性格是属于风险规避型的。而对于另一些人来说，他们如果处于田昌斌的位置上，做法就很有可能与他不一样。对于那些被称为风险爱好者的人来说，他们会去预测第二天的生意如何，然后根据他们的猜测，会多做豆腐，以达到赚取更多钱的期望。想到这里，我觉得，田昌斌每天的日子可能才是真的生活，平平淡淡的生活不需要赌博和风险，平凡幸福的生活需要的是安定、安稳和知足。

每天卖完豆腐，田昌斌就回家做家务、看电视。家里还有养的猪，以及种的田地，这些都需要田昌斌操心，全都交给妻子王祖菊是不行的，因为再加上家里的家务，王祖菊一个人忙不过来。一头猪从小猪崽到长成能卖掉的程度，需要7~8个月。对于养猪，田昌斌需要定期给猪圈打扫卫生，平均每两天就需要打扫一次。如果长时间不打扫卫生的话，猪圈容易滋生细菌，会很容易让猪生病。每当田昌斌看见猪不怎么吃食了，就知道它肯定是又生病了，就需要去请兽医来给治病。喂猪的东西，除了上面提到的每天做豆腐剩下的豆渣外，还需要玉米和糠。田昌斌从来不用饲料喂猪，都是用豆腐渣、玉米和糠等这些无害绿色的东西，他说饲料对人不好，喂饲料是害人的做法，他从来都不做，从这我们能感受到田昌斌的善良和朴实。反观社会上那些为了能让猪尽快变得又大又肥，不惜用各种饲料来给猪喂食，甚至给猪注射激素，完全不顾消费者的感受，他们为了能赚钱，什么方法都会用，不管给别人带来什么样的危害。

田昌斌家还种了几亩地，但是可能是因为家里劳动人口不充足的原因，家里的土地并没有全部耕种，有四亩五分地他租给了别人耕种。田昌斌家现在拥有的田地一共九亩，其中包括四亩旱地以及五亩良田，如表 12 - 3 所示。

表 12 - 3　2011 年田昌斌家庭承包土地情况　单位：亩

总面积	水浇地面积	旱地面积	良田面积	荒地面积
9	0	4	5	0

田昌斌家土地的浇灌与村里其他人一样，都是依赖雨水。每年都需要整地一次，2011 年，田昌斌看到别人家种植烟叶的收入不错，自己也在地里种植了烟叶，只是需要三年以后才能收成，这算是远期投资了。

当我们问及田昌斌对于现在的生活感觉怎么样的时候，他告诉我们他对现在的生活很满意。田昌斌小时候家里条件就不好，当时一亩田地只能产出 200 ~ 300 斤粮食，经常吃不上饭，22 岁经别人介绍认识妻子结婚的时候家里还一直都是住的木房子，冬冷夏热的。后来 2000 年，田昌斌自己修了新的砖瓦房，有 200 多平方米。另外，现在科学技术提高了，每亩田的粮食产量提高到了 1000 斤左右，自己能解决自己的温饱问题，还能负担自己孩子上学，他觉得这种生活很幸福。现在田昌斌家里还有一台电视、一台电冰箱、一台洗衣机以及一部手机，如表 12 - 4 所示。而且现在全家人的生活压力也不大，虽然田二涵上大学后，家里负担会有些重，但是田昌斌这些年积攒下来的钱，再加上大儿子田校涵也会补助一些，还是不成问题的。

表 12－4　　2011 年田昌斌家庭耐用消费品情况

项　目	数　量	项　目	数　量
电视机（台）	1	小轿车（辆）	0
电冰箱（台）	1	卡车（辆）	0
洗衣机（台）	1	固定电话（部）	0
照相机（台）	0	组合音响（套）	0
影碟机（台）	0	手机（部）	1
电动车（辆）	0	自行车（辆）	0
摩托车（辆）	0		

采访结束，都已经快晚上 9 点了。我们在回去的路上，看着满天的星星，不禁有些感慨。在田家洞村，像田昌斌这样的人并不在少数，他们并没有很多的钱，相反，可能有的人生活上还比较贫困，他们吃不上山珍海味，也穿不了名牌衣服，买不了珍贵的珠宝，可是他们却觉得自己的生活非常幸福。经过采访，我们发现田家洞村村民的幸福指数普遍都很高。田昌斌这种朴实无华的幸福感让我们颇为感动，我们的社会需要这样的精神和品质，祝福田昌斌一家过得越来越好。

（三）弹棉花的向仁义家

2012 年 12 月 5 日上午，我们调研小组一行几人开始了今天的访谈工作。整个田家洞村笼罩在冬日的阳光之中，但丝毫没有冬日的寒冷。调研小组在田昌斌主任的引领下，来到了今天的访谈对象向仁义家。远远看去，一座两层的房屋，这就是向仁义家的房屋。房子的正面还装饰着红白相间的瓷砖，这种带有装饰性的房子的设计在田家洞村还算是比较超前的。调研小组一行走进向仁义家，此时他正在和妻子田昌英一起弹棉花。见到调研小组一行来到他家，他和妻子停下了手中的活儿，稍作整理了一下。向仁义热情地和调研小组成员一一握手，女主人走进屋里拿椅子、泡茶、端瓜子、盛水果，并招呼调研小组成员在门口坐下。我们享受着冬日里的阳光，感受着土家人的热情。在阳光下进行访谈真是别有一番滋味在心头，向仁义夫妻的热情好客让我们十分感动，体会着家的温暖，此情此景也拉近了调研小组和向仁义一家的距离，使得访谈进行得很顺利。

向仁义出生于1956年，高中文化程度。向仁义家现有6口人，妻子田昌英出生于1961年，高中文化程度，在田家洞村，生于1961年的女性拥有高中学历的人寥寥可数。现年30岁的大儿子向封，毕业于湖南省粮食中专，这在当时是全湖南省最好的中专学校之一，他所学专业为会计统计专业；现年23岁的大儿媳彭建苹，初中文化程度；现年25岁的小儿子向松林，本科毕业于常德文理学院，现于中国石油大学就读硕士研究生，2014年即将毕业；现年22岁的女儿田芙蓉（随其母姓），高中文化程度，现外出打工。

从向仁义家的家庭成员受教育程度来看，向仁义家十分重视教育，或许是因为向仁义夫妇两人本身有着较高的文化程度，由此两人更加注重对子女的教育培养。在向仁义夫妇看来，在某种程度上知识能够改变命运，因为拥有知识才能拥有改变命运的机会，而机会的获得正是以拥有知识为前提，在向仁义的价值观中拥有知识是摆脱从事体力劳动的基础，也是摆脱贫困现状的前提。也许在他看来，只有通过学习才能走出贫困，改变目前陈旧的生产生活现状。

1987年，向仁义参军入伍，光荣地成为一名解放军战士，后来并有幸担任班长一职。在部队的几年时间，向仁义养成了雷厉风行，令行禁止；襟怀坦荡，光明磊落；有礼有节，不卑不亢；严于律己，宽以待人；善于自省，敢于担当的性格。这些都是当代军人的良好品质，一个人一旦拥有了这些品质，也就拥有了成就事业、拓展人生取之不尽、用之不竭的力量源泉。同时向仁义锻炼出了健康有形的身体，健康的体魄是一个人打拼一切事业的基础。部队严格的军事训练可以让一个弱不禁风的少年变成一个健康强壮的汉子。部队独特的军姿训练，要求每个人站如松，坐如钟，行如风，能把一个人练成一名雄赳赳气昂昂、精神抖擞的合格军人。在人的一生中，这种强壮、硬朗、干练、镇定的体魄和作风，让人终身受用。向仁义在部队的经历，为他以后做生意打下了非常坚实的个人基础。他不仅拥有强壮的身体，而且拥有心中那份对美好生活的坚持。

1981年，向仁义退伍后，回家务农。而后向仁义经同村人介绍认识了现在的妻子田昌英，两人见过几次面就订了婚。同年，向仁义与田昌英喜结连理。婚后，由于经济原因，向仁义一家一直居住在土木结构的老房子中。在那个时代的农村对待婚姻的观念依然是遵循浓郁的传统婚姻理念，即“父母之命，媒妁之言”的观念。即使是在这样的情况下，向仁义和田昌英并没有因为相亲而显得疏远，两人的关系自结婚以来一直很好。夫妻二人互相扶持，互相关心，在对儿女的教育问题上更是毫无分歧。正所谓家和万事兴，在向仁义家得以充分体现：他所经营的弹棉花生意既能满足家庭开支又能维持较好的邻里关系和亲人关系；同时两个儿子也是学业有成。

向仁义家的田地不多，农业生产劳作也不多。向仁义家有水田 3 亩，旱地 4 亩，林地 10 亩。由于大儿子和女儿常年在外打工，小儿子在外读书，家中劳动力缺乏。田地里的粮食仅供自家口粮，剩余部分用来喂养一两头猪，家里养的猪也仅用来满足自家的肉类需求。

虽然向仁义夫妇是两位普通的农民，但是由于夫妇俩自身所具备的文化素养，二人特别重视孩子的教育。从调研小组与向仁义夫妇的交谈中，调研小组成员了解到：向仁义家最棘手的经济问题，就是筹集子女的学费，这个问题一直困扰着夫妇二人。而后，向仁义夫妇为了解决家庭经济“开源问题”，二人经过反复思量，他们决定做生意——“弹棉花”。

20 世纪 90 年代末期，向仁义夫妇向亲戚朋友借钱去吉首市购买了两台弹花机，当时花了 1 万多元，买机器只是弹棉花过程中的第一个步骤，向仁义还得学习相关的弹棉花技术。因为向仁义自身有一定文化功底，于是在买弹花机之前，向仁义托本村的客车司机买了一些弹棉花的技术指导丛书，通过自学，他掌握了一定的操作技巧，并将他自身理解的技巧教授给了妻子田昌英。这样，技术和工具都具备了，欠缺的只有材料，于是向仁义夫妇拿出了多年的积蓄，去吉首市买了棉花、棉线等。随着时间的推移，他们通过自己的摸索和操作，夫妇俩把技巧与实践结合了起来，棉花生意越做越红火，生活逐渐走上正常轨道。

在访谈中，调研小组人员了解到：向仁义夫妇弹棉花所需资金周转为 1 万多元；购买者一般为本村居民；购买方式为订购或者加工旧棉絮。在生意淡季，向仁义夫妇为减少积压成本，无人订购棉被时，他们是不会生产成品的，因为成品的积压既增加了成本，又增加了市场波动生意亏本的风险。一般棉被的销售旺季仅为当年 10 月至次年 2 月不到半年的时间。

向仁义夫妇为调研小组介绍了加工旧棉絮的过程：

第一，弹松旧棉：先将待弹的旧棉被撕成宽约 50 厘米的长形棉条，然后开动弹棉机，将棉花条顺在入口处，一点儿一点儿地往弹棉机里送。经过机器转动，弹好的棉花从出口处源源不断传出，弹棉工用细竹棍就势将棉花一点儿一点儿地卷起来，有点儿像成卷的厚布匹。这个过程结束，整个旧被弹完大约可收获四卷棉花。

第二，铺成棉套：将弹好的棉花摊放在一块大木板上，一层一层地铺在一起，使得棉层变厚，并按所要求的大小规格铺好，先用筛子轻压，而后用圆形的厚木板压实。

第三，加网固定：在做成的棉被的雏形两面，分别盖上纱网，并将四边封死和反复加压。至此新的一床棉絮算是完成了。

时光飞逝，岁月如梭，向仁义夫妇经营弹棉花生意已经十几年了，一直到现在仍然坚持着，因为他们深知道“滚石不生苔，转业不生财”的道理。向仁义夫妇经营弹棉花生意，一方面，在经济效益上，做生意给当时的向仁义一家带来了物质上的丰富；另一方面，在生产方式上，做生意使他们在某种程度上脱离了传统的农业生产方式，摆脱了靠天吃饭的命运。

2009 年，向仁义夫妇考虑到大儿子已经到了适婚年龄，于是夫妇俩花了 5 万 ~6 万元新修了两层的小楼房，调研小组看到的房子就是那时修建的。为修建新房，向仁义夫妇俩花费了约半年时间，一般在农村修建房子，男主人需要在工地上做工，既可以方便其他工人询问主人的要求，主人又可以起到临时监工的作用；而女主人则按时为工人们准备一日三餐和负责送茶水的工作。

2009 年下半年，新房建成后，向仁义夫妇把一楼的两间门市作为自家做生意的场地。此后，经过一年多的生产经营，向仁义夫妇为大儿子的婚礼做好了准备，终于在 2011 年底，大儿子向封与本村的姑娘彭建苹结为夫妻。2009 年对于向仁义一家来说是意义非凡的一年，大儿子能够成婚，是向仁义夫妻二人通过努力工作才得以实现的，夫妇二人通过自己的勤劳朴实和优良的技术，不仅使得自身在某种程度上脱离了农业生产的束缚，而且在物质上获得了较为宽裕的收入，为以后的美好生活打下了基础。

当调研小组问及其小儿子向松林上大学和读研究生的学费问题时，向仁义夫妇将此事与自家的生意联系了起来。向仁义夫妇谈到，像弹棉花这种小本生意，只能负担儿子的基本生活费和家庭的日常开销。近年来，由于棉花产量不稳定、产棉地区受灾等情况，生意成本上升，且早年购买的两台机器已经老化，生产效率低下，加之这年头的生意难做，无疑是让依靠小本生意谋生的向仁义一家雪上加霜。每年只要能够赚取到家庭开销和小儿子常年在外求学的生活费，生意就算做成功了。向仁义夫妇补充道，小儿子这些年念书的学费依靠的是国家贷款……谈到这里，向仁义总是低头叹气。他回忆道，当年大儿子向封考上了湖南省粮食中专，本来毕业后有一份人人羡慕的“铁饭碗”，当时的时代背景是：只要考上中专，都是由国家统一分配工作，但是天有不测风云，由于湖南省古丈县粮食局改制，国有粮食企业大多不景气甚至关闭，向封毕业后没有按照原来的预定轨道走上令人期待的工作岗位，而是像其他农村子弟一样，迫不得已走上外出打工之路。向封在外主要从事建筑、电工之类的技术工作，但还是得依靠自身的体力去获得生活的资本。

向仁义对往事的追忆是形成人们目前对现状的态度的一个重要原因。向仁义认为大儿子是非常优秀的人才，即使因改制没办法安排工作，国家也应该按照上学前的承诺，安排其他相关工作，那时上中专就是工作前的培训，国家曾经为农村莘莘学子打开了一扇通向改变命运的大门。而随着经济改革和时代的发展变化，曾经的那扇门已经被更激烈的社会竞争力变得陌生。毫无疑问，这是时代变革的结果，这也是时代给予每个人不同的发展机遇和应当承受的社会变革压力。在这样的社会大环境下，每个人应当更加积极地面对变化的世界，适应变化的社会，才能更好地融入社会，从而获得自身发展的机会。

访谈结束后，向仁义一家的热情好客给调研小组留下了深刻的印象，土家人的淳朴善良，对待生活积极向上的人生态度也是我们值得学习的。在某种程度上来说，拥有了知识就获得了改变命运的可能，而没有知识却无法拥有改变命运的机会，机会从来就只会赐予那些有准备的人们。笔者认为，向仁义夫妇就是想通过对儿女的培养从而让他们获得走出大山的机会，改变他们面朝黄土背朝天从事传统农业耕种的命运。也许生活在城市的人们，一直接受着良好的教育，不曾切身体会到只能通过知识才能改变命运的无奈，虽说是一种无奈，但却是农村人的期盼和希望之所在。相信向仁义一家的生活会越来越好！

（四）卖米粉的向德刚家

我们第一次见向德刚是在路边的一栋正在装修的房子里，村里的向导把我们带过去找向德刚的时候，他正在这栋房子里做小工。向德刚听完我们的自我介绍后，并没有责怪我们打扰了他的工作，而是很热心地接受了我们的采访。于是，我们就在房子门口，晒着暖暖的太阳，开始了对向德刚的调查。

向德刚，男，41岁，小学未毕业，土家族人，无宗教信仰。向德刚的妻子名字叫田宏玉，40岁，也是小学没有毕业。两人生有一个女儿和一个儿子，大女儿已经16岁了，就读于古丈一中，学习成绩处于中等偏上的水平；小儿子12岁，在断龙乡完小上小学六年级，调皮的小儿子学习成绩没有大女儿好，处于中下等水平。向德刚还有一个弟弟和一个妹妹，他们两个人都在外面打工，生活都和自己差不多。向德刚因为和自己的75岁年迈的老父亲住在一起，而且向德刚的父亲患有风湿病，走路都成问题，因此生活不能完全自理，需要有人照顾。而向德刚的弟弟和妹妹都已经成家了，有了自己的生活，所以，向德刚就义无反顾地承担起了照顾老父亲的责任。在既需要照顾父亲，又需要照顾自己孩子的情况下，向德刚不能外出打工，只能在本村找工作，虽然如果他外出打工赚的钱会比在家里多。从这点就可以看出，向德刚是一个很有责任心和孝心的人。在村子里，向德刚家一共有5亩地，包括3亩旱地和2亩田地，如表12－5所示。

表12－5　　2011年向德刚家庭承包土地情况　　单位：亩

总面积	水浇地面积	旱地面积	良田面积	荒地面积
5	0	3	2	0

向德刚在村子里赚钱的手段主要有三个：卖米粉、种植烟叶以及帮别人做点儿小工。在我们听说向德刚的时候，乡政府工作人员向我们介绍他是村里卖米粉的，我们还以为向德刚是专门卖米粉的。可是经过采访，我们发现并不是这样的，卖米粉只是向德刚的一个谋生手段。卖米粉的点子首先是向德刚的妻子田宏玉想出来的。当时家里没有钱，向德刚和妻子想找些能增加家里收入的方法，田宏玉就想到了卖米粉。两个人从无到有，从完全不知道怎么卖米粉，慢慢地摸索，最终成功地把卖米粉这项小生意做成了，别看生意不大，可是其中向德刚和田宏玉没少投入心思和精力。

向德刚平时是不卖米粉的，只有村子里有集市的时候才会卖。卖的米粉是从永顺县买回来的干米粉，在出集市前，向德刚把干米粉买回家，然后要用水泡5分钟。在锅里放上水，烧开，把泡过的米粉放入，用开水烫一下，出锅。另外，向德刚还要提前准备好肉馅和骨头汤，骨头汤需要熬一个多小时才可以。通常，这些都是在集市前一天的下午5~6点钟就准备好。然后在晚上10点左右的时候，要把烫好的米粉再泡到水里。然后在集市的当天，向德刚早晨4点钟就要起床，把炉子生好，等着前来赶集的人过来买。由于每次集市田家洞村的每一条街道都会有很多来买东西和卖东西的人，因此向德刚就不需要在外面的街道上再找一个摊位卖米粉了，他把东西放在家院子里就可以了，人们都会看到，然后可以进向德刚家的院子里买，或者带走或者直接就在向德刚家吃，于人于己都很方便。一般向德刚从早晨开始卖，到下午3点多就结束了，然后向德刚和田宏玉就开始收拾东西，要收拾到晚上6~7点钟才能收拾完。集市是每五天有一次，因此向德刚就每五天卖一次米粉，他卖的米粉从一开始的2元一碗，变成了现在的5元一碗，每一次向德刚能挣到100多元的纯利润。刚一开始的时候，米粉并不好卖，没有固定的客源，后来慢慢的大家都知道了，向德刚的米粉生意才渐渐地好些了。

其实，向德刚家目前主要的挣钱方式还是种烟叶、卖烟叶。他是从2010年开始种烟叶的，在这之前，向德刚的地里种的都是玉米和稻谷。看到村里有人种烟叶，而且收入还不错的样子，向德刚就在考虑自己也应改种烟叶。种烟叶的好处是，自己不需要考虑销路的问题，因为每年在种烟叶之前，会和乡里的烟草公司签订协议，协议会规定待烟叶收好后，烟草公司全部收购其所种植的烟叶。但是烟叶收获以后，需要烘烤后才能卖给烟草公司。这就存在一个技术性的问题，烘烤过程没弄好的话，烟草烤出来是卖不到好价钱的。烟草公司会把差烟叶的收购价压得很低，一般是1元一斤，但是好烟叶的收购价却是13元一斤，两者相差甚大。好烟叶和差烟叶的区分方式就在与烟叶的叶片数量，一般20~25片的烟叶是好的。虽然烟草公司承诺，对于种植烟叶的农户会无偿地提供技术指导，包括前期种植、成熟后的收获以及后期的烘烤。但是向德刚依然犹豫了一段时间，他一直在考虑是改种烟叶，还是继续种玉米和稻谷，因为如果继续种植玉米和稻谷，虽然赚得不多，但是却胜在稳定，没有风险；而如果改种烟叶，纵然赚得可能会多起来，但是却是有风险的，万一自己烤烟叶的时候没烤好，导致自己种植的烟叶都成了差烟叶，那自己的收入就完全没保障了。在这种思考中沉浸了一段时间，向德刚最终选择了改种烟叶。

从我们采访的时候来看，向德刚的选择是正确的，改种植烟叶确实使向德刚家的收入增加了不少。而且第一年过去以后，向德刚对自己的决定感到满意，自己明显能感觉到种植烟叶比种玉米、稻谷好不少，而且自己担心的问题也没有发生，因此向德刚就有了继续种植烟叶的信心。向德刚向我们介绍，每年的5月开始在地里种植烟叶，种植烟叶要注意水灾和旱灾，这是影响烟叶质量的两大因素，对于烟叶来说，水太多了不行，太少了，变得太干了也是不行的。待到了7月的时候就可以采摘烟叶了。把烟叶采摘下来以后需要用夹子夹住、排起来，放在烤房里，用炉子生火来对烟叶进行烘烤，去掉新鲜烟叶的水分。烤烟叶的时候要特别注意烟叶的湿度，如果在烘烤过程中发现烟叶变黑了，那就说明烟叶的湿度太大，这时就需要用排风机吹烟叶，减少烟叶湿度。烘烤的过程一般要持续一个星期，在这一个星期内，要随时注意烟叶的烘烤进程，出现问题了要马上处理，否则就会造成烟叶质量的下降，如果发现烟叶的湿度过大，就需要马上用排风机吹。因此，在烘烤烟叶的过程中，必须有人盯着，不论早晚，全天24个小时都需要有人看着烟叶。因此，每当这时候，向德刚和田宏玉就会两个人轮流休息，保证至少有一个人守着烟叶。整个过程下来，两人都非常疲惫，可是即使是这样，每次依然会有差烟叶出现，每次差烟叶的比例还都差不多，大体上占总数的三分之一。

向德刚第三个赚钱的手段是帮助村里的人做小工。向德刚也曾经外出打工过，他并非一直待在村子里。2002年，向德刚和村里的三四个人经老乡介绍，一起去了浙江的温州打工。具体的工作地点是一个建筑工地，在那里，向德刚做过好多种工作，包括用小车推砖、和水泥、砌墙、拉线等。在温州，向德刚一共待了一年，住的是16个人一间的集体宿舍，而且冬冷夏热，条件十分艰苦。而且，几乎每天都需要加班，每天总共的工作时间有十几个小时。刚去的第一天，向德刚第一次感受到工作强度如此大以及工作时间如此长，做完第一天的工作，向德刚感到非常累，可他还是坚持了下来。在那里，向德刚每天能挣到20~30元，每个月差不多有600~700元，比在家种地的收入多。而且孝顺的向德刚会把收入的一多半寄回家，大约有三四百元，自己只留收入的一小部分作为生活费。正是这种经历，锻炼了向德刚，使向德刚对于工地上的工作非常熟悉。在因为家里老人、小孩的原因回到家里以后，向德刚便经常会在闲暇的时候外出找找，看看有没有哪户家庭需要做小工，他就去帮帮忙，补贴一下家用。当我们刚见到向德刚的时候，他就正在做这件事情。

2011 年，向德刚家的总收入为 15000 多元，其中以上所讲的三个部分的收入分别是：烟叶有 1000 多斤，共卖了 6000 元，米粉的收入为 5000 元，在村里做小工的收入为 400 元，另外，2011 年，向德刚家还养了四头猪，除了留下一头作为自己家过年吃以外，剩下的三头猪卖了 4000 多元，如表 12－6 所示。

表 12－6 **2011 年向德刚家庭收入来源情况** 单位：元

职业	收入	职业	收入
从事种植业	6000	本乡镇就业工资	0
从事个体经营	5000	打工	400
从事屠宰	0	从事运输业	0
从事渔业	0	政府补贴和社会救济	0
从事养殖业	4000	出租耕地或房屋	0
从事旅游业	0	其他经营收入	

2011 年的收入对于向德刚来说，已经算是高的了，但是还是没有家庭开销多。2011 年，向德刚家一共支出了 20000 多元，其中生产性的支出有5000 多元，包括买猪崽 1000 元、烟苗 300 元、化肥 2000 多元、煤炭 1000 多元、耕地 1000 多元；食品方面支出 500 元，孩子的教育支出 10000 元，给自己的父亲看病花费 1000 元，其中农村合作医疗报销了 750 元，红白喜事人情方面支出 3000 元，交通费 200 元，手机花费 360 元，如表 12－7 所示。

表 12－7 **2011 年向德刚家庭支出情况** 单位：元

总支出	生产性	衣服	食品	看病	教育	娱乐	红白喜事	交通	通信	住房
20000	5000	0	500	1000	10000	0	3000	200	360	0

在支出大于收入的问题面前，向德刚也没有什么好的办法，他已经在努力地挣钱了，可是还是无法满足他的支出。他只能向周围的亲戚借钱，截至 2011 年，向德刚借债达到了 8000 元，他告诉我们，他每年都需要借钱，只能每个亲戚那都借一点儿，否则借得多了，亲戚也就不太愿意借给他了。直到现在，向德刚家住的都还是老式的木头房子，一直没有钱翻盖成砖瓦房。对

于制约自己收入的因素，向德刚认为主要是三个方面：缺少劳动力、土地少、缺少资金，自己父亲的病虽然每年都需要看医生，要花费1000多元，但是弟弟和妹妹每人每年都会寄1000多元给自己的老父亲，这方面不是问题。最主要的问题其实在于向德刚孩子的学习费用支出，这从表12－7中就可以清楚地看出来，这项支出占了总支出的50%。可是，向德刚从来都没有过让自己的女儿、儿子辍学的想法。这都是因为向德刚小时候非常喜欢上学，可是那时自己家里非常穷，没有钱交学费，因此自己只能在上完小学四年级的时候就辍学了，甚至都没有小学毕业，他的妻子田宏玉也是这种情况，在小学五年级就辍学了，同样的，向德刚的弟弟和妹妹也没有能上完。因此，向德刚就对自己说，要让自己的孩子读书，不管怎么样，自己都会尽最大的努力让自己的儿女把书读好，考上一所好的大学，再苦再累都不会让自己的孩子辍学。

他说，虽然现在的生活比以前好些，但是自己依然没有钱，现在想做点儿别的生意，都需要本钱，自己一点儿都拿不出来，每年还需要到处借钱。如果有钱的话，向德刚想做点儿大些的生意，或者买辆车跑运输，而不仅仅是卖米粉。但是问题就在于向德刚自己没有钱，想去贷款，银行也不给他放贷，因为银行要求贷款要有抵押，一般都是人们拿自己的工资本或值钱的东西抵押，而向德刚没有固定的工作，也没有什么太值钱的东西，就不存在可以抵押的东西了。

向德刚家的耐用消费品只有一台电视，看电视也就成了向德刚唯一的爱好。现在，向德刚的愿望就是自己的大女儿能顺利考上大学，走出这个小村庄，去感受一下外面精彩的世界。他经常会督促自己儿女的学习，告诫他们不要像自己一样在家里烤烟叶。另外，他还希望自己父亲的风湿病能尽快好起来。

十三、主要从事运输业和建筑业的农户

（一）客运经营户黄明义、杨雅晴夫妇

黄明义、杨雅晴夫妇是全村唯一经营正规客运的家庭。夫妻二人都是20

世纪70年代出生的年轻人，虽说生活的经验并不丰富，但是在成立了家庭的十几年时间里，夫妻二人一路摸爬滚打，共同奋斗，始终微笑着面对每一天全新的生活。

调研小组大约在下午3点钟来到了黄家，男主人黄明义还在出车的路途上，幸运的是女主人杨雅晴刚好回到家中。在得知了我们的来意之后，杨雅晴十分爽快地从里屋拿出小椅子，搬到家门口，和我们在马路边晒着太阳开始了这次的访谈。

夫妻二人跑客运，并非单打独斗，而是采取的联营形式。在断龙山乡的客运汽车站里，一共有八辆像黄明义、杨雅晴夫妻这样的客运中巴车主。中巴车属于个人所有，八辆车每天按照汽车站组织的固定时间顺序出勤。杨雅晴说，今天这会儿自己之所以在家，是因为车站每天从早上6点到下午的五点半，每小时一班，共有十趟车，每天八辆车依次出发，这样，一般情况下，每辆车每天跑“断龙山—古丈县”一个来回，而每隔三天就会跑上两个来回。黄家的车由黄明义做驾驶司机，这一天刚好赶上黄明义有两个来回即四班车的任务，所以会晚一些回家。而同样是跑客运，女主人的角色则是售票员，但是按照车站的规定，售票员是不允许为自家车卖票的，而是为另一辆客车服务，所以杨雅晴这一天只需要跑一个路线的来回，工作完成也就可以回家了。

黄明义、杨雅晴夫妇是在2010年才开始跑客运的。在断龙山乡客运站的原八家车主里，有这么一户，可能是出于经营较为困难的原因，决定出售自家的车辆。客运车辆的出售也就意味着伴随这辆客车的客运资格也被一同转让。黄明义夫妇听说了这个消息，二人商议决定接手这个生意。最终，他们以11万元的价格从原车主手里买了那一辆中巴客车。车辆证件齐全，双方货款交接清楚后只办了一个变更手续，黄明义夫妇就正式加入了县乡客运的经营队伍。在没有做这行当的时候，总觉得看着别人很挣钱；可是当自己真实参与进来的时候才发现，原来是有那么多的难处需要克服啊，杨雅晴如是说。

“这两年的客运生意并不好做。”其中有一个重要的原因，断龙山存在许多没有正规营运执照的小面包车，在很大程度上扰乱了正常的客运经营秩序。杨雅晴说，作为正规经营的客运汽车，每一辆都是在古丈县注册登记，经过交通局车管所的批准，在缴纳了一定的费用之后，才获得的运营证书和路线牌。并且，每一个乡镇所允许批复的运营车辆数目都是有限的，目前断龙山乡已经没有新的指标了。乡里的小面包车，没有任何正规的营运证照，在过去，它们也是存在的，但是有明确的限制，只被允许在乡镇里跑跑短途，而不可以载乘客驶入县城。只是这两年不知道为什么，管理变得很松懈，这些无照经营的车辆也可以开到县城了，这样就大大影响了正常营运汽车的客源。像这样的小面包车，每个村子里都有几台，它们平时就在村子里转，拉满人就开走。

从断龙山乡到古丈县，沿途经过茄通乡、河西镇和罗依溪镇共三个乡镇，根据交管部门批准的线路牌，断龙山乡的客运车辆在每个站点都是可以停靠上下乘客，然后根据乘坐的路段收费卖票。但是，在罗依溪镇，当地的客运车队总是会跟断龙山乡的客运车队起争执，近两年，冲突愈演愈烈，断龙山乡的客运车辆已经无法在该镇设站停车。最终的结果是，中途的三个站点变成了两个，从断龙山乡到罗依溪单向每人次 7 元、茄通至罗依溪双向每人次单向 6 元，河西至罗依溪双向每人次单向 3 元，从古丈县到罗依溪单向每人次 3 元，共六个分段线路，也就是 30% 线路上的客源便不复存在了。

无论是小面包车带来的无序经营，还是几个乡镇客运车辆的客源争夺，对于客运经营业主来说，都会造成其正当利益的损害。杨雅晴提到，断龙山乡汽车站八家车辆的联营形式也不是自始就有的。根据她的了解，在最初的阶段，断龙山乡的客运经营处于一种无序竞争的状态，各家为了争取客源会经常性的出现冲突和口角。也是在这种磨合的过程中，吸取了外地的先进经验，并且随着当地交通部门正规化管理的改进，断龙山乡的客运经营才走入有序营运的轨道，统一管理，统一分配。当地百姓得到了便利的交通条件，几家经营户也尝到了联合经营共同盈利的甜头。对于目前的状态，考虑到保护正规经营业主的正当利益和交通运输安全，这种无序甚至是混乱的秩序还是应该由相关部门进行协调和管理的。

若要计算客车营运的收入，暂时不考虑成本的话，无非包含两个方面的因素，一是载客量，二是车票价格。杨雅晴说，眼前不仅仅是客源受到了小面包车和停靠站点问题两个方面的冲击，在车票的定价上，车主也是没有空间的。目前，从断龙山乡到古丈县全程 41 公里，票价为 10 元。杨雅晴认为票价还是处于偏低水平的。有这样一笔账，黄明义家所驾驶的中巴车，其限定的载客量是 18 人。如果简单假定全部乘客都是乘坐全程的，而且每次都刚好坐满 18 人，那么该辆车单向的收入就是 180 元。国家有明确的法律规定，客运车辆是不允许超载的，罚款的金额也可以起到使客运车主放弃超量载客的威慑作用。这样，在人数固定的前提下，若要提高收入还剩下两种渠道：其一是将中巴车更换为一辆大型客车，杨雅晴说，夫妻二人曾经考虑过这个选择，但是，大巴车一是自身价格高，二是使用时油耗、车耗、维修的费用高，三是前面提到客源受到冲击的问题，综合考虑，换一辆大巴车并不划算，最终夫妻二人便放弃了这个想法。其二就是提高票价。小面包车的票价每人次在6～8元之间，这个价格很低，但是，虽然小面包车只有七座，它们每次都要超载到8～15人，再加上小面包车的燃油费用低于中巴车，又无须向交管所和汽车站缴纳一定比例的管理费用，所以，它们能够在这个低价位上运营。但也正是由于这个价格的比照，一旦客运汽车站的车主提高票价，可想而知，客源将会更大程度地流失掉。

此外，让杨雅晴颇为不解的是，作为正规的客运车辆，国家每年都会有一定的客运补贴和燃油补贴，只是具体标准自己并不理解，2010年拿到了3万多元，而2011年则是2万元；而非正规经营的小面包车每年也可以拿到1万多元的财政补贴。

黄明义家的客运车辆的成本和收入在联营的形式下是这样分配的。在成本上，跑一个来回的油钱差不多固定在100元左右，这部分钱是车主自行负担；此外，每个月每辆车需要交给汽车站90元的卫生费。在收入上，每天这八辆车的全部收入由八家业主平均分配，每天如此。另外，在所有的收入里每个月还要拿出8%作为汽车站的利润提成，这主要是因为车站统一管理车辆车次，尤其是负责统一售票。

在跑客运的这两年时间里，事业刚刚起步，黄明义、杨雅晴夫妇二人也经受了不少挫折。第一年由于线路上路况不好，买进的二手中巴也较为老旧，所以车辆的维修费用居高不下。更揪心的是，车只要进了维修厂，就会耽误生意。一年下来，两人的小家庭并没有挣到什么钱。到了第二年，考虑到那辆老车已经运营了五年的时间，实在破旧，虽然按照规定，每辆客车的使用期限是六年，车辆应在2012年正式报废，但是夫妇二人还是商量着在2011年11月将其提前报废，然后以15万元的价格重新购进了一台新的梅花牌中巴车。梅花牌汽车是当地交管部门指定的客运车辆品牌，其价格偏高，但是也别无选择。黄明义、杨雅晴夫妇都还年轻，基本没有什么积蓄，家里也没有什么可以抵押的东西，申请不到贷款，只能从亲戚手里东拼西借。这样，在两年的时间里夫妻二人购进了两辆汽车，一共背负了将近 30 万元的债务。

说到这里，调研小组感觉话题略显沉重，不过女主人笑着说，没有关系的，我们做的是正规生意，虽说有各种难处，但是毕竟才刚刚开始嘛，每天都好好干，再看看情况，应该会越来越好的。这个时候，我们看到杨雅晴抬头在对谁微笑着。回头瞧，原来是男主人黄明义回来了。黄明义瘦瘦的个子，看起来很温和。男主人十分热情地和我们打过招呼，也不顾工作的疲劳，很开心地加入了访谈之中。

男主人黄明义，土家族，1973 年出生，田家洞村人，家中兄弟姐妹六个，排行老五。黄明义于 1991 年在吉首技校中专毕业，同年考进了吉首市的一家国有企业成为正式职工。不幸的是，那个国有企业在黄明义只工作了两年之后就破产了。黄明义说，原本在国有企业里工作工资收入还是比较稳定的。最近还听之前的老同事说，据说凡是该企业的正式员工现在可以在市里申请廉租住房了，但是由于自己并不了解情况，所以也没有争取过，就不了了之了。黄明义还听说厂里一直都有给员工提供养老保险的待遇，只可惜自己从来都没有交过。回头可以打听打听，不知道是不是补齐了以后年纪大了还能领到一笔养老金呀。杨雅晴也笑着说，是呀，这些我们都不是很了解，如果能有这么一笔钱当然最好了，因为我们家没有地可以种啊。原来黄明义当年就是因为这份在城里的稳定工作，在城里落下了一个非农业的户口，所以在田家洞村他就没有分到土地；而杨雅晴也不是本乡人，所以在田家洞村也不会分给她土地。可能也是因为这个原因，夫妻二人自谋生路，最终选择了客运经营的生意。1994 年，黄明义重新择业，在古丈县的汽修厂当起了工人。又过了两三年的时间，黄明义开始出外打工。他的第一站是深圳的一家玩具厂，黄明义说当时的工钱就是每个小时 1.5 元，每个月 300 元。工作了一段时间，黄明义回家待了一年，然后又到了浙江打了一年的零工，每个月的收入有六七百元。黄明义说，当时就是到了外地，通过各个厂家门口的广告来收集岗位的信息，然后找适合自己的去做。

女主人杨雅晴，土家族，同样是 1973 年出生，是距离断龙山乡不远的罗依溪镇人。杨雅晴在本乡从 8 岁开始接受教育，一直到初中毕业。离开学校后，杨雅晴开始在家里务农。罗依溪镇和断龙山乡的自然条件不同，当地的土地适合种茶叶和柑橘，并且家家在河里都有地方可以养鱼。杨雅晴说，自己家里一共三个姐妹，自己是老二。家里一共有三四亩的茶地、五六亩的柑橘林和一小片养鱼的河域。自己从 16 岁开始，每天天刚蒙蒙亮就起床采茶，然后白天帮家里种植柑橘，放养鱼苗。到了十八九岁的年纪，听说村子里有许多人都出去打工，杨雅晴也想出去看看。就这样，在那三四年的时间里，通过劳动服务公司的介绍，杨雅晴断断续续地去了回、回了去的在深圳打工。杨雅晴说，那边的工资并不高，自己在手表厂做工，刚开始的时候，每个月只有两三百元的工资水平，后面涨工资，到了七八百元，然后就没有再涨过，一直维持在这个水平上。可喜的是，就是在深圳打工的日子里，杨雅晴遇到了现在的爱人黄明义，终于两个人在 2000 年一起回到湖南家乡办了喜事，结为一家人。

夫妻二人结婚之后，住在黄明义家沿街的老房子里，两个人都没有再出门打过工。苦于无地可种，夫妻二人考虑另谋生路。最初的时候，杨雅晴利用房子沿街的地理位置，开始在自家门口做熟食生意，也就是小餐饮，为过路客人下粉儿或者下面条。到了村子里赶集的日子，杨雅晴还会做红肠拿出来卖。这个生意一做就是十年之久，每个月有几百元的收入。杨雅晴做生意的同时还看护着两个不大的孩子。男主人黄明义则花了 2 万元买了一辆二手农运车，专门为建房、修路的人拉沙子、砖瓦石块之类。在这十年之中，两个人的收入加起来一年只有一万多元。杨雅晴说，好在我们和孩子的花销都不大。家里日常最主要的开销就是买口粮，每个月大概 1000 斤；其他方面，包括比较多的人情开销，水电费、通信费，所有的加起来每个月也有1000多元；这几年孩子都小，只是近两年才有的教育开支，一学期 100～200 元的学杂费，所以费用也不高。杨雅晴笑着说，这些年我们挣得少，自然都会节俭一些，无论家长还是孩子都懂得这个道理，拿电费来说，平时大家用电都很注意，所以每个月的电费只需要三四十元。这两年开始跑客运，虽说每个月的收入能提高到3000 元以上，但是，毕竟这是全家人的所有收入，再减掉在车辆方面的各种开支，还是所剩无几。

杨雅晴说，跑客运经营，时间上并不紧张。只是到了周末的时候，家里的人和车才会显得比较忙碌些。这是因为乡里有好多孩子在县里读书，周五、周日会在学校与家之间往返，客运量大增，车站便会多安排几趟车次，甚至是安排专门接送学生的车次。这样，平时有大把的时间在家里，除了照看孩子，做做家务，还有一小片儿菜地可以种种蔬菜，还有空闲的时间，杨雅晴就会找些小工儿做做，挣些零花钱。一般情况就是在别人家的烤烟房帮帮忙，工资没有固定的标准，做一次工有的时候是四五十元，有的时候就是七八十元。

家里的两个孩子分别是2002年和2004年出生的，都是男孩，在2012年一个读小学三年级，一个读小学四年级。杨雅晴说，两个孩子学习都很用功，是班上的前两名，不用家长操心，小儿子比大儿子上学还早一年。两个孩子每人每天的零花钱是1元。因为都在家里吃饭，又很乖，所以孩子们从不多要钱。在我们说话的当口，小儿子放学回家，然后就一直坐在妈妈的身边，很安静地听着我们说话，很是乖巧，杨雅晴一提到两个孩子，满心的幸福洋溢在脸上。说到今后的打算，夫妇二人说，不论家庭还是生意，都会尽二人最大的所能，经营好这个家，夫妻二人坚信奋斗的路还很长，相信以后会做得更好。

（二）客运专业户黄波家

黄波，男，24岁，土家族，初中毕业。因为黄波还有个大哥叫作黄浪，因此，村里人们又称黄波为黄二浪。其妻子名彭艳萍，24岁，两人现有一个2岁的儿子，黄波的爷爷给取名为黄烟麒。黄波一家三口与自己父亲、母亲以及爷爷住在一起。黄波的父亲叫作黄明，平时主要的工作是卖肉和种地。平时，黄明要去别的村收购生猪，屠宰后拿到集市上去卖；黄波的母亲叫田志翠，平时负责照顾小孩儿；爷爷黄生炳是一个老教师，从他给黄波儿子起的名字上能体现出这个老教师的文采。

现在黄波是田家洞村的专职客车司机。他开始跑客运是在2010年开始的，当时黄波在家待业，没有什么事情做。这时，别的村里有个人要外出跑长途，要把自己的短途客车卖掉，这个出售信息被黄波的父亲黄明看到了。经过考虑，黄明认为反正黄波现在也没工作，让他去跑客运是个不错的主意，也正巧，那时黄波的驾照也快下来了，于是黄明决定把客车买下来。但是黄波家一时无法拿出买车的钱，只能想办法借钱了，黄波先是向自己的两个舅舅借了4万元，然后又向银行贷款10万元，这10万元贷款期限是7年，年利息是1.2万元，黄波家要每个月还利息。用这凑起来的14万元把车买了回来，再加上去政府交通管理局办理过户，把原车主名下的交通路线转到自己名下，又花了15000元，一共是15.5万元。然后，黄波的客运工作就开始了。黄波是2009年开始考的驾照，到了2010年6月才正式拿到驾照。因此刚开始的那段时间，黄波的驾照虽然考完了，但是却还没有领到驾照，如果不开始跑的话，一个是政府会查他停运的责任，另一个是自己赚不到钱，所以他只能聘请司机来开车。黄波每个月要支付司机师傅工资2000元，好在时间没有太长，大约一个月零十天黄波的驾驶证就拿到手了，就可以自己开车了。自然而然的，客运收入成了黄波家经济的主要收入来源。2011年，黄波家一共收入6万元，仅客运收入就有4.8万元，占总收入的80%，其他的收入还有黄波父亲卖肉的收入，这一年，黄波家还养了两头猪（2012年因为黄波的母亲田志翠需要照顾孩子，因此没有继续养猪），卖了1000元，政府油补8000元。另外，黄波的父亲还种植了2亩稻谷、4亩玉米，但是这些粮食是自己家吃的，没有出售。黄波家的具体收入如表13－1所示。

表13－1 **2011年黄波家庭收入来源情况**

职业	收入（元）	职业	收入（元）
从事种植业	0	本乡镇就业工资	0
从事商贸	0	外出打工	0
从事屠宰	0	从事运输业	48000
从事渔业	0	政府补贴和社会救济	8000
从事养殖业	1000	出租耕地或房屋	0
从事旅游业	0	其他经营收入	0

2011年，黄波家共6万元的收入也很可观，在田家洞村可以算是高收入了，相对的，黄波家2011年家庭支出3万元，包括生产性支出2380元（包含玉米种子支出80元，稻谷种子支出100元，化肥支出400元，耕地支出800元，农药支出1000元），买衣服支出2000元，食品支出2000元，看病花费3000元，娱乐支出3000元，红白喜事支出1600元，交通支出14820元，通信费1200元，具体如表13－2所示。这样，黄波家仅2011年一年就有了3万元的存款，再加上2010年后半年的收入，黄波就把舅舅家的4万元借款先还清了。

表 13－2　　2011 年黄波家庭支出情况　　单位：元

总支出	生产性	衣服	食品	看病	教育	娱乐	红白喜事	交通	通信	住房
30000	2380	2000	2000	3000	0	3000	1600	14820	1200	0

随后，黄波详细地向我们介绍了他的客运。他的这趟车是从断龙山乡到古丈县的。线路是政府严格规定的路线，而且政府会对客运司机进行严格的审查，通过了才会同意其在这条路上跑客运。审查的内容包括对驾驶执照、身份证、从业资格证以及营运证等，司机必须这些证件都有而且必须能互相对得上才有资格。这条线路具体为从断龙乡出发，依次经过米多村、幸福坪、猛虎洲、铁马州、茄通、坐龙峡、河西、罗依溪，最后达到终点站古丈县车站，这个行程为一个小时零十分钟。黄波一般每天早晨八九点出发，下午两三点回来。票价是根据行程的远近来定的级差票价。具体为：从断龙山乡田家洞村到米多村的票价是 0 元，然后从田家洞村到幸福坪是 3 元，到猛虎洲是 4 元，到铁马州、茄通是 5 元，到坐龙峡是 6 元，到河西是 8 元，到罗依溪和古丈县都是 10 元。还有另外七辆车一起跑这趟路线，一天一个来回。总共有八趟车一起跑同样的路线，区别就是每辆车的出发时间不同，每天早晨 8 点开始，第一个到达车站的那辆车先出发，然后每 40 分钟发一趟车，出发的顺序是按着到车站的早晚来排的，早到的早走，后到的后走。因此，在这种情况下，由于同样的路线，但是因为出发的时间不同，会导致每辆的车载客量不一样。而货运的收入又来自乘客的车票，因此会引起大家的不满。于是大家为了公平起见，就决定把八辆车赚到的车票钱全合到一起，然后再平均分给每个人，一般都是每半个月或者每一个月汇总分配一次。另外，为了防止欺骗行为的发生，每辆车除了车主作为司机以外，还需要其他七家中的一个人在车上当售票员，这样两个人可以相互监督，这一趟跑下来，一共赚了多少钱就不会有作假的情况发生了。另外，每个月，黄波还要向政府交提成，包括每个月 90 元的卫生费，以及向车站上交收入的 8%。一般每个月能赚 4000 元，但是也有生意不好的时候，那时候平均每个月也就能赚 3000 元，每年的 3 月、4 月、7 月、8 月是黄波客运生意最好的时候，因为其他月份，农民的农活都不忙或者已经忙完了，各家里的面包车就闲下来了，就会有人开着面包车出来和黄波他们这些政府批准的正规客运商抢生意，也就是所谓的“黑车”。

经过交流，我们了解到黄波丰富的经历。同样年纪的我们，与他比起来，经历的实在太少了，真是自愧不如。黄波16岁毕业后，就去了深圳打工。首先他是在深圳一家名为“日荣有限公司”的玩具厂里学习做模床，每个月能有400元的收入。这第一份工作是黄波的一个叔叔介绍过去的。但是黄波的这位叔叔脾气非常不好，而且一生气就喜欢骂人，因此黄波在忍受了半年后，终于受不了了，就辞掉了这份工作，回到家里。在家待了4个月左右，黄波觉得自己还是得出去闯闯才行，不能总待在家里无所事事。因此，在2005年，黄波和自己的两个同学一起又来到了深圳。他们一起在深圳的一家玩具厂找到了工作，成为玩具厂的一名普通员工，那时黄波和同学一起住在工厂给分配的八人宿舍里。工厂的工作强度委实不小，底薪是每个月800元，但是黄波他们被要求每天至少要加班2个小时，平均下来，黄波每天要工作11个小时，加班每小时的报酬是3.4元。这份工作黄波坚持做了一年，每个月能挣到1000多元，到了2005年末的时候，黄波还是辞掉了工作，回家过年去了。2006年5月，已经慢慢习惯外面生活的黄波，又一次来到了深圳，并且很快就在一家音箱厂里找到了月薪1000多元的工作。半年后，黄波又一次做烦了这份工作，辞掉工作，然后在深圳玩了半个月后回家。2007年3月，不甘寂寞的黄波又一次外出打工了。这次，他是和自己的另外一个叔叔去浙汇慈溪学习用藤条编东西，主要就是做凳子。这个工作是计件算工钱的，老板按照一个凳子50元的价格给黄波发工资。黄波告诉我们，这份工作他刚开始干的时候，一天也就是能编一个凳子，也就是一天只能赚50元，第一个月自己只挣了1500元，然后他和叔叔又去了浙江台州，还是做编凳子的工作，慢慢地熟练了以后，黄波每天能做成的凳子也多了起来，不像一开始那么笨拙了。黄波最多一个月赚过1800元。这份工作，是黄波在外面的最后一份工作，当黄波辞掉这份工作回家的时候，他自己完全没有意识到这点，认为自己以后肯定还会再出来的。回到家后，黄波一直就没有再出来打工，在2009年开始考驾照，2010年就开始了客运的生活。其实黄波一开始去考驾照并不是为了搞客运，而仅仅是自己喜欢车，想开车而已。没想到这不经意的选择，却成了自己以后的主要工作。

2010年3月，黄波和妻子彭艳萍结婚，组建了属于自己的家庭。同年4月，黄波开始跑客运，他的人生慢慢地走上了正轨。黄波告诉我们，觉得还是在家里好，虽然他刚从外面回来的时候并不是这样想的。刚从外面打工回来的黄波，总觉得外面好玩儿的东西多，外面比家里好多了，因此那时的黄波在家里待不住，总想去外面或者打工或者玩儿，后来，黄波在家里待了10天才慢慢地适应了家里的生活。而且结了婚以后，黄波明白自己已经是一个有家庭的人了，不能再由着自己的性子来了，自己要对自己的家庭负责。很快，黄波就和彭艳萍有了自己的孩子，成了爸爸的黄波算是彻底放弃了再去外面打工的想法，一心一意地跑客运赚钱养家，同时，他的妻子彭艳萍则被黄波派去了别的车上做售票员。

在外面打工的三年，对黄波来说是一次非常难得的锻炼机会。在这个过程中，黄波改变了很多。他告诉我们，他经过这三年在外的闯荡，性格变得温和多了，不再像以前那样是一个脾气暴躁的人了，而且为人处世方面也变得更加圆滑了。在打工的时候，黄波接触到了各式各样的人，通过与这些形形色色的人打交道，与他们交流，使得黄波在做人方面比以前变得好了很多。对于这些年的感想，黄波认为：外面的世界是挺好的，比自己的小山村精彩丰富多了，但是如果自己没有钱的话，再精彩的世界都是别人的，不是属于自己的。因此自己要努力赚钱，赚很多很多的钱，然后带着自己的妻子、小孩一起出去旅游，去北京、上海、大连等著名的城市旅行。黄波相信，到那时肯定会比自己在外面打工得到的乐趣多得多。另外，黄波还有一个感触就是外面不一定都是好的，有些地方黄波认为还没有自己的田家洞村好，比如台州。

现在，黄波希望一家人能健健康康、和和睦睦的就可以了，对于现在的生活黄波表示很满足、很知足。以前没做客运之前，家里一家人就对着那一块耕地务农，一年到头根本挣不了几个钱，而现在虽说也没发大财，但是比以前纯种地时的收入多得多，生活也变得比以前好了。现在黄波家有电视机2台，电冰箱1台，洗衣机1台，影碟机1台，手机2部，如表13-3所示。

表13-3　**2011年黄波家庭耐用消费品情况**

项目	数量	项目	数量
电视机（台）	2	小轿车（辆）	0
电冰箱（台）	1	卡车（辆）	0
洗衣机（台）	1	固定电话（部）	0

续表

项 目	数 量	项 目	数 量
照相机（台）	0	组合音响（套）	0
影碟机（台）	1	手机（部）	2
电动车（辆）	0	自行车（辆）	0
摩托车（辆）	0		

现在黄波有房有车，也已经娶妻生子，日子过得有滋有味。每天下午，黄波从古丈县回来后的主要活动就是打麻将。从表 13－2 中，我们可以看出，黄波家 2011 年的娱乐支出是 3000 元，当时我们知道这个消息的时候感到挺吃惊的，而且还很疑惑，到底什么娱乐活动，在一年内能花费 3000 元呢？听到黄波说每天都会打麻将的时候，我们就明白了。有意思的是，黄波在告诉我们这件事的时候非常小心，还不时地看一眼就离我们不远的自己的母亲田志翠，很显然，田志翠并不知道黄波打麻将的事情。这时候，我们能体会到，黄波毕竟还年轻，虽然经历的很多，但是骨子里孩子气依然存在，也只有这时候，我们才能想到我们和黄波是同龄人。幸福的黄波现在对于未来没有太具体的打算，他告诉我们：也就是走一步算一步吧，慢慢来，如果有了比现在的客运更好的生意或者工作的话，他会考虑再改行的，而现在就先维持现状，他对自己现在的生活很满意。

（三）货运经营户田昌伟家

根据了解，田家洞村有一个从事货运经营的家庭，他们拥有全村唯一一辆载重货车，这家男主人的名字叫田昌伟。下午时分，我们在村支书的带领下，沿着田家洞村东翼的一条主干道，一直向上走，终于来到了村子的最北端，在半坡地一片平缓地带，我们看到有一群人正围在一起干活儿，旁边堆满了木料和石料。村支部田书记指着坡上的一栋房屋说，这就是田昌伟家了，平时他比较忙，不知道今天会不会在家。很幸运的是，就在我们说话的时候，田昌伟背着一根木材从后面的低洼地里走了出来。

原来，田昌伟组织了劳力正在为修房子而打磨木材。从坡下我们可以看到，田昌伟家的主房方方正正地坐落在坡上的一片平缓地面，双层砖瓦结构，外墙镶有白色瓷砖，很是大气。主房的西侧还有几间早年的房子，单层，木质结构，自然的棕色墙体。田昌伟家的院落是开放式的，没有围墙。主房门口的十步开外就是两米多深地势较为低洼的田间土地。田昌伟想着要在东侧，也就是衔接马路的一侧给住宅装上一个守院的大门。工程才刚刚开始，看起来还得需要一些时日才能完工。

女主人临时外出，并没有在家，我们就和男主人田昌伟聊了起来，地点就在他家那视野极为开阔的院落里。坐定之后，我们才看清楚男主人的长相，皮肤黝黑，颀长身材，看起来身体健壮，精神饱满。访谈中田昌伟语言不多，谦逊却不失自信。

田昌伟，土家族，1971年出生在田家洞村的一户农民家庭。田昌伟是家里的长子，有两个弟弟。田昌伟7岁开始在断龙山乡中心完小读小学，不过男主人毫不讳言地说，自己当时很调皮，学习的劲头不大。不过，幼年的田昌伟有一个极大的爱好，就是喜欢鼓捣机动车。在1981年村子里分田到户之后，田昌伟十岁出头的年纪就开始驾驶拖拉机。完全是出于爱好，完全是无师自通，田昌伟开着拖拉机跑遍了村子里的田间地头。田家洞村处于断龙山乡腹地，高低山丘布满村庄，此起彼伏。在山间土地上驾驶拖拉机并非易事，尤其是在乡道、村道尚不完善的20世纪80年代。

到了十五六岁的年纪，家里借钱，用一千多元为田昌伟置办了一辆全新的拖拉机。这个时候，田昌伟的技术已经趋于纯熟，开始驾驶着拖拉机挣工钱添补家用。由于土质欠佳和天然缺水的原因，田家洞村的农业并不发达，所以可以运输的有需求的货物也很有限，一般就是石头和木材。从采石场或贮木厂到农户的或公共的施工地点，费用按次计算，每次的价格在几十元。运输的次数不多，但是收入还是比较可观的。当我们问到，为什么不像其他人一样，下了学去干农活儿，而是选择驾驶拖拉机搞运输呢？田昌伟坦言，开着拖拉机做运料的生意，要比种田舒服许多，跑完了活儿回家就可以休息了。在20世纪80年代的田家洞村，拥有拖拉机的农户还是比较少的，后来随着农民收入水平的提高，拖拉机的数量才慢慢地多了起来。拖拉机的数量少，运输的竞争性就比较小，田昌伟能够挣的收入就相对较多。这样过去了五年的时间。

到了1991年，田昌伟和甘运琴喜结连理。田昌伟家的女主人甘运琴，土家族，同是断龙山乡人，1972年出生，比田昌伟小一岁。结婚后，田昌伟继续经营本乡的运输生意。期间，考虑到拖拉机的运力有限，其最大载重量只在一吨左右，田昌伟和爱人商议后，最终决定卖掉原有的四轮拖拉机，然后重新购买了一辆六轮小型货车。由于资金有限，生意的路子也刚刚熟悉，这一次夫妻俩购买的是一辆二手车，即便如此，运力也由之前的一吨提高到了七八吨。随着载重工具运力的提高，田昌伟一家的运输生意也不再仅仅局限于本乡的建筑石料和木料。田昌伟将视线转移到了矿石运输的生意上。

位于断龙山乡东部的高峰乡，同属古丈县，其境内山川密布，拥有丰富的矿石资源，是古丈县最大的锰矿与硫铁矿矿场之一，其矿石资源通过罗依溪镇的猛洞河火车站运往湖南省的其他地市和广西、云南地区。田昌伟的运输路线便定在了从猛洞河火车站到高峰乡矿场一线，运输的货物就是锰矿或者硫铁矿。自此，每隔三年或四年的时间，田昌伟就会重新更换一辆运输设备，二手的六轮小型货车换为全新的六轮小型货车，然后又换为中型货车。车辆的运力也从七八吨扩增到15吨、30吨。车辆之所以如此频繁地更换，田昌伟说，从罗依溪镇到高峰乡矿场，虽然路程不远，只有七十多公里，但是路况却较为恶劣，所以对汽车的磨损比较大，车辆老化速度很快。根据我们的了解，高峰乡境内平均海拔700米，溪谷深切，山坡陡险，在20世纪90年代和21世纪初，这一路段上并没有一条像模像样的公路。田昌伟描述得更为具体，全程只有一半是县级公路，这一部分里还有一半处于年久失修的状态。山路坑洼还容易造成汽车爆胎，给运输营运人员增添很大成本。一个轮胎的价格在2000元以上。每十几、二十趟就需要全面更换一次轮胎，这样算下来，每两个月大概需要八个轮胎，总费用在1.6万元左右。

到了2006年，古丈县政府在断龙山乡白溪关投资建设的工业小区完工，之后就陆陆续续有工厂迁入断龙山乡，其中就包括一个大型的电解锰厂。自从该电解锰厂建成以后，田昌伟的运输路线也随之改变，由之前的矿山—火车站线改为了矿山—工厂线，开始从矿山为工业区的电解锰厂运输原材料。运输的目的地一经改变，线路也延长了40公里，路况仍然是与原来相似的情形。从白溪关工业区到高峰乡矿山，110公里的路程，往返一次需要整整一天的时间。

更改路线之后的2008年和2011年，田昌伟又分别更新了两次车辆。田昌伟家最新的一辆中型货车的载重量已经提高到了50吨。田昌伟说，载重量从30吨升级到50吨，主要是因为在2009年，政府投资修路的项目完工，两地之间的路况大为好转。现在，跑一个来回的时间已经缩短到了八个小时，开车司机不会再因为颠簸和过于专注而异常疲累，整个过程轻松了许多。路况好了，自然可以加大载重量；载重量增加，收入也能有所提高。此外，路况的改善，也使汽车的折旧速度和折旧费用大大降低。

货运经营确实很辛苦，好在这二十年的时间里，收入与付出是成正比的。田昌伟、甘运琴夫妇共同养育了两个孩子：大儿子 1992 年出生，遗传了父亲的性情，喜欢闯荡，喜欢车，高中毕业后就开始和父亲一起开车跑运输；小女儿 1996 年出生，目前正在读高中一年级，由于学习的是美术专业，所以小姑娘在县城读书的同时，每学期还要去长沙市接受一次专业培训。目前家里的这栋房子也是在田昌伟跑运输的期间，大概是 2000 年的时候，修建起来的。另外，田昌伟先后一共更换了五辆货车，除了最近的这辆中型货车 37.8 万元的价款，是一半积蓄一半亲戚借款凑齐的之外，其余的几辆，平均每辆十几万元的花费基本都是夫妻二人逐年的共同积蓄支付的。

好光景一直持续到 2011 年，父子俩开着新车已经风风火火地跑了半年的时间。田昌伟说，前半年，每个月平均下来可以跑八个来回。但是，就在半年后，县交管部门开始在一个路段长期设卡，规定不允许超过 30 吨的货车通过。稍稍计算一下，如果每趟只装载 30 吨的矿石，一吨矿石的运输费为 75 元，一次运输能够挣得的毛收入是 2250 元。可是，每一次运输的成本只单纯计算油耗就已经有 1500 元了，更别提还有车辆的维修费用、车胎更换和保险费用等。如此一来，30 吨的运输量完全不能给营运户带来利润，只能达到大致费利相抵的水平。这样，到了 2012 年的春夏，田昌伟基本就没有再跑运输了，车辆就闲置在自家屋后。

庆幸的是，除了运输，田家还有另外一个收入来源——烟叶。田昌伟说，家里一共有七八亩的稻田，只是从 2007 年开始已经被荒置三年了。2010 年，田昌伟、甘运琴夫妇看到村子里、乡里都在大力宣传烟叶种植。夫妻二人便把家里的荒地利用了起来，也开始加入种植烟叶的队伍。就在当年，田昌伟还在自家院落的西侧空地建起了一座烤房。最初的时候，田昌伟经营货运，比较繁忙，所以种植烟叶的农活就主要由女主人负责。到了 2012 年，田昌伟暂时放弃货运生意，也开始加入到爱人的工作之中，和爱人一起种烟叶、烤烟叶。与此同时，稻田也开始恢复耕种，并且在 2011 年还收获了 2000 斤的粮食，这也减少了家里购买食物的支出。

田昌伟虽然打小就没有什么种地的经验，但却十分有干农活儿的头脑。田昌伟闲来无事的时候，经常会约着朋友到自家的池塘钓鱼。细问起来，原来田昌伟在稻田里使用了套种技术，创造了“稻鱼共生系统”。田昌伟家的水田不仅种植了水稻，还养殖了许多鱼。在这片水田里，一方面稻田里的水和虫类能为鱼苗提供养料，另一方面鱼吃掉了虫害，农家不使用农药就可以收获无虫害的稻谷。利用了这项传统农业技术，田家的鱼和水稻都长势极好。恰巧，家里的男主人有钓鱼的嗜好，这片水塘为户主不仅提供了口粮和鱼鲜，还提供了修身养性、交友聚朋的极佳场所。这传统而且极具智慧的套种技术，田昌伟夫妇不仅用在了稻田里，而且还用在了烟地里。田昌伟说，每年4月左右采好春茶，紧接着就移栽烟叶，一亩茶地能套种约500棵烟。虽然田家洞村的土质对于茶叶来说并不优良，但是套种的烟叶却能获得更好的光照度，叶面清秀，病虫害也比较少。

家里的女主人甘运琴在二十年的家庭生活中，一边务农一边照看孩子。在前几年，也曾经在工厂里打过工。大约是2006年，坐落在白溪关工业区的电解锰厂在建设的过程中，占用了田昌伟家分得的一亩土地。根据厂方和村委会的协议，电解锰厂优先解决本村失地农民的就业问题。就这样，甘运琴被招录进该工厂。电解锰厂的工人以短工为主，工人领取计时工资。甘运琴的工种是冲洗板。田昌伟说，厂子里的工作比较累，爱人大概只做了两年的时间，后来也就放弃了。田昌伟说爱人在家里只是单纯的种种地、照顾照顾孩子就行了。当问及今后的打算，田昌伟笑着说，就是开开车、钓钓鱼，挺好的。

以下是调研小组根据田昌伟的口述总结的其一家在2011年（我们进行采访的时间是2012年12月，尚且无法计算2012年全年的收入，所以以2011年为例）的收支情况。

田昌伟家有一小片儿菜地、几亩的稻田和两亩林地（林地基本荒芜，有几棵野生的油茶树，每年能榨出十斤左右的油料，同样是留作自用），稻谷、蔬菜和油茶等口粮基本自给。在收入方面，货运经营，按照每月8次，每次50吨，每吨75元的价格计算，月收入为30000元；茶叶种植，以8亩的种植面积计算，每亩大约能够出产烤烟300斤，每斤的平均价格以10元计算，可以带来的年收入为24000元。在支出方面，教育费用，女儿每年在长沙的美术学校培训两次，每半年的费用就在20000元以上；另外还有读高中的学费和生活费，每月总计在1000元左右；运输成本，每一次运输的燃油费用平均为1500元左右，按照每月8次计算，油费每月为12000元；车胎更换，一个轮胎的价格在2000元以上，每两个月需要更换八个轮胎，费用在16000元左右；除此之外，烟叶种植成本、烤烟成本、车辆维修费用、家庭的日常开销、人情费、老人的赡养费用等，粗略计算，每年在40000元左右。

在离开的时候，调研小组从田昌伟家的屋后经过，看到了停在那里的货车。正如田昌伟所说，车辆还很新。同时，我们也注意到货车的车身印着“吴双汽贸”几个字样。后来我们了解到，本村虽然只有田昌伟家一辆大货车，但是，在全县范围内，一共有三四十辆专程跑矿场—工厂线路的货车。而田昌伟也是通过联营的方式，经过联营车队与矿场和工厂进行业务沟通。车队除了安排运输任务以外，还会将每一辆车按照顺序进行编号，从而维持运输秩序，避免出现生意冲突。

（四）建筑包工头田昌旺家

田昌旺家就坐落在宽敞的水泥公路旁边，相比田家洞村在山坡上的其他住户来说，公路旁绝对是一个难得的优越的地理位置。田昌旺家是三层现代砖瓦房，屋内墙面被粉刷得洁白，显然是刚装修不久。我们顺眼望进去，一层大厅尤为宽敞，摆放着不少建筑器材，如钢筋、下水管、电线管等，虽然事先已经知道了这家主人是做建筑的，但房屋里的这些摆设还是顿时激起了我们采访的兴趣。

来到田昌旺家时，首先迎接我们的是正在大厅卖货的田昌旺的妻子，她见到我们时显得有些紧张和拘束，但得知我们的来意后，便很热情地招呼我们坐在大厅的桌子旁烤火，随后她去后屋把丈夫田昌旺叫了出来。见到田昌旺本人时我们都非常惊讶，因为印象中的包工头应该是身材魁梧、精明老练的形象，但他非常年轻，中等身材，一脸笑容，很有活力。见到他时我们急忙说不好意思打扰了，他立刻笑着回应说不打扰，只是很谦虚地担心他普通话不好，怕我们听不懂。

田昌旺，1974年出生在田家洞村，土家族人，他看上去比实际年龄年轻很多，似乎刚三十出头的样子，充满活力的他给人非常精明能干的印象。田昌旺初中毕业后在家干了三年农活儿，主要是放牛、种水稻等。当时由于村里有很多人去沿海地区打工，1995年他也跟风去了广州、深圳、珠海等地，在这些地方都是进厂干活儿，如鞋厂、服装厂等，从事的是简单的加工工作，工资待遇比较低，每个月在700元到800元左右。后来他觉得在厂里干活薪水太低，就重新在广州找了一份室内装修的工作，开始当学徒学习一门技术，从此开始积累建筑装修方面的经验。这份工作比普通厂里待遇好，大约每个月能挣到2000元，这在当时是一份不小的收入。不过田昌旺回忆说在那段时间非常辛苦，因为他在建筑方面是一片空白，因此有很多新知识要学，必须每天都很努力地学习、工作，感觉非常累。但也正是在那段时间，田昌旺积累了大量房屋修建装修方面的知识，使他掌握了一身的本领。他自豪地对我们说，从那段时间以后，他除了木工外，其他什么工种都会。2000年从广州回来结婚后，田昌旺开始凭借自己的本领从事建筑行业，将服务对象变成了家乡的父老乡亲，这一晃到如今已有十几年光景。

现在他主要做建筑这一块，专门给别人盖房子，也就是大家所说的包工头。有时也负责帮别人设计房屋结构，不过设计主要是根据室主的意愿，然后在室主意愿的基础上略加合理调整。田昌旺做的这个包工头是三四个人一起合作干的，他们合伙买了成套的建筑工具，如搅拌机、切割机等，这一整套工具花费在1万元左右。他们三四个人建一套普通居民住房，一般要三四个月时间才能建成，而这必须保证在每天8小时不间断的正常工作的情况下，当然有时也需延长工作时间，最长能达到每天10个小时的工作量。田昌旺介绍说他们三四个人主要是承包商，负责一些重要工作和人员安排，不用亲自做小工，因此每天大约还需请两个小工，整个房子建下来可能得请到上百个小工。小工的数量多主要是因为做小工的人员不固定，基本上都是本村或邻村的剩余健壮男劳动力，他们在农闲时抽空余时间做点儿小工，现在当地的工价涨到了130元/天，这样做点儿小工的钱也能补贴家用。一套普通房屋建完后雇用小工花费在1万元左右，而田昌旺他们的工钱则是按所建房屋的平方米来计算，每平方米180元，这样一般现在建的房屋能算到4万多元工钱。这些钱他们几个人总负责人再按每个人出工数量进行分配，多劳多得。在工资上，田昌旺说做包工，每天平均能挣到200多元，小工则是每天130元。另外，做包工时间上比小工灵活，因为小工必须和城里上班一样有着准确的上下班时间，而包工则只需要在约定好的时间干完预先规定的事就行。因此田昌旺说他更喜欢做包工，每年大约有9个月都在干这份工作，而且现在由于村里建房子的人比较多，只要愿意做，那么基本上天天都有活儿干。但是田昌旺说虽然工作很忙，他每周村里赶集那天都会给自己放假休息一天，平常遇见红白喜事也会放下手中的工作去给左邻右舍帮忙。

关于建筑，我们有些方面问得很不专业，但田昌旺每次都解释得很耐心。近几年修建新房，若是普通装修，即只简单地将墙壁刷白、安装门窗等，一套房花费9万~10万元，这在当地显然是一笔巨大的支出，一般家庭还是很难承受的。但是随着人们经济生活水平的提高，田家洞村越来越多的人开始修建新房，即从原来的木质房屋变成钢筋水泥的现代砖瓦房，据田昌旺介绍，现在田家洞村砖瓦房的比例已经占到了一半还多。建房所用建筑材料方面，主要是室主自己购买，简单的建材村上就有卖的，所以也比较方便。大型建材住户可以自己从城里采购，这样更放心产品质量。水泥是建房用的主要材料，其用量是根据房子面积大小，若修三层楼房大概需用10吨。如今建房常用的水泥每吨的零售价是380元，批发价是360元，偶尔根据不同的市场情况，有几元的浮动也是正常的。另外一种方式是甩手掌柜，即将整个建房包工包料等事项都交给田昌旺他们包工头负责，从而不用操心建房材料和过程，只需支付相应的价钱。

在大厅里我们看到的建筑用材是田昌旺他们家刚开业一周的零售小店商品，现在主要卖的器材有钢筋、电线管、下水管等，田昌旺表示以后随着需要，会增加零售的品种，扩大业务。他说想到做这个生意主要是为了方便左右邻舍，加上他是做建筑这一行的，对这方面比较熟悉，容易取得乡亲们的信任。所以居民建房时所需要的建材不用跑到很远的县里去买，本村有卖就比较方便，这样他就可以通过赚取零售与批发之间的差价挣钱。如钢筋零售时按根卖，进货时按斤买，优良钢是每吨2900元。良钢，也就是达到国家大工程质量要求用的钢每吨4000元。无论是哪种品质的钢都存在零售和批发之间的差价，加上村里最近修新房的人越来越多，有非常大的市场需求，因此他看中了这个好机会。正因为如此，2011年田昌旺又将自己2008年盖好的房屋重新增修了一番，主要是将一层大厅向公路方向扩展，从而很大程度上增加了零售店的面积。但是这样的经营方式显得有些随意，当我们问到田昌旺以后有没有想到做专门经营时，他说以后看情况，先一步一步来。

他们家的房子以前也是木质结构，我们所看到的这栋新房是从2007年开始修建，令我们吃惊的是整个修建过程都是田昌旺一个人负责，这主要是为了省钱，他说："最多忙不过来的时候叫一两个人过来帮忙。"房子他一个人大约修建了一年，因此2008年得以入住新房，整个修建过程非常辛苦，但房子建完后田昌旺说非常有成就感，最重要的是为家里节约了一大笔钱。所建新房有三层，每层有110平方米，因此整个房屋看上去非常宽敞和气派。

说到家庭成员，田昌旺的父母都已经过逝，他在兄弟姐妹中最小，他家总共兄弟姐妹六个，三个哥哥，两个姐姐，最大的哥哥已经60多岁。不过兄弟姐妹之间平常也很少往来，只有在过节或红白喜事时才走动。现在田昌旺有自己的家庭，女儿2001年出生，正在断龙山乡中心完小读五年级。儿子比女儿小两岁，2003年出生，现在读三年级。提到儿女时，田昌旺很是自豪，尤其觉得儿子非常聪明，智商很高，班上成绩也很好，因此还不禁给我们举了个例子。他说："昨天教两个孩子系鞋带，女儿怎么都学不会，但儿子一学就会了，儿子的反应能力和接受能力比女儿强很多啊。"说着脸上流露出幸福的笑容。在儿女生活开支方面，他说如今开支并不大，因为两个孩子都还在上小学，属于九年义务教育阶段，因此每学期只需交100多元的书本费。这样现在孩子们的主要花费在零花钱上，每个孩子一天大约2元。另外，他还特意提到现在学校还有免费的营养午餐，是外地一个慈善家捐助给农村小学吃的，提供牛奶还有香肠，生活非常不错。不过孩子们有时也吃不习惯，将学校发的牛奶和香肠带回家，依然选择吃家里的饭菜，不过由于他们家离学校非常近，孩子们回家也非常方便。

显然，从田昌旺夫妇的介绍来看，他们家现在在孩子身上的开支并不大，不过整个家庭的生活开支却着实不小。每个月所有开支，包括孩子零花钱、家里食品等支出，在800元左右。每度电为0.58元，电费每个月大约50元，主要是用在电视、电饭煲、冬天的烤火炉上。另外，他们家如今刚花费750元添置了一台切割机，耗电量非常大，他们夫妻预料今后的电费肯定还会大幅度增加。

在这不小的生活开支情况下，田昌旺的妻子也变得异常忙碌，他们家有一亩地，每年种水稻自己吃，亩产1000多斤的情况下可以自给自足。平常田昌旺在外工作很忙的时候，繁重的农活就落到了她身上。但是从她一脸的笑容里看得出她很乐观，无论干多少家务活儿都没有怨言。在我们采访过程中，恰巧遇见他们儿子放学回家，她立即回后屋给儿子做饭去了。现在，在精心照料两个孩子的基础上，她还需要负责打理刚开张的零售店，主要是看店和卖货。另外，她还有一件非常特别的工作，那就是平常收集当地各种野味，如蛇、野鸡等，还有各种特产，包括栗子、丛菌、花生、五贝子等，这种收购形式主要是在村里赶集那天专门设点收购，不过平时也有人送到他们家进行交易的。田昌旺夫妇将收购回的野味或当地特产销往吉首、张家界、长沙、常德、重庆等地，在这一购一销中他们赚取差价。不过他们同时介绍，这个存在着很大风险，主要是因为市场行情不稳定，信息掌握不充分。例如，2011 年收购的五贝子，由于不了解市场信息，导致出现了售价比购价还低的情况，这让他们非常苦恼。不过像这种售价比购价还低的情况是非常少见的，他们做这种生意，每年能挣到 3000 元左右，这些钱也用来补贴家用。

现在他们家最主要的收入来源是田昌旺当包工头的劳动所得，田昌旺自己说，建筑事业他能再干几年，但是年纪大了工作存在风险，这个年龄期限他自己认为不能超过 50 岁。他给我们说了一件对他影响很大的事，前几年一起干活儿的一个兄弟由于不小心从三层楼高的地方摔了下来，不仅从此不能正常干活儿，还落下了很大的病根。这件事对他的影响很大，不仅让他在安全问题上更加重视，同时也觉得当包工头干建筑这一行不是长远之计，存在年龄局限。在收入方面，田昌旺起初很自豪地说他们家现在的收入不算少，日子过得不比别人差，后来又很谦虚地说："如今的收入可以过日子，但发不了大财。"问到将来不当包工头了准备干什么时，田昌旺笑笑说可能专门做生意，那时候的重心就在孩子们身上了，需要给孩子们挣足够的钱，让他们能上大学，甚至攻读研究生、博士。

通过对田昌旺家的采访，我们看到了一对普通夫妇在过上幸福生活道路上的种种努力，他们用自己的智慧和汗水正在创造一个美好明天。临走时他们很热情地留我们调研小组吃中午饭，我们婉言谢绝了，心里充满的是对这个美好家庭的真诚祝愿。

十四、贫困户

（一）生活贫困的彭秀莲家

彭秀莲，女，1974 年出生在湖南省保靖县龙头村，土家族，小学文化程度，毕业于保靖县龙头村小学。丈夫田宏礼，1970 年出生在湖南省古丈县断龙山乡田家洞村，土家族，小学文化程度，毕业于断龙山小学（现更名为断龙山中心完小）。家有两个儿子，大儿子向进华，今年16岁，现在在断龙乡中学读初三；小儿子田心缘，今年刚刚1岁多。

1997年，23岁的彭秀莲与前夫结婚，前夫与彭秀莲同是龙头村人。两年后，因为家庭生活艰苦贫困，双方感情不和，彭秀莲与前夫离婚了，两人的儿子向进华跟随彭秀莲生活。向进华原名为王波，自幼身体状况不好，特别爱生病。按照土家族的风俗，这种情况需要拜干爹，可以让孩子更好地生养，而且不能随便拜，受拜人的姓是很有讲究的。彭秀莲特地请来算命先生，根据儿子的生辰八字，说要找一名木工做干爹对孩子有好处。所以，儿子就拜了龙头村的一名向姓的木工为干爹，改名叫向进华。离婚后，彭秀莲把儿子交给外婆照顾，自己和老乡一起外出打工了。她在浙江慈溪县的一家漂染厂打工，生意景气时一个月能有700~800元的收入，生意不好时只有200~300元的工资，还要往家里寄钱供儿子的生活所需，生活很艰苦，这样在浙江打工坚持了几年便回家照顾孩子了。之后，通过别人的介绍，与田宏礼结为夫妇，并有了两人的儿子田心缘。

彭秀莲说田宏礼由于家庭很贫困，温饱都成问题，就一直没结婚。她刚来到田宏礼家时，还住着四面透风的木屋子，每逢下雨，都要在屋里摆四五个大盆接雨水。为了修建房子，彭秀莲和田宏礼向亲戚朋友借了四五万元，现在还有两三万元借款没还，已经没有经济能力偿还。我们在彭秀莲的家里发现生活条件确实很艰苦，一共两间屋子，大约80平方米，屋里条件特别简陋。因为没有多余的钱，屋子就没有装修，连墙面也没有粉刷。家里没有什么电器，唯一的电视机还是坏的。但是彭秀莲还是觉得挺好的，起码不会再像以前一样风吹日晒的。

现在田宏礼偶尔在村里做小工，都是类似水泥工、砖瓦工之类的一些杂活和体力活，一天能挣100元，但是收入很不稳定，有时半个月也接不到活，一个月平均也就挣500元。彭秀莲在家务农，并照看一岁多的小儿子，农忙时，彭秀莲的妈妈还要从保靖县赶来帮忙照看小孩。家里有两亩地，因为没有耕地的牛，加上天气干旱缺水，所以不适合种水稻。这两亩地就都用来种植玉米，主要靠雨水灌溉，玉米成熟后就改为种植菜籽。这两亩地的其中一亩地由于别人常年放羊，导致土地质量不好，农作物成活率很低，所以只能种玉米，不能种植菜籽。每年9月栽种一亩菜籽，等到第二年5月就能成熟了。菜籽成熟后，彭秀莲就到油坊榨成菜籽油供家里食用。需要耕地时，彭秀莲就到别人家租牛耕地，因为没有钱支付租金，她就给人家打稻子，相当于给人做小工，人工换牛工。彭秀莲家里还养了一头猪，因为没有多余的钱买饲料，平时就用家里的玉米还有她娘家种植水稻剩下的糠喂养，所以养的猪长得也不好。每到过年时，杀了猪后，一半卖掉，能卖500元，另一半留着自家食用。彭秀莲说平时都舍不得吃肉，把它做成熏肉留着慢慢吃。

彭秀莲家里的支出包括：每个月生活费100元；大儿子每学期的学费和资料费400元；人情费每年需要400元；手机通信费一年120元；小孩看病一年花费1000元左右；购买玉米种子，30元一袋，每年两袋，需要60元；购买菜籽每年花费50元；化肥每袋100元，每年需要大约一袋。彭秀莲家里的总收入和总支出情况如表14－1、表14－2所示。

表14－1 **2011年彭秀莲家庭收入来源情况** 单位：元

职业	收入	职业	收入
从事种植业	0	本乡镇就业工资	0
从事个体经营	0	打工	5000
从事屠宰	0	从事运输业	0
从事渔业	0	政府补贴和社会救济	0
从事养殖业	500	出租耕地或房屋	0

表14－2 **2011年彭秀莲家庭支出情况** 单位：元

总支出	生产性	衣服	食品	看病	教育	娱乐	红白喜事	交通	通信	住房
4000	200	0	1500	1000	800	0	400	0	120	0

从表14－1和表14－2可以看出，彭秀莲家的生活是相当艰苦的。每个月100元的生活费只能是吃些自己家种的白菜和萝卜这些小菜。彭秀莲说自己的小儿子喝不起奶粉，从小就没吃奶粉，只能让他吃点儿饭。这样，小儿子的抵抗力就很差，经常生病，而且只要感冒就要连续打三次针，一次就要100多元。2011年小儿子不小心摔伤了头部，去古丈县里医院治疗花了将近500元，让本已经捉襟见肘的家庭更是雪上加霜。彭秀莲坦言，家里出现紧急

情况时，根本拿不出钱来，只能向别人借，等有钱了再还，2011 年小孩生病，就是彭秀莲的妈妈拿的钱。彭秀莲一家的基本生活都难以保障，就更不用提买衣服、娱乐和外出游玩了。

彭秀莲一家都没参加新型农村合作医疗和新型农村养老保险，当时是彭秀莲家里没有钱，后来就没赶上村里集体参加新型农村合作医疗缴费。彭秀莲一家 2011 年本打算申请低保户，但是村里评选低保户的标准以及名额的分配，彭秀莲都不太清楚。评选的通知彭秀莲也没能及时收到，最终没能评选上。彭秀莲也把自己家的情况和村里的干部介绍了，2012 年打算再重新申请低保户，希望能得到一些政策上的补助。

谈到两个孩子，彭秀莲仍然希望孩子能认真读书，但是也怕家里的经济条件供不起两个孩子读书，即使大学毕业后也怕找不到工作。坐在一旁的外婆则坚定地说，一定要供两个孩子上学，外婆说彭秀莲的大儿子学习成绩很好，在班里一直保持前三名，外婆说不能耽误孩子的未来。

在农村，像彭秀莲的家庭一样，生活艰苦的家庭不乏少数，我们一直在思考造成农民生活贫困的原因到底是什么。原因是多方面的：①土地制度的约束。针对农民赖以生存的基本生产和生活资料——土地而言，土地制度的改革一直都是经济变革中的重点。土地所有权是归国家和集体掌控的，其派生的土地所有权由国家和集体分配给农民，农民拥有的不是土地的占有权，农民只是土地的使用者，而非所有者。并且，作为土地所有者的国家和集体，随时随地都可以对土地进行收回、征用和分配。即使给予补偿也往往是很有限的，最终农民的利益都得不到根本的保障。②农业生产方式落后。我国农民平均占有耕地资源非常少，而实行的是个体农业经营方式，这种生产方式是小户经营方式。诚然，其在一定的历史件下是富有成效的，但是对于目前的生产状况已经很难再适用。将农民绑在分割的小块土地上，产出十分低下，难以形成规模经济，已经不再有利于农业劳动生产率的提高，成为农民贫困的一个重要原因。③城乡“二元经济”结构的约束。新中国成立初期，我国实行的是重工业的发展战略，实现农业大国的工业化。因此，国家实行计划经济体制，通过宏观政策使重工业得以发展。所以政府依靠严格控制城市数量和规模，从而把大量的适龄劳动力人口滞留在农村。实行工农产品价格“剪刀差”，通过扭曲产品价格和生产要素价格，创造一种不利于农业、农村和农民的政策环境，获取农业剩余以获得工业发展所迫切需要的资金。这期间影响深远的，与之相适应的户籍制度、劳动就业制度及其他相关制度，人为造成了人口和劳动力的城乡分割。这种政策性分治导致了劳动力资源配置的扭曲和低效率，限制了劳动力需求的增长和农村人口向城市流动。虽然当前关于户籍制度的规定有了些许松动，但是，那些进城的农民工还未真正获得同等的待遇。④家庭收支失衡。一般农村家庭依靠土地收入相对较为微薄，而支出却很大。以教育和医疗为例，过高的高等教育费用和越来越高的医疗费用，也给农民带来了沉重的经济负担。据统计，一个农村家庭为供养一名大学生需要全家人数年甚至更长时间不吃不喝的财富积累。一般来说，在子女毕业时一个农民家庭都会负债累累。在有些地方，农村看不起病、吃不起药、住不起院成了农民的大难题，有的家庭因病致贫，有的因高昂的费用放弃治疗。这都给农民家庭带来了巨大压力。⑤政府补贴政策的信息不对称。近年来，为了缓解农民贫困的问题，政府实施了很多例如粮补、社会救济等补贴政策，贫困户的扶持力度也在逐年加大。但是类似彭秀莲这样没有及时收到相关通知导致无法得到资助的情况也经常出现。

中国农村贫困问题是“三农”问题的焦点。虽然无法在短期杜绝贫困现象，但是要集中精力解决广大农村贫困人口的温饱问题，这是农民生活最起码的保障。

（二）贫苦老人田春艳家

在田家洞村采访的过程中，我们无意间遇见了这次采访的主人公——田春艳老人，一间非常旧小的木房外，她矮小的身材、忧郁深邃的眼神引起了我们的注意力。

在进行了一番谈话和了解后，她带领我们来到了她居住的小房屋。刚进屋时，我们确实为眼前的场景所惊讶，因为房屋实在太简单了。田春艳找来小板凳让我们坐在了屋内的一角，这时我们才回过神来开始仔细观察屋内的布局和摆设，发现不足十平方米的空间内，摆放着极其简陋的生活设施：最显眼的是两个大约半米高的炉子，田春艳说一个用来炒菜，一个用来煮饭和烧水。这样的煤气炉既可以烧煤又可以烧柴火，所以非常方便。现在是冬天，一般用户都在炉子里烧煤球，因为这样不仅不容易熄灭，而且能用来烤火取暖。但他们家却很少用煤球，哪怕是在如此寒冷的冬天，平常家里也为了节约钱，都是烧柴火，柴是从山上拾的枯树枝等，这样便能在煤炭上节约不少开支。据村长介绍，田家洞村现在大部分家庭都不用柴火了，家庭能源基本采用的是煤炭或液化气。

我们在田家洞村采访的时候正直冬天，简陋的屋子里到处充满着寒气，刚刚看到的那两个炉子都是空空地放着，并没有生火。整个房屋里也没有其他的烤火设施，只有一个坏了的脸盆被用作火盆。田春艳说今天她刚出去打零工回来，所以家里并没有生火，平常她在家的时间也不多，炉子里一直生火是一种浪费，若冬天实在太冷她可以在火盆中放些木柴烤火取暖，或者晚上早早睡觉在床上取暖。

田春艳说他们一家并不是田家洞村人，现在他们居住的这个房子实际上是她大姐家的，大姐修建了新房已经搬去城里住了，他们由于没钱，修不起房，所以搬过来住在了大姐这个老房子里。这个老房子不仅面积小，前后两间房不超过40平方米，而且年久失修，很多地方都已经出现了明显漏雨的痕迹，田春艳就漏雨的地方都是用水盆或水桶放在地上接着。由于在田春艳家并没有看见水井或自来水设施，我们便非常好奇她家的饮用水和生活用水都从哪儿来，田春艳告诉我们说从井里取的水，井离住的地方不远，取水非常方便，水质也非常好，通常都是直接饮用。整个田家洞村现在饮水问题已经解决，大部分住户都有自己的水井。

说到家里成员情况，田春艳的两个儿子都出去打工了，现在她一个人跟三个孙子住在这间在我们看来非常拥挤的房屋里。准确地说，她现在居住的这个房子主要分为两部分，第一部分是不足十平方米的生活区域，中间放着两个火炉，火炉旁边是一个放着碗筷等的橱柜，墙壁上挂着一个很大的背篓，墙边摆放着几双孩子们穿的鞋，除此之外便无其他的生活设施了。这间生活区域房间的后面还有一间睡觉的房间，但睡觉的房间地势比前面这个高大约两米，需要走楼梯才能进房间。我们顺着楼梯参观了田春艳和孙子们的卧室，那同样是一间非常简陋的房间，看上去年代非常久远，房间内也摆着下雨时接漏雨的水盆。屋内靠墙只有一张大床，而且根据屋子的面积只能摆下一张床，但这却是田春艳和三个孙子共同居住的地方。得知一张床得睡四个人的时候，我们不觉都非常震惊，田春艳解释说，主要是由于房间空间不够，所以没有办法，大家只能挤在一块儿睡觉。房间内其他的空间也没闲着，堆放着大约一箩筐的柑橘，因此，整个房间看上去不仅有些混乱，也很简陋。

田春艳的老伴现在并不住在田家洞村，而是一个人在他们以前的老家干农活儿。他今年已经68岁了，但由于家里特别困难，如今已经年迈的他还必须每天坚持干农活儿，主要是家里缺乏劳动力，两个儿子都外出打工了。现在他们家里有三亩多田地，种的全是水稻和玉米，没有种当地大部分人种的烤烟，田春艳介绍说主要是由于种水稻比较熟悉，有着几十年经验的累积，若换成种烤烟的话很多技术方面都不是很熟悉，老伴儿年龄大了，很多东西学起来不方便。现在他一个人住在老家，除了干田间的农活儿，还养了牛和猪各一头，养牛主要是为自家犁地用，养猪是用来年底做年猪。田春艳非常无奈地告诉我们，其实她老伴身体最近特别不好，但是现在无论多苦，都得养活自己，都得继续劳作，所以能劳动一个月就劳动一个月，能劳动一天就劳动一天。

在采访过程中，田春艳说得最多的话是："我是命苦的人，从小9岁的时候爸爸就去世了，妈妈一个人把我们养大不容易，小时候吃了很多苦。"现在田春艳的母亲已经84岁了，由儿女们轮着照顾，我们采访的那几天正在隔壁村田春艳的姐姐家居住。采访过程中我们慢慢深刻体会到，今年64岁的田春艳现在脸上布满皱纹，整个人非常矮小，一张看上去没有丝毫快乐的脸，刻满了岁月流淌过程中许多的不如意和心酸，所以看上去比实际年龄还老很多。当我们问到这么大岁数了怎么还这么辛苦干活儿的时候，田春艳非常感慨地说："没有办法啊，不种地不干活儿的话，就养活不了自己。"田春艳说大约懂事起她就开始一直干农活儿，也没有机会上学，现在依然辛苦干活儿，从不停歇。他们家有三亩多田，种的全是玉米和稻谷，每年收获的粮食自己吃一小部分，其余的就都卖了，但这只能挣得很少的一部分收入。她不止一次地对我们说："日子过得好苦。"她母亲一个人抚养他们兄弟姊妹五个长大，那些日子在她的记忆里过得非常艰辛。回忆起过往的生活时，故事总是很长很长，总的来说，不堪回首。虽然现在的生活也非常艰辛和不易，但田春艳还是承认，现在比以前总体好了很多，至少不会再面临挨饿的境地。

田春艳有两个儿子，大儿子今年37岁，身体体质天生特别差，初中毕业后就因身体原因，没能继续上学。主要是腿部没有力量，基本无法干重活儿，曾经在家干过一年农活儿，由于体力不支，实在无法进行正常的农业生产，只好选择外出打工。现在大儿子和大媳妇都在建筑队，一个月两个人合起来大约有5000元的收入。但是田春艳说大媳妇身体也不太好，经常胃痛，所以大儿子和媳妇现在在外打工，虽然日子也过得很节俭，想努力攒钱寄给家里，但是他们也有正常的生活开支，最重要的就是在治病上得花费一笔不小的钱，所以平常也没有很多钱寄回来。大儿子结婚后，有三个孩子，这三个孩子现在都由田春艳抚养着。孙子孙女都在本村上小学，田春艳说本来儿孙满堂是件很幸福的事，但由于没有足够的资金来源，一家人的生活很成问题，孙子们的生活开支成了最大的经济负担，也就很难谈得上儿孙满堂的幸福。最大的孙子今年 13 岁，正在读小学六年级，二孙女正在读小学四年级，还有一个最小的孙子在读三年级。由于大儿子和大媳妇在外面打工，能力有限，很少寄钱回家，半年只寄了两三千元回家，因此田春燕觉得照养孙子的负担很重。她说现在随着物价水平的上涨，有时候给孩子买双鞋都得上百元，说着她给我们指了放在墙边上的一双孩子的鞋，这双鞋就花费了 80 元。在买衣服方面，花费也非常大，一件衣服也得接近一百元，还有平常的零食等，因此三个孩子加起来开支非常大，而儿子和媳妇在外打工寄回来的钱根本不能支撑三个孙子的正常生活，所以现在田春艳夫妻俩的日子一直过得很拮据和艰辛。

田春艳的小儿子属羊，今年 33 岁，小儿子身体素质比大儿子好，也比较活泼好动，初中毕业后他原本想学武术，但由于家里没钱，所以没能达成心愿。几年前他在海南打工，在炮厂干放炮的工作。有一次他和同事们放炮，点完火后炮不知道什么原因很久都没有爆炸，他凑过去看出了什么问题时，刚好爆炸，被炸伤了。据说当时将他冲到了几米高的高空，身体受到了很大创伤，腿上骨头有部分被摔断，最后住了一个多月的院才康复。不幸的是现在落得轻度残废，因为他在这次事故中失去了右手的食指和中指。田春艳说现在小儿子属于轻度残废，在外面找工作变得更加艰难，连一般的技术工人都没法做，应聘很多工作都没有被应聘上，所以现在只好在外地当保安。说到小儿子的这次事故，田春艳显得非常悲痛，久久陷入了哽咽，因为这实在是这个家庭的一次大变故，田春艳说小儿子出事时也没有和家里人讲，家里觉得没有钱用给他打电话后才得知这件事。他在外地住院期间，没有得到应有的赔偿，全是自己负担的医药费。出院后小儿子回家看望父母亲，田春艳明显感觉到了小儿子身体的虚弱。但由于家里经济条件实在很差，所以她没能给小儿子做点儿什么好吃的补补身子，但小儿子没有丝毫怨言，我们在田春艳的叙述中能明显感觉到她依然存在的内疚和自责。现在小儿子在外做保安，能给家里一年寄 2000～3000 元，田春艳觉得非常欣慰。她说小儿子人很外向，比较活泼好动，由于在外既喝酒又抽烟，日常消费也挺大，工资大致只能自给自足，他能每年给家里寄几千元用，田春艳已经很知足了。另外，小儿子至今未婚的问题成了田春艳最大的心病，她担心因为小儿子身体上的缺陷而没法找到老婆，她担心将来小儿子结婚晚了她没法给他带孩子，所以田春艳如今最大的心愿是希望小儿子尽快成家。

现在田春艳患有高血压，头经常发晕，有时会有头晕目眩的感觉，每当这时候田春艳都会自己蹲下去休息一下。不过至今都没有吃药，主要觉得家里没钱，不想往医院跑，普通的小病只要能抗住，忍一忍就过去了。因为去趟医院在她看来很麻烦，还得花一笔不少的钱。因为家里经济条件非常不乐观，除了老伴儿在老家天天干农活儿外，田春艳也不能闲着，更不能因为头晕就不干活。只要有时间，她都会去给别人帮忙打零工，如给烤烟剪叶等，按时间来获取收入，好的时候一天能挣到100元左右，主要是给种烤烟多的住户帮忙，干点儿辛苦活儿。

现在令田春艳欣慰的是孙子们都还比较懂事，平常学习也很刻苦。尤其是孙女儿特别讨她欢心，两代人里面田春艳认为这个孙女儿最懂事，最有孝心，所以现在田春艳去哪儿都会带上她。孙女儿也经常安慰田春艳，用田春艳自己的话来说就是“宽她的心”，这让她非常高兴。因此，她将希望都寄托在了孙子们这辈身上，觉得现在累点儿不算什么，只要孩子们有这份孝心就值得，生活就有希望。

现在村里组织很多人一起跳土家族摆手舞，并会去著名景区演出，田春艳说这次活动她非常想参加，但白天忙着干活儿，晚上得给孙子们做晚饭，所以没能有时间去练习摆手舞，这让她感到非常遗憾。不过除了时间紧外，另一个原因就是身体不太好，有些动作学不会，此外，还有巨大的经济压力和生活压力让她不堪重负，根本无心思去跳舞。田春艳说她姐姐去参加了摆手舞练习，姐姐比田春艳大两岁，姐姐的生活比较宽裕，两个孩子在外教书，所以生活上基本不用操心，这让田春艳非常羡慕和向往。

离开田春艳家时，我们的心情非常沉重，她低沉的声音久久萦绕在耳边。接下来采访的某一天，我们在乡间的山坡上再一次偶然碰见了背着大背篓的田春艳，只觉她背上的背篓重得快要将她压垮，她抬起头朝我们望望，继续向前走。

十五、其他农户

（一）打工家庭田志双、王小梅夫妇

在田家洞村走访的几天时间里，一方面通过乡政府、村委会主要负责人的介绍，另一方面总结几天来接触过的多家农户，调研小组发现，田家洞村里常年在外打工的人员并不多，而在结婚后夫妇二人都处于打工状态的更是少之又少。但是，田志双、王小梅夫妇却组成了一个典型的打工家庭。

田志双家位于田家洞村北部上坡地带的一个拐角处。当我们来到田志双家门口时，他正在打扫庭院。田志双家的住宅，是单层屋舍的平铺形态，分为两个部分，一边是传统的土家族木制建筑，另一边则是砖瓦结构。由于房屋居于坡地上的平缓地带，所以，田志双家独门独院，并没有紧挨着的邻居。屋前屋后各有一片空地，地面和屋外的角落收拾打扫得干干净净，看起来很敞亮。了解了调研小组的来意，田志双很热情地把我们领进屋子，招待我们围桌而坐。田志双家里的室内空间同样干净整洁，我们注意到屋内家具摆设比较少，更没有什么修饰性的布置，这使得整个房屋略显空荡。田志双说，我们来的比较凑巧，他刚刚从工厂里下班回来。平时的话，爱人在外地打工，孩子们也都在城里上学，自己要么在工厂上班，要么在地里干活儿，家里也就没有人了。

田志双，土家族，田家洞村人，1965年出生在一个普通的农民家庭。田志双七岁进入断龙山乡中心完小读书，初中二年级辍学。田志双之所以在那一年辍学，是因为哥哥应征入伍了。哥哥走后，家里还有三个弟弟，年纪尚小，都还在读书。这时，田志双便成了家里的顶梁柱，开始和父母共同分担养家的重任。就这样，田志双14岁的时候就参加了生产队劳动。田志双在生产队里除了种地之外，还学会了养猪。田志双说，每次被安排着养1~2头，喂到一定的时间，生猪就可以出栏了。宰杀一头猪需要向集体固定上交130斤猪肉，如果猪养得够肥，还有剩余的话，养猪人田志双就可以将130斤之外的猪肉拿回家。除了这点儿额外的收入，青少年时期的田志双在生产队干农活儿，每天只能挣到5个工分，最终兑换的粮食或者每天0.2~0.3元的报酬，对于贴补家用虽说有些帮助，但毕竟还是杯水车薪。

到了十六七岁，田志双开始做猪、羊买卖的生意，从中赚取差价。田志双与另外四五个同乡一起合伙，把买来的猪和羊转手卖给从附近的永顺县、保靖县过来的贩子。每个月交易一到两次，每个人的平均收入在一二百元左右。由于买卖本身就是由生产队批准经营的，这一简单的商业买卖活动从属于当时的集体经济，所以，田志双每头牲口每天需要向生产队上交3元。即便如此，生意的收入还是比单纯的农活儿收入提高了许多。可惜的是，这个生意从开始到1982年分产到户结束，只持续了不满两年的时间。

1982年分产到户，田志双的家里共分得7亩多的旱田，大约人均一亩。有了自己的土地之后，田志双和他的家人开始在自家土地上耕作。田志双家充分利用土地和气候条件，采取小麦、玉米、稻谷轮耕的耕作方式。先是种植小麦，收割后再种植玉米，转入第二年又改为耕种稻谷。由于七亩土地都是旱田，田家洞村天然缺水，所以，田志双家耕作的品种还是以小麦为主。在20世纪80年代，粮食的产量水平比较低，亩产只有三百多斤。在原本就为数不多的粮食收成里，除了一部分以“以粮抵税”的形式给国家上缴了农业税，其余都留下来做自家的口粮了。玉米比较特殊，用来做家猪的饲料。这个时候养的猪就属于农户自家所有了。田志双说，家里养了两头猪，出栏的时候一般都是自己留一头，然后把另外一头卖掉。

1990年，田志双和王小梅喜结连理。王小梅，1970年出生，古丈县河西镇人，初中毕业后一直在家里务农。夫妇二人成家后，分别在1991年和1994年增添了一女一男两个孩子。慢慢的，孩子一天天长大，田志双和王小梅夫妇二人做做农活儿、做做木匠小工维持着生活。田志双一家人现在居住的木房子就是田志双在那几年的时间里自己建造的。田志双说，大哥之前是学木匠手艺的，自己在没结婚之前就看着大哥怎么做，边看边学，把要诀都记在了心里。开始大活儿做不了，自己就试着做个小方桌、做个小木门什么的练练手。后来到了自己开始建房子的时候，田志双首先做的第一项工作，就是把老旧的钻和锉子等一整套工具全部更新升级，手工的换成用电的，小规格的换成大规格的，一切都准备得很齐全。田志双边说边带着我们来到了隔壁的房屋，拿那些家伙物件给我们参观。一进后院，我们就看到了木屋的整片木墙。田志双说，这是他用整木一片一片打磨拼接建成的，我们可以看到田志双做工特别精细，十几年过去了，木板与木板之间还是严丝合缝，壁面光滑如新。

到了1997年，孩子们到了读书的年龄，夫妇二人只是在家里务农和做工已经不足以满足家庭里的各种开销。田志双在妻子的支持下，决定离开湖南老家外出打工。田志双的目的地是浙江，孩子的舅舅也在那边做工，两个人能够结个伴，相互有个照应。田志双在外打工的时候，王小梅留在了家里，负责照看孩子。夫妻二人从开始外出打工的那天起，就默认了一个在外、一个在家的模式，很辛苦，但是始终相互扶持。田志双在一家工厂里做压鞋底的工作，一共三年的时间。田志双说，工厂的工资并不高，每个月七八百元，三年的时间里从来都没有涨过。虽然自己已经省吃俭用，但是，每个月积攒下来的工资并不能够支撑家里的日常开销和孩子们上学的费用。另外，考虑到离开爱人和孩子孤身在外，心里总也不是滋味。终于，在2000年，田志双又回到了湖南老家，和妻子一起另谋生计。

回到家里，第一个摆在眼前的任务还是种地，最起码每年的收成可以解决全家人的口粮问题。除了种粮外，田志双又拾起了自己的木工手艺，干起了木匠活儿。当时，田志双招揽的主要是做木门的生意，也会为农户修房补屋。田志双说，那几年，做木匠每天的工钱在80~100元，不低也不高。与此同时，断龙山乡政府和田家洞村村委会正在合作修整乡村道路，田志双看到村子里新增了许多建筑工地，工地总会招收短期的建筑工人。所以，一旦有空闲的时间，田志双就会出现在建筑工地，主要做建筑小工。

从2004年开始，女主人王小梅开始外出打工。到2012年已经有8年的时间了。王小梅打工的地点在广东省的东莞市，是一个为制衣提供材料的皮革厂。王小梅的工种是为皮革削皮，该工种的工资水平在每个月1500~1600元区间。田志双说，妻子王小梅一般只有在过年的时候才能回家一次，平时的时间，除非是家里有事，否则计算着来回的成本，自然就会放弃探亲的念头。王小梅每个月都会把自己攒下来的工资收入直接给两个孩子寄过去，以供给孩子们生活费方面的支出。细想起来，一家人分居四地，各自忙碌，只为了赚钱养家，很是心酸。田志双说，知道妻子在外面做工很苦，但是没有办法，乡附近并没有什么工厂，工业区里的电解锰厂并不太适合女工从业，而且那又是一份短时的工作，无法挣到整份的工资。事出无奈，只是好在夫妇二人都还年轻，还有精力和体力可以在外面多待两年，多挣些钱。

之所以会出现女方长期在外的局面，还有一个原因。2010年，田志双看到村子里的烟叶种植开展的风风火火，因此夫妻二人商议，就由妻子外出打工，田志双继续留在家里，和弟弟联手，共同进行烟叶的种植和烤制。田志双留出两三亩土地耕种口粮。剩余的土地，再加上另外从别家农户租来的几亩闲置土地，在经田志双平整之后，则全部种上了烟叶。田志双种植的品种是“云烟 87”，一种比较常见的烟叶品种，收成也较为稳定。田志双说，种烟叶，一怕雨水过大，二怕病虫害。今年的烟叶就闹了虫灾，家里几分地的收成基本归了零。

在最初阶段，田志双只规整了 7 亩地的烟叶规模，但是，刚到第二年，也就是 2011 年，田志双就另外新租入了十几亩土地，把种烟的规模扩大到了 20 亩，一跃成为田家洞村的种烟大户。田志双家烤房的搭建也同样迅速。2011 年初，田志双在自家房屋的后院建起了第一座烤房，而在 2012 年上半年，田志双又在山上建起了第二座烤房。田志双家的烤房，每一个都有 3.4 米见方的大小。烤房内设备齐全，除了烤制烟叶的设备外，还安装了太阳能热水器，方便种植烤烟的农民洗澡。田志双家烤房的建设标准是单次烤烟规模为 300 斤，田家兄弟可以将它利用到每次出炉 320 斤。作为一个种烟户，田志双家的发展规模和速度在田家洞村都比较超前。田志双说，烤房及其设备在县、乡两级政府都有补贴，每个烤房的建设成本是 5000 元，而所有补贴的加总能达到 3500 元。这样，农户需要支出的启动资金就只有三成了。有这么好的政策，农家肯定要积极响应的。

田志双家的两个烤房并不相同，它们的最大区别在于其中一个是电烤房，另一个是煤烤房。用电烘烤的烤房是去年建成的，经过一年的运作，田志双发现，用电烘烤虽然可以极为精确地把温度控制在 65 摄氏度，从而最大限度地保证烟叶湿度的稳步降低。但是，电烤房最难克服的障碍就是烤制过程的中途断电。田志双说，近两年，村子里停电的现象还是常有的。一旦断电，整个烤房里烟叶的质量会瞬间降低至少两个等级，这个损失是后续电力恢复后也无法弥补的。就是考虑到这个问题，田志双第二年建立了一个新的煤烤房。用煤烘烤就完全不用担心停电的问题了。温度的控制问题，需要往烤房内放置一个温度表，监测着将烤房的温度控制在六十几度即可。田志双说，每 2000 斤煤可以烤出 1000 斤烟叶，煤烤房的成本每个月在 120 元到 130 元之间，烤烟期为两个月。煤烤房每房的烤烟量在四五百斤之间，电烤房每房则能有七八百斤的产出。两个烤房的烘烤时间基本相同。电烤房有煤烤房没有的操作简单、烤房容量大、烟叶颜色更为均匀的优势，而煤烤房又可以弥补电烤房的重大不足。两个烤房交替使用，不仅能够扬长避短，还能共同满足田志双家里多达20亩规模的烤烟任务。

以亩产350斤计算，田志双家2011年采摘了约2400斤烟叶，到了2012年则增加到7000斤。2011年田志双家烤烟以平均8元多的价钱被烟草专卖点集中收购，而2012年的平均收购价格则达到了11元多。这一方面是由于烟叶的收购价格提高了，另一方面也说明田志双的种烟和烤烟的技术提高了。田志双说，他种植的烤烟品种较为普通，上部烟叶的比重不大，所以，卖出的价位只是在中等偏上的水平。

除了种植烤烟，田志双还有一份工作，就是在工业区的电解锰厂做短工。这份工作是从2009年开始的。田志双的工种是提纯锰金属，基本的过程就是把金属锰粉碎掉，然后用电提纯。田志双说，电解锰厂的工作并非八小时工作制，一般的情况是，今天做，明天休息，或者今天做3个小时，明天做6个小时。工人按工时领取工资。每3个小时的工资是40~50元；如果一天做足6个小时，则是80~90元。在电解锰厂的工作田志双一直在做，因为它和种烟和烤烟在时间上并不冲突。种烟、烤烟具有季节性，时间较短。每年的4月至9月是忙季，田志双便尽量少出去做工，用充足的时间烤烟。其余月份，田志双就可以多出去做工。再有剩余的时间还得种种粮食，种种菜。

以2011年为例，田志双的家庭收入和开销包括这样几个主要的部分。一是王小梅的打工收入，每月1500~1600元，用于两个孩子的生活开销；二是田志双的打工收入，每月约为3600元；三是田志双种植烟叶的净收入，以毛收入减去种植烟叶的租地费用、种苗、农药、地膜的支出，再减去烤制烟叶时的电费、燃煤费，最终以每亩500元的利润计算，大致为3500元。第二、三项收入主要用于全家人的各项开销，如孩子的学费、生活费、人情费、交通费、电费等。

田志双家的生活里还有几位重要的亲人，他们就是田志双的几个兄弟。田志双家里原本有兄弟七个，但是有两个已经不在了，可能也是出于这个原因，剩下的兄弟五人非常团结。兄弟之间会一起合作做生意，比如说田志双的大哥在古丈县和最小的弟弟在一起做烟叶生意，田志双则是在家里和五弟一起种烟、烤烟。不仅如此，家里条件好的兄弟还会尽量帮扶其他的兄弟。田志双一共养育了两个孩子，女儿1991年出生，很是乖巧，在古丈县读过高中后，于2011年考入长沙电子科技学校，开始学习电脑专业。女儿每年7000多元的学费就是由大哥家的侄子供给的。全家人看到孩子能够学有一技之长就很高兴并且很支持。田志双的小儿子也不例外。小儿子1994年出生，目前在古丈县读高中三年级，每两三周回家一次，平时就去居住在县城做生意的六叔家，孩子每年1万多元的教育费用，六叔也帮忙承担了相当的一部分。

说到今后的打算，田志双说，我们夫妻二人只是稍稍辛苦些，只要能多多给孩子们挣出学费，看他们长大成人也就可以了。

（二）望女成凤的黄生荣一家

在街边一座普普通通的木房子里，我们见到了今天的采访对象——黄生荣以及他的妻子田宏玉。他们的房子门口堆砌着一些木柴，房子后面就是田地，从外面看上去，黄生荣的木房子并不防风，可以想见在冬天肯定会比较冷。房子分成了两部分，一部分黄生荣和田宏玉用来居住，另一部分用木头隔开，用来存放一些杂物。走入房子会发现，这么一小间屋子，也被用木板隔成了两小间房间。在外间，首先映入眼中的是一个火坑，里面烧着木柴，上面烧着水。沿着木柴飘散出的烟向上看，可以看到挂着的四对猪蹄。后来经过询问，我们知道，熏腊肉是黄生荣家的传统习惯，他们每年都会熏。具体做法是把猪蹄先放在盐水里浸泡10～15天，然后就挂在火坑上面，用烟一直熏，每年从11月就开始熏，一直到第二年的3、4月才最好吃。可能因为熏腊肉的关系，为了不把墙壁熏黑了，黄生荣把四周的墙壁全部用报纸贴上了。在外间屋子的一角，还摆放了一个小木柜，上面放着油盐酱醋等。里间的屋子里放着一台电视机和饮水机，还有一扇小门，能直接通道外面的田地。我们就坐在火坑旁边，开始了今天的采访。

黄生荣，男，49岁，高中文化程度。黄生荣7岁开始在田家洞村小学开始上学，在田家洞村读完小学一年级和二年级后转到断龙乡完小，读完了小学剩下的课程。接着，黄生荣考入了断龙中学，毕业后，黄生荣又考入了古丈二中，开始了高中的学习生涯。但是，因为当时家里太穷了，没有钱让黄生荣继续读高中，因此，在高一结束的那一年，黄生荣就辍学回家帮忙种地，那时的黄生荣才刚刚15岁。

田宏玉，女，48岁，高中文化程度。从开始上学到高中毕业，依次就读于断龙乡完小、断龙中学以及古丈二中。田宏玉与黄生荣两人从小就认识，都几乎在同一所学校学习，只不过黄生荣比田宏玉高一届，两人可以说是青梅竹马。而且两人都很喜欢跳舞，在田宏玉高中毕业后，为了响应党和国家的号召，她和黄生荣两人一起参加了计划生育的宣传活动，通过到各个村里跳舞来向村民们宣传计划生育，就是在这个过程中，黄生荣和田宏玉两情相悦，便私订终身了，那时的黄生荣20岁，田宏玉19岁。可能这件事在我们现在看来并没有什么大不了的，但是在当时那个年代，农村里能去追求自由恋爱的人实在是太少了，在我们了解到的田家洞村的村民中，几乎都是家里人介绍才认识，然后结婚的，讲究的是父母之命、媒妁之言，我们不得不感慨黄生荣和田宏玉的勇气和运气。

结婚两年后，黄生荣和田宏玉有了自己的第一个女儿——黄仙凤。黄生荣和田宏玉一共生育了三个女儿，分别是刚才提到的大女儿黄仙凤、二女儿黄佳以及小女儿黄玉婷。黄仙凤，27岁，已经结婚并生有一儿一女，目前和自己的丈夫在广州打工。黄佳，25岁，未婚，目前在古丈县断龙派出所户籍科工作，每个月工资1000元。小女儿黄玉婷，22岁，目前是厦门大学的一名大四学生。

2011年，黄生荣和妻子田宏玉的收入总共约为2万元。黄生荣的工作是在建筑工地做临时工，每天150元。当然，黄生荣不会每天都有工作，只有在建筑工地缺人的时候，才能去做临时工，因此平均下来，黄生荣每年能收入1万元。田宏玉是一名清洁工，每个月的工资是725元。另外，黄生荣还有八亩地，其中有五亩旱地和三亩田地。2011年，黄生荣在五亩旱地上种了玉米。2012年，在政府的大力推广下，黄生荣响应号召，抱着试试看的想法，在三亩田地上第一次种植了茶叶，具体收成怎么样要到第二年才能知道，但是黄生荣对这批茶叶非常有信心，坚信能有个好收成，挣些钱。除了这些，2011年，黄生荣还在家里养了两头猪，在过年的时候杀了。

支出方面，黄生荣家在2011年，生活费支出有6000元（每个月500元），红白喜事支出3000元，最主要的支出在小女儿身上。小女儿在厦门上大学，每个月的生活费需要1000元，每年的学费为11500元，单单在小女儿身上，黄生荣就要用掉2万多元，只靠黄生荣和田宏玉的收入是无法支付小女儿上学费用的。对于黄玉婷来说，她是幸运的，她并没有面临辍学的危险，因为她还有两个姐姐，黄仙凤和黄佳每年至少都会给黄玉婷5000元，来帮助她顺利完成学业。

黄生荣非常清楚辍学的滋味是多么难受，因此他一直坚持，只要自己的女儿想要读书上学，他再苦再累也要供应她读下去，黄生荣不想让发生在自己身上的痛苦再次发生在自己女儿身上。而黄玉婷也没有让黄生荣失望。从小就有一副好嗓子的黄玉婷非常喜欢声乐，小学时候就参加过各种活动和比赛。从高中开始，黄玉婷在家里人的支持下，开始系统的学习声乐，并且在高考中凭借声乐的专长，本来学习成绩只能考取一所二本学校的黄玉婷，考上了厦门大学。在大学中，黄玉婷并没有懈怠，依然积极地汲取着知识。她在学校主持和参加了大学生联欢晚会，还参加了青年歌曲大奖赛。而且除了活动，黄玉婷的学习也没有落下，除了英语以外，她的各门课程都取得了优异的成绩。目前，黄玉婷正在准备考研究生。

可以感受到，黄生荣对自己的小女儿感到非常的自豪。其实，我们在听到黄玉婷就读于厦门大学的时候，感觉很吃惊。我们都知道，厦门大学是一所985、211的重点大学，在全国都是非常有名气的，高考中考取厦门大学的难度非常大。尽管黄玉婷是在声乐专长的帮助下才考上的，但是难度也依然不小。这么说，并没有歧视农村孩子的意思，而是想到了我国现阶段农村的教育问题。国家虽然一直在提倡要提高农村的教育水平，可是却一直没有太大的成效。农村的孩子想要考取好的大学，比城市孩子困难得多，这不是因为城市的孩子比农村的孩子聪明，而是双方接受的教育水平不一样。现在，我国农村教育普遍存在着教育经费短缺、农民收入低、家庭负担重以及师资水平低且不稳定的问题。教育经费短缺，使农村学校仅仅只能满足最基本的上学需求，距离实现全面的素质教育所要求的办学条件相差甚远。国家每年的教育经费支出虽然一直在增加，可是这些教育经费在农村和城市投入的比例很不均衡，在城市的孩子们都在用计算机上课的时候，农村的孩子大部分还坐在破旧的教室里。由此导致的另一个问题，是农村的教师队伍问题。首先就是因为教育经费的问题，导致农村教师的待遇普遍偏低，有的地区甚至连教师的工资也无法保障，进而引起的农村教师队伍不稳定，农村教师流失问题严重。断龙完小的支部书记向汉佳告诉我们，现在的老师们普遍认为农村的工作太艰苦了，所有的老师都想到城里的学校工作，因为大家都认为城里的福利好，而在断龙完小，老师们的收入只有工资，没有别的什么收入、补贴和福利等。对于老师们想去城里工作的想法，向汉佳表示他无法改变，因为情况确实就是这样。虽然乡里、村里其实非常缺老师，想留住人才，但是却心有余而力不足，乡里需要更多的钱和住房来留住老师。这就是田家洞村的情况，我相信，我国其他地区的农村很多也存在类似的问题。其次，农村教师队伍的专业化水平普遍偏低。由于农村教育工作环境差，教师待遇低，业务培训少，许多中青年骨干教师都不愿来农村教学。由此就导致像黄玉婷这样非常努力学习的人，在没有好的老师带领的情况下，依然学不好英语。如果她英语从小就能打好基础，现在的黄玉婷就应该是直接保研了，而不再需要参加研究生入学考试，然而英语在考研的路上仍然是她最大的障碍。最后，就是农民收入低，负担孩子上学的压力过大。在物价飞速上涨的今天，农民们依靠种地得到的收入没有随物价上涨，而是基本上停留在几年前的水平。在田家洞村，村民的人均月收入只有2000多元。相反，现在上学的费用却涨了好几倍，对于农民来说，负担越来越大。为此，要解决农村教育问题，必须要提高农民的收入水平。当农民的收入提高了，农村的生活水平就会提高，教育经费多了，教师们的待遇就会变好，好的老师就会愿意到农村去教学，整个农村的教育问题就可迎刃而解。

为此，要解决农村教育问题，首先第一点是要提高农民的收入水平。我国要规定农民与城市居民平等的公民权和民主权，以此为前提，确立并保证农民对土地的占有权，保证其经济权利，由此发展现代农业。途径应以合作制为主。合作制不同于集体制，它在发挥其总体性的集合经济实力和生产经营优势的同时，又要充分调动个体的主动性和积极性，其成立与发展的根本，就在于以从法律上明确规定农民的公民权和民主权，改革土地制度并规定农民对土地的占有权及其劳动力所有权、生产资料所有权为基础，派生、集合农民的劳动力占有权、土地使用权、生产资料占有权，形成公共权力和相应的权力关系，进而提高农民的素质技能，提高农民收入。第二点是要加大农村教育的投入。虽然近年来，中央对于农村的教育投入在加大，但是我国人口众多，农村教育规模大，国家整个教育经费平均到每个地方就会显得不足。为此，要确立国家及地方各级政府经费投入主渠道，并相对于过去明显加大投入等政策，还要从不同的角度来筹集资金。就目前农村教育的困窘情况来看，仅仅依靠国家政府扶持是远远不够的，要想办法吸引社会上的团体、组织、企业甚至个人对农村学校进行教育投资。这样，当农民的收入提高了，农村的生活水平就会提高，教育经费多了，教师们的待遇就会变好，好的老师就会愿意到农村去教学，整个农村的师资问题就可迎刃而解。

对于现在的生活，黄生荣和田宏玉表示感到很满意。在每天白天忙碌完了以后，晚上 7 点到 9 点，田宏玉就会去乡政府院子里跳摆手舞。从小开始跳舞的田宏玉在整个断龙山乡都是跳舞的好手。而且县里还会经常请田宏玉她们去凤凰古镇跳舞，每当这时都是田宏玉最高兴的时候，因为这个时候，她可以穿上自己最喜欢的土家族衣服去跳舞给别人欣赏。黄生荣平时则喜欢打桌球、看电视，最喜欢看的电视节目是音乐类的节目，比如说当前非常火爆的“中国好声音”，黄生荣告诉我们，他最喜欢的就是刘欢了。从这可以看出，能歌善舞的黄玉婷完全是继承了黄生荣和田宏玉的优秀品质。对于这个小女儿，在黄生荣看来，黄玉婷能考个教师资格证，然后毕业找个学校当老师就非常好了，可是黄玉婷不喜欢老师这个职业。因此，黄生荣和田宏玉一致决定不干涉她以后的生活，她想向哪个方向发展完全取决于黄玉婷自己的兴趣爱好，他们不想去约束她。他们知道不同时代的人有着不同的思想，而且时代是在进步的，他们觉得对的事情可能到现在已经是一种落后的思想了，对于这一点，黄生荣和田宏玉看得很明白。黄生荣对于现在的政策也感到很满意，他说他的小女儿考上大学的时候，县里面还发了5000元的助学基金。还有他们加入的新型农村合作医疗，每年每个人只要交60 元，就能对整个医疗方面很放心，实在是非常好的政策。

虽然现在黄生荣和田宏玉还因为没钱，盖不起水泥房，只能住在木头房子里，而且家里的耐用消费品只有一台电视、一台饮水机、一台电冰箱和两部手机，但是他们觉得很幸福，在整个采访过程中，我们能感受到他们身上散发出来的平淡、幸福的味道，这样的人生也就足够了。

（三）重视教育的黄生文家

2012 年 12 月 6 日中午，整个田家洞村笼罩在冬日的阳光之中，但丝毫没有冬日的寒冷。调研小组人员在田昌斌秘书的引领下来到黄生文老人家。调研小组走进黄生文老人家，进入客厅映入我们眼帘的是一个大大的“福”字，各种现代家具整齐地陈列在房屋之中，也许这就是黄生文老人呈现给客人们的幸福之感。此时黄生文老人正和老伴儿一起看电视，安享着幸福的晚年。田秘书向黄生文老人说明了调研小组一行的目的，老人表示很乐意接受调研小组的采访，黄生文老人喜欢和别人分享他自己年轻的故事，虽然那些故事发生在艰辛的岁月里，但是老人谈到他的故事时却总是露出欣慰的笑脸。

调研小组成员充满好奇地了解到黄生文老人的故事。出生于1942年的土家族黄生文老人，他跟那个时代出来的大多数农民一样，也经历过大集体、生产队、人民公社的那些困苦的日子。在那个年代里种过地，打过米，打过糠，除过棉花籽也弹过棉花，一句话是哪里需要哪里搬。但欣慰地来讲，跟其他人不同之处在于他不仅围绕土地转，还围绕机械转过。因为打米打糠，除棉花籽弹棉花，都离不开机械。但是他一生都没有离开过土地。改革开放后实行了“包产到户”以及随后的“包田到户”政策，让他与土地的关系更加紧密了。

制度变迁给他带来的“幸福感”也是同期大多数农民的共同感受，而这些共同感受已被人们广泛发掘，包括对苦难日子的追忆等，都属于这种共同感受。譬如，莫言的魔幻现实主义色彩。那么我们调研组对这位农民浓墨重彩的原因在于他对子女教育的特别重视，这种重视所形成的人力资本使得当前这个家庭的生活状况很好，老人自己对生活也非常满意。更重要的是，老人当年重视教育投入的故事影响了田家洞村以及整个断龙山乡，甚至是周边的几个乡镇。

首先调研小组了解到黄生文家现阶段主要家庭成员受教育的情况：大儿子黄明亮出生于1970年，文化程度为硕士研究生，现为江苏省淮安市淮阴工学院的一名教师；女儿黄明玉出生于1972年，文化程度为高中，现于江苏省无锡市务工；小儿子黄明旺出生于1976年，文化程度为大学本科，现为广东艺术学校声乐老师。黄生文老人对自己成功的家庭教育总结为“父子之间的恰当配合”，老人的原话为“孩子拼命学习，父母就是砸锅卖铁也要送他们上学”。为了送子女上学，黄生文老人付出了常人难以忍受的艰辛，而那份艰辛不仅来自身体所承受的重担，而更多的是来自内心的煎熬。泰戈尔曾说过：“只有经历地狱般的磨炼，才能炼出创造天堂的力量；只有流过血的手指，才能弹出世间的绝唱。”也许人的一生注定要经受种种挫折，才能到达成功的彼岸。记得海明威曾说过：“一个人可以被毁灭，但不可以被打败。”在那一次又一次的挫折中，黄生文和子女们选择了接受事实却永不放弃，这是一种对待人生的态度。著名的足球教练米卢曾经说过：“态度决定一切。”在某种程度上态度和信念能够改变一个人的一生，而黄生文的大儿子就是这样一个永不言弃的人。列夫·托尔斯泰曾经说过："幸福的家庭是相似的，然而不幸的家庭是各不相同的。"1970 年出生的黄明亮的大学梦似乎比常人来得更加艰辛和不易，他有着复读六年的高中经历才最终踏入大学之门。调研小组人员怀揣着种种疑惑与黄生文老人攀谈，黄生文老人回忆："如果儿子考不上大学，我计划把所有的重点高中全部送儿子上一次。"据黄生文老人口述，大儿子复读了六年的高三，念的第一所高中是古丈县一中，复读了两年高三；第二所高中是张家界高中，复读了一年高三；第三所高中是吉首少年宫，复读了一年高三；第四所高中是永顺县一中，复读了两年高三。在大儿子经历了一次次高考失败后，黄生文老人身边的亲戚朋友都劝说："不要再送儿子念书了，文凭能够买到，你做的那些努力都是白费工夫，吃苦受罪的是你自己……"但黄生文和大儿子总是执着地坚持着，因为他们相信"有志者、事竟成，破釜沉舟，百二秦关终属楚；苦心人、天不负，卧薪尝胆，三千越甲可吞吴"。最后大儿子从永顺县一中考上了大学。也许，正如黄生文老人所总结的那样，他与大儿子之间配合默契而实现了他们的夙愿——老人将自己的大学梦托付给儿子，而大儿子也实现了他自己的大学梦。写到这里，笔者不禁想问"谁是那个时代最可爱的人"，也许这对父子就是那个时代那个小村庄最可爱的人。美好的未来从来都是来之不易的，只有不断努力奋斗的人才能收获成功的喜悦，即使在岁月的痕迹中来得晚，但是"宝剑锋从磨砺出，梅花香自苦寒来"，只有经历过磨砺的人，意志力才会越发坚强。

与大儿子的经历相比，黄生文的小儿子黄明旺的求学之路相对走得比较平稳。小儿子自小受父亲的熏陶，爱好音乐。黄生文老人根据小儿子自身的兴趣爱好支持小儿子走上了声乐的道路。小儿子黄明旺先后就读于古丈县一中和吉首民族师范高中，最终从吉首民族师范高中考上大学。从黄生文老人对小儿子的教育可以看出，他根据儿子自己自身的兴趣爱好选择未来的发展道路，而不是根据老人自己的想法决定儿子的发展方向，因为老人一直都认为"兴趣是最好的老师"，孩子们有他自己的权利去选择喜欢的方向。家庭教育作为孩子通向社会的第一座桥梁，对孩子的个性、品质和健康成长起着极其重要的作用。黄生文对孩子的教育方式以及他对孩子的人力资本投资都是当代父母应该思考的问题。

当调研小组提到关于女儿黄明玉的教育经历，黄生文老人搓了搓他那粗糙而又长满老茧的双手感叹道，女儿黄明玉自幼乖巧懂事，她看着一贫如洗的家和被风霜捶打、日夜操劳的父母，念完高中后就放弃了继续深造的机会，转而南下打工为父母分担经济压力并支持两个哥哥念书。经营一个成功和幸福的家庭，往往需要家庭成员的配合和懂得自我牺牲的成员，而黄明玉在黄生文的这个家庭中就扮演了这样一个自我牺牲的角色。黄生文老人每次讲到女儿黄明玉总是有一种莫名的感伤，但是生活在继续，唯有乐观看待生活中的一切，才能收获更多。

黄生文老人为了提供顺利完成两个儿子学业的费用，他“背柴卖”、“卖豆腐”、“卖耕牛”、“打零工”，人们戏称他为“小生意全能手”。他“背柴卖”的时候，田家洞村流传着一句话“看，山都被他‘背’穷了”；他“卖豆腐”的时候，田家洞村村民会说“买豆腐就找黄生文”；他“卖耕牛”的时候，村民会这样描述“要想来年收成好，就找黄生文借耕牛”；他“打零工”时，村民会用佩服的语气陈述：“农民要想努力供儿女上大学，45 岁也能出门打工。”田家洞村村民调侃式的描述，反映出了村民对他的无限敬佩和尊重。黄生文为了凑齐两个儿子上大学的费用，他 45 岁时决定外出打工，选择的打工地是广东。当调研小组人员问：“为什么选择去广东?”老人回答：“广东是很发达的地方，而主要的是没有文化知识的人也能找到适合的工作。”黄生文去广东找到了一个拉砖的活儿，对于一个没有文凭的农民来说，为了获得货币收入，他只能选择出卖自身的劳动力，而成为体力劳动者是他能够获得收入的唯一途径。也许一个 45 岁的农民还能走出大山寻求自身内心苦苦挣扎的东西——一心要实现儿子的大学梦，这就是 45 岁的他打工的原动力，他要实现自己最终的想法。一个中国农民通过自身的不断努力去获得使后辈们摆脱土地的命运，这或许与其他农民对土地的那份情结不同，他更希望自己的子孙后代能够走得更远，看得更深，飞得更高。也许黄生文骨子里本身就透着原本他自己所要追寻的梦想，一个充满追求的农民，他更是一个了不起的农民，他所看到的不仅仅是土地所带给他的命运和收获，而是土地对农民有着更深远的影响——对人身的束缚。他希望后辈们能够摆脱这种束缚，赢得更精彩的人生，而那种人生是他自身曾经无数次期盼的生活，因为他相信知识能够改变命运，即脱离传统农业生产方式，从而获得农民后辈们的新生，成为土地上真正的主人。

田家洞村村民都说黄生文老人命运好，老人却说是因为“把儿女送出去，将他们的生活搞好，那么老人的命运也就随之而好；儿女不搞好，老人的命运也就不好”。也许这就是一个“反哺”的过程。因为在老人壮年的时候，他用尽全身力气去为儿女做好后盾，他为子女做了一个长期的投资，即人力资本投资；而当他年老的时候，儿女们已长大，当年他对儿女的教育投入，也随之在他年老的时候显现出来，儿女们对他的尊敬和对他的关心、照顾，在某种程度上反映了大家说的“收益—成本”问题。因为他的人力资本投资，他同时也获得了一定的收益，而这种收益所体现的是他年老的生活惬意、家庭幸福和谐，这种收益前提是教育的投入和人格的影响。

黄生文老人的人格魅力与他对儿女的教育经历使他成为田家洞村德高望重的老人。他的教育事迹传遍了整个田家洞村，甚至传至附近的其他村落。可以毫不夸张地说，他的教育事迹在某种程度上促进了当地人们对教育的重视，从而提升了该村的素质文化技能，而后带动了当地的教育、经济、文化等事业的发展。经济的发展要靠人才，人才的来源需要教育，这一环扣一环的连锁反应，促进了田家洞村各个方面的综合发展。典型个案引发局部效应，而局部效应的获益将带动整体发展变化，也许这就是教育的魅力之所在。

汉语“教育”一词的溯源始见于《孟子·尽心上》：“君子有三乐，而王天下不与存焉。父母俱存，兄弟无故，一乐也；仰不愧于天，俯不怍于人，二乐也；得天下英才而教育之，三乐也。”《说文解字》的解释是：“教，上所施，下所效也；育，养子使作善也。”家庭教育作为孩子通向社会的第一座桥梁，对孩子的个性、品质和健康成长起着极其重要的作用。黄生文老人对教育的重视程度使得这个原本几代人从事传统农业的家庭步入了知识的殿堂，从某种程度上来说改变了黄生文后辈们的命运，从而更有力地获得了融入现代社会的能力。黄生文老人对教育的重视，使得这个原本贫困的家庭最终走上了小康之路，同时在城市化的进程中他们也站稳了脚跟，步入了现代社会的经济大浪潮中。在拥有知识的前提下，他们适应了时代变迁给人们带来的阵痛，也抓住了时代赐予他们的机遇。笔者认为教育本身的意义在于适应时代发展的需要，而投资人力资本却是教育的基础，也许教育本身所带给这个时代的有着更为深远的意义。

（四）留守儿童家庭福春花家

在整个采访即将结束时，我们遇到了六个孩子在马路上玩耍，开始我们以为是邻家的几个孩子在一起，后来才知道这六个孩子都跟着奶奶生活。

福春花，女，今年54岁，土家族，自幼没读过几年书，不识字。丈夫田金友，湖南省古丈县断龙山乡田家洞村人，今年59岁，土家族，高中文化程度，高中毕业于古丈一中。

福春花是改嫁到田金友家里的，福春花的前夫和田金友的前妻都不幸去世了，福春花就带着儿子改嫁到了田金友家。现在家里有四个孩子，大女儿和二儿子是田金友与前妻生的，三儿子是福春花与前夫生的，只有小儿子是田金友与福春花生的。福春花带着儿子刚嫁过来的时候，大女儿只有八岁，二儿子只有六岁，但是儿女都很接受。这二十多年来，父母和儿女之间都相处得很融洽，这一点儿实在很难得。大女儿属羊，今年33岁了，与本村人结婚后一家人就外出打工了，孩子已经在外地读小学四年级了。二儿子今年30岁，现在和二儿媳都在浙江省温州市的一个棉花厂里打工，二儿子每个月有2000元的收入，二儿媳的工资每个月也有2000元左右，二人有两个女儿，一个五岁，一个两岁，现在都跟着奶奶在田家洞村生活。三儿子今年29岁，小学毕业，现在和三儿媳也都在温州打工，主要从事机械剖光，三儿子每个月工资3000～4000元，三儿媳每个月工资1000～2000元，二人有四个孩子，两个女儿和两个儿子，也都跟着奶奶在田家洞村生活。大女儿今年九岁了，在断龙完小读二年级，二儿子今年八岁，在断龙完小读一年级，三女儿今年七岁，小儿子今年才四岁。福春花和田金友的小儿子今年17岁，现在还没有结婚，初中毕业后就外出打工了，现在在怀化的一个碗厂里打工，包吃包住，每个月工资1500元。

福春花家里有四亩田和两亩地，前几年福春花和田金友可以种烟叶，后来因为年纪大了，而且也要照顾孙儿，就不种了。福春花家里的大多数田和地都在山里，不太容易种植，如果种稻谷，经常会有野猪来吃。所以，田金友就在山里的土地上栽树，等树长大了，把树砍伐后可以卖钱。一棵树从被栽种下到长大后能卖钱，要经过十几年的时间，见效十分慢。稍微近点儿的田，福春花就用来种植稻谷和玉米供自己家里食用，面积有一亩多。福春花平日里除了照顾小孩，就在家里做农活儿。田金友则偶尔做做小工，但是很少有人来雇。可以看出，福春花和田金友几乎没有稳定的收入来源，而且还要照顾孙儿。为了小孩上学，现在福春花和六个孩子在断龙完小的附近租了一间小屋，一年房租800元。原来的家离学校太远了，福春花和田金友都觉得孩子们来回上学太辛苦，所以，福春花带着六个孩子在出租房里住，田金友自己还住在家里。

我们走进福春花和六个孩子居住的出租房，房子大约有30平方米，分为里外两间屋。恰逢傍晚，屋里灯光昏暗，屋子的墙面很脏，富春花拿破旧的床单遮挡了些。外屋里杂乱摆放些日常生活用品，中间放着一张矮小的方形餐桌，墙上还挂着一张卡片，是用来教孩子识字的。里屋是福春花和六个孩子居住的屋子，狭窄的屋里交错摆着三张单人床，床是木板搭成的，床与床之间的过道只能允许单人通过，床上堆放着被子和孩子们的衣物。福春花对屋里的杂乱情况显得有些难为情，说到孩子太多，屋子里也很难收拾出来。晚上福春花和六个孩子就分睡在这三张床上，福春花和最小的孩子睡在一张床上，其他五个孩子在另外两张床上睡，因为床太小，孩子们只能头对脚这样交错的睡。家里没有电视，电器只有一个电冰箱和一个电饭煲，每个月电费60元。

福春花和田金友现在在村里没有稳定的收入来源，抚养六个孩子的费用由他们的父母各自承担。每个孩子每年2000元，孩子的父母会把钱打到福春花的卡上，这样平均下来六个孩子每个月的生活费一共才有800元。福春花坦言孩子父母给孩子的钱很紧张，不能由着孩子用，不能让他们想买什么就买什么，要不然肯定会不够。如果孩子生病，就更加紧张了，需要钱时，孩子的父母也会往家里打钱。但是福春花也不愿意给儿女们添麻烦，能自己解决的就不会去打扰儿女。福春花觉得现在日子很难，带着这么多孩子也确实很辛苦，小孩们吵着要东西，又没有能力满足他们，特别心烦。但是孩子的父母都在外打工挣钱，也没有别的方法。孩子的父母一年回家一两次，年龄小点儿的孩子都快不认识自己的父母了，年龄稍微大点儿的虽然认识但和自己的父母也不亲近。福春花说村里的这种现象特别明显，年轻人都是在家结婚后生完小孩就外出打工了，把孩子留给老人照顾。

可以说，福春花家就是典型的农村留守儿童家庭。近年来市场经济快速发展，为了改善家庭生活，越来越多的农民离开了土地，尤其是青壮年农民工，背井离乡，他们希望自己的生活越来越好，大量农村剩余劳动力为改变生存到城市务工谋生。其中大部分为夫妻一同外出，由于经济、教育等各方面的原因，他们无法将子女带在身边，不得已只能将自己的子女留在农村，交给老人抚养，由此形成了“留守儿童”这样一个特殊的群体。

就像福春花家的情况一样，即便在外出务工与子女就学、教育之间产生冲突时，他们也往往选择前者，毕竟缺乏经济条件的支持，他们的家庭生活、养老、看病、子女的成长等一系列的问题都将无法得到根本改善和解决。作为农村留守儿童的父母，他们外出务工就是他们本身也面临着种种难以解决的生存问题。由于长期的城乡二元分治使社会保障制度把农民工排除在外，虽然国家在大力推行城乡一体化，但农民工在城市就业、社会保障、教育、住房等方面仍然存在着事实上的不平等，所以他们自己也没有能力把儿女留在身边。

福春花家的情况反映了农村的留守儿童家庭问题，也引起了我们的思考，留守儿童产生的原因是多方面的，国家和政府也逐步重视并大力解决这个问题，真心希望我国农村留守儿童家庭越来越少，还孩子们一个幸福完整的家。

采访结束时，我们调研小组在村里的小超市买了一些零食分给了福春花家的六个孩子。看到这么多平时想吃而不能买的零食，孩子们高兴极了。福春花很是感激，迫于家里的经济能力，平时孩子们都不舍得买零食吃。看到孩子们脸上那么纯真、幸福的笑容，我们心里不禁有一丝酸楚，默默地祈祷他们的生活越来越好。

第三部分　农民

十六、乡村干部

（一）村支部书记田宏双

田宏双，田家洞村党支部书记。俗话说："村看村，户看户，群众看党员，党员看支书。"党支部书记是村组织的第一负责人，其主要职责就是带领村民致富并且维护农村社会稳定。在调研小组来到田家洞村的第二天，田宏双书记在村党支部里约见了调研小组成员，自然地他也成为我们的第一个访谈对象。田书记四十出头的年纪，工作繁忙，对自身经历所言不多，但是他对于我们在村子里的调研工作，却是给予了最大程度的支持。在调研小组走访田家洞村的这几天时间里，田宏双书记亲自带领部分小组成员走街访户，边走访边讲解，谈了田家洞村发展的过程和现状，这不仅对调研人员对村子的整体情况的把握起到了不可或缺的作用，也使得调研人员对田宏双书记自身的工作内容有了更加全面和具体的了解。

田宏双，土家族，田家洞村人，1970 年出生于一个普通的农民家庭。田宏双是家里的长子，有一个弟弟和两个妹妹。父母除了务农，还经营着一个小型的豆腐、粉条加工厂。1977 年，田宏双开始上小学读书，先是在本乡读小学和中学，然后又到了默戎镇读职业高中，学习园艺专业，田宏双说在那三年的时间里，学校多次组织学生到农户的山间果园实习，通过长期的、反复的田野实践，自己学会了整枝、修剪和嫁接的技术，"这些技术学会了就忘不了，现在还一直在用"。之后田宏双又到吉首市的技工学校读了两年的无线电专业。丰富而且扎实的技术学习在田宏双之后的工作中发挥了极其重要的作用。

从学校毕业后，田宏双先是为省科办（湖南省科学技术协会）服务，在基层开展建整扶贫的工作，主要方向是科技扶贫；之后田宏双又开始了党建团建工作，并被推举为团支书。在共青团里，田宏双的工作内容是组织社巴节活动，如摆手舞、唱山歌等。后来，田宏双作为聘用干部又在乡国土所工作了三年，主要负责接受审批建房申请、审查住房环境与面积、绘图、颁发集体土地管理使用证，规划乡土地的使用情况等工作。乡土地使用规划的任务完成之后，田宏双又到了乡广播站，负责在广播室宣传政策法规、利用所学无线电知识进行广播的线路维修，同时管理广播电视报的订阅事项。到了1998年，国家实行政府机构改革，人员分流，田宏双等待工作的再次分配。此时，正巧田家洞村的老书记已经六十几岁，到了该退休的年纪，需要新的人员补缺。最终，田宏双作为最为合适的人选，在28岁的年纪被大家推选为田家洞村年轻的党支部书记。

从以上对田书记学习和工作经历的简要叙述中，我们可以看到，田宏双在接任村党支部书记一职时，虽然年龄尚轻，但是他却积攒了丰富的农林技术、扶贫、党团、社巴节活动、土地管理和把握宣传政策法规等多方面的技术和管理工作经验，这些都为田宏双至今为止14年的村党支部书记的工作奠定了坚实的基础。

眼下，作为村支部书记，田宏双主要关心着三个方面的工作：一是继续推进和扩展“两叶”（烟叶与茶叶）的种植；二是全力发展田家洞村的土家族民俗文化；三是通过农贸市场的整建发挥本村的商业优势。

若要带领村民致富，则既要充分利用党和政府的政策条件，又要因地制宜。古丈县政府在2009年提出了“新型工业兴县，绿色产业富民”的发展规划。但是，田宏双书记认为，工业区的建设只是极其有限地吸收了少数农民临时就业，所以对于田家洞村村民致富的推动作用并不显著；而“绿色产业”所针对的“两叶一果”（烟叶、茶叶和柑橘）方面，本村土壤具有高稠性特质，适宜烟叶和茶叶的种植，却不利于柑橘的生长。经过综合考虑，田宏双最终将注意力集中在了烟叶和茶叶的种植和推广的工作中。

田家洞村的烟叶种植于2004年起步，到了2012年，已经发展到了480亩的种植规模。作为村支部书记，田宏双的一项重要任务就是试种。他说：“我不是种植大户，我只在项目引入的初期涉足，等到它产生收益的时候，我就要退出，然后开始做另外一个新项目了。”村领导人进行试种的好处在于，一方面，通过实践获知事项的可行性；另一方面，总结种植技术和经验，计算种植的成本和收益。从2010年开始，田宏双又整理了20亩土地，开始茶叶的试种工作，目标是用三年的时间在村子里全面推广种茶技术。对于村支部书记的带头作用，县政府是给予大力支持的。茶苗由县政府提供，并且每个月支付给带头人200元的劳务费。田宏双书记日常工作较为繁忙，他常年雇用了两个工人，自己则定时去田间，观察种植的效果，给予技术指导。

烟叶和茶叶种植推广工作的另外一项重要任务，就是宣传并落实县、乡政府的惠民政策。田宏双说，无论是前期投入还是后期销售，烟农都无须担心。前期投入方面，烟农既可以获得政府启动资金，又可以通过贷款筹资。农村信用联社按照烟草种植的面积，每亩可提供贷款6000元，烟农只需在取得种植收入后偿还贷款，同时还能享受政府贴息。除此之外，政府还有针对烤房建设和烘烤用煤的补贴。田宏双书记说，考虑到烤烟时烟农总会由于打煤弄得一身黑，断龙山乡政府提出与烟农公担费用，在烤房里安置太阳能以方便清洗的惠农政策。田家洞村烤房的太阳能安装率已经达到了100%。后期销售方面，烟农的烤烟一律按照品级分类由烟草专卖站统一收购，所以不存在销路不畅的问题。

关于民俗文化，田宏双书记说，“旅游+文化”是目前田家洞村土家族文化发扬与传播的基本模式。这一发展模式通过“创建土家文化表演队，在旅游地进行文化表演，进而带来经济效益”的形式来运转。“武陵山片区扶贫开发”和“中国湘西芙蓉镇景点圈”的建设则是践行该模式的优良契机。田家洞村最大规模的一支表演队，已经有五六十个队员了，目前人数仍在上升。表演队的管理很规范，有统一的服装，田宏双书记说正在考虑将表演队进行更加专业的塑造和包装，提高表演队的知名度。

除了设计在旅游地进行文化表演，田宏双作为断龙山乡的社巴节土家文化理事会成员，还在每年一次的社巴节活动中，组织全村老少一起跳摆手舞。这一活动已经发展到90人的规模，场面宏大，催化了又一个大型的表演团队。田宏双书记说，中央、省、州里都有高校申请参观参与这一具有典型土家族文化特色与传统的大型表演活动；该节目还曾受邀参加过上海市文化表演、成都土家族民族文化节等大型活动。

2002年，田家洞村村委会申报“古丈县民族文化保护中心”的称号。为了筹集各项申请资料，田宏双每天奔波在多个部门以及县乡之间，终于在两年之后，经过多方的认证和调研，称号申请获批。2009 年，湘西州政府又向田家洞村颁发了“文化传承所”称号。当田宏双书记向调研人员介绍印有称号的两块牌匾时，我们可以感受到他内心的激动与自豪。两块牌匾来之不易，一方面它们印证了田家洞村村干部为土家族民俗文化的保护和传承所付出的辛苦努力，另一方面也为这项工作争取到了更多的人力和物力资源保障。

田宏双书记说，田家洞村具备深厚的土家族文化底蕴，这就是财富。田宏双正在努力挖掘还尚未挖掘到的文化遗产，比如说哭嫁歌、扫把舞、茅古斯、打镏子等，这些都是关于民族、劳作和信仰崇拜的传统文化形式。一有时间，田宏双就会走进村里的老人家中，和老人座谈，听老人讲土家族的文化。事后，他把记录下来的内容整理成为珍贵的资料，仔细研究，从而更深刻地挖掘出土家族的文化形式和内涵。随着土家族文化开发工作的日益拓展，除了摆手舞，田家洞村还另外组织了五六支队伍，有唱山歌的，还有打镏子的等，能够向大众展现的土家族文化形式在逐步丰富起来。田宏双书记的目标是，用三到五年的时间将田家洞村建设成为“土家文化第一村”。

建设大型农贸市场的商业规划是田宏双书记 2012 年在古丈县第十六届人民代表大会中提出的。他的提案是：在贯穿古丈县、永顺县和保靖县三县的河迁公路（保靖县迁陵—古丈县河西）的弯道处建设一个大型的综合性农贸市场。断龙山乡地理位置特殊，处于三县交界地带，而田家洞村作为乡政府所在地，其农贸市场自然吸引了周边县、乡、村寨的来往商贩，规模较大，仅次于古丈县农贸市场。田宏双书记说，随着地方经济的发展，田家洞村农贸市场的规模已经远不能满足三县交界地区人民生产生活的需要了。目前，断龙山乡正在酝酿一个撤乡建镇的行政区域规划，如果借此机会在三县交界处重新规划建设一个高标准的跨区域的农贸大市场，那么，就能够更加充分利用区域性资源带动本地经济的发展。在田宏双书记的提案中，该市场建设计划用地 20 ~ 30 亩，经营范围不仅包含小百货，还应包含家电、服装、建材等大百货。田宏双书记说，如若是单纯务农的百姓，可以将茶叶、核桃、板栗、花生等土特产拿到市场销售；而如果是有经商意愿的村民，则可以利用这个市场开展个人的商业经营。田宏双书记希望依靠这个商贸市场，建立起带动当地经济发展的第三个支柱。

田宏双书记说，无论是农业、文化产业还是商业，都符合田家洞村的本土优势，都是可以带领村民致富的好手段。烟叶、茶叶是第一支柱，民俗文化是第二支柱，而商业则可以作为第三个支柱来大力发展。三个行业在田家洞村的经济发展中的贡献是平均的，现在这一阶段的任务，就是要在总量上提升这三大行业，从而为村民带来实实在在的效益。

田宏双在田家洞村担任村支部书记的十四年时间里，曾经多次被评选为县、乡优秀村干部、优秀村支书；在全国村官轮训学习班中，他获得“优秀学员”称号；在37岁和42岁的时候他连续当选古丈县第十五届和第十六届人大代表。虽然调研人员与田宏双书记只有短短几天的接触，但是我们可以看出他是一个全心为村民谋福利的好干部。

在田家洞村走访的过程中，有两件事物让调研人员印象深刻。一个是平整开阔的环乡路，一个就是挂着各种“办公室”牌匾的田宏双的家宅。

田宏双书记为我们介绍了环乡路。这条环乡路，长4.2公里，贯穿整个田家洞村，前后用了八年的时间，共耗资100多万元建成，资金由村委会和乡政府共同筹集，还包括部分企业的赞助。田宏双书记说，在公路施工的时候，由于占道的问题导致村民中存在着许多不理解的声音。在施工之前和当中，村党支部和村委会经常把村民们召集到一起，做思想开导和动员工作。“环乡路修好之后，老人和小孩就都可以出来散步了，大大方便了村民的生产和生活。”2011年，环乡路上开始路灯的安装工程。田宏双书记说，村委会发现问题就会向乡政府及时反映。“资金跟着项目走，村支书的一项重要任务就是争取项目，然后保证施工的完成。”在环乡路的枝杈上，还会有个别人家由于地势较高，无法通及。考虑到这个特定问题，2009年，村党支部和村委会又出资8万元，铺设了一段2000米的上坡路，这样“山上的几户人家背东西来回就没有什么障碍了”。

关于家宅，我们是从断龙山乡敖乡长那里了解到详情的。1996年田宏双的家宅重新翻修完成。到了1998年，田宏双上任田家洞村支部书记一职，限于当时村里的经济条件，村支部和村委会便迁到了田宏双刚刚建好的家里，直至近几年新的村支部和村委会办公地落成，才从田宏双的家里搬了出来。期间，河迁公路断龙山乡路段在建，田宏双又将自家二楼中间的屋子腾了出来，作为河迁公路工程办公室，而家里的一楼也挂上了“公路项目实验室”的牌子。

田宏双的视野不仅仅局限在田家洞村，作为县人大代表，他还为整个断龙山乡的百姓谋福利。田宏双书记说，2008年他在古丈县第十五届人民代表大会上的提案是关于水的。断龙山乡地表疏松，分布了许多溶洞，水质很好，但是水源点很难寻找，乡里的单位、学校，几个村的村民用水都十分紧张和困难。所以田宏双书记提议“打洞取水”。但是，这一水利工程投资大，资金缺口也大。根据估算，共需1400万元的投资规模，截至2011年底，只筹集到了三成。田宏双书记说，目前可以想到的最有效办法一是向上级汇报，二是利用名人效应，从社会上筹资。湖南省军区有一个知名的“扶贫司令”，叫作彭楚政，他深刻了解古丈县作为“全国农业中型水利重点县”的任重道远。断龙山乡政府希望通过“扶贫司令”，一方面，可以接触到省里的相关领导，真实汇报断龙山乡的缺水情况；另一方面，可以动员社会力量，成立一个水利基金会，为断龙山乡筹集水利工程款。另一个名人是宋祖英，宋祖英是古丈县人，她在八年前建立了一个教育基金会，断龙山乡政府同样也是希望她可以再筹备一个水利基金会。

田宏双书记对自己的家庭情况介绍的比较简略。爱人梁福玉，1970年出生，在县城开了一家裁缝店，做定做服装的生意。家中有一独子，在湖南涉外经济学院读书，学的是工业设计。老母亲，64岁，2008年田宏双将老母亲从农村老家接到了县城，和自己一起住。在孩子到古丈县读高中的那一年，田宏双在县城置办了一套房产。之后，全家就住在县城，田宏双每天跟车到田家洞村办公，也经常在县城里跑资金和项目。作为村党支部书记，田宏双的工资收入不高，据他回忆，1998年的工资是12元，2008年涨到了300元，2011年则是420元。家里还有两亩稻谷，每年能收千把斤的粮食，自己吃。还有两三亩玉米地，用来养猪，猪就是一年养一头。

（二）老支部书记田志武

调研小组人员为了能与田家洞村的老支书田志武详谈，2012年12月15日晚，在田昌斌秘书的引领下调研小组人员打着手电筒走在蜿蜒迂回的羊肠小道上，在黑夜的陪伴下走进了这位老村支书家。因为在调研小组到来之前，田秘书就已经和这位老支部书记约好了会谈时间，老支部书记田志武在家门口等着调研小组一行的到来。老支书为了能够更好地配合调研小组的工作，在调研小组到来的前两天就一直在回忆曾经当村支部书记的工作和经历的事情。老支部书记田志武是田家洞村发展的见证人，调研小组想从老支书那里了解田家洞村和田志武家庭的发展史。

田志武，1944 年出生，土家族，小学文化程度；1971 年任尚家村支部书记；1974 年举家搬迁到断龙山乡田家洞村居住，1975 年任该村大队长。田志武 1966 年与彭水玉相亲结婚。当时结婚政策是要通过男女双方提出申请，后经过乡政府批准，才能领取结婚证。由于田志武与彭水玉结婚，就在他们结婚的第二年重新修建了 100 多平方米一栋楼房。就在田志武担任尚家村支部书记的第二年，为响应 1964 年国家提出的“三线建设”政策的号召，田志武参加了修铁路。1975 年田志武连任大队长时，村委会要求下面六个生产小组每个组都要把副业收入抓起来，于是村里安排他专抓副业收入。在村委会统一安排下，每个小组成立了木工队、畜牧场。

1958 年人民公社初期实行公社统一核算，不久改为以生产大队为基本核算单位，生产大队除按照国家规定交纳农业税，向公社交纳公积金、公益金外，采用工资制与供给制相结合的分配制度，分配其余的收入，在全公社办起幼儿园、缝纫组、理发组、洗衣组、农业中学、农科站、文化馆、广播站、公社医院等，对社员实行吃饭、看病、理发等几个不要钱的基本生活供给制，以生产队为单位办集体公共食堂，当时集体食堂里有句顺口溜儿：“敞开肚皮吃饱饭，鼓足干劲搞生产。”这就是当时吃大锅饭的集体生产生活情境，具有战时共产主义的特点。在当时只有人均 1.3 亩耕地的条件下，土地、农具、劳动力、资金被“一平二调”去搞集体大生产，打乱了传统的耕作制度和生产秩序，产业结构也遭到严重破坏。粮食产量逐年下降，从而导致 1959—1961 年的三年困难时期。田志武老人在回忆三年困难时期的生产、生活情景时说：“就像温度计掉进了冰箱似的直朝下降。”

人民公社调整原来以生产大队为基本核算单位，改为以生产队为基本核算单位。生产大队将农具耕畜所有权、经济核算权、收益分配权下放给生产队，生产队除上交农业税外，向生产大队交纳公积金、公益金、管理费、劳动积累等。生产队除有正、副队长 1～3 人外，设会计、现金保管员、实物保管员各 1 人，管理本生产队生产和生活。在计划管理上，年初根据公社、大队的统一规划，制订年度计划和分段生产计划，与此同时不仅退还并补足了社员的自留地，还取消了社员普遍反对的公共食堂，恢复了社员凭劳动工分由生产队分来粮分草、以家庭为单位分灶吃饭传统的生产和生活秩序。在田家洞村人民公社实行公社、大队、生产队“三级”所有，以队为基础的初期，其实是三级所有两级没有或很少有集体资产。由于生产队是基本核算单位，是真正的经济实体，也是集体所有制产业结构的基础。

据老支书口述，在1966年，在“文化大革命”中，由于突出阶级斗争搞大串联和大联合，成立各种革命队伍。那时“文化大革命”只有部队不进行夺权斗争，但却安排解放军到各地维持秩序。对当权派要实行文斗，不实行武斗。按照毛主席的指示，全国要团结，不要分裂。在很短的时间里，全国就轰轰烈烈地开展了“文化大革命”运动。为了响应毛主席的号召，以“抓革命，促生产，促工作”为方针，白天搞生产，晚上就开会，真正把全国人民都发动起来了。凡是当权的干部都靠边站，造反派一时成为各行各业的主力军，每个当权派都支持造反派，要接受造反派的再教育，各行各业的当权派都是息事宁人，沉默寡言，都怕说错话而遭受批斗。直到“文化大革命”结束，这一批被打倒的当权派才被解放出来重新担任领导干部。

重新恢复干部职权后，带头“搞生产，抓收入”。每到年终决算就需要将第二年的预算方案拿出来，也就是“一年早知道”，这个预算方案就是根据一个生产队的人口数量，其成年劳动力的数量，一年预计出勤多少劳动日。一般每个劳动力每月要出勤25天，也就是说全年每个劳动力要出勤300个劳动日。一个队全年出勤劳动日加起来是多少，又要看你那个生产队全年副业收入预计多少，再按三年常产量合算全队能产多少粮食，在产粮总数中提60%作为人平均基本口粮，剩下的40%按全队出勤劳动日总数加起来求出每个劳动日平均数，加上基本口粮就是全家应分得的口粮数。粮食按大春小春作物分别计算。大春是指大米、玉米，小春是指红薯、洋芋、黄豆等，都折算成大春。比如洋芋是按每5斤折算成1斤大春，每1斤大春是按0.1元的价计算，全队能产多少粮食，折价是多少金额，加上全队全年有多少副业收入，加粮食折价额总数，按全年总出勤劳动日计算，求出每个劳动日应得多少钱，来预计你们家应得多少金额，减除你分得的粮食金额就是你分得的现金金额。如果你所分得的粮食金额大于你分得的粮食折价和副业收入应分的金额，你就是欠收户、缺粮户；如果你所分得的粮食金额小于你分得的粮食折价和副业收入应分的金额，你就是余粮户或余钱户。在当时的经济情况，真是太烦琐了。

“一年早知道”预算在实际出勤时就开始记流水账了。原来实行大集体时，首先由生产队长安排干什么活儿、在哪块地里干活儿。干一天活儿每到中午记分员就坐到工地前面大声喊：今天某人多少分。每天下午出勤者一边搞劳动一边评工分，整劳动力好评分，半劳动力和迟到的人一评分时就没人回答。因为说真话又要得罪人，常常闹起意见，甚至吵架，实在是太麻烦了。

一年四季总工分加起来通过年终决算，会出现缺粮户和余粮户，家庭劳动力少的肯定是缺粮户，即是缺粮户，那现金肯定是要找补出，那肯定也是欠收户。所以缺粮户、欠收户一年到头都是缺衣少食。自从包产到户以后，自己掌握了少量的土地，合理调整产业结构，选好优良品种，不误农时。劳动力多的家庭留少量劳动力在家生产农副业。大部分劳动力外出打工，对增加家庭收入、改善生活都起到了巨大作用。部分家庭有学生，且有智力投资能力，为国家输送了一定的人才。有的家庭还把自己分配到的土地转让给其他人耕种，自己抽身出来打工或做生意，一人富起来带动一大批人富起来。

自 1978 年全国实行改革开放后，村民们都各自思考致富之路，如养殖业和种植业、做生意等。1983 年秋，田家洞村根据中央的精神和古丈县的工作部署，实行了家庭联产承包责任制。家庭联产承包责任制的内容包括：土地为集体所有，由农户承包经营，土地所有权和使用权相对分离，以合同形式规定发包和承包双方的责、权、利，农户承包期内对承包土地不准买卖、抛荒和擅自变形，土地承包按“三田制”划分到户，即口粮田（每人 0.4 亩至 0.5 亩）、饲料田（每头肉猪 0.1 亩，母猪 0.2 亩）、责任田（除口粮田、饲料田外按劳力分，每个劳动力 0.9～1.1 亩）。联产承包后，产品分配实行大包干，农户先完成国家粮油订购的任务和应交纳的农业税，再交给集体公积金（后改为建农金）、公益金等“两金一费”，然后自主支配剩余产品，自主安排家庭经济收益，即交足国家、留足集体，余下的部分都归自己。在实行家庭联产承包责任制后，田家洞村根据群众自愿的原则，鼓励农户搞适度规模的经营。

田志武家也是从包产到户起才安排长子和次子出外创业创收，现在他们全家都达到了小康水平，这都是得益于国家的改革开放政策。回想改革开放以来取得的巨大成绩，“先富带动后富的构想”适应了中国经济发展的需要，中国经济在世界上创造了腾飞的奇迹。

田志武老人告诉调研小组人员，“你们现在年轻人真是太幸福了，生在红旗下，长在红旗下，知识比我们老一辈强很多，你们要好好珍惜，好好研究学问、研究科学。你们这一代人强，国家才会强，国家强大了，人民才会幸福。”这段朴实无华的话语道出了田志武老人对国家的热爱和对未来一代人的寄托与期望。他感谢国家政策给他们带来生活上的变化，他站在时代的高度上去想问题看事情，笔者认为这就是老一辈党员的精神风貌和思想觉悟性。

田志武老人总结：“人生就是一场戏，演得好不好，全靠自己的智慧了。一个人从母亲肚子里呱呱落地时，就开始接受新鲜空气，吐故纳新。谁都离不开五谷杂粮，在父母精心养育下慢慢长大成人，从婴儿、幼儿到少年、青年、壮年和老年，经过这几个阶段，才算一辈子。一辈子要经过多少坎坷、烦恼，一辈子要做的事太多，大事、小事，有意义的、无意义的，好事、坏事，光彩的事、丑恶的事，各种各样的事都有人做。有的人一辈子做好事，做有利于人民的事，对国家有贡献，一生受到人民的尊敬和国家的重视，但这样的人也还是要经历坎坷和磨炼。经风雨见世面，一边奋斗一边总结经验教训，才能成为一个成功的人。新中国成立后，在党中央和毛主席的英明领导下，通过“三反五反四清”、“文化大革命”、“大跃进”、人民公社的建立、伙午团的成立等运动的磨炼和各项政策的指导，特别是通过土地下放承包到户和改革开放以来，全国各个角落、各个领域都发生了翻天覆地的变化。国家的富强，国防的强大，民生的改善这都是中国共产党的正确领导下取得的巨大成果。”

老支书田志武作为一位中国共产党老党员，他不仅履行了一个党员的职责，而且始终坚持一个共产党员的精神理念和拥有一个共产党员的思想高度。不论是在过去的艰难岁月，还是处于当今幸福的时代，田志武老人始终都没有忘记一个党员应该履行的责任和义务，他总是用最朴实无华的语言教导子女和教导他身边的人，教导他们怎样成为一个优秀合格的共产党员和做一个对国家有用的人。也许田志武老人就是这样一个人，正如保尔·柯察金所说：“一个人的生命应当这样度过：当他回首往事的时候不会因虚度年华而悔恨，也不会因碌碌无为而羞愧！”田志武老人的幸福，就是在于创造新的生活，就在于改造和重新教育那个已经成为国家主人的、社会主义时代的伟大的智慧的人而奋斗，他所站在的时代高度是我们所不曾体会到的，他拥有的精神层面是我们无法望其项背的。

（三）乡驻村干部彭民贵

彭民贵，男，35岁，土家族，田家洞村的乡驻村干部，他的编制在古丈县安全生产监督管理局。彭民贵其实并不是田家洞村的本地人，他是古丈县双溪乡达沙村人。可是我们发现，虽然彭民贵不是田家洞村人，但是他对这里的感情是很深的，已经完全融入了这里的生活当中。在我们在田家洞村的几天时间里，彭民贵一直跟着我们这一个调研小组，他陪着我们在路上走的时候，也有很多人会和他打招呼，这表明田家洞村人已经接纳了这个驻村干部，在田家洞村人已经完全把彭民贵当成自己村里的人了。而彭民贵陪着我们的时候，既给我们充当向导，又为我们扮演了翻译的角色。在我们采访的过程中，每当我们听不懂当地方言的时候，我们都会把头转向彭民贵，向他寻求帮助，而每次彭民贵都会很耐心地向我们解释。在他有地方不懂的时候，他会先按着我们的方向和疑问，向对方询问清楚后，再向我们翻译。同样的，在田家洞村的村民听不懂我们提的问题的时候，彭民贵就会用当地方言把我们的话翻译给村民听。在整个调研过程中，多亏了有彭民贵，否则我们的采访不会进行得那么顺利。

通过平时和彭民贵的交流，我们发现彭民贵是一个很稳重、热心而且又有责任心的人。后来经过采访才知道，他有着丰富的打工经历，正是这种经历造就了他现在这种性格：踏实、朴实、热心、稳重。彭民贵1977年出生于古丈县双溪乡达沙村的一户普通农民家庭里，有两个哥哥和一个姐姐。7岁的时候开始在达沙村小学就读。彭民贵在达沙村小学，在读完三年级的时候，刚刚10岁，家里人认为他年纪太小了，不放心彭民贵继续这么读下去，因此，彭民贵父母经过商议，决定让彭民贵在小学三年级再读一年。这样当彭民贵在达沙村小学读完三年级的时候，已经是他在达沙村小学就读的第四个年份了。之后，彭民贵转学到双溪完小开始上小学四年级。在双溪完小，彭民贵完成了自己的小学课程。1991年，彭民贵考入了古丈县古阳中学，开始初中课程的学习。在彭民贵读书期间，只要有时间，他就会帮着父母一起忙地里的农活儿。我们可以看出，彭民贵从小就是一个非常有责任心的人。

三年后，彭民贵初中毕业，然后考取了湖南省建筑学校。湖南省建筑学校是位于湘潭的一所中专院校，在那里，彭民贵待了四年。彭民贵刚开始上中专的时候是1994年，那时国家的政策是中专生毕业后，工作由国家统一分配，属于统招统分，而不需要像现在的大学生或者中专生自己出去找工作。在那时，考上中专就意味着以后的工作有了着落，生活有了保障，国家都会安排解决的，自己以后就相当于捧了一个铁饭碗。当时彭民贵也是抱着这种愉快的心情开始的中专生活。可是天不遂人愿，在1997年的时候，国家的政策发生了变化。彭民贵在新闻上突然得知，国家取消了分配政策。但是，彭民贵得知取消分配后，当时并没有太大的感觉，没有特别失望和不知所措，相反，他对自己非常有信心，对自己的未来很乐观，认为自己毕业后很快就能找到工作。彭民贵告诉我们，在那时，自己这种普通家庭的人是不包分配的，但是对于那些有关系的人，依然可以通过国家来分配工作。而彭民贵的情况并没有他认为的那么乐观，在彭民贵毕业后，他依然没有找到合适的工作。于是，彭民贵不得不在毕业后回到了家里。

在家里待了两个月后，彭民贵经过一个老乡的介绍，来到了广东的东莞。在东莞，彭民贵有了自己的第一份工作：做场工，帮别人看仓库。这第一份工作对于彭民贵来说，他感觉还不错，工作环境也还可以，每个月能挣700～800元，并且吃住都不需要自己花钱，在以后看来，第一份工作在彭民贵的整个打工生涯中，环境和收入还算是中等水平的。21岁的彭民贵正处于一个爱玩儿的人生阶段，因此，他每个月在看电影、吃夜宵和打桌球等娱乐项目上花费了大部分的收入。但是，即使这样，彭民贵依然不时地惦记着家里，惦记自己的父母，虽然自己花得多，但是在东莞的两年多时间里，他零零散散共向家里寄去了2000多元。后来到了1999年，彭民贵不想继续做这份工作了，自己也想家了。在东莞的这两年，他一次都没有回家，于是彭民贵决定回家。但是在回家之前，好玩儿的彭民贵听朋友说深圳很好玩儿，而且离东莞也不远，于是，他就和朋友一起去深圳玩了三个月。这三个月的经历，让彭民贵对深圳有了初步的了解，对这个城市不再陌生。

之后彭民贵在家待了两个月，还是决定要继续出去打工，在去哪儿打工的问题上，他仔细地思考了一下，他已经不想再去东莞了，他想到了深圳，觉得去那里合适，首先自己去过，不算太陌生，很快能够适应那里的生活，其次深圳的经济很发达，他相信在深圳他能很快找到工作。于是，彭民贵孤身一人来到了深圳打工。很快，彭民贵就找到了工作，是一份检查产品质量的工作。这是在一个透明胶带的厂子里，他的工作就是检查有没有残次品，如果有的话就要挑出来放一边。这份工作，彭民贵每个月能挣到1000多元，包吃包住，而且平时的工作还不累。就这样，两年半过去了，彭民贵一直待在这里。这时，彭民贵又不想做了，没有耐心继续做下去了，于是他又回到了家里。但是，在家待了一个多月后，闲不住的彭民贵又回到了深圳，在深圳的一家电子公司找到了新的工作，虽然换了公司，但是彭民贵工作的性质并没有变，还是继续做产品质量检查的工作，收入也还是每个月1000多元。一年半以后，彭民贵又不想做了，然后又回了家。这次回家，或许是总在外面打工，彭民贵想家了，于是他在家里待了半年多。

后来，彭民贵又打算外出打工。这次，他选择了广州的惠州市，在一个做雨伞的公司做场工，负责仓库管理，包括进货、划货、整理仓库以及记录账目等。在这里，彭民贵的工作比在深圳的时候累，但是挣的钱也比那时候多了一倍多，每个月能挣到2000多元。在惠州待了两年半后，彭民贵又做烦了，他又不想做了。

彭民贵告诉我们，他就是这种性格，在一个地方待不久，最多待两年多就不想继续待下去了，想多去一些地方走走，游玩一番，增加一下见识。正是这种性格和经历，使彭民贵的眼界得到了扩展，他也慢慢地在打工游历中走向了成熟，变得稳重起来。

2008年，彭民贵命运的转折点来了，那时他还在惠州打工，正值他在考虑换别的工作的时候，突然接到了家里电话，说他的工作被分配好了。当时，彭民贵听了以后感到太惊讶了，他从来都没有想过自己还有可能被分配工作，过了好久，彭民贵都不敢相信这件事是真的。他马上回到了家中，在家里等了四个月后，终于等来了通知他上班的消息，于是，彭民贵就来到了田家洞村做驻村干部。

在田家洞村，彭民贵被分配到了计划生育办公室工作。前面说过，彭明贵的编制是在古丈县安全生产监督管理局，这是因为，在计生办没有空余的编制了，只能先把他编制到安全生产监督管理局，实际上，彭民贵还是做计生办的工作，负责计划生育的一系列工作。田家洞村是土家族聚居的地区，那里的计划生育政策和汉族地区不太一样，因为是少数民族，因此国家规定，一个家庭可以生两个孩子。彭民贵的计划生育工作以宣传为主，向村民传达国家的计划生育政策，给大家做思想工作，比如，彭民贵会告诉大家："现在国家的政策是一个家庭只能养两个孩子，而且现在东西这么贵，孩子上学的学费、开支也越来越贵，孩子多了不好养了，成本太大，从出生到大学毕业，一个孩子得花多少钱啊。"就以这种动之以情、晓之以理的方式，彭民贵每年都向大家宣传，并且劝服村民去做结扎手术。他告诉我们，劝大家去做结扎手术这个工作很不好做，一般一个人都要劝说好多次，才能请得动他去医院。另外，彭民贵紧跟国家政策的号召，每年定期两次为村民开展"三查一治"的服务活动，一般是在每年的3月或4月一次，8月或9月有一次，这个活动的效果很明显，大家普遍反映都不错，对宣传计划生育起到了很好的效果。如果还是有人不遵守政策超生的话，那么彭民贵就要去那户村民家收取罚款。在田家洞村，超生罚款是按家庭人均纯收入计算的：如果家庭人均纯收入高于断龙山乡的人均纯收入的话，就以他的家庭人均纯收入为基数来收取罚款；如果家庭人均纯收入低于断龙山乡的人均纯收入的话，就以断龙山乡的人均纯收入为基数来收取罚款。具体的罚款是以基数乘以罚款倍数得出来的，而生得越多，罚款倍数就会越多。收罚款是一个特别不容易的工作，彭民贵告诉我们，罚款一般都收不齐，要分几次收才能收到一些，但是淳朴的田家洞村人也不会为难彭民贵，大家都没有拒交罚款的情况，超生的村民都会多少交点儿罚款，实在是因为家里太穷了，交不上罚款的，彭明贵也确实是没有办法，只能告诉他们先欠着，等有钱了一定要交上。

对于现在的生活，彭民贵感到很满意，他说，以前自己的心总想往外跑，定不下来，但是人总是要长大的，不能总想着玩儿。在外面的生活虽然精彩，可却是很辛酸的，在外面举目无亲，一切都要靠自己，现在感觉自己心态放平缓了，能彻底定下来了，在田家洞村的工作他也比较满意，对这里的环境也熟悉了，自己想踏踏实实地做下去，不想再到处乱跑了。对于他的婚姻大事，彭民贵的家人都非常着急，但是彭民贵自己却不是很着急，他告诉我们说，随缘吧，可能属于自己的那个她还没有出现，他还在等。彭民贵在17岁的时候，和同校的一个同学有过一段恋爱，这段恋爱持续了六年，最后却因为一些原因分手了，从那时候起，到现在，彭民贵一直都没有再正式地谈过恋爱，就像他说的那样，他一直都没有遇到那个适合自己的人。让我们祝福他吧，愿他能早日收获自己的爱情。

（四）村里的老秘书田昌斌

田昌斌，男，土家族，1971年生，是田家洞村委会的老秘书，1992年当上村里的秘书，迄今已经有20年的历史了。在我们调研的几天里，他一直很热心地带我们到各家各户，由于对村里各家各户的情况非常熟悉，他会提前让我们了解各家的情况，这使我们的调研工作进行得非常顺利。为了先熟悉这位有多年工作经验的老秘书，我们调研小组的第一站就来到了田昌斌家。

我们走过一段崎岖不平的青石板路，便来到了他家，我们发现他家附近都是木质结构的房屋，中间是一排青石板路，整个环境非常宁静，具有显著的土家族民居特点。后来田昌斌介绍说，他们现在住的这套房子起初是借的亲戚家的，亲戚搬去城里住后，2002年他花了12000元将这房子买了下来。现在村里很多人都在修建新房，而他考虑首先支持孩子们上学，所以近期无建房打算。我们刚进他家，他一边很不好意思地说家里有小孩，所以显得很乱，一边收拾着桌子并示意我们坐在烤火炉旁，随后插上烤火炉电源供我们取暖。我们发现田昌斌家的房子和村里的大多数一样是木质结构，大约100平方米，分成了很多小房间，我们进行采访的房间大约20平方米，墙上贴满了女儿田一帆的各种奖状，整个房间的布置紧凑而又温馨。

田昌斌8岁开始在断龙山乡上小学，1986年小学毕业，上完初中后去花垣县读了三年卫校。读完卫校相当于中专的文凭，这在当时已经算学历很高了。1992年从卫校毕业后并没有被分配工作，所以他回乡在公路旁租了一间房子开起了小诊所，这是村里的第一家诊所，也是以村里的名义开的村卫生室。这样田昌斌从卫校毕业后开始一个人经营着卫生室，平常给乡里乡亲治点小病，如感冒、发烧等，每个月的收入在500～600元。同年，也就是他刚从卫校毕业回家开诊所的那年，村长田开炎直接找他谈话并希望他能担任村里的秘书。由于诊所的工作比较轻松，田昌斌欣然答应了田村长，成了田家洞村非常年轻的秘书。他自己回忆说当时村里的老秘书出去打工了，秘书的工作又需要一个有文化会写字的人，所以村长田开炎找到了他，而这份工作一干就是20年并且还在继续。

在1996年，也就是田昌斌25岁时他放弃了卫生室的工作，毅然决定回家干农活，并专心做好村秘书的工作。主要原因是卫生室的工作太清闲，需要很长时间一个人坐在诊所里而没有活儿干，这使他感到没有实现自身价值。更重要的是当时他还年轻，觉得应该去做一些更想做的事。他放弃诊所的工作后，一方面回到家开始给家里干农活儿，家里有4亩多水田，5亩多旱地，刚好那时急缺劳动力；另一方面继续当好村里的秘书，这个工作一直干到现在。秘书主要负责填报表、做统计工作、写报告、开证明等，另外是收钱，主要是农村合作医疗、养老保险、防火保险这三大块，收钱的工作一般集中到年底，整体而言，秘书的工作比较繁杂，不具有规律性。田昌斌认为现在的秘书工作比以前轻松多了，主要得益于2006年农业税的取消。以前收取农业税是他工作的一大部分，而且非常烦琐复杂，有的农户交粮，有的农户交钱，还须登记已经缴纳的和未缴纳的农户，一般情况下缴纳农业税还存在时间规定，所以经常得上门去催缴农业税。说到当秘书的感受，田昌斌说没有太多体会，只是非常喜欢这个工作，尤其现在不用收缴农业税后轻松了不少，另外由于这个工作使他和村里人接触的时间很多，加深了大家彼此之间的了解。在田昌斌当秘书的20年间，他的工资从1992年的每月12元，慢慢增加到每月30元、45元、80元，现在每月300元，工资由县财政发放，从不拖欠，每月准时到账。

在当秘书期间的2001年，村里大部分年轻人出去打工，这又激起了田昌斌内心的那股子闯劲，他便和一部分人一起去了浙江打工，将当时所负责的秘书工作交给村长来做。但是仅仅出去了两个月，后来由于没找到合适的工作就回家了。当时村里人外出打工主要是烧锅炉、进五金厂、进鞋厂等。田昌斌当时进了五金厂，他介绍说当时厂里采取的是计件工资，但他干活儿速度很快，经常出现一天工作完后第二天就没有活儿干的情况，或者一天的工作只需要半天就能干完。因此这份工作让他很失望，他认为不仅挣钱不多，而且非常浪费时间，于是他毅然决然选择回家继续当秘书，平常在家干农活或做零工补贴家用。

1998年田昌斌与妻子彭朝晖结婚，彭朝晖以前是白旗村人，结婚后才住到田家洞村。她从1997年开始干妇女工作，工资现在是每月340元，主要工作任务是根据她掌握的情况，每个月2日去乡里给政府汇报本村出生死亡人数。另外，若有上级领导下来抽查计划生育工作情况，需要配合上级领导的工作。田昌斌说妻子彭朝晖非常能干，不仅平常干好计划生育方面的工作，还将家里的日常生活打理得井井有条，基本不用他操心。他和彭朝晖是初中同班同学，两人属于自由恋爱，现生有一儿一女。儿子田淮森，2008年出生，今年只有四岁，正在本地上幼儿园，现在幼儿园的学费是每学期960元，田昌斌说现在孩子们的生活变好了，儿子每天最少需花3元买零食吃，这在他们小时候是不可想象的。女儿田一帆1999年出生，在本地读完幼儿园和小学，现正在县里的民族中学念初一。她是从本村考到县里去的，整个田家洞村总共考过去18人，田一帆就是其中之一，由于是考到县里去的，所以不存在借读费。田昌斌非常欣慰地跟我们说女儿田一帆成绩很好，在一个班五六十人的情况下，考试成绩基本上都是班里前三名。田昌斌说他对孩子们平常管得不严，现在女儿在县里读书，由于是寄宿制学校，平常只有周末才回家。田昌斌纳闷的是女儿每次回家都不看书，不是玩手机就是看电视、干家务活儿，但在学习上一点儿也不吃力，从来落不下，成绩一直很好。他说这些成绩都是女儿自己在学校努力的结果，他从来没有给女儿提过什么要求。这学期田一帆第一次月考降到了班上的第四名，回来以后就对田昌斌说她期中考试一定要考到前三名，结果考了第一名。所以对女儿田一帆的学习田昌斌从来都很省心，他也寄予了女儿很高的期望，希望她能一直好好学习，将来上个好大学。现在女儿的支出相比小学要大多了，每个星期的花费在100多元，主要包括来往车费、生活费、零花钱，因此每个月最低生活费需要500元。

田昌斌结婚后和父母分家，分得了2亩多水田和2亩多旱地，现在水田中一亩多出租给别人种植烟叶，租金为700元/年。另外一部分自己家种水稻，每年水稻产量1000多斤，这些粮食已经足够田昌斌一家人吃了，有时还会有剩余。田昌斌说以前田家洞村用水非常不方便，水稻的种植受到了水资源不足的限制。但现在田家洞村里修建了个小水库，另外乡里修建的大水库也坐落在了田家洞村。所以现在村里水源充足，更何况村里很多人如今转向种烟叶或是茶叶，所以更能保证种水稻所需用水。乡里的水库田家洞村受益特别大，为了种植烟叶的需要，2011年烟草公司投资了大约20万元对水库进行了修整，将堤坝从泥土换成了水泥，使整个田家洞村的农作物种植用水更加方便。

2005年田昌斌开始在家开始种植烤烟，这与当时政府的号召和政策有关，田昌斌作为村里的干部，便和田书记一起，成了村里第一批种植烤烟的农户，当时整个田家洞村只有四家种植烟叶。田昌斌那年报名并通过层层考核，成了烟草公司聘请的村里的专职技术指导员，负责给五个大棚提供技术指导，还包括烟草的移栽、收购、收购时定级别等工作，同时烟草公司发给他每年3万元的工资。现在田昌斌作为村里烤烟的技术员每年都必须参加烟草公司组织的培训，一年培训一次，地点在古丈县里或吉首市，每次持续3~4天。由于现在村里种植烟叶的农户越来越多，田昌斌的工作量也不断增大，基本全年都有活儿干。

2月开始育烟苗，育苗过程首先是平整土地并在地上铺一层塑料黑膜，膜上灌有营养液的水2厘米左右。随后将育苗盆放在膜上，一个育苗盆有150个孔，孔中含有人工土壤——基质（烤烟专用的）。每个孔原则上放一粒种子，但实际上会有50%的连粒，因为这样能保证育苗的成活率。放上种子后是出芽环节，但出芽的时间长短由当时的天气情况决定，天气好的话只需半个月，不好的话可能得一个月左右。随后从芽到苗大概需要两个月的时间，普通出苗率在90%左右。成苗后，首先经历小十字期时，小十字期间需要人工间苗、补苗、施肥。随后是大十字期，也就是在出苗后的六七天，主要工作是剪叶、预防花叶病和猝倒病。剪叶的原因主要是为了长茎，一般从播种到成苗需要三次剪叶。花叶病是一种病毒病，能严重抑制烟叶的生长。猝倒病是低温导致的一种烟叶常见病，猝倒病产生的后果是烟叶大片大片死亡，此种病的预防方法是必须从小十字期之后开始打药，打药时需要使用专门的打药喷头，不能与打食草药的喷头混用。打药频率为4~5天一次，另外要注意大棚的排湿，需要及时给大棚通风。

4月底5月初开始将培育出的烟草苗从大棚内向烟草地移栽，移栽后经过两个月的生长，到7月就可以开始收割。然后各家将烟叶运回烤房进行烘烤，保存一段时间后田昌斌对各户的烟叶进行收购。在烤烟环节，田昌斌还专门带我们参观了他们家的烤房，他说以前的烤房用的燃料都是煤，大致是1500斤煤可以烤好2100斤烟，现在好一点儿的煤为每吨950元，所以在烤烟这一环节所需要的成本也是非常高的。不过现在烤烟的形式逐步在改变，最新一批的烤房基本采用电烤，这样烤出来的烟叶比较均匀，而且比煤更节约成本和时间。但他们家的烤房由于是第一批建的，所以依然是煤火烘烤，一般情况下烤一房烟需要5~6天，每房能烤300斤烟叶。具体步骤是采用分类烤的形式，首先从每根烟叶摘3片左右，从烟叶下部开始烤，分上、中、下部分别进行。

烟叶的收购时间一般集中在8月中旬。田昌斌给我们介绍说收购工作也不是一件简单的事情，因为烟草的收购需要分级别，不同级别的收购价格不同，收购价格是按国家标准制定的。而烤烟根据不同质量总共分为 42 个级别，最高级别的烤烟的收购价为每斤 15 元，最低级别的收购价是每斤 1 元，这种最低级别的烤烟一般是由烟草公司收回并进行销毁，而不进行出售。从最高级别的烟叶到最低级别的烟叶，中间每隔一个级别价格相差 1.8 元。田昌斌说从经验上看一亩产 300 斤左右的烟叶，是优质烟叶，250 斤以下则达不到优质烟的标准。如果没有出现疾病等意外情况，普通种一亩烟叶大概能卖 3000 ~ 4000 元。

关于烟叶，田昌斌介绍起来如数家珍，每一个细节都能记得非常清楚，也让我们调研组了解了烟叶的一些基本常识和具体情况。现在田昌斌不仅是村里的技术员，他自己家还种了 6 亩多烟叶，由于劳动力有限，繁忙时需要雇人帮忙，每天的雇人费用为 100 元。总共五六亩烟叶的收入有 2 万多元，除去各种成本费用 7000 ~ 8000 元，最终他们家的烟叶净收入在 15000 元左右。田昌斌说种植烤烟使村里的一部分人慢慢富了起来，他们家也从中受益很多，种植烤烟的最大优势在于价格稳定，收入有保障，只要有劳动就会有收获。

现在田昌斌最主要有两个工作：村秘书和烤烟技术员。作为村里的老秘书，他非常喜欢这两个工作，并于 2012 年当选为乡人大代表，不过这一切在他看来都非常平常，他笑着说："现在看这些非常淡薄，最主要的是在平常生活中给老百姓办实事。"在他的观念中，人大代表平常没有其他的事，只是选乡长的时候需要去开会并参与投票。作为村里的烟叶技术员，田昌斌从 2 月下苗开始便需要做各种不同的工作，我们采访的时间已经是 12 月了，由于他还负责看管村里的一个烟叶仓库，所以那几天还正忙着发货。村里总共有两个仓库，他负责小一点儿的那个，这个仓库面积大约有 400 平方米，装着从老百姓那儿收购来的整个乡的烟叶。烟叶按件发，每件 80 斤，小仓库还有 1300 多件，估计还要三天左右的时间，大仓库还剩下 3000 件左右。这主要是考虑到州里仓库的容量，在州里大仓库的烟还没有售出的情况下村里仓库的烟草就无法转出。

现在田昌斌和妻子彭朝晖平时都很忙，但日子过得很幸福，家里现在的生活开支主要集中在两个孩子身上，小儿子一年最少花费 3000 元，女儿一年花费 6000 元左右。其他方面开支也不少，每年人情往来 3000 元，电费每年 1000 元左右，五天赶一次集最低花费 100 元，一年下来大约花费 6000 元，电话费每月两人总共需要150元左右，赡养两个老人每年需2000元，因此这个家庭的年总支出在2万元左右。田昌斌说由于物价上涨，消费水平上升很快，随着孩子们的成长，他的压力也会逐步增加。但是现在的他凭借自己的努力已经争取到了两份很好的工作，他希望能继续将这两份工作干得更好。

田昌斌还有一个观点，他认为工作与家庭不能偏废，应该二者兼顾。工作上他兢兢业业，不摆架子，踏踏实实给老百姓干实事，最重要的是他认为他就是普通百姓中的一员，并没有什么特别。在家庭上，对待妻子，他认为关系的好坏在于相互理解，不应该经常抱怨；对于父母，他以孝为先，同时这也是为自己孩子树立榜样；对于孩子，他非常重视教育，在妻子想修新房的情况下，他决定把修房子的钱攒起来先给孩子们读书。

整个采访过程中，田昌斌给我们的感觉非常诚恳、忠厚，不高的个子话也不多。他对生活不抱怨，一家人日子过得很幸福，如今他最大的期望是将工作做好，一家人平平安安，孩子们长大成才。

（五）忠诚爱党的老人大代表田宏友

田宏友，男，64岁，土家族，是一名老共产党员，是一个一直到64岁都时刻高呼“共产党万岁”的好党员。在采访过程中，田宏友经常会很自豪地告诉我们：“我是共产党员！”他的这种对党的真挚的热爱非常值得我们学习。这是他的经历以及从小到大所受的教育塑造出来的高尚品格。

田宏友出生于1949年，是和新中国一起诞生的幸运儿，家里有兄弟共5人。田宏友7岁的时候，在断龙乡完小开始了自己的学习生涯。那时，田宏友家里比较穷，家里父母有让田宏友辍学的想法，但是那时，田宏友的班主任想让他多读些书，不希望他因为家里穷而放弃读书。因此，田宏友的班主任每天早晨都会去田宏友家喊他上学。就因为这样，田宏友没有辍学，而是继续读了下去。可是，幸福的日子并没有持续太长时间，命运就和田宏友一家人开了一个玩笑。在1959年，田宏友10岁的时候，爆发了新中国成立以来最严重的三年自然灾害。那时，国家由于“大跃进运动”以及牺牲农业发展工业的政策，导致了全国性的粮食短缺和饥荒，国家没钱，国库没粮。放在田宏友家里，情况也是没钱没粮，甚至连种地的种子都没有，家里的田地都荒废了，而田宏友的父亲为了让自己的孩子能活下去，就把仅剩的一点儿吃的给了田宏友以及他的兄弟，因此，就在田宏友12岁的时候，他的父亲因为饥饿去世了，剩下田宏友的母亲一个人养活田宏友兄弟五个。那时，家里的生活非常困难，田宏友告诉我们，当时自己是靠着吃树根、树叶、青菜等东西熬过来的。因此，在田宏友13岁小学毕业以后，虽然他很想再读下去，而且他的班主任也一直对他非常好，这5年来一直都在照顾他，可是他还是辍学了。

辍学后的田宏友开始在生产队放牛，来为家里的生活贡献自己的一分力量。当时13岁的田宏友靠着放牛每天能赚两个工分，对于那个年纪的孩子来说已经是很不错的了。进入生产队以后，田宏友开始慢慢地接触到了中国共产党组织，在他年幼的心里，中国共产党这个名字就已经开始发芽了。四年以后，田宏友17岁了，已经到了可以参加农业生产劳动的年纪，于是他从放牛改为了农业生产劳动，工分也由原来的每天2个工分变成了每天5个工分。这一干又是四年，田宏友凭着在这四年中任劳任怨、认真肯干的态度，在生产队中赢得了大家的尊敬，被选为了生产队的副大队长。也是在这一年，田宏友21岁的时候，他递交了自己的入党申请书，这时的田宏友已经迫切地希望自己能早日加入中国共产党，成为一名光荣的共产党员。田宏友告诉我们，当时他想加入共产党还有一点儿小小的私心，那就是他想“管枪”，因为党管（指挥）枪，不入党就管不了枪，因此，他因为这个就更想加入中国共产党了。在那个年代，入党都需要经过好几年的考查，村党组织对入党申请人的生产能力、思想等方面都要进行严格的考查，而且与现在规定不同的是，在当时如果一个人经过了党组织部门的考查，就可以直接加入中国共产党，而不是像现在需要再由积极分子转入预备党员，一年后才能转为一名正式的共产党员。经过三年的严格考查，田宏友在24岁的时候，终于成为一名正式的共产党员，从那以后，他就把自己的身心全部都献给了党。如今40多年过去了，田宏友依然清楚地记得自己加入中国共产党的日期：1973年7月1日。另外，田宏友当时还担任了民兵营长以及副支部书记。

1981年，田宏友成为大队支部书记。适时，中国共产党召集各省、自治区、直辖市党委第一书记座谈会，并肯定了包产到户“是联系群众，发展生产，解决温饱问题的一种必要的措施”。而后，包产到户作为家庭承包经营的一种形式，在全国农村迅速地采用和推广。1981年1月，实行包产到户的生产队占中国农村生产队总数的1%，到同年6月增加到19.9%。正是在这个浪潮中，田宏友严格按照党组织的政策安排，按人口数量，分田到户。他的方法是：先把地分好，然后大家一起抽签，抽到哪里，哪里就是自己的地，非常公平。而且在做签的时候，田宏友按照田抽田、地抽地、荒山抽荒山的原则，把田地、土地以及荒山按比例分配好，保证每个人抽到的田、地和荒山的面积都是一样的。这样，抽完以后，大家分到的土地仅仅只是位置不同而已，好地坏地的面积大家都是一样的。而且这个方法，是在分地前，整个田家洞村的村民一起开大会进行讨论后通过的，再加上田宏友严格地按照大家讨论的方案执行了，因此村民们对于分地的结果都非常满意，没有任何怨言。村民们分到地以后，都知道在地里种的收的都是属于自己的粮食，种好种坏都是自己家的，因此大家生产积极性都很高，一直到1989年，大家一心一意地搞农业生产，生活都慢慢地好了起来。

到了1989年的时候，田宏友决定不再继续连任村支部书记了，这是因为田宏友觉得自己已经老了，现在的世界应该是属于年轻人的，而且自己培养的田宏双（现任村支部书记）也已经可以独当一面了，自己应该把位置留给年轻的田宏双。田宏友告诉我们，现在的村干部几乎都是自己一手培养出来的。另外，还有一个原因是当时田宏友自己的孩子都在读高中或者初中，家里人口多，自己的精力有限，因此他决定退位让贤。在田宏友做支部书记的九年间，从未贪污过一分一厘，一直秉承着为公无私的想法，视党的指示为生命线，党指向哪就走向哪，坚决执行党的政策方针，这是一个优秀党员最不折不扣的表现。

虽然不再担任村支部书记了，但是田宏友又萌生了新的想法。他发现村里的家家户户仅依靠田地只能保证温饱，不能走向富裕。因此，他开始琢磨着怎么样才能带领全村人一起发家致富，走向小康。当时放在田宏友面前的有三条路，分别是手工业、运输业以及加工业。最后，经过慎重的考虑以及考察，田宏友决定做粮食加工。田宏友告诉我们，当时他总结的带领全村致富的三大法宝为田土、加工、向外输出劳动力，这正是田宏友这些年做支部书记走出来的路。田宏友带领大家干粮食加工一共做了十年。到了1999年的时候，田宏友决定不再继续做了，这主要是因为田宏友的小儿子在1999年当兵去了，虽然他知道这是好事而且也非常支持，但是“儿行千里母担忧”，对于孩子，父母都是一样的，田宏友整日牵挂着他的小儿子，也没多少心思继续搞加工了。因此，田宏友回家重新开始种田去了。

在田宏友的一生中，他觉得最幸运的一年就是1973年。那时田宏友24岁，他感觉在那一年他仿佛成了上天的宠儿一般。在那一年，田宏友通过了党组织的考查，正式加入了自己日思夜想的中国共产党，也是在那一年，田宏友与自己的妻子组建了新的家庭。还是在那一年，还有一件更重要的事情，也是田宏友最自豪的一件事，就是他成为古丈县第七届人民代表大会代表。当时的田宏友已经有了作为一名优秀的共产党员所应具备的品质：工作先进，带头认干，能够紧密联系群众、发动群众，兢兢业业，党交给的任务都能按时足额完成。正是因为这样，人民公社党委书记直接提名田宏友为古丈县第七届人民代表大会代表。田宏友自豪地告诉我们，想成为人大代表，必须做到：工作积极，党交给的任务都能圆满完成，能紧密联系群众。只有达到这些条件，才能成为一名人大代表，必须要实干。当我们问及田宏友当时是什么心情的时候，他依然很激动地告诉我们，当时觉得非常高兴、自豪，那几天自己兴奋得都睡不着觉。开会的时候，是自己穿着草鞋一路走过去的，整整45里地，而且当时还没修公路，路非常难走，即使这样自己也一点儿都不觉得累。从那以后，更加坚定了田宏友对党的忠诚和为人民服务的信念，更加坚定了田宏友要为党和人民奋斗一生、一心一意地把村里的工作做好的心志。

在采访的最后，田宏友向我们认真地介绍了自己的人生感悟。首先，他认为做任何事情，都要平等待人，不能有私心，要懂得人人平等；其次，他认为现在的生活好了，人们的生活水平得到了明显的提高，各种产业发达了很多，比自己做支部书记的时候，社会的各方各面都进步了很多，先进了很多，相应的，现在人民群众的觉悟也普遍提高了，这说明党的领导是健全的，是正确的，虽然有时也会出一些问题，但是共产党的主流是好的，不能因为出了几匹害群之马就认为中国共产党整个都不好了；最后，田宏友认为国家政策是非常好的，取消了农业税，老百姓的生活基本上都达到了小康水平，中央对人民是很好的。

作为一名优秀的老共产党员，田宏友对未来的期望明显与其他人不同。他希望我们国家能有一个正确的领导，我们老百姓能有个百年的幸福，他相信党的第十八次人民代表大会，相信党会带领人民走向更加幸福的明天。他还告诉我们，中国共产党不能搞腐败，要坚持清正廉洁，如果发现了腐败就应该追查到底，这样中国共产党才有希望，才能越来越好。

在采访的整个过程中，田宏友经常会在说到关于中国共产党的事情的时候，激动地告诉我们："我是共产党员！""我的生命是党的！""我的生命是毛泽东、人民给的！"那种发自肺腑的自豪感是无法作假的，而田宏友也用他这一生的经历向我们展示了什么叫作一名优秀的中国共产党党员。"艰苦奋斗，独立自主，自力更生，勤俭持家"是田宏友一辈子的座右铭，他牢记了它，也做到了它。不管是作为一名优秀的共产党员，还是作为一名普通的劳动者，田宏友身上都有我们需要学习的东西，我们要以其为榜样，不断的学习。

十七、致富能手和手艺人

（一）自主创业的大学生田龙鑫

田龙鑫，男，土家族，未婚，1988年出生在湖南省古丈县断龙山乡田家洞村，大学文化程度，无宗教信仰。父亲田开炎，曾经是断龙山乡田家洞村的村长，任职4届，共16年，母亲杨玉琴，曾经在家务农。田龙鑫的父母二人现在都在古丈县居住，在县里主要从事零售行业，平日在车站的员工区里卖烟，收入还算可以。田龙鑫有一个哥哥和两个姐姐。大哥田龙波，高中毕业后被聘请到断龙山乡政府工作，现在在田家洞村担任驻村干部，两个姐姐都嫁到了永顺县。

田龙鑫在断龙山乡中心完小毕业后，便去古丈县古阳中学读中学，一个学期学费300元。田龙鑫的父母为了照顾小儿子便也搬去古丈县居住，一家人居住在出租的房子中。田龙鑫每天放学便可以回家吃饭，他说比起班里的寄宿生，自己幸福多了。所以现在也体会到父母的用心良苦，特别感激父母为自己做的一切。因为当时被全县只有一所高中，平均分要考到85分以上才能被录取，田龙鑫当时感觉压力特别大，最后没有考上高中。初中毕业后，田龙鑫的父母觉得田龙鑫年龄太小，还是应该多多学习技能，加上田龙鑫自小就有当警察的情愫，所以田龙鑫最后选择去长沙司法警官职业学院读书。

田龙鑫说司法警官职业学院进校体检特别严格，10个人里面只有1~2个女生。刚刚开学时田龙鑫特别不适应，前三个月军训很艰苦，田龙鑫和同学们都是咬牙坚持过来的。司法警官职业学院要求每个学生每天早上6点开始围着学校周围的小公路跑步，大约4公里，无论风吹雨打，日晒雨淋从来没间断过。我们看着田龙鑫偏瘦的体形，都想象不到他是怎么坚持下来的。田龙鑫说，农村长大的孩子身体素质都比较好，一开始也是累得腿酸痛，晚上躺到床上就睡，后来慢慢的都习惯了。田龙鑫在司法警官职业学院读书五年期间，前两年基本上是学习高中的课程，接下来的两年上课学习法律相关课程，包括民事诉讼和刑事诉讼等，除了学习这些外，还要学习案发现场拍照等。课下就学习警体拳、射击、打靶、散打等，这些科目中，田龙鑫最喜欢的是射击、打靶和拆装枪支，都是极具挑战性的项目。田龙鑫说自己第一次拿枪时特别兴奋，握着枪，手心儿里一直出汗。田龙鑫还提到在警官学院的这几年，也能充分体现物价的疯涨，田龙鑫第一年的生活费是每个月400元，第二年的生活费每个月600元，第三年的生活费是每个月800元，第四年的生活费每个月就达到1000元了。

2007年暑假田龙鑫在古阳镇派出所实习一个半月。期间，主要工作是跟随指导员去案件现场，负责拍照，平日里就负责日常的巡逻。田龙鑫说自己很喜欢这样的工作，能为村民做点儿事，觉得自身特别有价值，巡逻时感觉肩上有种责任感。谈到这，田龙鑫自豪地说自己在实习期间，还跟着指导员抓过吸毒犯，在现场感觉心中像是有一种正义的力量在推动自己。田龙鑫在司法警官职业学院毕业后，被分配到古丈县人民检察院实习，主要是听取案件的鉴定，帮忙提供法律条文做参考。业余时间，田龙鑫还报考了湖南农业大学的本科成人教育，每周末都会有老师来上课，到现在，还有三门课程就毕业了。所以这几年，田龙鑫每年都会去长沙两次参加考试，平时要复习功课，积极备考，也是比较辛苦的。在实习时，田龙鑫一直考虑工作的事情，他自己也想做生意，也想考公务。田龙鑫的父母不太同意他做生意，觉得做生意太辛苦，希望田龙鑫能找一份安稳的工作。田龙鑫说当时压力特别大，现实中的生活和自己想象的完全不一样，觉得落差很大，尤其是毕业大家聚会的时候，感觉和身边的人差距越来越大。实习结束后，田龙鑫回到家里，正好断龙山乡邮政支局招聘，田龙鑫被录取后从事柜员一职，主要负责存取款，早上7点半上班，下午6点下班，工资一个月800元，一个月有4天的假期。田龙鑫说由于从事的是金融工作，有风险，大家都不怎么交流，觉得那段时间每天特别无聊，心里闷闷的，待遇也低，所以工作一年后，也就是

2011年的3月，田龙鑫辞职了。辞职后，田龙鑫想外出打工，于是3月去长沙找工作，去了以后才发现，专业不对口，只能找到保安一类的工作。这样过了两个月，田龙鑫去了广州省佛山市，在同学家的钢材厂负责切割和加工。一个多月后，一个偶然的机会，田龙鑫与同学聊天，同学说国家现在颁布了很多优惠政策，鼓励大学生自主创业，田龙鑫接受同学的建议，决定自主创业。

田龙鑫觉得县城里行业竞争太大，而且规模大，所需投资资金太多。回到村里，看到村里的家家户户都在盖房子，对建材需求量大，而村里没有经营盖房子用的琉璃瓦、瓷砖之类的建材用品，导致村民要到隔壁村或者去县城买。而且，从红石林镇通保靖县的公路计划在2012年底修通，交通方便。这样一是方便去吉首市进货；二是也可以方便隔壁村来买建材，所以田龙鑫想经营一个建材门店。田龙鑫把想法和父亲商量后，父亲很支持。2011年10月，父亲投资10万元在村里盖房子，装修门店，2012年7月，门店完工，就是我们采访时看到的三层的吊脚楼，在村里十分显眼。门店装修完后，下一步就是进货了，田龙鑫坦言，他对这个行业并不熟悉，只能自己慢慢摸索着干，第一次和妈妈去吉首市进货时价格就被人家要高了，田龙鑫说就算是交学费吧。我们了解到，田龙鑫的门店需要4万元投资加工器材，而且进货要包拉货车，每次去吉首市进货，一次货款就需要10000~20000元，运输费10吨要1000元，有些建材易碎，每次货被拉回来后都有损耗，那么资金从哪来呢？田龙鑫是刚刚毕业的大学生，没有任何积蓄。于是，田龙鑫了解了国家的相关政策后，申请了“大学生自主创业无息贷款”，从银行贷款2万元，父母又投资3万元。田龙鑫说如果再准备拿货，还需要资金，那就只能找亲戚朋友借了。对于门店的未来，田龙鑫也有些许担心，怕生意不好，他说如果遇到挫折一定会尽全力解决，毕竟这也算是自己的第一份事业。

现在田龙鑫自己一个人住在田家洞村，父母在县城照看生意，平日里田龙鑫就叫几个同学来帮忙。家里还有3亩田，已经借给亲戚种植，平时给田龙鑫一些米，这样他自己一个月花费大约在500元，他说父母从小就灌输他家里没有钱的思想，要求他自立，家教十分严格。业余时间，田龙鑫喜欢打篮球、爬山，夏天每天吃完晚饭，都去中学的操场上打篮球，还喜欢玩大型网络游戏。谈起结婚，田龙鑫显得有些羞涩，他对未来女朋友的地域、工作没有什么要求，就是家教好、孝敬父母、善良就行，而且他感觉婚姻要随缘，顺其自然，现在也不着急结婚，因为他认为要先立业，后成家。田龙鑫对未来还有很多打算，他打算闲暇的时候继续考公务员，一是自己喜欢公务员这个行业；二是因为收入稳定。现在，田龙鑫的父母在县城的住房大约 110 平方米，自己的住房大约 80 平方米，他准备等以后生活条件富裕一些了，在县城里换一个稍微大点儿的房子。村里和大城市比较起来，田龙鑫更偏向在县城里生活，他认为县城里居住环境、医疗条件、教育资源等都是村里所不能比的，而大城市里生活节奏太快，压力大。田龙鑫说自己 7 岁那年，姐姐去北京打工，他跟着姐姐去了长城、故宫和颐和园，如果可以，他还想陪父母去北京玩玩儿。

田龙鑫的身上恰恰反映了当下大学生的心理，面对高校毕业生日益复杂严峻的就业形势，大学生和家长都应摆正心态，对求职的期望值不能过高。刚刚毕业的大学生不能太看重薪酬，也没必要为了稳定而一窝蜂地去参加公职类的考试，要有好的学习和发展的平台才是最重要的。政府还要鼓励和支持大学生通过多渠道分散就业压力，政府及相关部门可以为大学生创业者搭建支撑平台。大学生自主创业过程中不可避免地会遇到种种问题，一是缺乏资金；二是缺乏经营经验，大学生有激情，但往往“眼高手低”，缺乏经验与相关的知识；三是很多大学生只看到他人成功后的表象，盲目照搬别人的经验，结果自己的优势没有得到充分发挥。所以，政府要正确引导大学生自主创业，应进一步改革高校人才培养机制，创新大学的教育机制；加大政策扶持力度，完善大学生创业扶持资金的机制；鼓励有关市场组织开展大学生创业信息咨询、创业培训与指导活动，同时要及时发布创业相关信息。

在鼓励大学生创业方面，我国也可以尝试组织大学生的创业计划大赛，大赛可以让参赛大学生就具有市场前景的项目撰写可行性报告，并邀请学术界和企业界名流当评委，选出优胜者，一些获胜的可行性报告最终能获得风险投资。据统计，美国大学生创业成功率约为 30%，中国只有 10%。而美国表现最优秀的 50 家高新技术公司有 46% 出自麻省理工学院的创业计划大赛，一批批的创业者在比赛中得到锻炼和成长。相比之下，中国大学生创业模式过于单一，很多大学生一毕业就想到创业，大学生更应该积累工作经验，深入了解行业领域，要结合专业知识，通过管理创新、技术创新或商业模式的创新来自主创业。同时要注重心态的调节，不能好高骛远，创业的成功是多方面因素促成的，别人的成功也是不可复制的。即使失败了也不要气馁，总结经验教训，发挥自己的优势，提高自身核心竞争力，脚踏实地实现自己的创业之梦。

（二）南杂百货店店主田志孝

田志孝老人是田家洞村另外一位田姓老人介绍给调研小组的。从下午一点钟到三点钟，田志孝老人侃侃而谈：做竹器，开商店，恋爱结婚，培育子女，还有丰富多彩的晚年生活……时间虽然短暂，但是在那愉悦的氛围里，我们不仅记录下了老人有苦有甜的人生经历，感受着老人热情又认真的人生态度，并且还领会到了老人平实却不凡的人生智慧。

田志孝，土家族，1950 年出生，祖籍就在田家洞村，父亲是学校教师，母亲是地地道道的农民。1957 年田志孝进入田家洞村小学读书，小学毕业后考入了断龙山乡中学。但是，在经历过 1958—1961 年的大跃进和三年自然灾害后，家里的经济条件已经降至低谷，到了“没饭吃，没钱用”的地步，就这样，田志孝只读了两个月的中学课程便中途辍学了。回想起当年的情形，田志孝说，国家在那几年的时间里没有粮食的供应，再加上连年干旱，原本就缺水的断龙山地区每天都会有几个人死去，生活“实在是苦”。可能也正是由于经历过那苦中苦，田志孝十分珍惜生活中的每一点儿改善与幸福，并且为自己、为孩子选择了一条不单纯依赖土地而生存的道路。

田志孝家里有兄弟六个，他是长子，自然而然早早地开始为父母分担养家的重任。13 岁那年，田志孝离家，开始了自己的学徒生活。田志孝老人说，刚刚离开家的时候还小，所以想家会掉眼泪。不过，自己考虑到学手艺能够改善生活。坚定了这个信念，苦些累些也都能坚持下来。田志孝是跟着外乡的一个手艺人做学徒的，学到的手艺是编竹器。刚开始的时候，田志孝负责给师傅背着工具，跟着师傅在永顺县境内的村村寨寨走街串巷地给有需要的农户做大小各型的竹制家具。做工期间就住在雇主的家里，短则三五天，长则两个月。跟着师傅边走边学，从背工具，到做零活儿，再到能够独立完成一件一件的竹器，这样过了两年，15 岁的田志孝出山了。田志孝开始替师傅接工做活儿，师傅每天给田志孝的工资也由之前的 0.6 元涨到了 1.2 元。

说到这儿，我们观察到田志孝老人的商店（也是他的家）里有一些竹篓竹凳，老人说这些就是他自己做的。我们忍不住拿起那些物件，仔细观察了田志孝的活计，做工果然是十分的结实和精细。这个时候坐在一旁的村子里的另外两位老人说，他（田志孝）何止是会做背笼和竹凳啊，像竹席、拍篮（半人高，装粮食用）、垫子（晒谷子用）、睡垫、凉床、桌子、靠椅、烤笼（烤茶油用）、婴儿睡篮、饭篓，等等，凡是家里用得到的大大小小的竹器，他都会做，数数能有二三十种呢。田志孝不仅精通的种类多，而且做活快。田志孝老人说自己一天能做两个竹篓，大筛子一天能做七八个，细筛子一天也能做一个。田志孝老人还拿起旁边的竹篓，给我们介绍一个竹篓的具体编制顺序。老人说，竹篓要从底部编起，从下到上先后是下桩篾、蚂蝗篾、腰篾、站篾和口篾。这精细又专业的设计引起了我们想参观一下编制工具的兴趣，果不其然，那些工具都是田志孝老人的宝贝，几十年一直珍藏，老人特别高兴地走到里屋取出了器具，并且给我们一一做了介绍：这是刮刀，是用来平整竹片的；这是篾刀，是用来拆竹片和削竹片的；还有一个长长的笔直竹片，是用来定直线的。田志孝老人从一开始就是一边介绍一边比画，看到我们因为方言原因不好理解的，还在纸上写出文字，画出草图，相当的认真和仔细。

田志孝的这份活计从 15 岁一直做到了 30 岁。老人回忆说，收入从最初的日薪 0.6 元，慢慢涨，涨到过 1.2 元、1.5 元。而最初稻谷的价格是 5 元 100 斤，这样算来，做手艺人的收入较为充足而且能够得到保证，这也使田志孝想通过学手艺改善生活的初衷得到了实现。转眼到了 1980 年，农村土地分产到户，田志孝想到了转行。其中，最主要的一个原因是田志孝希望结束离家漂泊的生活，守着家人过安定的日子；另外一个原因，则是做竹器的竹材越来越少了，田志孝说，之前村子里每家房前房后都长有竹子，竹子粗壮的可以直接用来做水桶。而渐渐的，就连山上自然生长的竹林也越来越少了，这样，也就失去了只须背着工具就能到人家里做活儿的便利条件。再三思量，放弃也罢。

分产到户后，田志孝家中分得了一亩多的旱地，二十几亩的林地。在最初的两年里，田志孝只是耕种水稻。但是经历下来，田志孝总还是觉得农活太苦，收入也低，家里有三个孩子需要读书，干农活远不足以负担孩子们上学的费用，农闲的时候还得穿插着外出给别人做竹器，这还是与自己要放弃竹器手艺，回家过日子的打算相违背了。到了 1981 年，田志孝敏感的神经碰触到了国家大力宣扬的改革开放政策，便毅然决然地把土地租了出去，树林由于总会被人偷砍，也放任它不再管理了，从而开始了自己三十几年的零售商业的漫漫生涯，而田家洞村也迎来了本村第一家小商铺。田志孝老人说，自己很喜欢经商，不用四处奔波，还可以维持一家几口的生计。

田志孝老人的商店叫做“南杂百货店”。之所以叫这个名字，老人解释说，是因为在20世纪80年代，本地生产的小商品少之又少，基本都是从南方的城市生产并运输过来的，所以当地人就习惯性的把这些小商货统称为“南杂”，自己经营的就是小商货，所以干脆就叫“南杂百货店”了。百货店的店面就是目前老人和老伴一起居住的这片房子，里里外外既经商又自用，已经有30多年的时间了。百货店的地址就有些讲究了，田志孝家的百货商店刚好坐落在村上下两个集贸市场的半腰平地上，田志孝老人开玩笑说，自己的商店就是“不上不下”的一个地方。由于田家洞村位于断龙山乡的中心位置，所以这两个集贸市场在每五天一个的集市里，汇集的是周边村庄甚至是全乡的农民，这就大大丰富了“南杂百货店”的客流量。这样一个优越的地理位置还是田志孝的一个亲戚知道他要开商店而直接赠与他的。如此看来，“南杂百货店”的开张汇集了天时、地利、人和。这种种便利条件，再加上田志孝个人经商的敏锐头脑和诚恳热情的内心，这个小商店风风火火的一做就是30多年。

提到商店的经营，田志孝老人又有说不尽的话。起初，由于有的商品仍然受国家计划的控制，只能由国营的供销社供应，所以“南杂百货店”的经营范围就只能限于针头线脑、火柴、肥皂诸如此类的小百货，这些小百货的进货渠道也只有古丈县百货公司的副食批发店一家。而经营像鞋子、布匹、食盐、煤油这样的商品在计划体制下则是田志孝望尘莫及的。但即便只是小百货，田志孝也是精心经营。他根据销路，确定每五六天或者七八天购进一批新货，如此一来，不论是资金还是货物，都能够流转的较为畅通。与“南杂百货店”配套的交通工具是一辆小型农用车。田志孝买回了整车的货物，再与几个青壮年用背篓把货物一篓一篓地背进店里。这个阶段“南杂百货店”每个月大致能给田家带来700~800元的收入。

到了1986年，国家的计划体制在逐渐松动，田志孝便不再局限于小百货，开始购进并出售诸如鞋子、床单、服装等纺织品之类的大百货。这个时候，进货的渠道也开始多样化，比如服装和布匹就是田志孝与几个人结伴一同坐火车到长沙、株洲、柳州、湘潭、吉首等几个城市批发的，每人每次能运回 200～300 斤的货品；而其他一些小百货则仍主要是从古丈县的百货公司批发，大概是一个星期补充一次货源，分情况用小型或大型货车，在天蒙蒙亮出发，然后天黑时分返回到田家洞村。生意就这样红火也辛苦地做着，到了 1992 年，田志孝将家里原来的木制房屋改建成了现在的砖瓦房屋，并于当年的春天开始新增农药和种子的经营。这一阶段田志孝家里的收入已经可以达到每月 2000～3000 元。

田志孝老人坦言，从 1986 年到 1990 年，再从 1990 年到 1995 年，在这两个时间段里，家里的生意尤其好。这一方面是因为“南杂百货店”是村子里最早的一家百货商店，而另一个方面的原因，应该是自己诚心待人，总能得到回头客的惠顾。但是从 1996 年开始，生意就开始走下坡路了。村子里的商店开始遍地开花，东一家西一家，数量越来越多，客源也就被分流了。再就是，随着时间的流逝，自己的老客户也渐渐老了甚至是去世了，田志孝说，现在都是年轻人当家，老年人手里没有钱。生意远没有之前好做，不只是每天起早贪黑很是辛苦，更大的问题是货品需求的诸多变化加剧了货物的积压。到了 2005 年，田志孝说自己也已经是五十七八岁的年纪，在通过销售情况调整进货量的同时，也开始适当地缩小商店的经营规模，只购进好销的货物，不好销的就直接放弃了。

现在商店的收入可以基本维持家用，还好孩子们都长大了，已经独立生活了。说到这里，田志孝满脸幸福。田志孝老人说，孩子挣了钱经常会寄回家，但是他跟老伴知道孩子们的生活也才刚刚起步，所以不会要他们的钱。他说，“只要他们能过的好就好了，我跟老伴有钱花，吃不倒他们的。”细算起来，田志孝老人除了积蓄和商店的日常收入外，还会有一些政府补贴收入。比如家里的二十几亩树林，遇到国家退耕还林的政策，田志孝用几个月的时间，自己挖坑，国家提供树苗，种下了几百棵松树，这样国家每亩每年补贴 200 元；其他的还有一些养老补贴，具体多少两位老人也记不大清楚了。田志孝的老伴每月还有 1000 元的工资收入和 600～1200 元的社保收入。

田志孝老人的老伴名字叫彭小华，也是 1950 年出生，土家族人，本乡人。二老是断龙山乡中心完小二年级的同班同学。提到二人的婚事，田志孝老人很害羞又满心幸福地给我们讲了这一段往事。原来彭小华老人的母亲在她 9 岁的时候被调到了泸溪县教书，彭小华也随同一起搬了家。初中毕业后做了一段时间的农活儿，在 1969 年彭小华作为上山下乡的知识分子也开始替母亲代课。即便是分隔两地，双方父母在孩子的婚嫁年龄还是找到了对方，1971年家长对谈，定下了二人的婚事。田志孝老人笑称，他们的婚礼可是“半传统、半新式”的。说传统呢，是因为当时家里有让田志孝的姑姑假装成媒人去说亲的趣事；说新式呢，则是因为婚礼没有依循土家族传统的哭嫁形式，而是一切从简，自己拿着被子去接的媳妇，回来弄了几个小菜，杀了两只鸡就算婚宴了。两位老人相敬如宾，家庭氛围十分融洽，田志孝老人说，家里的事情就是谁说的对就听谁的，还加了一句玩笑话，“小事儿我不管。”

在培养子女方面，田志孝老人也有属于他自己的一套成功经验。田志孝老人说，自己教育孩子的方法是软硬兼施，不过原则上总结起来就是两句话，一句是“为了国家，为了个人，为了自己，好好学习，长大成人”，第二句是“要学好本事，否则就只能干农活儿”。田志孝老人笑谈，自己“一生都是希望工程”。三个孩子需要上学，其中一个还是学艺术的，初高中都会利用假期的时间去长沙的艺术学校学习，每年都需要两三万元的学费支出。不过功夫不负有心人，田志孝老人的三个孩子，两个女儿一个儿子，眼前都已经长大成人，建立了自己的事业，而且十分孝敬老人。大女儿1972年生人，离老人最近，就在隔壁街道经营着一家药店和旅馆，平时会回到父母家帮忙洗洗衣服，老人生病了能及时赶到送老人去医院；二女儿1975年出生，湖南师范大学美术学院毕业，现在在广州美术学院任教，业余时间还会经营些小生意，有闲工夫了就会给家里打电话；小儿子1978年出生，毕业于中央戏剧学院，个人创业，目前在北京从事舞美设计的工作，平时很忙，平日里就通过电话跟家里老人联系，过年了就会回家看看。小儿子这两年刚刚成家，更为可喜的是，在2012年年中，田志孝老人的小孙子也出生了。

田志孝老人的业余生活可以称得上是丰富多彩。老人说，自己会时常参加一些文艺活动，比如说土家族的摆手舞啊、打溜子啊，除此之外，还会在婚丧嫁娶的场合参与吹唢呐。从五十六七岁田志孝开始缩减商店规模之后，老人就开始把业余时间全情投入到文艺活动当中。老人吹唢呐，也有四五年的时间了，这项活动也为老人提供了一项收入来源，每年有五六千元。但是，不幸的是，就在2012年的中秋节，老人突然觉得耳朵很疼，听力急剧下降，目前老人的耳疾仍在接受治疗。田志孝老人说，既然耳朵的情况不允许了，自己也就不再继续吹唢呐了，态度坚决又洒脱。老人还参与村子里的摆手舞队，闲来无事的时候会跳，集体活动也积极参加。2012年的第二季度这个队伍就去芙蓉镇参加了一个土家族的活动。田志孝老人笑着说，现在土家族的摆手舞活动每年立春过后都会搞，自己在队里扮演的是道士的角色，内容就是讲一些风调雨顺的事情。

我们问老人，编制竹器的手艺，有没有想过收徒弟？老人说，收徒应该不会了，不过最近村子里正在试着搞土家族文化的传承工作，其中有一项就是要把这编制竹器的手艺产业化，这样一个竹篓在三十年前1元，现在怎么也得50元，我是一个老手艺人了，他们说有需要会找到我，找我的话，我肯定也会过去帮忙的。谈到对以后生活的打算，田志孝老人笑着说，没什么打算，就是穿衣、吃饭、看病、参加活动这些事情，其实自己特别想帮忙带带孙子。

（三）零售业经营者田丽萍

在田家洞村采访的第二天晚上，我们调研组走在村里热闹的马路上，两边布满各式各样的商店，虽没有大城市的辉煌气派，但商店品种齐全，餐饮店、零售店、服装店、器材店等一应俱全。突然，有一家商店吸引了我们的目光并让我们驻足，这家商店比其他商店规模偏大，朝里面望去，洁白的日光灯将屋内照得透亮，琳琅满目的商品摆放得井井有条，绝对是购物的首选之地。抬头一看，这商店所在的房子还是一栋三层高的大楼房，而且很明显感觉应该是一个新建不久的房子。这些因素使它相较其他商店显得更突出，更具有吸引顾客前往购物的吸引力，因此我们决定前去采访这家的主人。

刚遇见田丽萍并表达我们采访的意愿时，她正忙着给村里某个小孩看病，随后很热情地招呼我们坐在她家的烤火炉旁，让我们稍等会儿。此时我们发现这原来是一个零售商店还兼药品店，商店比药品店规模偏大一点儿，但在同一个屋，也就是同聚集于这栋楼的一层大厅。两种不同的经营品种融为一体，倒也不觉得拥挤。药品店这侧有一个很大的药品柜和摆放在药品柜前面的玻璃柜，商品零售那一侧则是六排很整洁的货物架。我们坐的烤火炉在药品店这一侧靠近里屋的地方，烤火炉附近的桌上还摆放着一台笔记本电脑，一个小男孩正陶醉地玩着游戏。

田丽萍给孩子看完病后，她便坐在烤火炉旁开始接受我们的采访，刚开始她显得特别谨慎和拘束。在慢慢了解情况之后，她便打开了话匣子，大赞我们写乡村经济的项目，也因此非常愿意自己出一分力。

田丽萍，1973 年出生于田家洞村，土家族人。家有三姊妹，她排行老大，还有一个妹妹一个弟弟。妹妹以前在湖南师范大学美术学院学美术专业，如今在广州美术学院任教。弟弟后来考上大学，就读于中央戏剧学院，学的是舞美专业，现在北京做生意。田丽萍说弟弟小时候很调皮，在古丈一中上高中时，因为违反学校纪律，被学校开除过。后来没办法只好转到长沙的学校读书，正是换了一个新环境，弟弟改变很大，跟变了个人似的，开始认真学习。学习上弟弟受他二姐影响很大，因为二姐学的是美术，给予了弟弟很多指导。弟弟考中央戏剧学院时，在湖南只录一个人，因此他是非常幸运能拥有此次机会的。如今弟弟则在北京自己开一家公司，当总设计师，有了自己的创作班子，具体什么公司田丽萍也没能记得。在谈到弟妹时，田丽萍一脸的幸福，毕竟是血浓于水的亲情，亲人的幸福在某种程度上就等同于自己的幸福。她同时也会跟我们调侃自己，三姊妹中虽然她是老大，但跟弟妹相比起来她日子过得差远了，但每每此时，她总是话锋一转，告诉我们每个人有每个人自己的幸福。我们看得出来，在她内心深处，她是羡慕弟妹那种在大城市里的富足生活的，但同时她对自己现在的生活状态也很满意。

谈到生活经历，田丽萍在本地上完小学、初中后，在她 19 岁时去了桃园卫校自费读中专，学习医师三年，那时学费每年 800 元，都是父母承担。从桃园卫校毕业后，她回到乡卫生院当了长达五年的护士，当时是聘用制，田丽萍说工资很低，一个月才一百多元。但是因为家里没有什么经济负担，所以在乡卫生院当护士的那几年就只当积累经验了。

田丽萍在 27 岁时放弃了护士这一职业，一来是因为工资太低，但主要原因是由于人员关系问题，当年没能满足她的意愿实现转正，所以就辞退了工作回到家里。但是回到家后也没想好以后要做什么，顿时脑子里一片混乱。这时她父母说孩子不能不做事，得找个工作干，父母不能一辈子养着她。她父母后来就给年轻的田丽萍出主意说开个小药店，父母提出这个建议后，田丽萍起初非常害怕和担心，觉得自己刚走出社会没有多少经验，因此她对自己很没有信心。但是在父母的鼓励下，她鼓起勇气第一次进了 1000 元的药品，药品店就设在当时她父母家，所以条件有些简陋。但药品店毕竟是开张了，由于她读了三年卫校加上五年乡卫生院工作的经验，卖起药品时就很容易取得别人的信任。另外，乡里乡亲对刚刚开始从事药品生意的她印象非常不错，因此慢慢地她生意越做越大，后来每月收入也能达到1000多元，这给了当时的她很大的信心，觉得做生意其实也没有想象中那么难。现在田丽萍还对她刚开始做生意的那段经历感慨颇多，说当时非常害怕失败也不敢尝试，但那时箭在弦上不得不发，所以害怕没有用，只好去做。而事后才发现事情只要自己做，有信心有胆量，做生意还是很不错的。

在田丽萍开药品店一年多后遇见了现在的丈夫，她丈夫是本村人，以前在哈尔滨当过兵，是一名军人。在田丽萍28岁时两人结婚，结婚当时她丈夫还没有退伍，结婚两年多后才从哈尔滨当兵回来。现在在县城粮食局工作，也不经常在家，周末回家，帮忙卸取货物，或是清理货架等。在她丈夫不在家的那两年，田丽萍说药店有父母帮忙打理，父母在开药店过程中给了她很大支持，不辞辛劳，不计回报。田丽萍说以前进药跟现在不一样，一般五天采购一次，都是她父母帮忙，因为那时进药主要靠人力将药品扛在肩上背回来，所以非常辛苦。再后来，她父母又帮忙想办法，找房子，选中了如今这栋房子所在的这个地块。她现在想想都觉得当年父母的想法真好，具有长远的发展眼光，选的这个地理位置靠近马路，而且就在乡政府旁，离乡政府不足100米的距离，可谓天时、地利、人和。所以在她开药店两年后，也就是2002年她用两年来在父母家开药店挣的几万元积蓄买了这里的木屋，总共花费6万多元。田丽萍说在刚把药店搬到这里时，在这条街做生意的人还很少，总共也就十几家，也有些后来没有把生意做起来。而她则生意越做越好，药店和以前在山坡上的那个小店相比便利多了，也获得了更多的忠实顾客。药品种类相比以前也增多了，从原来的一两百种到现在的七八百种。因为一直定义为药店，而不是诊所，所以很少给病人看病或输液。她告诉我们开药店安全第一，一定要对父老乡亲负责。随着生意越做越好，在买的木屋里继续做了半年生意后，开始有想法经营商品零售，扩大经营范围，将商品和药品生意一起做。一开始进了2000多元的商品，此后便慢慢发展壮大。每周还将商品在村里的集市上卖一天，刚开始第一场赶集卖了200多元，第二场增加到300多元，第三场就400多元不等，货物也因此一天一天增加，客源也越来越多，这也为后来规模的扩张奠定了良好的基础。

在2008年时，新买的木质结构的房子开始不能适应扩大商品经营规模的需要，因而在木屋的原址上重新盖上了三层楼房。而我们现在看见的这栋很新的房屋则又是在2008年基础上于2011年翻修过的。2008年修新房时，田丽萍租了她丈夫亲姑姑的一个大房子，一年付2000元的租金，继续做生意，修新房的事则给包工头包干，三层楼总共花了30万元左右，修了11个月，第12月搬回。搬回后商店的硬件设施开始了一次大更换，如卖商品的货架、卖药品的柜台等，这些总共花了大约15000元。2011年又进行了一次大的室内装修，添置了不少家具、电器等，这次总共花了3万多元，包括客房的设施在内。

田丽萍总结自己开店的历程，觉得是积累一段时间就重新打个根基，一步一步向前走，才形成了我们如今看到的这个房子格局：一楼，大厅是商店和药店，后侧靠近楼梯的地方是个货物储存仓库。二楼，是他们自己的住房还加上三间客房。三楼则全是客房，二楼和三楼的客房总共有10个床位，其中有三间是空调房，普通床铺一晚40～50元，空调房每晚80元，客房布局和普通宾馆布局类似，均是洁白色的床上用品，每个房间还配有一台电视，只是客房不带独立卫生间，一个楼层共用一个，因此带有很强的家庭旅馆特色。客房的客源主要有三大群体：一类是来这开会的老师们；二类是外地的包工头，因为最近村里修房子的人比较多，也有很多外地的包工头来到这儿挣钱；三类是参观考察人员，一般是政府工作人员到此地开会或考察，还有高校的调研团体，比如我们调研组一行八人。村里开这种类似的家庭旅馆的有三户，田丽萍家的客房收入每月能挣1000元到2000元不等，收入还不错。这可能跟她们家是新开的，相比其他的两个家庭旅馆条件稍微好点儿有关系。另外，她也特别注意客房卫生，每天晚上都得打扫每间客房，包括擦地、更换床单被罩等，她说这也是个苦力活，比较辛苦。

当我们问到有没有想法去县城经营时，田丽萍说没有想过，原因是这些年来自己已经慢慢积累起来了大量客源，大家也都比较信任她了，另外她也觉得从事这份工作挺有成就感的，因为如今的事业都是她一点一滴打拼而来的，所以舍不得扔掉家里的工作去县城里发展。最重要的还是和邻里乡亲建立的感情无法割舍。她给我们举了个例子，说只要她一天不在家，似乎村里所有人都知道。有一次她去了长沙三天，回来后很多人说她离开后很不习惯，很多乡亲都过来问候。讲这些时她内心依然很感动，然后很深情地对我们说："我不能离家，舍不得老百姓，老百姓也离不开我。"

关于经营之道，田丽萍告诉我们首先是不怕苦，有了吃苦精神才能将生意做好；第二得搞好人际关系，要多给别人好处；第三要卖老百姓需要的商品，根据需要进行适当调整。田丽萍说刚开始做生意时，不知道卖什么最好，她也思考了很长一阵子，觉得不能卖得太杂，得根据自己的特点选择合适的商品，否则东西太多太杂，人也会比较累，所以需要专业化，商品得有特点。当发现自己特别关心小孩子，也很招小孩子喜欢，有一种很强的亲和力后，她觉得小孩子的用品比较适合，如婴儿的奶瓶、奶粉、尿不湿、米粉等，还有小朋友各种爱吃的零食。因此现在商店最大的特色是母婴用品比较齐全，而没有那些其他笨重货物。商品的进货如今主要是她丈夫负责，他近两年从县里分到本村做扶贫工作，所以有时间帮忙照顾家里。现在进货频率很高，基本上每天都需要。以前进货是自己去吉首市，现在通信、交通都发达了，70%的货物都可以由供货商直接用车送过来，这比以前明显方便了很多。而无法直接送的那部分商品则可以让跑吉首的班车，将所需货物顺捎过来，如今极特殊的情况才需亲自去吉首进货，一般两个月才有一次。现在田丽萍家所卖商品主要分为三大类：第一类为母婴产品，占据了两大排货架：各种奶粉、奶瓶、奶嘴、尿不湿等，雅士利奶粉售价 170 元，伊利奶粉售价 85 元，尿不湿品种丰富，从 25 元到 35 元不等。第二类为日用品和食品类，各种洗漱用品，还有饼干、小零食等，售价基本和普通商店一样。第三类为饮料和酒类，饮料品种大都是我们平日里常见的那些品牌，如康师傅、哇哈哈、营养快线等。酒的品种则带有很强的湘西特色，且适合不同的消费群体，最贵的酒是“锦绣潇湘”，售价 288 元，其他如“酒鬼”售价 258 元，“湘泉”售价 30 元，最便宜的酒类是“千年湘西”，售价仅为 15 元。

对于幸福，田丽萍有自己的看法。她说自己现在的生活虽然没有弟妹那样富足，但是生活压力小，大女儿在本村上小学，只需要基本的生活费，小儿子 2008 年出生，在一家私立幼儿园上学，走路只须两三分钟，所以非常方便，这家私立幼儿园学费一年 800 多元，因此总的来说如今在两个孩子身上的支出并不大。家里最大的开支是 2008 年修新房，基本花光了所有积蓄，但也没有负债。现在其他支出方面数人情费最重了，每年大概 6000 ~ 7000 元，基本上只要村里有人办喜事都会过去祝贺，通过这种方式也打下了良好的人际关系基础。田丽萍说房子自从 2011 年翻新后，现在重新站在了新的起点上，只要勤劳，就能创造财富，她对未来充满了信心。如今每天她都觉得很有成就感，每天都能看到自己辛勤劳动后的收获。丈夫现在被派到村子里做扶贫工作，也能很好地照顾家里，每月有 2000 多元的收入。商店和药店每个月合起来大约有五六千元的收入，加上客房的收入，她很知足。最重要的是和父母离得非常近，大概两分钟的路程，可以经常探望父母，父母也能经常看看孙子，基本上能做到天天串门。田丽萍说在她眼里亲情重于金钱，近期的愿望是去看望弟弟妹妹，他们现在都已成家立业，而且日子过得不错，作为姐姐的她非常欣慰。她觉得钱是挣不完的，应该找时间出去走走转转，让自己身心放松，顺便带上孩子让他们增长见识。她说接下来的生活重心是在两个孩子身上，她想通过自己的努力，将来把孩子送到县城读书，使孩子接触到更加优质的教育资源。

在田丽萍乐观的生活态度和对未来美好生活的期望中，我们似乎能感觉到她描述的蓝图正在慢慢实现。这其中有殷实的家庭经济基础作为后盾，同时还有辛勤的劳动付出作为支撑。

（四）豁达的黄淑云

2012 年 12 月 5 日下午，调研小组一行来到黄淑云家入户访谈。调研组在黄淑云家受到了热情地接待：清茶、栗子、瓜子和桔子都一一放在电烤炉边。调研小组在黄淑云家感受到的热情，都承载着当地浓郁的土家族文化。调研小组一进门就可以看到充满现代气息的家庭环境：电视机、电烤炉、洗衣机、真皮沙发等家具一应俱全，从这些现代家具我们可以了解到黄淑云家在田家洞村具有很好的经济条件，那么她的致富经验对现阶段田家洞村经济发展是否有借鉴意义呢？下面我们一起来了解一下这位走在发展田家洞村经济前沿的领路人的个人成长经历。

黄淑云，女，土家族，出生于 1965 年，高中文化程度。她有两个哥哥、两个姐姐和一个弟弟，兄弟姐妹共六人，加上父母，全家共计八口人。据黄淑云介绍，她的父母曾在居委会任职并经营了一家小商店，经济条件较好，兄弟姐妹从小也未吃过太多苦。自幼受父母的熏陶，黄淑云有着较强的经济意识，并影响着其一生的选择和发展。针对这种情况，本次访谈撇开传统的农业生产，将关注点集中在田家洞村的黄淑云是以何种道路致富求发展的。

接受过高中教育并受父母影响的黄淑云，有着强烈的经济意识和独特的眼光。稳中求进，她有自己的稳定工作，又积极发展副业，步步为营发展自己的家庭经济。因此，以经济生活为背景致富求发展为主线，品味她的人生，对于相关研究者理解古丈县断龙山乡田家洞村乃至中国村庄的变迁不无意义。

1986年自小就有独立精神的黄淑云通过自由恋爱与向汉标结婚，结婚前，虽然她的父母和亲人都不同意，但她相信自己的眼光。她说服了父母，收获了幸福。黄淑云的选择不仅在家庭关系有一定的影响而且在她以后的经济生活有着更重要的影响。也许生活就是在这样的选择中继续，生活的各色扮演者演绎着他们不同的人生。黄淑云就是在这样的生活大环境中演绎着自己精彩的人生。

1995年12月古丈县水泥厂招收工人，黄淑云有幸成为一名化验员，负责水泥化验工作，基本工资每月400元，加班为每月500元。作为一名化验员对工作人员的身体素质要求很高，用黄淑云自己的话说："从事化验员的工作就只能吃青春饭。"所以黄淑云在水泥厂工作10年后，由于她个人身体原因，于是办了离职手续。塞翁失马，焉知非福，也许生活中的一个转身就开启了她的另一片天空。黄淑云为了谋求个人家庭经济的长远发展，她开始思考"经济开源"的问题，于是有了下面的故事。

2000年，黄淑云和丈夫商量花了6万~7万元买了一辆中巴车，并联合断龙乡其他中巴司机开始跑客运生意。即所谓的"联合经营"（简称"联营"）。通过"联营"的方式，客运生意在生意"淡季"时不至于亏本；在生意"兴隆"时，不会抬高客运收费而损害消费者的利益。这种"联营"的方式，使得市场供求趋于平衡状态，既有利于经营者，同时又维护了田家洞村民的利益，从而形成了经济发展双赢的局面。

客运路线是断龙乡至古丈县，两地往返客运，每天发车2次，月收入为1万元，而纯收入（除去油费）每月5000~6000元。

2007年是黄淑云人生的重要转折点。多年前，黄淑云的丈夫向汉标在供销社工作，而后由于国家将供销社改制，向汉标被买断工龄下岗。向汉标花了6万元将原来卖酒厂的地段买下，而这块地段也一直荒废着，而后黄淑云想办法将该地段的围墙拆掉，目的是为了让村民从这里经过，熟悉这里的环境，同时为做生意打开市场奠定基础。一个善于思考经济问题的人，总会在恰当的时刻抓住生活中的细节，为经济发展奠定有利的基础。而上天似乎对这位经济达人特别眷顾，用黄淑云自身的话来说"天无绝人之路"。"山重水复疑无路，柳暗花明又一村"也正是这段经历的写照。2007年，由于田书记家的奶奶去世，按照土家族习俗需要放礼炮，原来的农贸市场无法正常经营，热心而又充满经济智慧的黄淑云将那块地腾空给那些生意人继续做生意。“醉翁之意不在酒”的行为为黄淑云发展和经营农贸市场奠定了坚实的基础。后来由于本村的道路规划，工商局的负责人认为原来的农贸市场堵塞了村子里的交通，不利于田家洞村的长远发展。渐渐地，原来的生意人不由自主地就来到了黄淑云早年买下的地段，开始经营他们的生意。随着经济的不断发展，农贸市场也随之不断地发展扩大。为了适应市场发展的需要，黄淑云对农贸市场进行了整体规划。该地段有1000多平方米，一个摊位为固定一块木板(木板长2米、宽1.5米)，每块木板收费为5元。村民们每个月赶集六次(如果那个月是月小，村民就赶集五次)。农贸市场主要经营的是水果、服装、佐料、蔬菜等日常用品和生活用品。而摊位费的征收对象是做生意的商贩，当然商贩不用另外交税，附近的老百姓卖菜却不收摊位费。赶集的人数平时有5000人，而到腊月的时候有10000多人。平时固定做生意的有60多人。

农贸市场和群众日常生活息息相关，所以市场的布局应考虑居民住宅区的规模，在尽可能方便群众购买的同时，兼顾周围居民的生活环境和经营者的经济效益。由于农贸市场的不断发展扩大，出现了一些问题。没有合理的管理制度和健全的规章制度，以及农贸市场的发展与该村的现有规模不能适应进一步激化了这种矛盾。

当前该农贸市场就存在着以下几点问题：

(1) 市场设施简陋、设计不合理，脏、乱、差问题严重。市场以木板来划分摊位，布局不合理现象明显，市场脏、乱、差一直是居民对农贸市场的普遍评价。

(2) 由于片面追求经济效益，导致市场管理混乱。农贸市场是带有公益性功能的农副产品交易场所，一些市场投资者只注重经济效益，造成了市场的无序和混乱。

(3) 市场内经营业主、市场经营整体素质不高。目前在市场经营的基本上是个体工商户、私营业主，其人员构成比较复杂，文化素质相对较低。一是经营者缺少必要的商品知识、法律知识，食品安全存在隐患，且有些市场存在无证、无照经营；二是经营者与市场业主的矛盾时有发生，由招投标、摊位安排、市场环境等原因引起，往往影响市场消费者的正常消费；三是场内经营方式传统单一，多是小规模小本经营，因经营作风不良引起的争议时有发生，侵害消费者权益，致使广大消费者对农贸市场的满意度不高。

农贸市场不仅仅是一个经济场所，也是一面折射社会热点、管理难点的透视镜，它具有显性的经济意义和潜在的社会意义。农贸市场的存在和发展是田家洞村村民经济现实生活的写照，在很大程度上体现着国家农村经济政策的方向。规范和发展中国农贸市场是中国农村经济发展的一个必经阶段，怎样规范和合理发展农贸市场是国家近年来一直关注的一个问题。田家洞村的农贸市场正是在这样的大环境下发展起来的，势必存在农村经济发展的普遍问题。为了解决这些问题，黄淑云一直在思考怎样才能更好地适应当前农村经济发展的现状和城市化进程中城市对农村经济的刺激发展。

豁达的黄淑云，用一种乐观向上的态度面对生活中的点点滴滴，人的一生无论如何都会度过，有的人只是在顺境时才会乐观，但有的人却能在遇到困难时保持乐观，这才是对待生活的正确态度。“天无绝人之路”，这是黄淑云豁达的自我宽慰。黄淑云计划将农贸市场进一步扩大，并联合附近的喜其哈村与田家洞村向乡政府的政协委员提出申请，为进一步扩大农贸市场而努力。黄淑云是一个具有经济意识和长远发展眼光的人，她用积极的行动和豁达的心态选择自己发展的道路，从而她也获得了那份属于自己的事业，在某种程度上摆脱了传统的生产方式，进而步入社会化大生产的经济生活。在这个经济世界中，她通过自己不停地打拼站在了时代发展的前进浪潮之中，不会因为一时的困境而忽视了整个夏天，如果一直陷在困境中，那么将会失去整个美好的四季。在农村经济发展的今天，笔者认为中国农村不是缺少变化的思想，更多的缺少是那种在困境面前保持一种平和的心态，一种在困境中获得发展的机会，一种在困境中寻找自身发展的时机，一种在困境中找到发展的契机。遇到经济问题和困境并不可怕，可怕的是没有面对困境的勇气和运用发展的眼光看待每一次逆境。“凤凰浴火，涅槃重生”，为的只是生命的重生，再一次的展翅飞翔。也许每一次逆境都是黎明前最黑暗的时刻，而黑暗过后迎接我们的将是最美的曙光。可以说中国工业发展是以“牺牲”农村为基础的，现在中国工业的发展已经进入经济发展中最为关键的转型期，而农村经济的发展状况应与工业发展的程度相适应。目前中国农村经济的发展正处于一个相对落后的局面，在农村经济为工业做出的铺垫后，那么现在工业应当“反哺”农业，辅助农村经济的发展，并且二者能够协调发展。在一定程度上说，田家洞村的经济发展现状是当前农村经济发展的一面镜子，中国农村农贸市场的发展，给农村经济注入了一股新的活力，但同时也带来了许多问题，而这些问题是农村经济发展中不可回避的问题。农村经济要获得长远发展，那么中国工业经济发展应当为其发展做后盾和提供一定的发展模式，为农村经济发展提供循环模式的典范，从而避免资源浪费和环境问题，促进中国经济和谐发展，即中国工业经济和农村经济共同发展，实现经济效益的正效应。

在中国农村经济大发展的浪潮中，田家洞村村民努力寻求自身发展的道路，他们所遇到的问题在一定程度上反映出中国农村经济在摸索着寻求自身发展的同时，因此，出现问题是不可避免的，那么在这种大环境下，国家政策应当结合当地实际情况并给予一定的扶持和正确引导，笔者认为田家洞村的经济发展会更上一层楼，同时将这种经济发展模式或者这种经济发展方式推广到其他与之相适应的农村地区，或许更能促进中国其他农村地区的经济长远发展。扶贫政策只是“授人以鱼”的方式，而找到适合农村地区经济发展的实际方式才是“授人以渔”，才能够真正意义上获得长远发展。田家洞村现阶段的经济发展状况正是中国农村经济发展的必经阶段，如何趋利避害进行经济稳步发展，笔者认为这是一个亟待解决的问题，需要广大长期关注农村经济发展的学者们共同的努力，以及国家政策的支持，因为任何经济政策的实施都必须上升到国家层面，它是国家形象的体现和政策的制定者。

黄淑云致富求发展的事迹在一定程度上反映了中国农民在经济发展的大环境下寻求自身发展的案例，这是现阶段中国农村经济发展的一个良性发展的方向。这也是中国农民自身在经济发展大环境中自主寻求摆脱从事传统农业生产方式的典型，为中国农村经济的发展树立了榜样。

（五）种植烟叶的能手彭春生

彭春生，男，土家族，1964 年出生在湖南省古丈县田家洞村，无宗教信仰，48 岁。彭春生有两个弟弟和一个妹妹，因为弟弟和妹妹都需要照顾，而且当时家庭条件困难，所以初中一年级就退学了。1994 年，彭春生与妻子相识，后来一起外出打工，恋爱结婚，现有一儿一女，是个幸福美满的四口之家。

彭春生一家住的屋子是砖瓦石结构的，大约有 120 平方米，屋内没有过多的装饰，东西倒是被摆放的井井有条。电器有电视机、电冰箱、洗衣机、电饭煲；饮用水来自政府修建的自来水管道，一年 20～30 元；平时烤烟不忙，就砍柴用来生火做饭，烤烟特别忙时，就用液化气。

彭春生初中退学时只有 16 岁，退学后就学做裁缝。没有老师的任何指导，彭春生只凭着自己的悟性摸索了大约 20 天，便买了一台缝纫机。一开始是上门给村里的人做衣服，上门工一天 2 元。这样慢慢的，一个月就全部掌握了做衣服的技巧。后来，村里人如果有需要就来彭春生家里做衣服，这样一干就是 13 年，勉强地维持日常生活开销。彭春生自己说只要手一摸，不用看就能清楚地知道衣服的材质，正所谓熟能生巧。

1993 年，古丈县劳动服务公司组织 60 人去福建省石狮市打工，彭春生自己说，当时村里年轻人很多都外出打工，所以彭春生也报名参加了。由劳动服务公司带队，彭春生等 60 人到达石狮，一起在一家服装厂做服装，工作模式就是流水线工，以计件形式给工人们结算工资。彭春生说当时一个月能挣 600～700 元，但是会经常要求加班，一般是没有加班费的，不过那个时候也没觉得辛苦。过年回家后，彭春生与妻子相识，1994 年，两人便一起去了福建省安海市打工。彭春生这次外出打工还带了本村的五个徒弟一同前去，他们都愿意跟着彭春生学习裁缝，主要是做皮衣。同年，彭春生与妻子结婚了。婚后，妻子主要在家务农，彭春生仍然外出打工。1995 年，彭春生带着徒弟去了深圳一家服装厂，也是计件工资，一个月大约能挣 1000 元，服装厂包吃包住，10 个人挤在一间宿舍内，条件也是比较艰苦。1996 年，彭春生带着其中一个徒弟去了浙江福州，在一家童装服装厂打工，这次不是流水线工，要做整件的衣服。除了做童装外，这个服装厂还专门做反季衣服。在这里棉衣是 1.2 元/件，但是往往发生的情况是，到年底结账时就变成了 0.8 元 1 件。彭春生说，到年底大家都急着回家过年了，也不会和工厂厂长去争辩，给多少就算多少了。彭春生在这家童装厂做了两年，期间还去了一次上海，玩得很开心。彭春生说当时特别喜欢在外面打工，很自由，但是在外面打工花销太大，常常每个月工资还没发就提前花完了，自己也没富余的钱积攒下来。1998 年，彭春生又带了几个朋友去浙江宁波，结果第二天，还没有进工厂，彭春生就生病了。症状特别严重，说不出话，医院医生诊断为面神经偏瘫。在医院打针、输液，症状也得不到缓解，待了五天后就回家养病了，后来就再也没有外出打工。我们一行采访人员都特别奇怪，彭春生完全看不出得过面神经偏瘫。彭春生告诉我们，回家后也没有去医院，就在家调养，症状慢慢地就消失了。

回到家后，彭春生没有任何收入来源，病好后，为了维持一家的生计，他自己就尝试着做点儿小生意。彭春生买来小猪崽，然后在本村的集市上卖出去，赚取中间的差价，但是生意并不太好。平日里彭春生打零工补贴家用，因此家里的生活并不富裕。彭春生说，原来一家没有住房，当时就借了本村一个朋友的房子，也不收取租金，一家人在借的房子里住了大约12年。2005年，彭春生借了10000元修理房子，就是现在彭春生一家住的房子。据彭春生说那时小工一天才30元，现在小工一天就要120元。

2006年彭春生夫妇的二女儿出生了，谈到自己的女儿，彭春生露出了灿烂的笑容。他说，20世纪80年代时，国家为了有计划的控制人口，提出了“计划生育”政策，加上家庭经济条件困难，养不起孩子。所以大儿子出生、长大后，彭春生夫妇没有考虑过再生第二个孩子。但是妻子怀孕后，家里支付不起医院的手术费用，就索性把二女儿生下来了。现在女儿7岁了，在断龙山中心完小读书。彭春生说二女儿聪明、乖巧又懂事，这么小的年龄就常常帮着妈妈做家务，帮着种烤烟。彭春生现在觉得他自己有这样的二女儿很贴心。女儿现在早晚都在家吃饭，中午和同学们一起在学校吃“营养午餐”。“营养午餐”是2011年国务院为了改善学生营养摄入和体质体能决定启动实施农村义务教育学生营养改善的计划，主要针对农村贫困地区学校供餐与学生营养，中央每年拨款160多亿元，按照每生每天3元的标准为农村义务教育阶段学生提供营养膳食补助。根据了解，断龙山乡小学的“营养午餐”是一位慈善家资助农村学生的。彭春生的大儿子今年18岁，初中一年级没上完便退学了。退学后，没做什么事情，一直在家待着，烤烟忙时会帮着烤烟。2012年正月，大儿子跟着两个叔叔去深圳打工，彭春生很支持，也没有太多的担心。彭春生觉得年轻人在家除了烤烟，没有很好的发展，他希望让大儿子出去看看外面的世界，多长长见识，即使挣不了多少钱，也是生活的阅历。

2007年，彭春生听说种烟叶不需要重体力，轻松，收益也可以，就决定试试。刚开始种烟叶，专业人员会进行技术指导，而且政府给予补贴，可以向银行申请肥料费的贷款。彭春生说种烟叶最关键的环节是培土移栽，要接受专门的指导。等烟叶成熟时，就到了烤烟的阶段，彭春生说烤烟的时候要多注意湿度，湿度太大会变黑，烤烟大约需要一周的时间，早晚都要有人盯着。在忙的时候，也会雇人来帮忙，费用便宜的时候70元/天，大家都忙时，不容易雇到人，费用就比较高，大约100元/天。关于烟叶的收购，彭春生说他们都是每年签订协议，然后乡里的烟草公司来收购，不同等级的烟叶不同的收购价格。到今年，彭春生种植烟叶已经5年，以前种植了10亩，今年一共种植了20亩，其中只有2亩是自家的土地，其余的18亩地都是承包别人的。这些地大多是因为家里缺少劳动力而被闲置的，地也比较分散，租金是一亩地一年300元。彭春生给我们算了这么一笔账，种植一亩烟叶的肥料等成本一般是2000元，烟叶市场收购价格高时，一亩烟叶纯收入约3000元，而收购价格低时，一亩也就1000~2000元纯收入。2012年，彭春生种植的烟叶有3亩病死了，经过专业人员的研究分析是土质不好。彭春生提到出现这种大问题会向上级反映，了解情况后，也没有补偿措施，只能自己承担，希望能有赔偿机制来减少农民的损失。种植烟叶不忙的时候，彭春生也会做零工，但是不做裁缝了，因为裁缝步骤多，太麻烦，而且现在他的眼睛也穿不了针了。

本以为彭春生一家种了20亩烟叶，生活条件比较好。但是彭春生自己说，现在家里基本上没有什么存款，卖烟叶的收入一部分要还修房子的借款；一部分要添置家用电器，比如已经添置的电视、电冰箱、洗衣机、电饭锅；而且再生产资料等花销也很大；一家人一个月日常生活要花费700~800元。到现在，彭春生家还有20000元的借款、10000元的肥料贷款没还清。夫妇二人都参加了新型农村合作医疗和养老保险，新型农村合作医疗是每人每年50元，养老保险是每人每年100元，现在彭春生夫妇已经交了两年了。平时家里人有感冒发烧的小病，彭春生就在村里的卫生站拿点儿药。2011年，彭春生的妻子得了胆结石，需要做手术。正常的手术费用要7000元左右，由于参加了新型农村合作医疗，彭春生只花费了3000元，而且只需要在申请出院时出示参合证明即可，用起来也很方便。

彭春生表示很喜欢现在种烟叶的生活，本来彭春生是可以在服装厂当师傅的，但是年纪大了就不像年轻人还能出去打工，而且也不想再做裁缝了。在家种烟叶虽然仅仅能维持生活，但是心很安定；外面虽然热闹，但始终不是自己的家。

从彭春生的经历反映出当下我国一个现象，就是农村剩余劳动力的转移。改革开放以来，农民外出务工就一直成为我国突出的劳动力转移的经济和社会现象，而近年来，“民工荒”的问题引起重视。彭春生的经历也表现出农民工就业的不稳定，一般春节过后，多数农民工每年都要做出是否继续外出的选择，这样以一年为周期在城乡之间作候鸟式迁徙。农民工再就业过程中必然存在摩擦性失业。尽管在当下，劳动力可以在城乡之间流动。但是农村剩余劳动力仍然存在着一定的城乡歧视。务工人员的权益得不到有效保障，经常会出现拖欠和克扣工资、工伤事故得不到赔偿等侵权行为。而且在城镇福利体制上，与城镇居民同等的就业、住房、医疗、子女入学、劳保社会福利待遇上，农村劳动力实际的享有权更弱。目前，全国农民工总数仍超过2.4亿，但“农民工”始终是城市的边缘群体，难以融入城市生活，现在迫切需要为农民工在就业、教育、收入和生活等多方面提供更多的政策与措施解决农民与城市居民在权益方面的不平等。因此，要加大财政对农村的支持力度，全面改进农村金融服务，加大对农村信贷的投放量；同时逐步建立合适的农村社会保障制度，实现劳动者平等就业。实现在体制上破除城乡二元结构，建立和完善城乡一体化的经济体制。

（六）经验丰富的屠户田昌林

我们调研组来到田昌林家时，明显感觉到了与其他住户的差异，很容易能在房屋附近嗅到些许腥味，还看见有零零散散的动物毛物散落在院子里。听见院子里的狗吠声后，这家的主人也就是我们这次采访的主人公——田昌林出门迎接了我们。他中等身高，精神抖擞，一见面就发出爽朗的笑声，有种北方汉子的直爽。看见我们到来，他确实非常高兴，急忙热心地把我们迎进屋，递给我们每人一瓶矿泉水，随后大家就在堂屋后面烤火房坐了下来开始访谈工作（湘西冬天天气寒冷，一般农村家里都有一个专门用来取暖的房间，房内放置烤火设施，有的是火盆，有的是电火炉）。明白我们的来意后，他谦虚地说自己是文盲，不会说普通话，怕说不好，显得有点儿不好意思。但通过接触，我们发现他普通话说得不仅流畅，而且语言简练，渗透着直爽和幽默，因此，此次采访的交流上我们完全没有障碍，在他身上我们也感受到湘西人民的谦逊和淳朴。

田昌林，男，土家族人，1968年出生于田家洞村，初中文化程度。七岁开始入学接受教育，后来由于家里经济条件不太好，兄弟姊妹多，他排行老四，有两个姐姐、一个哥哥和一个弟弟，父母负担非常重。小学毕业后他在断龙中学学习了三年，最终获得一个初中文凭，不过这在当时是很常见的。1981年分产到户后，他们家有六亩田地，平均每人不到一亩。1983年他初中毕业后首先想到的是回家帮家里干农活。不久之后，他便萌发了去做生意的念头，起初是做些小生意，生意种类多种多样，说到这些时，他眉宇间流露出不少自豪之情，讲得神采飞扬，笑声爽朗。用他自己的话来说是当时还年轻，可以到外面去闯一闯，丰富人生阅历，生意不忙时就回家和父母一起干农活儿。

他最先做的是收购山羊的生意，主要流程是在大庸县（现在的张家界市）买羊，从大庸县乡下一户一户收集，当时没有喇叭，只能是在乡下通过口头叫喊的方式进行宣传，接下来将收购来的大批山羊在本地出售。为了财产和人生安全，通常是三五朋友邀约合作，主要出于两方面的考虑：首先，虽然去大庸县买羊时可以坐火车，但回来时得赶着羊群走回来，每次有好几十只羊，山路崎岖，路途遥远，若一个人赶羊则不免担心被别人抢走。另外，买回来的羊不是卖给老百姓，而是自己先将羊宰杀，再卖给其他生意人，羊肉一般卖给长沙人，羊皮则由东北人来收购。这种山羊生意大约一个星期能做成一笔，包括从收购到出售整个流程。一般情况下，这种生意存在季节性，农历八、九、十、冬月的生意最好，此时羊比较肥硕，也刚好赶上过年，需求量大，因此挣的钱也多。不过平均下来这种山羊生意每个星期平均每个人可以挣到100~200元，而当时一个工价才3元，相比较看来，这个羊生意收入颇丰。因此田昌林自己用了“相当不得了呢”这句话来评价当时的收入所得，言谈中透露着无限自豪。

后来他又做过蔬菜生意，是到吉首市批发大量新鲜蔬菜到当地田家洞村卖，这次主要是批发加零售形式，卖给当地老百姓，赚取差价。卖的形式是在本村拥有固定地点，一般是租用固定摊位，一张摊位一天租金10元，租金是按天计算，哪天不在那儿卖就不用付租金，这也是在商品经济不发达时期节约成本的一种方式。蔬菜买卖具有非常强的季节性，一年四季买卖不会间断，只是不同季节蔬菜品种不同，五天去市里进一次货，一个月不出意外可以挣1000元左右，这个收入在当时也是相当可观的。

1990年也就是在田昌林22岁时与现在的妻子结婚，结婚后一年分得田地两亩。他成家后觉得在外面奔波很难照顾好家庭，因此他决定放弃以前的生意。随后他回到家里专心致志开始学杀猪，但是没有拜师学艺，都是他自己慢慢琢磨出来的。听到这儿时，我们感觉非常惊讶，后来他解释说因为以前做过山羊生意，宰羊的经验丰富，自学杀猪就容易多了。屠户这职业在当地方言称为“杀猪佬”，干的工作并不只有杀猪这一简单过程，主要分为购猪、杀猪、卖猪肉这几大块。

购猪阶段，一般主要是在本村或邻村一些农户挨家挨户收购，也有别人主动打电话卖猪给他，他前去上门收购的。近两年生猪价格大约 8 元/斤，收的猪平均体重 200 多斤。最多的时候可以一次收购十几头猪，一般情况下，收购后不急于宰杀，可以先圈在自己的猪圈里进行饲养，根据市场情况进行宰杀再出售。

杀猪阶段，一头猪需要花费一个小时左右，三头猪则只需要一个半小时，他说杀一头猪一整套程序下来时间花费多，而三头一起则可以节约不少时间。说到杀猪的具体程序，田昌林表现出相当的专业和自信，毕竟有 20 多年的工作经验。“首先把水烧到 70 摄氏度，准备好热水，脖子穿喉，铁刷刮毛，开膛破肚，留着可以吃的猪下水”等。说着说着我们似乎看见了他杀猪时动作之麻利，技术之精湛，颇有庖丁解牛的意味。不过最后他谦虚地说这些都是平时经验积累出来的，是熟能生巧。

卖肉阶段，田昌林更有他独特的卖肉技巧和体会。他给我们说一般生猪一斤杀八两肉，如今由于生猪成本每斤 8 元，因此肉的成本每斤大约 10 元。卖肉的话平均价格一般在 11～12 元才能挣钱。猪不同部位价钱不同，按照如今的物价水平，总体来讲，瘦肉 13 元一斤，肥肉 11 元一斤，猪大腿那部分肉最贵，每斤可高达 14 元，猪头、猪血 4 元一斤，排骨 12 元一斤。说到猪的价格，田昌林说这两年比较稳定，但前些年有起伏，尤其价格有明显下降趋势，那时就不敢买进大量的猪，怕因为价格下降而折本。近几年价格则比较稳定，也没必要囤积大量猪在家养着，只需要根据猪肉销售量进行收购和屠宰。

说到当屠户 20 多年的经验，他兴致勃勃地谈起了如何区分饲料喂养的猪和粮食喂养的猪。他说 1995 年以前大家经济条件有限，基本没有用饲料进行养殖。如今经济条件变好，不少家庭购买饲料并非难事，且饲料养殖后猪长得很快而且肥壮，还能在猪粮上节约不少时间。而这两种猪在瘦肉上没有多大区别，区别主要在肥肉上，用饲料喂养的猪肥肉上有像疤痕的小斑点，而粮食喂的猪肥肉则很白很光亮。田昌林说这种细微的区别一般人由于接触少很难辨认出来，也不易发现所谓的像疤痕的斑点。他们是由于长期从事这个工作才能准确判断，凭的是经验和感觉，而且他们不仅能准确判断这些，还能迅速判断每块肉的所在部位，他说这也是他们屠户这一行必备的一些技能素质。

现在田昌林做的猪肉生意，一头猪一般能净赚500元，生意好时平均下来两天半卖一头猪没问题。挣钱的多少和猪肉销售情况有很大关系，有的人擅长销售，一天可以卖掉三头猪左右，而有的屠户则只能杀一头。要想生意做得好，田昌林给我们讲最重要的是诚信，童叟无欺，不能缺斤少两，他还举了个例子："如果我今天在你这儿买一斤，回去称后只有九两，那我下次肯定不会在你这儿买了。"其次，差肉、病肉不能卖，田昌林说："这是做人最起码的良心，得对得起父老乡亲，不能毁了自己的名声，否则以后生意就做不成了。"另外，平时还得搞好邻里关系，良好的人际关系毫无疑问能够争取到更多的客源。

当问到还有没有其他想法去做别的生意的时候，田昌林说现在年纪大了，就专心致志将这一行干好，而且这么多年的杀猪经验干起事来也比较顺手，容易取得别人的信任，如今他也积累了一定的人脉资源。村附近虽然有差不多二十个屠户，但他资历比较老，生意做得一直都不错。如今他们家的田地已经送给别人耕种，不收取租金，因为平时家里只有夫妻两个人，不需要靠种田来养活整个家庭。且他干屠户这一职业，平时空余时间不多，无法进行农业生产。他们夫妻二人买粮食吃，不过粮食不用花费多少钱，因为长期只有两个人在家，一年大概四五百斤大米就足够了。

谈到他的家庭，田昌林脸上洋溢着满满的幸福，他说妻子是贤内助，平常打理家务，精心照顾孩子，将家里收拾得井井有条，他基本不用操心。他们有一儿一女，大女儿1993年出生，如今在长沙复读，复读的原因是2011年高考考上二本了，但学校没选好没能录取上。他说女儿一向比较独立，这些事都是女儿自己拿的主意，现在女儿已去长沙复读并且是自己选的学校，具体在哪个学校念书他也不清楚。他还说女儿比儿子懂事，很少让家里操心，只希望女儿这次好好发挥，争取上个好大学，但也不给她压力，否则效果可能会不理想，一切她自己努力就行。另外小儿子如今在县古丈一中读高二，基本开支是学费一个学期2000元，生活费两个星期最低300元，他说男孩子花钱比较大手大脚，但是不能宠坏了孩子，钱多容易干坏事，也能惹麻烦，因此必须在生活费上有所限制。他说男孩子一定得严格要求，尤其在青春期必须要养成良好的品行，哪怕成绩不好都没关系，但一定不能学坏。说着我们都很同意地点头，也都羡慕他儿女双全，且孩子们差不多长大了，将来他们夫妇俩日子肯定越过越幸福。他听完更是乐开了花，很开心地笑着对我们说，现在他最大的希望是儿女有出息，考上好大学，学一身好本领，不仅以后谋生不成问题，还能为社会多做贡献。

在采访快要结束的时候，他领着我们参观了家里专门用来熏腊肉的场所，是一个不大的封闭空间，上面挂着满满的猪肉，下面是烧柴火的设施，烧柴火时产生的烟雾便是熏好腊肉的一个关键因素。因此以前村里有的人家会将冬天烤火取暖与熏腊肉融为一体，达到一举两得的双重效果。腊肉是田家洞村的一道特色名菜，无论炒还是炖都能体会到特别的肉香。熏过的肉颜色一般偏黑，熏得上乘的肉能成深金黄色。熏肉最大的特点是容易保存，过完年后很长一段时间都能拿出来招待客人，因此腊肉已经成为田家洞村人饮食习惯中必不可少的一部分。

最后，他还领我们参观了他的小型屠宰场。在我们访谈的房间外面，一个大约20平方米的空旷地面上，摆放着各种各样的器皿和固定的专门设施。非常醒目的是旁边有个篮筐里放着许多猪毛，他给我们介绍篮筐里的猪毛是用来出售的，如今猪毛3元一斤。最值钱的猪脊毛可以卖到30元一斤，而一头猪可以弄到猪脊毛半斤左右，所以这也是一个挣钱的途径。紧挨着各种器皿的是一个猪圈，外面有一排栏杆作为隔离，若生意好时多收的猪就饲养在猪圈里，伺机进行宰杀。我们采访时并没有猪存在猪圈里，主要是最近猪的价格比较平稳，没必要进行存贮，存贮还得支出一部分养殖费用。

整个访谈结束后，我们发现田昌林的性格爽朗而耿直，他将这些年经历的点点滴滴都娓娓道来，我们的整个谈话氛围轻松愉快，其乐融融。在他身上我们看见了他对于生活敢拼敢闯、吃苦耐劳的精神，凭借这些他闯出了一番天地。在他身上我们看见了他对生活的乐观态度和对未来美好生活的憧憬，凭借这些他过上了现在比较幸福的生活。

（七）钟爱木匠活的田宏顺

2012年12月6日下午，整个田家洞村笼罩在冬日的阳光之中，但丝毫没有冬日的寒冷，调研小组一行沐浴着冬日的阳光，远远就望见了田宏顺家的那栋三层小洋房，在阳光下显得格外漂亮，田宏顺正在门口翘首期盼调研小组的到来。因为调研小组和田宏顺老人约定了确定的时间对他进行采访，所以田宏顺老人早早地就准备好了一切，等待着调研小组一行的到来。调研小组在此前做的几次入户访谈都与田宏顺老人的热情帮助分不开。入户访谈时，我们整个调研组分为四个小组，经村支部田书记的推荐和安排，田宏顺老人也是毛遂自荐、满怀热情地给我们其中的一个小组做向导。他对田家洞村的情况以及关于土家族源流的一些传说非常了解，曾经接受过吉首大学等来田家洞村调研的多位学者的采访。在田宏顺老人热情的接待下，调研小组走进田宏顺家，走进客厅首先映入眼帘的是一幅电子山水画，据老人介绍说，这是他 2011 年搬进新家时，亲戚送的贺礼。通过前几次调研小组与老人一起入户访谈的经历，不仅在理解当地土家族方言有了一定的实际经验，而且也拉近了老人与调研小组之间的距离。这一次调研小组对老人的采访，可以让调研小组更加了解田宏顺老人的个人成长经历和他的特长。

田宏顺，男，土家族，1943 年 12 月出生，小学文化程度。他最初在高级农业社里放过牛，在大集体时的食堂里也做过学徒，1960 年，他参加了集体生产队，在生产大队干过两年的活儿。而他自从先后跟着生产队里的两位造木房子的师傅学了四个月木匠活儿后，木匠活儿就成了他这一生的职业。一个人选择进入什么行业，将会伴随他一生的发展，而田宏顺老人就是这样一个人，他选择了做一个木匠，而且将他自己的一生奉献在这个行业之中，他在这一行业获得了自己所期待的生活，也无法放弃这个行业。如今田家洞村人只要一提到他，就很尊敬叫他一声“田木匠”。他的技艺已经深入田家洞村民的人心，“田木匠”是他本人的代名词。

据田宏顺老人回忆，他在生产队里做木匠时，他每月工资 1 元，但是得给师傅 0.2 元，还要给队里交 0.5 元。当然这是 1963 年以后的事情啦，然而这一干就干了 17 年。在那 17 年的日子里，工资不变，交费也不变。尽管自己每月仅有 0.3～0.5 元的收入，但这门手艺活儿却在他 1967 年结婚成家之时发挥了巨大的作用。

因为在这一年，他几乎靠自己的双手修建了一栋木房子。建筑材料是就地取材，建筑手艺就是木工活儿。在山区，土家族人喜好用木材修建房屋。这种房屋冬暖夏凉，且能够防潮，刷上清漆，十分耐用，随便能住上两三百年，供几代人使用。据说，这种房屋，早在五代十国时期就已经形成了。土家族房屋木料选用上，充分利用了当地的森林、石头资源。

修建这种房屋时，先将在山上长好的木材用斧子砍回来，木材多是松树、柏树、香椿树等适宜做木料的树木。松柏之树，质地坚硬，不易变形，是做木房子上好的材料。而香椿树又有“树王”之称，在修建木房子时必须用它作为“梁木”。有时，修房子的人家通常要颇费一番周折才能找到一根合适的香椿树作为房子的梁木，而且砍椿树的时间也只选在上梁的时候。修建一座木房子需要很多的木材，因此在砍木料时需要很多“硬劳力”。这些“硬劳力”多是修房子人家的亲戚朋友，很多都是出于亲情友情而乐意帮忙的，然而在这些亲朋之中，通常女方的血缘力量彰显得更强，反倒是男方的血缘力量很弱。这对于田宏顺而言，也不例外。在这种风俗下，人们通常也就形成了一种“乐于助人”的品质，或者更为贴切地说是一种心理状态。在这种心理状态下的劳动者，通常在市场经济的背景下容易产生劳动付出与报酬不相当的失衡心理，这也会影响他的经济行为。当然，这是后话了。

但是斧砍肩挑回来的木材，不能直接用于建房子，还得经过一道“整理成木料”的程序方可。整理木料的工具中用得多的是锯子、刨子、墨斗和凿子。锯子常用来把木材改成木板、木柱头，而刨子则用来将这些改出来的木板、木柱头的表面刨光滑。然而这些加工木料的流程中是绝对离不开墨斗的，木材被改成木板、木柱时离不开用墨斗打的线，用行话叫打墨或画墨。凿子通常是用于在木料上凿一些眼子，这些眼子又被叫做“榫头眼”。这样可以使得要修建的木房子不需用钉子。

从房屋用材、雕花内容、家庭群居等我们能读出土家族从原始部落、氏族生活发展到现代文明社会的农耕历史，看得出土家族生产生活的情景。土家族建房上梁歌，就是土家族历史的陈述：当标志——木房架子“立”起来成为房屋的大梁（房屋中堂最大的梁）上房时，掌墨师就开始了祷歌的演唱：

伏羲（口音为“伏义”，因“义”繁体字“義”与“羲（xi）”实在太相似，土家族方言中常误读。这里是对土家族神祖的祈呼之音——作者注）！

鲁班师傅来此屋也，上梁时辰呈吉祥。

走到堂前看四方哦，梁头红布一张张。

不说红布犹自可哎，提起它来话就长：

花花妹子手灵巧呀，棉花种来纱棉纺。

织起红色张张布欸，主人用来缠大梁。

我左缠三转生贵子，右缠三转出状元。

缠了一层又一层呃，好比麒麟金衣裳。

盖了一段又一段喔，好比金瓦盖宫殿。

盖了脚来又盖巅啊，主人富贵万年光！

众人和：主人富贵万年光！起……

在这歌颂中，把谁是祖先、谁是建房先师，谁是纱棉、红布纺织人，红布用来干什么用的都交代得清清楚楚。可以说，土家族一个建房仪式就是一场土家族的历史剧。建房时烦琐而虔诚的程序与仪式，直接反映了土家族的习俗和风情。土家族房屋反映出土家族“天人合一”的生活状况。土家族生于山区，顺应自然，因势造屋，根据不同环境地势，巧妙地利用自然条件生存。

时间晃晃悠悠地到了1971年，因为有建木房子的经历，田宏顺成为有着12个木匠工人的断龙山公社木工组的组长。因社会需要，当时的断龙山公社就让他学着做家具，而家具也在“干中学”中做得是越来越好。当然，修建木房子也还是要做的。这个木工组的经营是这样的：如果给单位做包工的话每天的工分是2.5元至4元，不做包工的话就是1.83元一个工，包工与不包工的区别在于：包工是不包伙食的；若是给私人做是每人次1.5元一天（也就是一个工1.50元），伙食就是到私人家里去吃。当然赚得钱是悉数交给公社，木工们领的是每月8元的工资，而公社每年得给生产大队300元。不变的劳作模式里却经历着轰轰烈烈的运动，不变的模式也让他对公平有了自己的理解，对公平的诉求也有了自己情结，这对他后来的生活有了深深的影响。当然他的这些“职业”变化，我们可以深刻地感受到“三大改造”、“人民公社”运动的大时代背景。

“1978年，是中国实现伟大历史转折的一年！”中国改革开放的总设计师、政治家邓小平这样论述中国的1978年。“1978年，是中国改革开放的元年！”著名经济学家于光远这样称中国的1978年。1978年可以说是新中国历史上最具有划时代意义的一年，然而这些时代的大扭转在这个小村庄却是很平和。田宏顺当时只是感觉断龙山公社被取消了，自己以前每月能领8元工资的日子在茫然中就呼呼啦啦的过去了。因为手艺还在，自己可以挣钱，从此田宏顺就开始单独做起了家具起来。不论大组合，还是小组合，一直就干到了55岁。不过最初两年还是有些许的不习惯，因为以前做工收了钱就得交给队里，现在得自己管着。有时，他心里会想说不定某个时候，生产队、公社恢复了，自己得把这些又交出来。直到1980年，“包产到户，包田到户”的政策落实下来了，他才从之前的不习惯变得自在些了。这种自在激励着他到外地去包工，因为收入多了一些，在外地村镇包工是5元/天，而有时候还会为了9~10元一天的包工多带几个伙计，最后他甚至做工做到了城里——古丈县。

虽说木匠这手艺活儿一直在做，但是在农村光靠一门手艺谋生还是不够的。在1991年至1993年间田宏顺去上海和南京贩卖过家乡的特产——古丈县毛尖茶，此时还挣了一点儿钱，这切中了当时中国经济的亮点。在20世纪90年代早期，中国宏观经济处于显著的通胀状态，工业经济是深陷“三角债”，曾经红火的乡镇企业开始走下坡路，而经济亮点在于特色农产品经济的繁荣。田宏顺说：“到上海南京贩卖茶叶对自己的最大冲击，便是自己家乡的落后，而城市太繁华，希望改变家乡的社会环境。”然而，对于我们调研小组而言，深感国家经济的发展形势对一个人的影响。但是，特色农产品经济随后也杳然而去。田宏顺说：“1993年时，在南京贩卖茶叶发觉不是像前两年那样好挣钱了。”就这样，田宏顺回到家乡再次做起了木匠的老本行。一晃时光过去了五六年，出现农民进城的“打工潮”，瞅着打工比在家做事赚钱些，田宏顺也跟着乡里人出门打工。在他61岁的时候来到了浙江嘉兴做木工，工作主要就是锯木头和做大桩。做工的时间虽不长，他却深感不公平。自己做完了，还帮了其他工人做工，工资居然比自己带的副手还低，而且在外面做事人也分等级。于是，他做了五个月就回家。回家后，种种地，帮亲朋好友修修房子，乐此不疲，也就回到了他曾经自在的平衡心态。

一个拥有技艺的人在经济社会大环境下是不会被淘汰的，他能在社会经济改革的浪潮中找到适合自己的角色，他适应了中国农村经济变化的情况，明确了他自己的方向，进而融入了中国农村经济发展的过程中。拥有技艺还得有一个施展自己技艺的环境，而中国的改革开放政策为他提供了这样的大环境，同时在这种经济氛围之中他增长了经济意识，在经济意识的指导下，他实践了自己的经济行为，从而获得了经济利益，有效地改善了物质条件。在中国农村经济改革的浪潮中，田宏顺老人通过自身变化的经济意识，和不断实践经济行为，他适应了变化的经济世界，一个能适应变化的世界的人，同样他能获得变化所带给他的益处，同时他也要承受变化所带来的刺痛。中国农村经济发展的今天，农民受到城市化进程的冲击力比之前更大，而现阶段的传统技艺能人如何在这种冲击力之下获得自身的长远发展才是有效的农村经济政策的有效性的实施。传统技艺能人不仅是农村经济的一种社会财富，而且是中国传统文化的传承人。文化产业是产业经济的一个方面，保护文化产业是发展经济的一个有效手段。笔者认为，如何有效保护和传承中国农村传统技艺也是当前中国农村经济发展的一个方面，将保护和传承中国农村传统技艺作为一种文化产业，也许是一种行之有效的方式，既有利于中国农村经济的发展，又有利于保护文化产业的发展。在现阶段中国经济发展的现代化浪潮中，“变与不变”是一个长期存在的问题，笔者认为改变传统农业的生产方式，保留传统技艺，融入现代社会化大生产，也许中国农村经济发展会以另一番面貌呈现在世人面前。

（八）兽医黄传文家

我们调研小组去黄传文家时，刚好雨过天晴，碰上了冬日雨后的阳光，使人感觉非常惬意。来到黄传文家门前时，我们看到了这样的景象：他们家是一个有四间房间的平房，但并不是村里常见的木质结构房屋，而是砖瓦房。房子前有一大块非常平整的空地，相当于一个院子，只是没有围墙。空地上有块地方正晒着当地采摘的茶树果子，这种茶果乍一看我们都以为是栗子，一问才知道是从山上采摘的茶树果子，现在将其晒好将来用于榨茶油。空地上靠近水龙头的地方有两名妇女正在洗衣裳，聊着家常。旁边还有几个孩子在嬉戏玩耍，有的围绕在大人周围嬉闹，有的则在玩具车上自得其乐。我们发现这些孩子都挺小，最大的也只有五六岁的样子，最小的还抱在怀里。总之，这一幅人气很旺和充满活力的景象，激发了我们采访的热情。由于天气很好，我们采访的地点就选在了户外这片空地上，在采访中他们家人给我们端了满满一碟自家产的柑橘，一家人甚是热情。

这家户主黄传文，男，土家族，1955 年出生在田家洞村，是家里的老大，还有一个弟弟和一个妹妹，妹妹出嫁到外村，弟弟今年 46 岁，留在本村干农活儿。黄传文是当地有名的兽医，他小学毕业后去红石林镇上初中，当时初中主要是学政治，数理化都没有涉及，基本上天天搞劳动。黄传文介绍说那时干劳动的时间多于学习的时间，当时劳动内容主要有开梯土、种田、帮生产大队干活儿等。但是初中他仅仅读了两年，就由于家里经济原因，只好辍学跟着他父亲开始学习当兽医。这门技术可以说是他们家的祖传技术，祖父也是兽医，因此从小就耳濡目染，学起来也比较容易。初中辍学后也就是1974年，黄传文开始完整地跟着父亲学习这门兽医技术，主要是跟着父亲到处跑，在熟悉各种症状和治疗方法的过程中积累经验，治疗对象主要是常见的牛、猪、羊等。诊断主要靠眼观，从而进行相应治疗。随着时间的累积，这种观察治疗的方式会越来越准确，尤其是常见的病如感冒、肺炎等是完全可以治愈的，而且只需要常规的吃药或打针就行。

黄传文说起初给家禽治病都是用的草药，怎样采药、采什么药这些都是父亲口口相传，而不是从书上学的，久而久之便熟记于心。采药时间一般不确定，这主要根据治病的需要以及药材的生长情况而定。他平常不忙时也会去附近的山上采药以备不时之需，这些草药有矮地茶、八角莲、苦参、夏枯草、黄金草、旱莲草、半边莲等，矮地茶是一种常见的南方草药，尤以长江以南各省区产量居多，可以有效地化痰止咳、利湿活血，多用于慢性气管炎、肺热咳嗽等；八角莲一般喜爱生长在阴暗幽湿的环境里，叶形奇特，棱角分明，非常容易识别，现在由于八角莲特殊的解毒功效，使野外的植株遭到大量的摘取，如今怕是很难遇见了；苦参这一草药主要生长在海拔高一点儿的山坡上，由于苦参功效非常多，在热痢、便血、阴肿阴痒、湿疹、湿疮、皮肤瘙痒等方面都有很好的疗效，所以也是当年治疗时常用的药材……总体来说，这些药材大都具有清热解毒的作用，适合各类牲畜，而且在当地的气候条件下非常常见，比较容易采摘。不过据黄传文介绍说大约在1980年后就不再采用草药了，主要是因为采草药比较烦琐，采回后还得经过晒、磨等程序才能进行使用，时间成本花费太高。而西药使用上比较方便快捷，而且治疗效果也比较好，所以后来慢慢开始采用西药治病。

在跟着父亲学了一年后，黄传文已经可以自己单独干兽医这份工作了，那会儿是集体，所以是在乡里的畜牧站工作。当时给老百姓的家禽看病，看完后老百姓多是给粮食作为报酬，那时看一次病，可以得到七八斤粮食。然后，把从老百姓那儿收的钱和粮食拿回畜牧站，再由畜牧站进行重新分配。当时主要有3～5名兽医负责整个断龙山乡的防疫和治疗工作，黄传文和他父亲就是其中的两名，每名兽医看病的数量每天可以达到五六户，工作量并不小。从进入畜牧站开始，黄传文便一直在那儿工作，每月能领到20多元的工资，这在当时算很好的待遇了。同时他父亲在畜牧站算是老资历的人，所以工资比他高些，每月能领到30多元。然而这一情况在改革开放的时候发生了变化，改革开放后他们没有了基本工资，畜牧站如同虚设，这段空白时间一直持续到2005年。在这接近30年的相当长时间内，黄传文继续做兽医工作，只是不再由畜牧站负责发放工资，而是以个人的名义继续当兽医，这份工作每天的工作量无法确定，大概最多一天能看到4~5个住户，根据病的严重程度以及家禽病的数量，收费可以做相应的调整，一般收费为每次40元。从1980年后，黄传文开始用西药取代了传统的草药，这个转变所需要的医学知识是他自己买了大量相关书籍从书上学得的。黄传文认为西药的好处是比草药更加方便和快捷，可以节约不少时间成本，但是同时他认为采用西药治病后，由于西药的进药成本高，所以每次看病在药上的利润并不高，不像采草药时只需要一定的劳动和时间，也就是说西药在一定程度上提高了治疗成本。但即使药上的成本有所增加，黄传文每月依然能挣到1000多元，这在当时也是一个相当可观的收入。

从2005年开始，畜牧站重新开始给他和其他几名兽医发放工资，每月200元，从那以后这个数目一直固定到现在从来没有变动过，而中间几十年的工资并没有进行补发。随着人们生活水平的不断提高，加上很多年轻人选择外出打工，村里乡亲们所养的家禽数量越来越少。黄传文他们三四位兽医从1990年后就很少出诊，现在是主要负责防疫工作，每个兽医负责一片区域进行防疫。如今防疫一年两次，也就是春秋两季各一次，主要防疫的是常见的猪瘟、羊胸膜炎、牛五号病等。现在黄传文虽然只负责每年两次的防疫工作，但他依然属于畜牧站的工作人员，除了防疫外便也基本没有其他工作，所以非常自由，还能有每个月200元的工资。这对于已经将近60岁的他来说是一件非常好的事情，并且退休后还可以领取退休工资，他说退休工资每月应该有1700元左右。有了这份儿退休工资，黄传文说不仅他的生活会更有保障，也能很好地把这份钱拿出来给孙子孙女们花，说不定还能在孙子们上学的时候给予支持，从而能为家里减轻经济负担。

黄传文是1980年同隔壁村的向家梅结婚的，向家梅与他同龄，看上去非常质朴，话不多，我们采访时她正忙着在水龙头附近清洗衣裳，在采访过程中向家梅也会在一旁随时补充信息，尤其是在黄传文有些记不太清的时候。黄传文和向家梅有两个儿子，老大1981年出生，初中毕业后，并没有跟着黄传文学习畜牧治疗方面的知识，他认为当兽医没前途，因此选择直接南下去广州打工。由于当时村里很多人开始出去打工，觉得外出打工比在家干农活更轻松也能挣更多的钱。在这种背景下，他们的大儿子便跟风南下到广州，进了一家模具厂工作，现在的工作每月待遇大约是3000元。他于2005年结婚，婚后生了两女一子，大女儿如今6岁多，二女儿3岁多，小儿子刚出生不久，才9个多月。自从出去打工后，黄传文的大儿子只有每年过年时才回一次家，孩子放在家里由黄传文夫妇照料。但现在由于有了三个孩子，家里负担顿时增加了不少，黄传文夫妇也一下难将孩子们照料过来，所以现在大儿子儿媳都已回家，可能暂时不出去打工了。问到回家后的打算时，站在一旁的他说因为刚回家不久，还没想好下一步干什么，有可能去做点儿生意或是干点儿零工给家里多挣点儿钱，他笑着说："毕竟现在养孩子开销大。"

黄传文夫妇的小儿子同样是初中毕业，从小活泼好动，在黄传文眼里小儿子非常聪慧，但他也没有继承父业学习当兽医，而是毕业后选择和哥哥在同一个城市工作。他于2009年结婚，现生有一儿一女，女儿两岁多，儿子才11个月。他现在仍然在广州打工，同样是模具工作，妻子原本也是在广州打工的，但现在由于家里负担重，也回来照料自己的孩子。

至此，我们终于知道了这家如此热闹的原因，原来院子里活动的小孩都是黄传文的孙子孙女，并且他们的爸爸或妈妈也都外出打工刚回，这给我们呈现了一幅其乐融融的景象。他们现在共同居住在这栋房子里，这房子是黄传文于1988年买的，当时买这个房子花费了2万元，后来一直保持原样，没有翻修过。由于没有分家，黄传文夫妇一直和两个儿子和儿媳妇生活在一起，只是平常的时候儿子和儿媳妇都在外打工，黄传文夫妇就给在外打工的儿媳妇在家照料孩子，现在因为有了五个小孩，他们夫妇俩有些忙不过来，最小的两个孙子都还不到一岁，所以特别需要父母的照顾。

如今他们家主要的经济来源是两个儿子儿媳在外地打工的收入，外加上黄传文偶尔出诊有一定的收入和每月固定的200元工资，但黄传文如今出诊的次数非常少，这方面的收入也就只能补贴下家用，比如给孩子买奶粉或尿不湿等。由于年轻劳动力一直在外地，黄传文身体又不太好，骨质增生这病持续了有三年，今年尤其严重，不能干体力活。现在他在家和向家梅一同照顾孙子，所以家里的三亩多田也送给自家亲戚耕种，不收取租金，这样他们家每年需要花费3000多元在主粮大米上。另外他们家种了不到一亩的柑橘，但由于近年来全国范围内柑橘种植面积急剧增加，柑橘价格不稳定，2011年还出现了严重的滞销，出售价甚至只能达到每斤0.1元左右，村里还有很多柑橘滞留，所以柑橘的收成特别不理想。黄传文说现在村里种烤烟的农户越来越多，主要是有政府补贴、技术支持、销售保障。因此村里很多的家庭都将柑橘改种了烤烟，他也正考虑改种烤烟这事，但很有可能因为缺乏劳动力而搁置。

现在家庭支出方面，黄传文夫妇说主要是在五个小孩的日常开支上，奶粉、零食、尿不湿、玩具，基本上一年算下来也有2万元左右。他们说最近物价上涨得厉害，小孩子的东西也不便宜，好一点儿的玩具就能花个好几百，在小孩子身上的花费像个无底洞。黄传文感慨地说："现在这一切才刚开始，孩子们大的消费还在后面。"其他基本支出，如电费，一个月也有100多元，电视、冰箱、洗衣机、电饭煲、烤火炉等一应俱全，现在家里人口一下骤增了不少，平常做饭看电视等各方面耗电量都增大。另外，人情往来方面每年还需花费大约3000元。看得出来，黄传文夫妇觉得现在的支出很大，尤其体现在对孙子们生活的担心上。由于现在家里各方面开支很大，黄传文他们家在很多方面都过得很节俭，比如院子里晒着的油茶，就是从野外山上自己采摘的，晒好后可以用来榨取茶油，一斤籽能榨到三两油，这样也能在很大程度上减少对菜油的需求，节约不少的开支。

我们发现，在采访过程中，黄传文的孙子孙女在旁边玩耍，他都很亲切地呼唤着，逗孩子们玩。看得出来，他很心疼孙子孙女。虽然现在家庭经济方面面临着一些压力，但儿孙满堂，家人之间相互关心，这也许就是最大的福祉吧。

（九）命运多舛的多面手田昌兴

2012年12月6日上午，调研小组一行在田宏顺老人的引领下来到田家洞村村民田昌兴家。经过田宏顺老人的介绍，田昌兴了解了我们调研小组此次的访谈目的。田昌兴给我们的第一印象就是他清瘦的外形，在清瘦的形象下渗透着他生活的艰辛：自幼生活贫困的田昌兴，至今仍未摆脱贫困，他是一生贫困，贫困一生，其中缘由引起了调研小组的浓厚兴趣。

田昌兴出生于1958年，土家族，高中文化程度。田昌兴自幼家境贫寒，据他回忆，上小学和初中时穿的衣服都是父亲的，可见其贫困程度。即使是在这样的家庭环境下，他的父母依然非常重视教育。田昌兴通过半工半读和勤工助学的方式，从断龙人民公社中心完小（现为断龙中心完小）一直上学到茄通公社第二高中（现为古丈县第二中学）。田昌兴回忆：读书期间只有很少部分时间学习，而大部分时间就是劳动，主要是帮助农民干农活儿，原因是当时的社会体制提倡劳动最光荣，而“学习论”和“当官论”都会受到社会严厉的批判。这是当时时代所呈现的社会现象，在一定程度上反映了那个时代的特征，无论我们持怎样的态度去看待那时的社会现象，它都留下了令人思考的历史轨迹。

1976年，这一年是极不平凡的一年。对于中国来说可谓灾难深重：中国三位伟人相继逝世、东北陨石雨、唐山大地震……但是，也是改变中国命运的一年，在这一年里结束了十年浩劫。就在这一年，由于当时的高考还未恢复，田昌兴高中毕业后，只能回家务农。也许就是在这样的社会背景下，他认为只有土地才是一个农民最真实的依靠。而这一种认识对他以后的思想、生活影响深远。

“1978年，是中国实现伟大历史转折的一年！”中国改革开放的总设计师、政治家邓小平这样论述中国的1978年；“1978年，是中国实现伟大思想解放的一年！”中国共产党的卓越领导人胡耀邦这样称中国的1978年；“1978年，是中国科学的春天！”著名历史学家、文学家郭沫若这样描述中国的1978年；“1978年，中国共产党召开的十一届三中全会是社会主义时期的遵义会议！”“1978年，是中国改革开放的元年！”著名经济学家于光远这样称中国的1978年…… 1978年，美国的《时代》周刊把邓小平评为这一年的年度世界风云人物。其文章说：邓小平向世界打开了“中央之国”的大门。在这样的时代背景下，1978年田昌兴成为古丈县农机培训员，赴海南研究第一批杂交水稻育种。田昌兴是田家洞村赴海南参加研究杂交水稻的第一人，也是湖南省赴海南第一批人员。

对于习惯于亚热带山地季风气候的赴琼人员，海南的热带季风海洋性气候对田昌兴他们来说是难以在短时间适应的。气候只是一方面，而生活习惯和饮食文化才是两个重要难题。为了解决生活问题，赴琼人员决定种植蔬菜，由于海南特殊的气候特征，他们只需要种植一次，以后就无须再种植，因为海南的独特气候特征使得被种植的蔬菜经历一个生长期后，又开始下一个生长期，就像水资源可以循环利用一样。就是在这样恶劣的自然环境下，赴琼人员克服困难，坚持完成杂交水稻育种试验。终于在他们的奋斗下，1978 年下半年，赴琼人员顺利完成杂交水稻育种试验后，将那些育苗带回了湖南省，并投入了生产。而后田昌兴回到了田家洞村，再一次从事传统农业——种植业。调研小组惊奇地询问其中的缘由，了解到：自田昌兴从海南回到古丈县后，一方面当时的古丈县技术部门不再重视农业生产技术；另一方面田昌兴个人认为学习技术没有很强的实用性。田昌兴的回答包含着他个人的无可奈何，笔者认为一个拥有一定知识的农民却缺少了用发展的眼光看问题，或许这就是一个农民很难改变自己的传统小农生产方式，他无法摆脱自己对土地的依赖。在农村经济发展的今天，笔者认为中国农村缺少用发展的眼光看问题，以致还未寻找到自身发展的方向，而当机会出现时，因为不能把握事物的发展方向也就未能抓住。

也许就在这样的命运安排下，田昌兴没有参加 1978 年后的第一次高考，他没有通过知识改变命运的方式规划自己的未来，也没有通过改变自己的思想去适应变化的世界，而是一次次在现实中体会人生的艰辛。达尔文曾说过："物竞天择，适者生存。"也许只有适应变化的世界才能找到适合自己的位置和发展自己的事业。但是他的人生轨迹也一次又一次地在贫困的坐标轴上不断地划动，呈现着贫困的曲线……

1979 年，当时的政府为解决断龙乡水资源匮乏这一问题，而决定修水利设施。随后，田家洞村委会通知田昌兴参加修水渠工程。田昌兴为技术指导人员主要负责打隧洞和测水距。当时中国的农村还没有先进的技术设备可供他们开凿水渠，他们仅有的工具也只有大锤、铁锹、铁钻和一些测量工具以及炸药。夏天他们在烈日下劳作；冬季他们在寒风中苦扛着。就在这样的条件下，田昌兴苦干了两年，在水利工程接近尾声之时，田昌兴因收到家书而返回家中。而后，田昌兴第三次拿起了锄头继续在那片熟悉而又陌生的土地上劳作……

1981 年，古丈县教育局通知田昌兴去当时的田家洞小学当民办老师，教授小学五年级的课程。一年后，田昌兴因病回家休养，在这段时间里，一心想摆脱贫困的田昌兴开始寻找致富捷径——做生意，于是他选择了炒爆米花。

但是他没有因为爆米花而摆脱贫困，反而因此失去了工作。那个时代农村的思想是我们所不能理解也是无法体会的，一位传道授业解惑者是不应当从事副业的。当时的农村缺乏思想开放性和一定的经济意识，村民们认为从事副业的人就是不务正业的人，而不务正业的人是不能成为教书先生的。田昌兴就这样失去了他代课老师的身份，他又再一次回到了原点。这种思想与当时的时代背景是不能分开的，当时的中国是刚刚实行改革开放政策的第三年，而中国内地农村并没有融入这种开放的经济浪潮之中，相反在村民看来从事正统职业才是他们所推崇的和遵循的教化。

1983 年，田昌兴第四次回到家中，继续从事着农业生产活动。1984 年，不堪命运安排的田昌兴，报名参加了古丈县机械制造厂的招工，并有幸成为了一名“合同工”，那时企业、事业单位通过签订合同招收短期性工人。合同一般采取书面形式，内容包括时限、任务及共同遵守的各项义务等，当时的工资为每个月 50 元。后来因为田昌兴没有一定的社会关系（即田昌兴所认为的“人脉”），并未转正，工作期满后便回家务农。田昌兴作为一名“合同工”，在工作待遇方面和正式员工有着很大的区别，用田昌兴自己的话说就是“看门的人对你的态度都存在着很大的区别”。

1986 年，由于水源问题影响到了古丈县的经济发展和人民生活水平的提高，古丈县政府再一次组织修建断龙乡水利工程。田家洞村村委接到县委的指示后，积极地组织了田家洞村村民奔赴工地参加修建水利工程。随后，经过田家洞村委商量由田昌兴担任该乡的水利员，负责测水距和开凿水渠。田家洞村委考虑到田昌兴担任该乡的水利员一方面他有修水渠的经验；另一方面，他有这个能力胜任这个职务。在村委的号召下，田昌兴再一次从事修水渠的项目。经过村民们的努力，水渠工程项目终于得以完成。水渠工程的完成在很大程度上为田家洞村的经济发展奠定了基础。当工程项目完成后，田昌兴默默回到了家，重新回归到土地的生产活动中。在他看来，“是金子在哪儿都会发光的”。也许这就是他再一次回家从事传统农业的原因。但他却忽视了一个问题，金子发光也是需要环境的，在大的时代背景下，这个环境有着非常重要的作用，不论一个人参与时代变化或是不参与，但这个人都必须融入社会变化的大潮流中，才能寻找到适合自身的位置。

1988 年，田昌兴为了改变自身贫困的命运，他开始自学中医。因为他认为学会一项技能定能使他受益终身，不仅能给自身带来方便，而且能在经济上得以回馈。在此之前，田昌兴第一次修水渠的时候就已经开始了对中药材的收集，通过自己的不断积累，他学会了治病救人，而这一技能不仅使他收获了爱情，而且在他以后的生活中也发挥了非常重要的作用。每当亲人朋友生病，人们总会第一个想到田昌兴，而他总是竭尽全力去帮助病人。在田家洞村，他有着极好的口碑。田家洞村村民有着朴实无华的心境，总是“一方有难，八方支援”，村民们总是互相帮助。

20世纪80年代，湖南省古丈县为发展经济而开展养蚕业，于是田昌兴去了古丈县开发办工作，他主要负责技术指导工作和培训养蚕人员。在他的指导下，古丈县开发办培养了一大批技术人员，同时古丈县的养蚕业逐渐发展起来，田昌兴却又回到了农村。据田昌兴说，由于他没有关系，只能回家务农。虽然他为社会创造了一定的价值，却没有收获自己所期待的成果。“少年有志未承享，一世功名在后尘。”这是田昌兴对其自身的总结。

泰戈尔曾说过：“只有经历地狱般的磨炼，才能炼出创造天堂的力量；只有流过血的手指，才能弹出世间的绝唱。”欧阳修四岁而孤，愤发自励，终成北宋文坛领袖；邓小平三起三落，泰然处之，终究铸造中华辉煌。自古人生多磨难，但是艰难困苦挡不住坚强的人进步的脚步。记得海明威曾说过：“一个人可以被毁灭，但不可以被打败。”人生总要经过曲折和坎坷，只有不断奋发和进取，才能达到理想的彼岸。究其一生来看，自幼生活贫困的田昌兴，至今仍未摆脱贫困，他是一生贫困，贫困一生。或许中国有句古话：“滚石不生苔，转业不生财。”在某种程度说明他的贫困既是一种社会现象，也是自身问题的一种诠释。在社会发展的进程中，他不明白自己究竟处于什么位置，自己到底需要什么，他不知道自己该怎样度过一生，他一次次的经历并不是他自己主动去改变自己的生产方式，他只是被动地经受身边变化的一切，他缺少主动融入社会的自主性。他没有主动地接受社会变化，而是被动地被社会变化着，所以他终究没有改变自己的社会地位和他所从事的传统农业方式，也就未曾改变贫困的状态。

或许在他内心就无法摆脱对土地的依赖，在他骨子里渗透着中国传统农民的典型特征，他们对土地有着一种浓郁的情结，农民和土地之间有着任何事物无法取代的联系。他的贫困是他最终没有摆脱对土地的依赖，最终无法摆脱中国传统农业生产方式。这种农村现状也是当前中国农村经济发展中存在的普遍问题，他们固守着的小农生产方式，是与现代农业生产方式相冲突的。在现代农业生产方式中，他们无法获得前进的动力或者说是被现代农业生产方式所淘汰，进而在一次次现代文明的浪潮中步履维艰。

十八、土家族文化传承人和文化爱好者

（一）用山歌唱出人生的彭纪珍

彭纪珍老人自童年开始跟妈妈学唱山歌，在那之后，她的人生就再也没有离开过山歌。无论是务农、集体劳动、做村妇女干部，还是在日常的生活中，山歌始终是老人歌唱生活、歌唱国家发自内心的旋律。

彭纪珍老人是村子里的一位老先生介绍给我们的。老先生说，彭纪珍是村子里为数不多的会唱山歌的老人之一，但是，这位老奶奶的魅力远不止如此，她曾经当选过国家级劳动模范，还担任过田家洞村的妇女主任。调研小组人员如获至宝，催促着老先生帮忙带路。就这样，我们第一次来到了彭纪珍老人的家中。

彭纪珍老人的家是湘西地区土家族典型的木质房屋，门前铺有高而且较为盘曲的大石阶。老人经常活动的两间屋子空间并不大，屋顶也较为低矮，仅厅室亮着一盏钨丝灯泡，略显昏暗。第一次见到彭纪珍老人，她独自一人正在里屋的矮凳上很专注地看着电视。当时已经是晚上 8 点钟，但是彭纪珍老人说，她每天都要十一二点钟才会睡觉。可以看到，老人身体康健，精神矍铄，后来我们才了解到，老人居然已经是 74 岁高龄。彭纪珍老人明白了到访人员的来意，就紧忙屋里屋外地搬出小凳子，待众人坐定，老人取碳将大家眼前的坑火点燃，用来取暖；看到有小组成员记笔记，老人又起身把灯泡从里屋的门楣挪至记录人员的头顶上方。

虽然房屋灯光昏暗，但是老人的精神世界却是别样的丰富。彭纪珍，女，土家族，1938 年出生，断龙山乡细塔村人，20 世纪五六十年代嫁到田家洞村做媳妇。老人说："西塔村的自然条件要比田家洞村好很多，但是我经常教育孩子，也是自己一贯坚持的原则，那就是不怕吃苦，既来之则安之，在哪里都可以做出一番事情。"

彭纪珍老人独立自强的性情在还是小姑娘的时候就已经展露无遗。彭纪

珍老人第一件气不过的事情就是男女不平等的传统观念。老人说，家里兄弟姐妹六个，她排行老三。在当时的年代，由于重男轻女的传统观念，上学读书的机会归哥哥和弟弟所有，彭纪珍很想读书，可由于自己是个女娃，只能留在家里帮忙干活儿。彭纪珍小小年纪，要么去坡上放牛、放羊，顺便打柴，要么就在家里做鞋子、纺纱，缝缝补补。让彭纪珍老人记忆最深刻的一个人是大姐，老人说，大姐不仅做工，而且还干农活儿。大姐非常能吃苦耐劳，彭纪珍很喜欢她。彭纪珍老人说，记得有一年，媒人去家里给大姐提亲，男方家在田家洞村，大姐知道田家洞村生活条件苦，所以并不情愿。彭纪珍当时也在场，气不过媒人的嘴脸，便在饭桌上抢了媒婆的碗，不让她吃饭。事情的结果是，彭纪珍被大人狠狠地骂了一顿，说她不懂事，教育她说："女娃娃长大了就是要嫁人的，不由得你愿意不愿意。"彭纪珍老人说，当时自己好伤心。

山歌，是彭纪珍在儿时从母亲那学会的。彭纪珍老人说，当时在娘家的村子里，基本上每个人都会唱山歌，耳濡目染，她自然而然地也就跟着学会了。但是，随着年龄的增长，由于山歌多是些男女对唱，包含着表达爱慕之情的内容，彭纪珍的父母开始觉得一个姑娘家天天唱山歌，有些不正经，所以也就不再支持。彭纪珍老人说，一张口，就会挨骂、挨打。即便如此，彭纪珍就是一个"不听话"的姑娘，她始终觉得山歌很好听，撇开男女自由追求爱情的内涵不说，单是山歌自身的曲调，就已经让她很着迷。正是这份坚持，在彭纪珍后来的生活里，不仅保持了山歌的原始形式，而且还在劳动、生活的过程中，为山歌增添了更加丰富的内容，把山歌演化为表达个人思想、鼓舞个人精神的重要形式。

在1953年和1954年那时候，也就是十五六岁的年纪，彭纪珍踊跃地参加了"闹革命"。此时，正值土改荒坝、斗地主恶霸、分田分地的革命阶段。彭纪珍老人说，在这个过程中，解放军把老百姓们组织起来，开动员大会，把像自己差不多年纪的青年人、妇女组织起来，精心教育培养。就是在这个时期，彭纪珍通过夜校，学会了读书写字，并且从群众一路被发展为共青团员、共产党员。根据彭纪珍老人的描述，彭纪珍和伙伴们白天做工、干农活儿，晚饭过后就一起学习。两年过后，学习班还给学员颁发了毕业证。此时的彭纪珍，已经彻底摆脱了不识字的历史，通信员、记分员的工作都可以胜任了。说到这里，老人的自豪之情溢于言表。

从个人到集体，彭纪珍干了十几年的农活儿。到了1958年，彭纪珍响应号召，来到断龙山修建水渠。断龙山峰峦连绵起伏，岩溶地貌发育，多陡崖、溶洞、暗流。当地村民吃水、用水困难，没有井水可取，只能靠天取水。当时的计划安排是堵塞阴河，凿开隧道，在悬崖上建造一条五里长的水渠，引地下水来灌溉农田。彭纪珍老人参与修建的水渠，经过20世纪80年代和90年代的两次修葺，目前仍在使用。

在这三年的时间里，彭纪珍经历着种种磨砺。这时，彭纪珍的一位老姐妹刚好过来串门儿，这位老人也参与了当年的水渠修建。两位老人开始共同回忆起当年的种种经历。“好苦呀！放炮劈山死了好多人哪！”这是她们开口说出的第一句话。细讲起来，在悬崖上修建水渠，第一个步骤就是劈山。当时劈山使用了一种火药炮，这种炸药一旦安放不当，就会伤及操作人员，甚至是致残、致死。彭纪珍老人说，这个工作相当危险，之前还是个活生生的人，一眨眼就没有了。除了用炸药炸，开凿隧道和水渠还需要大量的人工来砸开石头。两位老人说，经常是要把人放在筐子里，吊在山崖上进行操作。每天很是辛苦，连吃饭都来不及；大雪天，也就在工棚里躺下就睡。“好在大家都是青年人，全都很能干。”在这样的艰苦条件下，彭纪珍为自己和工友以山歌的形式编写了许多小调，大家一边干着活儿一边唱。两位老人还依稀记得几段，很投入地哼唱了起来：“要口水吃难上难，如今党的政策好，四道八处找水源。”下面这一首更加精彩：

我们是炮打吊洞的英雄，
我们是引水上山的好汉。
我们是炸开吊洞水倒流，
我们是引水开沟灌良田，
我们是移山填海显风流。

功夫不负有心人，三年过后，水渠修成。彭纪珍和另外七姐妹被共同评选为“全国水利模范”。彭纪珍老人说，当时，政府给几个人发了棉毛衫，披了红带，一起来到了人民大会堂，接受表彰。全程24天的时间，胸前挂满了乡、县、中央各级政府颁发的奖章。最后众人站成两排，还和毛主席合了影。说到这里，仍然可以感受到彭纪珍老人满心的激动之情。

在这24天的行程里，彭纪珍还被安排到北京的广播电视站做录音。所录内容就是她为断龙山水渠编写的歌谣。彭纪珍老人说，通过这个广播，自己的山歌传到了祖国的大江南北。下面就是山歌的部分内容：

我十五六岁上了断龙山，不怕苦来不怕难。
几天几夜没睡够，累死累活拼命干。
我到断龙山上坐三年，劈岩劈山引水源。
我把吊洞的河水引下山，子孙万代幸福强。
十八九岁上北京，到了北京心高兴。
我回去一定不骄傲，争取还要上北京。

这首歌用彭纪珍老人自己的话来说，就是“做了什么，就写什么”。虽然由于年代久远，老人能够清晰记忆起来修水渠时的劳作歌曲已经所剩不多，但是只要一哼出调调，老人的回忆就立即被带到了那个时代，不用思考就能有词在嘴边吞吐。确实，这些山歌真实地唱出了彭纪珍与一队村民为祖国忘我奉献的精神和心声。

从北京返回湘西的途中，彭纪珍还一路被安排到长沙市和古丈县的中学为学生们做报告，宣讲个人的先进事迹。更让彭纪珍开心的是，政府还安排了一行人到张家界旅游。彭纪珍老人说，这一路，我们四道八处地看风景，照了好多照片呢，我去给你们拿来看看。老人说着就起身进了屋，没多大工夫，就给我们拿出了大小相簿好几件，逐个给我们翻阅，指给我们，这是和毛主席的合影，这是在长沙，这是在张家界，这是和一个美国人的合影……可以看得出，无论是相片还是相簿，老人都保存得十分用心，五十多年的时间过去了，依然随手可取，并且没有任何的损坏。

不自觉中，已经是夜晚十点钟，虽然老人意犹未尽，但是我们实在不忍心继续打扰。于是，询问彭纪珍老人下次约见的时间，老人说，“白天自己可能在山上，晚上你们过来就好，我应该在家呢。”

第二次到彭纪珍老人家，是田家洞村村支部的田书记陪同去的。彭纪珍老人朴实低调，不太在意个人的付出与功绩，有了书记的陪同，我们对彭纪珍老人的事迹和为人有了更加全面和深刻的了解。

彭纪珍老人基本上每天都会和几个老姐妹到山上拾柴。老人说，权当是锻炼身体了，一天不去山上走走就觉得全身不轻松。为了上山，彭纪珍老人还准备了雨鞋、棉衣、帽子，每次出门都会全副武装，这样既不会着凉，也不会因为山上地面湿滑而受伤。她白天去，晚上回。到了家中，老人先是洗漱一番，换好了衣服，开始自己做饭。饭做好了，一个人守着炉火吃完，然后把碗筷洗好，就进屋看电视了。老人说自己每天都会看看新闻节目。在晚上，大部分时候，都会有另外一个老姐妹过来找她，两人约好一同去乡政府的院子里观看或者是参加跳摆手舞。老人特别强调自己要锻炼身体，自力更生，所以在七十几岁的高龄，仍然是自己做饭，自己生活。

彭纪珍老人共生育了四个儿子和一个女儿。除了女儿嫁到了古丈县，四儿子在罗依溪镇工作之外，其他三个孩子都在本乡生活。彭纪珍老人有的时候还会一个人坐上公共汽车，把自己小菜地里收获的蔬菜，洗好，捆扎好，送到县城的女儿家里。当问到，这么大年纪还跑远路，会不会不安全，彭纪珍老人笑着说，就当是锻炼身体了，还能顺便看看女儿，挺好的。彭纪珍老人的爱人在五年前去世了，但是，她坚持不和子女一起居住，她说自己生活很舒服，很自在，而且人活着就应该自力更生。孩子们都住得很近，最近的一家就在老人的屋后，他们总会过来看望她，生病了也能立即赶到照顾。

在孩子们小的时候，彭纪珍说，自己很注意培养孩子独立、吃苦的能力。让人欣慰的是，儿女们都特别懂事，知道家里困难和父母辛苦。做母亲的白天做工，晚上给家人做鞋。孩子们则是白天读书，晚上回家帮忙做劳动，有的洗衣服，有的放牛。现如今几个孩子最小的也已经四十多岁，步入了中年，有了自己的儿女、孙辈。彭纪珍老人说："孩子们都长大了，成家了，都过得挺好的。四世同堂，自己很幸福。"

生活中的彭纪珍老人，依然会唱起山歌。老人说，有一次，她去商店买衣服，已经是老主顾，商店老板很热情地为老人推荐各种商品。看到老板忙得不亦乐乎，彭纪珍老人现场为他编唱了一曲，很是逗趣。

我年纪有了七八十，
你还要打扮小伙子。
有朝一日你过阎王殿上去，
阎王骂你是花心子。

当问及在村子里当妇女主任的那段经历时，老人的记忆已经比较模糊了，只还有一些大致的印象。彭纪珍从北京接受表彰回到村子里，时间大概是1962年，经过推举，当选了村妇女主任，一干就是十几年。老人说，自己当时主要就是帮乡政府做些事，“什么都管”。大到村民、村干部的组织纪律，小到为某家婚丧嫁娶的里外忙活——做被子、洗菜、哭嫁等，彭纪珍都参与过。说到哭嫁，老人说，现在已经不多见了。现在基本还会唱，“有一年一个北京过来的记者做采访，我唱给他听，都把那个小伙子给弄哭了”。彭纪珍还做了五六年的接生员，接生的技术是跟爱人学的，老人说自己是有“技术”的人，可以保证孕妇不流产。田书记说，老人接生过许多孩子，包括他在内。到了20世纪七八十年代，彭纪珍还负责过计划生育工作。彭纪珍很擅长做村民的思想工作。为了宣传党的政策，她编排了好多有趣的形式，比如说在三八节组织拔河、开展有奖竞猜的活动、编写计划生育歌等。计划生育歌在当年是用土家话唱的，翻译过来的大致意思是“生男生女都一样，执行政策对己好”。除了平时的工作，田书记说，彭纪珍还特别大公无私，到了冬天，她会把自家的棉花纺好给贫困的家庭送过去。老人的荣誉称号有好多，例如“三八红旗手”、“优秀妇女创业能手”、“勤劳致富带头人”等。原来，彭纪珍曾经和家人一起带头开荒，带领全村妇女剪棉花致富。彭纪珍始终坚持说，自力更生，就能从没有衣穿到有衣穿。

现在的彭纪珍老人，依然特别热衷于在村子里进行党的政策宣传活动。田书记说，老人平时看电视，哪几个领导换届了，州里的政策，县里的规划，文化、民生，以及近期的十八大，老人全都关注，并且带头在老年人中间做政策宣传。最近乡里正在大力执行“两叶一果”发展规划，老人在田家洞村规划推广的工作中提供了很大的帮助。彭纪珍老人是退休却不退台啊。下面就是一首老人平时里经常挂在嘴边的山歌：

如今党的好政策，
老百姓困难都晓得，
她给村村寨寨修公路，
养老保险都要得，
背的抬的都解决，
人人满寿六十岁，

月月都把工资得。

就在我们的访谈接近尾声的时候，我们问老人对村子的一些想法。老人说党的政策很好，我们老有所养，幸福安康。最后老人又即兴发挥，给我们唱了一曲：

如今党的政策好，
玉米稻谷都喂猪，
衣食住行都不愁，
吃酒吃肉随时有。

（二）多才多艺的组长田昌达

田昌达，男，50岁，土家族，1962年出生在湖南省古丈县断龙山乡田家洞村，初中文化程度，现任村里田二组的组长。妻子向乃莲，土家族，同是1962年出生在田家洞村，高中文化程度，毕业于古丈县一中。夫妇二人有两个女儿和一个儿子。大女儿22岁，未婚，现在在广州的一个手机加工厂打工，从事流水线工作。据田昌达说，大女儿特别懂事，读高中时成绩挺好，但觉得家里负担太重，所以高中毕业后就出去打工。大女儿时常资助弟弟妹妹，减轻了家里的负担。二女儿和小儿子均在古丈一中读书，现在二女儿读高二，小儿子读高一。原来田昌达一家人住在木头盖的房子里，风吹雨淋，现在一家人住在差不多90平方米砖瓦结构的房子里，虽然装修得很简陋，但是可以遮风挡雨。家里靠烧柴取火，家用电器有电视一台、电冰箱一台、电饭煲一个，农机具有一台拖拉机。家里养了两头猪，其中一头母猪养了七八年了，每年能下两窝猪崽，一窝平均10只，每年能给家里带来4000～5000元的收入。还有一头肥猪，是用来过年吃的。家里养的鸡、鸭，因为种烤烟会比较辛苦，有时杀了用来补补身体。田昌达家的房子是2006年装修的，当时是出台了一项国家政策，即贴补装修房屋的每户1万元。田昌达因为请不起小工，就用补助的1万元自己修盖的房子。

田昌达在乡里的断龙完小六年级毕业后，去了断龙中学读初中，初中二年级就退学了。17岁时，田昌达独自一人去长沙打工，因为没有什么技能，只能做小工，主要是砌房子、做泥工，一个月70～80元，包吃包住。这样做了半年，田昌达觉得收入太少，就辞职回家了。两年后，田昌达通过别人介绍去株洲打工，在一个金矿中打红砖，主要负责在山里用钻机打洞，把山下面的矿开采出来，虽然不包吃住，但是一个月有1200元的收入。田昌达在金矿上待了四年，因为当时家里的老人年纪大了，而田昌达的两个哥哥都成家了，两个妹妹，一个人在古丈县教书，另一个人嫁到了永顺县，因此，家里的老人需要田昌达的照顾就要多一些，所以田昌达就回家了。

在家期间，田昌达和向乃莲自由恋爱，结婚，当时田昌达29岁。田昌达自己叙述，早期家里没有钱结婚，自己就想在外面多挣一些钱再结婚，所以一直到了29岁。田昌达和妻子的大女儿出生三个月后，一家人就去株洲打金矿了。田昌达回忆，当时有几百人住在山里，自己要用山里的竹子、柴木和树叶搭建屋子，也没有床，每天做饭就自己生火，吃的米都是从山下背上来的，所以特别舍不得吃，田昌达的妻子向乃莲就在这样的环境下照顾自己的孩子。田昌达每天五点左右起床，俩人一组，负责把在山洞里打出来的石头背出来，他们通常加班到通宵，没有休息时间，这样一天才能挣到40元。遇上下雨的时候，雨会往山洞里流，没法干活，这一天就挣不到钱了，在山里也不能有其他的任何收入，这样一个月平均能挣到1200元，田昌达每个月还要寄给家里的老人200元，剩下的一家人用于日常开销，也就勉强能维持生活。田昌达感觉当时的生活像是野人的生活，晚上还经常能听到野猪、野羊叫。有一次田昌达夜里一点多回家，进门发现有一条毒蛇爬进棚子，差不多有七八斤重，幸好田昌达当时有手电筒，不然就会踩到它，被毒蛇咬到。田昌达用棍子打跑了毒蛇，当时妻子和女儿已经睡了，妻子被声响惊醒了，想到如果田昌达没有及时回来，那后果就不堪设想了，但是迫于生计，害怕也没有办法。田昌达说一个山洞基本上打200米到400米深就要换另外一个了，基本上每半年换一次，每换一次就要临时搭建棚子住。田昌达说当时也会出现山洞坍塌压死人的意外，也有工人被毒蛇咬死的，出事后老板承担治疗的医药费。一年半后，田昌达和妻子认为这份工作又累又危险，收入也不高，二人商量后决定回家。

回家后，田昌达夫妇二人开始主要是以务农为主，家里共有2亩田和2亩地，分别种了2亩玉米和2亩稻谷。一年能产稻谷2000斤，成本主要是种子花费50元，买肥料花费150元，产出来的稻谷基本供自己家食用；玉米一年能产1000斤。农闲时节，为了维持生计田昌达也在村里帮忙做小工。后来，田昌达看到村里有人种烟叶，收入还不错，也开始学习种烟叶的技术。2009年田昌达开始种植烟叶，他算是村里第二批种烟叶的。和村里的大多数村民一样，等到烟叶成熟后田昌达自己在家里烘烤，妻子也会帮忙来烤烟叶。到了烟草公司来收烟叶的时候，向乃莲就去帮忙鉴别烟草的等级，属于计件工资，每个月差不多有700~800元的工资，每次收购时能做两三个月左右。现在种植烟叶每年能给田昌达一家带来20000~30000元的收入，但是田昌达还是感觉经济压力很大。

田昌达说到现在两个小孩上学，每个孩子一个月生活费600元，资料费之类的一个月约100元，再加上学费，每年花费在2万元左右。田昌达和妻子每个月生活费600~800元，用来买些米和蔬菜，家里电视、电冰箱和电饭煲用电量一个月约100元，红白喜事的人情费一年要10000元左右。这样家里的收入才能勉强维持生活，不够时田昌达就做小工来贴补一些。现在家里还有借款10000元，是2011年4月用来买了一台拖拉机运烤烟借的，因为收购烟叶的地方离田昌达家有5~6公里远，靠人背是背不动的，新的拖拉机要25000元，所以就花了10000元买了一辆二手的。田昌达自学过机械类的修理，所以拖拉机在他手里即使是二手的也收拾得和新的差不多。

提起田昌达所任组长一职，我们了解到村里按地域一共划分了六个组，一组大约有二三十户。田昌达在村里一直帮助大家调节矛盾、修路，尽心尽力地为村里做一些事，村里人都看在眼里，所以2006年村民们选田昌达任田二组的组长。我们问其担任组长一职的感受，田昌达说有高兴也有烦忧，高兴的是能为村里做好事，做贡献，也受人尊重；烦忧的是对待某些事情可能会有些人不同意，大家意见不统一，会有不和谐的因素，田昌达就要想办法调节之间的矛盾，尽可能达到大家满意。我们笑谈说他的工作就像是一名“外交官”。

我们在家中采访田昌达的时候，留意到挂在墙上的唢呐，我们随后聊起来得知田昌达是吹、拉、弹、唱样样精通。吹号，吹笛子，吹唢呐，打鼓点，都是田昌达自学的。土家族人结婚有吹唢呐、吹号的习俗，田昌达他们一起组织了一个吹打班子，大约10人，其中有吹号的，有打鼓的，有吹笛子的，还有吹唢呐的。村里、县里有谁家办喜事，他们就去给人家吹唢呐，吹号，一天每人给100元。田昌达说参加这个并不是为了挣钱，挣的钱还不够人情费呢，自己就是因为喜欢，为了乐呵。现在妻子也在田昌达的带动下，每天晚上去乡政府的大院里和村里人一起跳舞。

田昌达自己说到现在国家政策好了，他和妻子都参加了新农村合作医疗，每人一年50元，养老保险也在考虑参加。虽然现在生活压力大点儿，但是关键的是两个人心态要好，要放轻松，自己宽慰自己。对于孩子，二女儿和小儿子都在尖子班，田昌达说无论怎样都要供他们俩上学，供出两个孩子上学，至于以后具体做什么就让他们自己去闯荡了，只要儿女日子不错，自己就宽心很多了。田昌达也说到作为儿女，就要在自己的能力范围之内孝顺自己的父母，做到问心无愧。

田昌达提到自己近期的想法，他想从事养殖业。现在山上还有三四亩地，田昌达想建一个养猪厂，主要是想先养十几头母猪，等到下崽后再扩大规模。这几年家里的猪生病，田昌达在养殖方面也有些钻研，而且也有自己的销路，所以有信心能经营好。现在关键是缺少资金，他想着拿房子做抵押贷款，但是贷款也是特别不容易。

田昌达所提到的农民贷款难的问题在全国范围内具有普遍性，也是新农村建设的重要环节。造成农民贷款难的原因是多方面的：从农民自身角度来说，一方面是农民的市场经济意识较低，市场适应能力较弱，思想观念落后，自身缺乏相关的金融知识。大多数农民在遇到资金问题时想到的就是向亲戚朋友借，认为贷款手续麻烦，而且还要交付利息，成本较高。另一方面，银行为了降低贷款风险，需要评估农户的信用、经营能力、未来的收入等情况，而农民一般也缺乏可供抵押的资产，信用和担保体系的不完善也阻碍了农户的融资渠道。从农村的金融机构来说，多数商业银行都不愿意涉足农民小额贷款业务，因为农民小额贷款业务数额小，业务笔数多，农户的情况复杂，管理起来难度大，成本高。从而对农村小额贷款的用途和范围进行了严格的限制，导致真正有资金需求、有经营能力的农户很难获得贷款。面向农村的信用社是农村贷款的主力军，但是由于历史原因，加之治理结构的不完善和自身内控机制的松懈，导致不良贷款率普遍居高不下。为了获得更大的盈利，农村信用社更加注重效益，投向非农领域和货币市场的资金比例增大，进一步加重了农村资金的短缺情况。同时，随着城乡人口流动性的增强，农村资金大量流向城市。这些因素导致农村资金短缺现象越加严重。

面对像田达昌这样家庭发展需求的农村融资困境，这就需要各方的共同努力。农村自身要通过改善增强对信贷资金的吸引力，提高农民的素质，完善相关法律和信用体系；大力推进农村信用社改革，强化约束机制，创新服务产品，增强金融服务功能，开展农业开发性贷款业务；政府要加强对农村金融的服务，帮助农村解决发展中遇到的资金困难问题。这样多管齐下解决农村融资难题、适应农村经济发展、扫除农村经济发展进程中的障碍，建设社会主义新农村。我们希望在共同的努力下，越来越多像田昌达这样的农民能够成功走向自己的富裕之路。

十九、教育工作者

（一）断龙乡完小支部书记向汉佳

向汉佳，男，50岁，毕业于吉首民族师范学院（现为吉首大学师范学院），现任断龙乡完小支部书记。妻子田菊花，比向汉佳小一岁，初中毕业，两人皆是土家族。向汉佳有两个儿子，大儿子向超，25岁，在外打工；二儿子向阳锋，21岁，就读于长沙航天工业学校。

向汉佳每个月在学校的工资是2500元，再加上他妻子会给村里的人打一点儿小工，每个月能收入1000元，这就是向汉佳一家一年的收入了，如表19－1所示。

表19－1　2011年向汉佳家庭收入来源情况　单位：元

职业	收入	职业	收入
从事种植业	0	本乡镇就业工资	30000
从事商贸	0	外出打工	36000
从事屠宰	0	从事运输业	0
从事渔业	0	政府补贴和社会救济	0
从事养殖业	0	出租耕地或房屋	0
从事旅游业	0	其他经营收入	12000

从表19－1可以看出，向汉佳2011年家庭收入除了以上所说的两项外，

还有一项外出打工的收入，这是向汉佳的大儿子向超的年收入。因为向超已经在2008年结婚了，所以他的收入基本上都需要照顾自己的家庭，而没有多少钱给向汉佳。而向汉佳自己养的年猪，每年到了年末就杀着吃了，并不出卖。

相对的，向汉佳2011年的家庭支出为6万多元，其中包括买衣服2000元，吃饭方面平均每天30元，一年大约有10000元，看病5000元，教育支出40000元，红白喜事10000元，交通费500元，通信费500元，具体如表19-2所示。

表19-2 **2011年向汉佳家庭支出情况** 单位：元

总支出	生产性	衣服	食品	看病	教育	娱乐	红白喜事	交通	通信	住房
68000	0	2000	10000	5000	40000	0	10000	500	500	0

从向汉佳2011年的家庭支出情况可以看出，主要的支出就在于向汉佳小儿子向阳锋的上学支出，占据了总支出的58.8%。另外，在2011年，向汉佳得了盲肠炎，在古丈医院住了12天，共花费了8000多元，除去新农合报销的5000元，自己依然花费了3000多元。而且，向汉佳告诉我们，他现在还有80000元的贷款，是在大儿子结婚的时候，为了帮他买房子而贷的，因此向汉佳现在一部分收入还要偿还银行的贷款。由此可以看出，向汉佳的经济情况正如他向我们说的那样，有些拮据。

虽然经济情况不太好，但是向汉佳还是非常乐观的，对于现在的生活很满意，这都是因为向汉佳这一路走过来的经历所致。向汉佳于1962年出生，七岁在断龙乡米多村小学开始上小学，12岁开始就读于断龙中学。向汉佳在断龙中学读了三年的初中，其中包括他休学一年。因为当时向汉佳得了急性脑炎，在段龙山乡医院住院一个多月，向汉佳的父母当时心疼他，就让其直接休学一年养病。15岁，向汉佳初中毕业，考上了古丈一中。两年后，向汉佳高中毕业后参加了高考。当时向汉佳考取的成绩还算不错的，可以上一所中专院校，但是向汉佳想去一所好的学校，因此，他在填高考志愿的时候填了吉首大学，遗憾的是，他的分数最终没有让他如愿以偿地进入吉首大学就读。因此，在受到高考的打击后，再加上当时自己家生活比较困难，向汉佳决定外出打工，自己赚钱养活自己。

于是，17岁的向汉佳仅仅带着5斤大米和5元就离开了家，开始了两年的打工生涯。在这两年中，向汉佳做过许多工作。他做过三个月的牛客以及20多天的猪客。所谓的牛客或者猪客，就是卖牛以及卖猪，是田家洞村人对牛贩子以及猪贩子的称呼。向汉佳一般去农户家里收购牛、猪，然后再带到集市上去卖，赚取中间的差价。向汉佳告诉我们，当时一头牛的价格是100元到200元，他会把从农户家收购的老牛进行“加工”，能多卖不少钱。具体办法是把老牛的牛角削下来一截，再用小刀把剩下的牛角削尖，这样老牛从外表上看起来不像那么老的牛了，这样每一头牛能多卖80元到100元左右。

后来，向汉佳还做过一年的养路段的工作，包括铺路、修桥等。此外，向汉佳还在永顺县的不二门卖过桃子和烟。永顺县的不二门是当地一个比较著名的景点，向汉佳会在别处进桃子和烟，然后带到不二门零卖。同样的，精明的向汉佳依然会进行“加工”，他会把桃子洗一下，然后卖的时候用纱布盖住，这样看上去桃子就会有更好的效果，能卖得更好。对于烟，向汉佳只能单纯地赚取中间的差价，他自己买进一包烟是0.1元，卖的时候能卖到0.2~0.3元，虽然只能赚取差价，但是向汉佳有自己的推销手段，他卖烟的时候，有时会先送别人一包，让顾客试抽一下，然后顾客喜欢了以后就会买，只要买的超过一包，向汉佳就能赚钱。在这两年中，向汉佳每个月能赚到60元到100元，而当时自己一天用5元到10元就能过得很好了，这样向汉佳几乎在保证自己生活的情况下，每个月能给家里80元，这在当时是一笔很不错的收入了，向汉佳告诉我们，当时每次给家里钱的时候，都特别高兴。

再后来，向汉佳说被自己的贪欲蒙蔽了，差点儿做出了去偷别人家牛的事情，幸亏家里人发现得早，才没有酿成大祸，但是经此一次，家里人已经不放心让向汉佳自己再在外面打工了，要求他去参加民办教师的考试，家里人希望向汉佳能从事教育事业，有个稳定的工作，而不是到处打小工。于是，19岁的向汉佳重新回到了校园。在古丈二中复习了一年以后，向汉佳第二次参加了高考，但是这次，可能因为离开校园的时间太长了，向汉佳考得并不理想，甚至还没有第一次考的成绩好，第二次的分数比中专的分数线还差了5分。但是向汉佳并没有气馁，继续又在古丈二中复习，但是遗憾的是，第三次高考，向汉佳依然没有考上。

最后，向汉佳在21岁的时候，参加了民办教师考试，这次，他终于考上了，自此以后，向汉佳的命运出现了转折点，他的人生道路开始越来越顺利了。

然后，向汉佳就有了在学校任教的资格。于是，1983 年，向汉佳就开始了自己的教师生涯。他先是在断龙山乡坐苦坝村任教四年，然后转至断龙完小任教至今。向汉佳在断龙山乡坐苦坝村小学任教的时候，开了语文和数学的课，而在断龙完小任教的时候只教了数学和自然，工资都是每个月 20 元。在任教期间，向汉佳并没有停止他那颗进取的心，在 1986 年的时候，向汉佳考取了古丈县教师进修学校的函授，1988 年，向汉佳觉得自己还需要继续学习，不能满足于现状，于是他又考取了吉首民族师范学院。向汉佳在吉首师范，完完整整地读完了两年的学业，他选择了全日制的方式，因为他觉得只有真正的脱产在校，才能学到东西，才能提高自己的知识水平，而同时，他在断龙完小的工作变成了带薪留职，每个月有 28 元。两年后，向汉佳在吉首师范顺利毕业，至此，他的教师资格也由原来的民办教师变为了公办教师，工资也涨到了每个月 100 元。当向汉佳毕业回到断龙完小的时候，学校直接让他担任了教学组长。对于向汉佳而言，有句话说得非常正确：是金子在哪里都会发光的。

积极向上的向汉佳的努力并没有白费，即使自己仅在断龙中心完小教书，但是他的声名已经开始慢慢地扩散开了。2000 年，断龙中心完小建立了新校区，在这时，国家出台了新的政策，要求全面普及初级教育，扫除青壮年文盲，并且对县里下达了指示，要求有专门人才担任扫盲专干专门负责此事，属于副校长级别。对此，古丈县教育局经过慎重的考察，并经过对比后，下达了文件通知，任命向汉佳为扫盲专干。对于县里的命令，向汉佳执行得非常好。他在担任扫盲专干期间，走遍了断龙山乡的各个村落，到每个村子的小学、村委上课、考试，一般在一个村子，向汉佳需要待两到三天。用了两年多的时间，向汉佳基本上消灭了古丈县的青壮年文盲，得到了县里百姓普遍的好评，为向汉佳赢得了很高的威望。在完成县里交给自己的任务后，向汉佳在 2002 年回到了断龙中心完小，开始担任校长一职。三年后，向汉佳转做担任校支部书记，直到现在。

现在的向汉佳，在经历了小时的贫穷，以及外出打工的辛酸，一连串考试失利的打击后，已经非常成熟了，他向我们反省说，他最大的缺点就是爱喝酒，而且喝完酒以后酒品不太好，当时在他担任校长的时候，经常会在喝了酒以后向其他老师发脾气，态度不好。而现在的向汉佳已经改掉了他的这个坏毛病，他现在经常会向一些年轻的老师讲述自己的经验和教训，让这些老师不要再重复他犯过的错误，使这些老师少走弯路。

向汉佳告诉我们，现在的老师普遍认为农村的工作太艰苦了，所有的老师都想到城里的学校工作，因为大家都认为城里的福利好，而在断龙中心完小，老师们的收入只有工资，没有别的什么收入、补贴和福利等。对于这种情况，向汉佳会告诉这些年轻的老师："工作都是由现在做起的，由自己做起的，你们不能好高骛远，眼高手低，不管你们以后的想法是什么，想在哪里发展，都必须把自己手边的事做好。你们大家都想到城里，这个我知道，我也没有办法改变你们的想法让你们都留下来，但是你必须要拿出好的成绩来才能实现自己的想法啊。现在你们刚毕业，既然来到了这里，就是你们的选择，现在你们首要的任务就是静下心来，踏踏实实的工作，做好了，有能力了，你们再想办法进城里面工作。"

向汉佳略感忧虑地告诉我们，对于老师们想去城里工作的想法，他无法改变，因为情况确实就是这样。乡里、村里其实非常缺老师，想留住人才，但是却心有余而力不足，乡里需要更多的钱和住房来留住老师，如果国家能把更多的钱拨给农村就好了。因此，向汉佳就特别期望在不远的将来，国家能加大对农村教育事业的支持，加大对小学教师经济的投入。而对于自己的生活，向汉佳表示自己非常满意。他告诉我们，自己就是从农村出来的，经历过那个贫苦的年代，而且自己也有过一毛钱一毛钱挣钱的经历，因此，他对于现在衣食无忧的生活非常满意。让我们祝福这个为农村教育事业担忧的老人吧，愿他的期望能够早日实现。

（二）小学老师田志权

田志权，土家族，田家洞村人，是断龙山乡中心完小一名普通的教师，1966年出生于一个地地道道的农民家庭。除父母外，家里还有一个哥哥和一个姐姐，姐姐务农，哥哥在电厂做工人。田志权7岁开始上学，从村小学到乡初中再到县高中，始终刻苦努力。高中毕业后，田志权考取了"民办教师"资格，之后一直在断龙山乡中心完小从事教育工作至今。说到自己的求职经历，田志权说，自己算是遇到了很好的机会，不过当时的竞争也是比较激烈——全县一共只有8个名额，却有100多个人报名参加了考试。能够摆脱祖祖辈辈的全职农民的身份转而教书育人，不论对于田志权还是同村人，这都是一件很了不起的事情。

田志权老师的最初身份是“民办教师”。所谓“民办教师”，根据《教育大辞典》所载，指的是不在国家教员编制内的教师从业人员，民办教师存在的目的是为了缓解农村在普及九年义务教育过程中师资力量的短缺问题。民办教师的工资支出由国家和本村共同承担，国家发放的部分实为现金补贴，而称不上是“工资”。与“民办教师”相对应的是具有国家教员编制的“公办教师”。在断龙山乡中心完小，20 世纪 80 ~ 90 年代的公办教师是就读于师范学校，毕业后分配到此地的老师。根据田志权老师的回忆，作为民办教师，虽然工作量与公办教师相同，但是工资却只是公办教师的 1/4。

1997 年，国家规范教师岗位，开始逐步取消“民办教师”的身份，断龙山乡中心完小也不例外。到了 2000 年，国家不再区分“公办教师”与“民办教师”，全部教师岗位都面向社会公开招聘。在这个政策出台的时候，断龙山乡中心完小的公办教师占全部教师总人数的 80%，民办教师为 20%。根据民办教师存在的客观情况，湖南省教育部门规定，如果民办教师符合四个基本条件，就能够自动转正，成为公办教师。这四个条件分别是：合格的普通话水平、拥有教师资格证、中专以上文化水平以及通过转正考试。田志权老师说，按照自己刚刚入职时的高中学历，肯定是无法符合转正条件的。庆幸的是，在工作的过程中，自己总会惦记着要通过学习不断增强知识储备，从而提高自身的教学水平。这样，在 1986 年，田志权在工作岗位上安顿下来之后，紧接着就报名参加了古丈县教师进修学校的函授课程学习。到了 1988 年，田志权老师用两年的时间拿到了中师文凭。正是这一股积极进取的工作精神使田志权再一次抓住了良好的契机，转危为安，摆脱了“民办教师”的帽子，获得了正式的公办教师编制。在转正后的 2007 年，田志权老师再次通过函授班的课程，用三年的时间拿到了大专文凭。

在 20 多年的教学过程中，田志权带过的班级覆盖了小学各个年级。田志权老师负责的主要课程是数学。但是，由于教师资源的短缺，除数学之外，田志权老师还同时担任部分班级的思想品德课、健康课和科学课的任课教师。田老师说，早些年，学校里教师紧缺的现象更为严重，以至于自己还带过孩子们的语文课、体育课、自然课、美术课和音乐课等课程。

从周一到周五，田志权老师是这样工作的：平均每天四节的正常授课时间。拿数学课为例，授课的基本工作包括课前备课、课上授课和课后批改作业三个环节。三至六年级学生的课程安排，除了上午和下午分别有三课时的正常授课外，还包括早上的一节晨读时间以及晚上的一节自习时间。所以在正常授课之外，田志权老师还担当自习值班教师，负责本班学生的学习秩序和疑难解答。此外，由于田志权老师就住在学校的教工宿舍，而一个班级也通常会有60%以上的孩子住校，所以田志权老师每月还有值周的任务，即负责学生们课余时间的生活和人身安全。比如，田志权按照学校规定的作息时间，在早上叫孩子们起床，晚上查房让孩子们入睡。一般情况下，冬天的作息时间是7：20～19：40，夏天的作息时间是7：20～20：00；如果有孩子生病不舒服，值周老师需要带孩子去卫生院做检查，并且在家长赶到之前，陪伴并看护孩子；如果发现孩子出现了生活上的困难，值周老师也自觉有责任给予孩子精神上和物质上的帮助。

除了常规的工作安排之外，作为老师，田志权认为，自己还有义务做好对学生们的日常辅导工作。田志权老师说，主要还是抓功课。课余时间，田志权也不会离开工作岗位，到教室里多转转，一方面能够叮嘱并且监督孩子们按时地、认真地完成作业，另一方面还能随时为孩子们答疑解惑。有了老师及时的悉心辅导，孩子们学习的积极性和效果能够得到更充分的保证。田志权老师说，他个人认为，工作中最大的困难就是家长对老师工作的不理解。比如说，如果遇到一个孩子调皮，经常性地不完成作业，甚至是逃学的情况，老师就有必要将孩子的情况和家长进行沟通。但是，跟家长接触后自己发现，家长本身就存在着过分宠爱孩子的问题，这就导致他们不理解老师的意图，很难对老师们提出的问题进行关注，依旧对孩子疏于教育。“最难做的思想工作就是家长的思想工作。”田志权老师说，这种情况越来越多，但凡如此，没有什么好的办法，只能是基于老师的责任心，耐下心来跟孩子的家长慢慢的沟通。田志权老师的观点是，学习成绩的好坏，内因在于孩子的天赋，而外因就是家长和老师的管教了。

校方定期对在校教师进行综合考核，考核以一个学期为一个阶段，考核的内容包括出勤、教学效果（如学生考分）、教案、师德等几个方面。当我们问到田老师成绩如何的时候，田志权老师还有些不好意思，他说，倒是经常会评优，不过现在年纪大了，还是想把机会多多让给年轻人；每次评优学校还会象征性的给予100～200元的奖金，钱不多，不过对于年轻人来说也是个不错的激励。我们在田家洞中心完小做调研的时候，曾经去教案室，见到了田志权老师做的教案，每一张页面上都是一丝不苟，干净整洁，每一个教学步骤与内容都清晰可见，没有一丝潦草，没有一个省略性的符号。细想一下，在 20 多年的教学过程中，能够始终保持对教学工作的热忱和认真对于一名教师来说实为难得。

作为一个在断龙山乡中心完小工作了二十几年的老教师，我们很想听听田志权老师所经历的学校里人和物的变化。果然，田志权老师对此也很有感触。先从学校的硬件设施说起，让田志权老师印象最为深刻的有两点，一是学校教学条件的变化，二是教职工住宿条件的极大改善。

田老师回忆，在 1983 年的时候，教室里使用的是煤油灯，上下课需要人工敲铃铛，课间操也是要老师喊节拍。而如今，学校里扩建了教学楼，翻新了操场，除了以上设备都更新成为电灯、电铃和广播体操外，学校还增加了一个多媒体教室，共配置了 48 台电脑，2002 年开始投入了使用。田志权老师所说的，也正如我们所见，学校的建筑形态和规模确实已经展现出了一个较为现代的教学环境。

住宿条件同样让人欣慰。田志权老师说，在刚刚参加工作的时候，学校的单人宿舍是一间很破旧的木房子。随着学校经济条件的改善，破木房已经变成了砖瓦楼房，到了 1997 年，田志权老师一家也住上了三室一厅。田老师很高兴地说，在学校里住，诸如水电、燃气这些日常的生活费用都是由校方统一支付的。虽然妻子已经下岗，田老师的工资收入就是全家人的主要生活依靠，富裕无从谈起，但是，好在收入较为稳定，生活开支较小，没有什么后顾之忧。

除了硬件设施，学校的软实力，也就是师资力量也大大提高了。在 2000 年之前，老师们经常是一个人带多门课程，但是在 2000 年之后，学校开始向社会大量公开招聘教师。教师队伍的扩充与实力的增强，一方面，减轻了老师们的课程负担，教学质量随之提高；另一方面，学校的课程也越来越全面，例如英语课的课程开设时间已经由五年级降至三年级，这就使村小学的孩子们和城里的孩子们站到了同一条起跑线上。

对于学校的教学条件，田志权老师同时也提出了他的担忧。田志权老师说，虽然比起二十年前，现如今学校的教学条件大为改观，但是，许多亟待解决的问题依然存在。田老师认为目前学校的最大软肋依然是师资力量的短缺。“人才较少”，缺乏音乐、美术等专职教师，教师队伍的整体素质也有待提高。田志权老师认为，出现这种情况，可能是因为村校的工资水平比较低，环境差，留不住大学毕业生。另外，多媒体形式的授课虽然已经开始，但是仅仅一个教学班远远不能满足十几个班的孩子们上课学习的需要。此外，学校的活动场所也达不到国家标准。中心完小学生数量多，一个良好的活动场所对于孩子的正常发育尤为重要。但是，田志权也了解到，学校的经费十分紧张。教育经费、建设经费原本就不充足，再加上农村教育的特殊性，就更为紧张。原来，在村子里，贫困家庭里出来的孩子占较大比重，学校要保证这些孩子们的正常生活和学习，就必须减免其学杂费。田志权老师说，有的甚至是留守儿童，孩子的家庭真是说不出的贫困。

不仅学校发生了变化，二十多年的时间里，田志权老师说，学生们前后也存在着不小的差异。田志权老师说，20 世纪 80 年代，无论孩子还是家长，都认为读书是有用的，农民可以通过读书、国家分配工作的环节，最终出人头地；90 年代，这种思想意识逐渐淡化；而如今，“读书无用论”却是日嚣尘上。田志权老师略加思索，他认为是家长观念的变化传导到了孩子身上。家长的考虑，有的观点认为读书也还是找不到工作，有的则认为现如今读书已经不再是农民的唯一出路了。这些想法的出现让人喜忧参半，但整体上还是比较让人担忧的。孩子们还有一个变化就是独立性差了，依赖性强了；到了初中的时候，攀比吃、穿的风气较为严重。好的方面，田志权老师说，由于医疗条件、生活条件的改善，孩子们的身体素质是越来越好了。无论我们是否认同田老师的说法，这些都是他多年从教经验的总结，从一个角度反映出了社会现实，具有参考和借鉴的价值。

田志权 1989 年成家，爱人向辉华，苗族，古丈县人。我们曾经在乡政府有过了解，断龙山乡 99% 的人口是土家族，只有极少数的苗族，基本就是嫁过来的媳妇了。但是土家族和苗族两个民族的关系相处得十分融洽，共同生活不存在任何障碍。向辉华初中毕业，1986—1997 年在古丈县纤维板厂工作，1997 年下岗。之后就来到了断龙山乡中心完小，负责给孩子们做饭，每个月能有 800 元的工资。夫妻二人共同居住在学校的教工宿舍。在学校里住，田志权说，唯一的一个不方便就是家里的几亩地顾不上种，一直荒着，非常可惜。

刚刚工作的时候，田志权老师的工资收入是 20 元，在 1997 年获得了公办教师资格后，田老师的工资由 100 多元一下子涨到了 1000 多元。2007 年之后，工资基本稳定在了 2500 元的水平上。家里的开销不大。田志权老师说，全家人都很节俭。一年中的全部日常花销在 15000 元左右。除此之外，礼金的开支多一些，每年在七八千元左右。田志权有两个孩子，大儿子 1990 年出生，高中毕业后考入湖南科技职业学院学习机电专业，毕业后就留在长沙一家公司工作；小儿子1996年出生，目前是初中在读。小儿子读初中每年的学杂费在600元左右。

第一次见到田志权老师，是在学校的教师办公室，他的形象就是一个完完全全的小学教师，严肃认真，不苟言笑。但是，第二天，我们在乡政府再次见到田志权老师，却发现生活中的他，实际上是一个富有激情，而且苦口婆心的人。原来，田志权在田家洞村的辈分极高，村子里许多人都要称呼他为叔叔，甚至是爷爷。他的众多晚辈中也包括村书记。田志权老师在访谈的过程中，曾经和我们提起过，学校所有的改善和进步都和老百姓的支持分不开。就在第二天，我们听到田志权老师以一个长辈的身份嘱咐书记，做书记的，要跟老百姓心连心，要大公无私，不求回报。简单的几句，道出了村民带头人的真道理。田志权老师下了班还会抽上两支卷烟，但是在学校里无论是教室还是办公室，我们却没有发现一件与烟有关的摆设。说到抽烟，田志权老师还给我们算了一笔账，说一包烟是10元，但是生产一包烟用的烟丝只要一两元。这就是田家洞村的田志权老师，无论是工作中还是生活中，一个简单、纯粹却不失激情的普通人民教师。

（三）美术老师黄生炳

黄生炳，男，74岁，土家族人，1938年出生在湖南省吉首市古丈县，无宗教信仰，早年毕业于永顺县第八师范学校。妻子向汉翠，土家族人，初中文化程度，一直以来以在家务农为主，1961年夫妇两人自由结合，育有五儿一女，现都已成家立业。

初见黄生炳老人，体形瘦高，身着中山装，虽然有点驼背，但是很精神。黄生炳二老现在与大儿子黄明一家居住在一起，四世同堂，十分热闹。儿子一家住在前院，面积大约有140平方米，二老住在后院，面积约90平方米，住房均为砖瓦石构造。烧饭主要使用木柴，饮用水是自家蓄水池中的。屋里摆设整齐，家里电器较为齐全，电视（两台）、电冰箱、洗衣机、电饭锅、影碟机、手机（两部）一应俱全。

黄生炳老人谈到，断龙山乡原名叫仁爱乡。黄生炳6岁在仁爱乡中心小学读书；6年小学后，初中就读于保靖县省立八中，当时正值抗日战争时期；

15 岁，他考取了永顺县省立第八师范学校。18 岁高师毕业后就在断龙山乡小学教语文和美术。

黄生炳从初中开始就对美术特别感兴趣。后来考到省立第八师范时，虽然当时各个学科要齐头并进，没有专业之分，但是黄生炳对美术情有独钟。美术老师看中他的天分，给予了黄生炳极大的鼓励。于是就读师范时，黄生炳就在老师的指导下学习素描，时常利用业余时间加强练习。一开始主要学习的是素描，后来转向水彩。1959 年，黄生炳在《团结报》发表了一幅书画作品，其内容主要是表现农民在田间施肥的情景。但是令人没有想到的是，就是因为这幅画，黄生炳被批斗了两个小时。因为当时的“整风运动”主张讲政治，不讲业务，而黄生炳就因为这幅画被扣了一顶“不讲政治，只讲业务的白脑壳”的大帽子。黄生炳自己讲述只是看到农民耕作时的情景，突发灵感，创作了那幅书画，并没有任何政治含义。从那以后，这顶帽子对黄生炳造成了不小的影响。后来，湖南师范大学准备邀请黄生炳在美术专业上继续深造，但是正是因为“白脑壳”的帽子而没有获得批准。

1962 年，国家提出“精兵简政”，黄生炳因为“白脑壳”的大帽子，不允许继续留在断龙山乡小学任教，而被下放到农村合作社，在村里下地干活儿，这一来就是 18 年。被下放期间，黄炳生经常和妻子上山挖葛根，黄生炳在前面开路，砍除荆棘，妻子便在后面挖葛根，挖得多了，黄生炳自己身体不好，背不动，就由妻子背着下山。据黄生炳老人说当时整个古丈县有 60% 的知识分子被下放到农村干农活儿。谈到这，黄生炳老人笑着说，当时认为古丈县政府并不符合中央的“精兵简政”政策的内涵，这些知识分子都是国家计划培养的，工作也是按计划分配的，不应该下放。这 18 年来写信告了不少状，从县里到州里又到省里。黄生炳老人说当时感觉这就是命运的安排，估计一辈子也就这样了，从来就没有想过能够再回到学校教书。

1978 年，国家恢复高考。1980 年，由于国家政策的调整，黄炳生接到通知，重新被调回到断龙山乡，在断龙中学继续教语文和美术。黄炳生能重新回到学校任教，特别感激国家和政府。因为自幼读书，身体欠佳，黄炳生完全适应不了农村合作社的工作。回到学校，能让他自己学有所用，同时可以感觉到自身价值的实现。因此，黄炳生对待工作更加兢兢业业，积极进取。当时黄炳生负责美术的教学，觉得教材太深，难度太大，不适合农村学生学习，而且可根据具体情况自行教学。于是黄生炳就按老师教他的方法，从素描开始，多多练习，取得了显著的效果。后来，黄生炳凭着在工作上的出色表现，加之对村里人员的熟悉，被大家推选为断龙中学总务主任，负责管理学校经费。一直到60岁，黄生炳老人从断龙中学退休。

在这期间，根据国家政策，黄生炳可以将非居民户口（即农业户口）转成居民户口（即非农业户口）。当时，居民户口有两个好处：一是儿女在学校毕业后可以直接安排到工厂，工资高；二是粮站的大米不卖给非居民户，卖给居民户却特别便宜，大约0.14元/斤。只要未满18周岁的子女都可以随迁，所以除了大儿子，其他的几个儿女都随黄生炳转成了居民户口了。但是，随着社会的发展，国家政策调整，现在只有大儿子分到土地，其他几个儿女都没有。在2000年之前，黄生炳的四儿子黄明忠是罗依溪硫酸厂的一名电工，后来由于罗依溪硫酸厂生产的过程中产生的二氧化硫尾气对环境的污染太严重，导致工厂周围很多农作物生长得都不好，这家工厂就被迫倒闭了。工厂倒闭后，黄明忠也就失业了，在家里待业了一段时间，因为没有分到地，这段时间黄明忠只能在村里做点儿小工，但是收入远远不能满足家庭开销，孩子也快到了上学的年龄，用钱的地方越来越多，四儿子家里的困难黄生炳看在眼里。2003年，黄生炳给他出了个主意，让他在村子里开一个小卖店，卖一些生活用品、零食、烟酒等。黄明忠接受了他父亲的建议，并且由黄生炳出资10000元，开起了小卖店。现在黄明忠夫妇二人经营的小店收益很可观，是黄明忠一家的主要经济来源。黄生炳特别有远见，善于发现商机，经常给晚辈们提建议，现在各家的生活都很不错。

问及黄生炳老人挚爱的美术，老人侃侃而谈，脸上洋溢着幸福的笑容。黄生炳老人说刚从师范毕业回到断龙山小学教学时，一个月工资只有35元，其中20元交给家里，家里负责黄生炳的吃穿，剩下的15元自己每个月都要买全国各种美术杂志。即使在被批斗的期间，他也一直钻研美术。他的作品中有一副名叫《乡村一脚》的水彩画曾在湖南省展览过。说到此，黄生炳老人特别自豪地邀请我们调研小组人员欣赏了老人自己创作的书画作品，还有这么多年来珍藏的美术杂志，我们也正好趁这个机会一饱眼福。我们跟随黄生炳老人来到后院的一间屋子，屋子是木制结构的。走进去，屋子虽然不大，也有一些旧，但是收拾的却很整齐。屋子一面摆放着三层的书架，书架上是老人收藏的美术杂志和画册；另一面是一张小木桌，上面放着宣纸、毛笔和调色板。黄生炳老人从书架上取下自己的作品，我们看到后都惊叹不已。手法细腻，技巧娴熟，无论是山水图还是人物图，每一幅都栩栩如生。老人自己说现在每天要帮忙照顾曾孙子，不经常画画了。有时心情不好时，就来后院画画，练习书法。他说书画可以让人心静，就是眼睛没有以前那么好了，不能长时间画画了。老人翻看着旧的有点发黄的杂志，那种爱不释手的情感溢于言表。

老人的三儿子黄明宇的妻子王玉香毕业于湖南省吉首大学美术专业，现在古丈县工作。三儿媳看到老人的书画，觉得黄生炳老人在美术专业上功底深厚，所以每次回家看望老人，都特别喜欢和黄生炳老人探讨美术相关的专业问题。黄生炳老人也把三儿媳当女儿，每次与其无话不说。在黄生炳老人的影响下，王玉香勤奋练习，取得了很大的进步，并发表了书画作品，描绘了苗族女子在树荫下吹树叶的美丽画面。黄生炳老人的外孙女，今年 18 岁，也一直跟着老人学习画画。受黄生炳老人的影响，今年高考，她志愿考取国家重点的美术学院进行深造，其中专业成绩远远超过了录取分数线。

除了喜欢书画，黄生炳老人现在业余时间也会和村里的人打麻将，玩玩小牌。老人自己说现在国家政策好，1980 年刚刚被调回断龙中学教学时，一个月才 50 元工资；后来 1999 年退休之前一个月能够挣到 1300 元，退休后因为要退二线，一个月工资 900 元；现在，国家一个月给 2500 元的退休工资，除了老两口的生活花费，每个月还能给晚辈们补贴一些。黄生炳二老都参加了农村新型合作医疗，现在二老身体都比较硬朗。为此，老人感到特别知足，特别感谢国家政策对农村的支持。但是，老人也谈到虽然不像原来那样每天要想办法解决一家人的温饱问题，也没有什么特别大的生活负担，但是思想负担却很重。主要是因为现在家里面有五个孙子从事货运或者客运，每天都要与车和公路打交道，危险系数较高。老人在家经常为此提心吊胆，所以一有时间除了画画，照看小孩，就去打麻将。老人说打麻将可以麻痹思想，让人不会胡思乱想。可以看出，黄生炳老人还是希望晚辈们能够有一份稍微安稳的工作，平平凡凡的过日子。对于现在的生活，黄生炳老人说，自己过去的经历，坎坎坷坷，现在年事已高，能吃饱穿暖，儿孙满堂，家人平安，感觉已经很幸福了。说到这，老人露出了十分质朴的笑容。

采访临近结束时，黄生炳老人语重心长地对现在的年轻人提出了两点告诫：第一，要多多体谅父母的苦心，可怜天下父母亲，每个做父母的都不容易，不要等到自己做父母时才体会到，让自己后悔。接着，黄生炳老人还特意提起土家族的“孝歌”，对教育下一代孝敬父母有很大作用。孝歌是土家博大精深文化的一部分。土家山寨里死人之后，一到夜晚，众人围在八仙桌前，击鼓而歌，以哀死者。其歌词前后押韵，朗朗上口，感染力很强，旁人听着都会流眼泪。第二，遇到挫折不要气馁，要保持乐观的态度。一个人的一生中不可能总是一帆风顺，面对挫折能够虚怀若谷，大智若愚，保持一种平和的心境，只有敢于和善于直面人生的挫折，才能在挫折中奋飞，在拼搏中成功。

采访结束后，我们还和黄生炳老人一起合了影，还特意给老人在自己书画前拍了张特写。我们和黄生炳老人挥手再见，希望这么睿智的一位老人能够身体健康，阖家欢乐。

参考文献

［1］刘永佶．民族经济学（第2版）［M］．北京：中国经济出版社，2010.

［2］刘永佶．农民权利论［M］．北京：中国经济出版社，2007.

［3］刘永佶．中国少数民族经济学（第2版）［M］．北京：中国经济出版社，2010.

［4］刘永佶，于池．掌坳村调查［M］．北京：中国经济出版社，2010.

［5］杨思远．咀头村调查［M］．北京：中国经济出版社，2010.

［6］何军伟．资丘村调查（土家族）［M］．北京：中国经济出版社，2011.

［7］古丈县志编纂委员会．古丈县志［M］．成都：巴蜀书社，1989.

［8］古丈县统计局．古丈县统计年鉴（2011）［M］．2012.

［9］断龙山乡志，2012－02.

［10］田家洞村简介，2012－12.

［11］阳盛海．湘西土家族历史文化资料［M］．长沙：湖南人民出版社，2009.

［12］杨选民，杨昌鑫．文化人类学的湘西文本——土家族苗族历史文化研究［M］．长沙：湖南人民出版社，2010.

［13］彭武一．湘西溪州铜柱与土家族历史源流［M］．北京：中央民族学院出版社，1989.

［14］董珞．巴风土韵［M］．武汉：武汉大学出版社，1999.

［15］柏喜贵．转型与发展——当代土家族社会文化变迁研究［M］．北京：民族出版社，2001.

［16］湖南省少数民族古籍办公室．土家族土司史录［M］．长沙：岳麓书社，1991.

［17］熊晓辉．湘西历史与文化［M］．北京：民族出版社，2008.

［18］覃亚敏．土家歌谣语言文化特征研究［D］．中南民族大学硕士学位论文，2010.

[19] 湘西土家族苗族自治区概况——历史沿革与社会变革（一）[EB/OL]. 2012-05-04，www.33519.com.

[20] 土家族文化网，www.tujiazu.org.cn.

[21] 湖南省湘西州古丈县人民政府网，www.gzx.gov.cn.